卓越经管人才培养计划系列

工程经济学
Engineering Economics

主　编　周　鹏
副主编　梁　岩　宋杰鲲　陈月璇

科学出版社
北　京

内 容 简 介

本书以培养工程师的经济效益观念和经济评价能力为目的，系统介绍工程项目经济评价的基本理论、基本方法及其应用。具体包括现金流量分析、资金的时间价值、经济评价方法、投资方案比选、工程项目不确定性分析与风险分析、工程项目财务评价、公共项目的经济分析、设备更新的经济评价、价值工程等内容。

本书可作为经济管理类以及工程类专业的本科生、研究生的教材或参考书；同时可以作为相关实践领域专业人士的自学或培训教材，也可供对技术经济评价、投资决策感兴趣的读者阅读学习。

图书在版编目(CIP)数据

工程经济学/周鹏主编. —北京：科学出版社，2024.6
（卓越经管人才培养计划系列）
ISBN 978-7-03-070758-1

Ⅰ. ①工… Ⅱ. ①周… Ⅲ. ①工程经济学-高等学校-教材 Ⅳ. ①F062.4

中国版本图书馆 CIP 数据核字（2021）第 246481 号

责任编辑：王京苏 / 责任校对：姜丽策
责任印制：赵 博 / 封面设计：楠竹文化

科学出版社 出版
北京东黄城根北街 16 号
邮政编码：100717
http://www.sciencep.com

北京市金木堂数码科技有限公司 印刷
科学出版社发行 各地新华书店经销

*

2024 年 6 月第 一 版　开本：787×1092　1/16
2025 年 5 月第二次印刷　印张：19 1/2
字数：460 000

定价：58.00 元
（如有印装质量问题，我社负责调换）

前　言

《工程经济学》由编写成员根据多年的教学科研实践，紧密结合工程实际，合作编写完成。本书主要介绍工程项目经济评价的基本理论、基本方法及其应用。

本书在介绍基本理论、方法的基础上，突出介绍学科基本理论和方法在实际领域的实务应用。每章的内容由"引例—章节内容—案例分析—思考题—练习题—延伸阅读"构成，由实际问题引出理论，再由理论引导读者思考实际问题。

党的二十大报告指出："我们要坚持教育优先发展、科技自立自强、人才引领驱动，加快建设教育强国、科技强国、人才强国，坚持为党育人、为国育才，全面提高人才自主培养质量，着力造就拔尖创新人才，聚天下英才而用之。"[1]教材是教学内容的主要载体，是教学的重要依据、培养人才的重要保障。在优秀教材的编写道路上，我们一直在努力。

本书是编写成员共同努力和精心讨论研究的结果。周鹏与梁岩编写第1章，梁岩编写第2章、第3章、第7章，宋杰鲲编写第6章、第9章、第10章，陈月璇编写第4章、第5章、第8章，周鹏、梁岩、宋杰鲲、陈月璇共同完成第11章。周鹏负责全书的统筹。

感谢各位专家对我们的指导和帮助。

由于作者水平有限，不妥之处恳请读者批评指正。

---

[1] 《习近平：高举中国特色社会主义伟大旗帜　为全面建设社会主义现代化国家而团结奋斗——在中国共产党第二十次全国代表大会上的报告》，https://www.gov.cn/xinwen/2022-10/25/content_5721685.htm，2022年10月25日。

目 录

第1章 绪论 ·· 1
1.1 工程经济学的基本概念 ·· 2
1.2 工程经济学的产生与发展 ·· 3
1.3 工程经济学的研究内容 ·· 4
1.4 工程经济分析的特点 ··· 4
1.5 工程经济分析的原则 ··· 5
1.6 工程经济分析的程序 ··· 6
1.7 案例分析 ··· 7
本章小结 ·· 9

第2章 现金流量分析 ·· 11
2.1 现金流量构成 ··· 11
2.2 工程项目的投资及构成 ·· 12
2.3 工程项目的成本费用 ··· 14
2.4 收入、税金与利润 ·· 20
2.5 净现金流量的计算 ·· 23
2.6 成本估计技术 ··· 23
2.7 案例分析 ··· 28
本章小结 ·· 29

第3章 资金的时间价值 ··· 32
3.1 资金时间价值概述 ·· 33

3.2 资金等值计算 ·· 37
3.3 案例分析 ·· 49
本章小结 ·· 49

第 4 章 经济评价方法 ·· 52
4.1 经济评价概述 ·· 52
4.2 经济评价的基本原则 ·· 53
4.3 投资回收期 ·· 56
4.4 投资收益率 ·· 61
4.5 净现值 ·· 63
4.6 内部收益率 ·· 68
4.7 外部收益率 ·· 76
4.8 案例分析 ·· 77
本章小结 ·· 80

第 5 章 投资方案比选 ·· 82
5.1 投资方案类型 ·· 82
5.2 互斥型方案的比选 ·· 84
5.3 独立型方案的比选 ·· 97
5.4 混合方案的比选 ·· 104
5.5 案例分析 ·· 107
本章小结 ·· 107

第 6 章 工程项目不确定性分析与风险分析 ···························· 110
6.1 概述 ·· 110
6.2 盈亏平衡分析 ·· 112
6.3 敏感性分析 ·· 119
6.4 概率分析 ·· 126
6.5 实物期权分析 ·· 134
6.6 案例分析 ·· 142
本章小结 ·· 143

第 7 章

工程项目财务评价 ………………………………………………… 146
- 7.1 工程项目财务评价的含义 ………………………………… 147
- 7.2 工程项目财务评价的基本步骤 …………………………… 147
- 7.3 工程项目财务评价主要财务报表 ………………………… 148
- 7.4 工程项目财务能力分析 …………………………………… 154
- 7.5 案例分析 …………………………………………………… 157
- 本章小结 ………………………………………………………… 161

第 8 章

公共项目的经济分析 ……………………………………………… 163
- 8.1 公共项目及其特点 ………………………………………… 163
- 8.2 公共项目评价概述 ………………………………………… 165
- 8.3 公共项目费用与效益 ……………………………………… 167
- 8.4 费用效益分析 ……………………………………………… 178
- 8.5 费用效果分析 ……………………………………………… 184
- 8.6 案例分析 …………………………………………………… 188
- 本章小结 ………………………………………………………… 189

第 9 章

设备更新的经济评价 ……………………………………………… 193
- 9.1 设备更新的原因与补偿 …………………………………… 193
- 9.2 设备经济寿命的确定 ……………………………………… 195
- 9.3 设备大修理的经济分析 …………………………………… 199
- 9.4 设备更新的经济分析 ……………………………………… 202
- 9.5 设备租赁的经济分析 ……………………………………… 207
- 9.6 案例分析 …………………………………………………… 211
- 本章小结 ………………………………………………………… 212

第 10 章

价值工程 …………………………………………………………… 216
- 10.1 价值工程概述 ……………………………………………… 216
- 10.2 价值工程对象选择与信息收集 …………………………… 220
- 10.3 功能分析 …………………………………………………… 228
- 10.4 功能评价 …………………………………………………… 231

10.5 方案创造与评价 …… 234
10.6 案例分析 …… 238
本章小结 …… 239

第 11 章 综合性案例 …… 242

11.1 A 石化公司 PX 项目财务评价 …… 242
11.2 D 市供水工程 B 项目经济评价 …… 249
11.3 Y 油田开发项目经济分析 …… 252

附录

第1章

绪　论

我国首个深水自营大气田完成首口开发井作业

2020年6月10日，CCTV-13新闻频道的《新闻直播间》节目，播报了新闻"我国首个深水自营大气田陵水17-2气田完成首口开发井作业"。陵水17-2气田距海南岛约150公里，其构造位于南海琼东南盆地深水区的陵水凹陷，所在海域水深1500米左右。中国海油于2014年钻获陵水17-2气田，该气田开发工程项目总投资达238.15亿元，探明地质储量超千亿立方米。气田所处海域位于欧亚、太平洋和印澳三大板块交汇处，钻井作业面临地质结构复杂、高温高压、超深水、台风极端天气等诸多挑战。

陵水17-2气田一共部署了11口开发井，分布于7个深水井区，各井区地质状况、水文条件各不相同。完成的首口开发井是一口水平井，作业水深1262米，完钻井深为4198米，水平位移超过1000米，最大井斜角度达90.5度。中国海油综合考虑深水井区实际环境、气田开发成本和技术可行性等多方面因素，选取了定制的智能深水采气树投入开发应用。陵水17-2气田所用的首棵3000米水深级别智能深水采气树顺利完成了水下安装。该采气树共集成8项可回收控制模块、8套数据监测传感系统，设计寿命可达30年，为国内同类产品最先进水平。陵水17-2气田开发工程项目是我国整合全球优质资源，大力加大国内油气勘探开发力度，保障国家能源安全的重点项目，在我国深海工程发展史上具有里程碑式的意义。（资料来源：《海南：中海油陵水17-2气田已完成首口开发井作业》，http://www.hkwb.net/news/content/2020-07/05/content_3885943.htm）

2014年6月13日，习近平主持召开中央财经领导小组第六次会议，发表重要讲话强调，"能源安全是关系国家经济社会发展的全局性、战略性问题，对国家繁荣发展、人民生活改善、社会长治久安至关重要"[①]。我们在进行项目的工程经济论证时，除了考虑经济效益，更要充分考虑项目的社会效益，把企业微观经济效益和国家宏观经济效益统一起来，微观经济效益应该服从宏观经济利益；另外，还要将近期经济效益与远期经济效益相

---

① 《习近平：积极推动我国能源生产和消费革命》，https://www.gov.cn/xinwen/2014-06/13/content_2700479.htm，2014年6月13日。

结合，正确处理当前利益与长远利益的关系。我国社会主义现代化建设是一项长期的任务，只有把当前利益与长远利益结合起来，才能保证社会主义经济稳定、持续、健康地发展。

1.1 工程经济学的基本概念

1. 工程的含义

工程是自然科学原理的某种应用，通过这一应用，自然界物质的特性能够通过不同类型的结构、机器、产品、过程和系统，有组织地改造客观世界及满足人类需求。简言之，工程是将自然科学的原理应用到具体的工农业生产部门而形成的各学科的总称。

广义的工程是指人们为了某种目的或解决某些问题开展的有组织、有计划的活动，既包括传统意义上的工程，如油气田开发、房屋建造，也包括新兴领域和社会经济领域的工程，如空间工程、希望工程、"双一流"工程、人才工程等。

狭义的工程是指人类有目的的造物活动，是人们运用科学原理通过一系列活动或手段制造预期使用价值的复杂产品的过程，如地铁建设工程、"神五"工程、南水北调工程等。

2. 经济的含义

经济是一个复杂的概念，它的使用十分普遍和广泛，在古汉语中有"经邦济世""经国济民"的说法，前者的意思是拯救人世、治理国家，后者的意思是使社会繁荣、百姓安居。现代社会中的"经济"一词，主要有五个方面的含义。

一是指人类历史发展到一定阶段的社会经济制度，是政治和思想等上层建筑赖以存在的基础。

二是指物质资料的生产，以及与之相适应的交换、分配、消费等活动。

三是指一个国家国民经济的组成，如工业经济、农业经济、交通经济等。

四是指一个国家、实体或个人物质财富积累的程度，如经济实力雄厚、经济紧张等。

五是指资源投入的合理性，如经济划算等。

由于"经济"是一个多义词，从不同的角度可以有不同的理解，工程经济学所研究的"经济"侧重于第五层含义，即资源投入的合理性。

3. 工程经济的含义

工程技术与经济之间的关系是相互促进、相互制约、共同发展的。经济发展是工程技术进步的动力和方向，技术进步又是推动经济发展的重要条件和手段。相互制约主要指的是工程技术的发展需要具备相应的经济条件，而技术的采用也要考虑经济的合理性。

工程经济活动就是把科学研究、生产实践、经验积累中所得到的科学技术有选择地、经济地、创造性地应用到经济活动和社会活动中，最有效地利用自然资源、财务资源、人力资源和其他资源，以满足人们生产生活需要的过程。

对于从事工程经济活动的工程师来说，掌握科学知识和先进技术并不是最终目的，赚钱也不是最终目的，关键是要在解决特定问题中创造性地把知识、技术、能力和物质手段有效地融为一个有机整体，更好地满足人们的需要。在这个过程中，要平衡好工程技术和经济之间的关系，既不能为了省钱而拒绝先进技术的研发和使用，也不能不考虑经济效益盲目追求先进技术。将工程技术的先进性和经济的合理性统一起来，是工程经济学所要完成的重要任务。

■ 1.2 工程经济学的产生与发展

1. 工程经济学的萌芽与形成（1887～1950年）

工程经济学的萌芽可以追溯到 1887 年惠灵顿（Arthar M.Wellington）的《铁路布局的经济理论》一书的出版。惠灵顿是美国的一名建筑工程师，他在《铁路布局的经济理论》一书中提出了应用于铁路最佳长度或路线曲率选择的资本化的成本分析法，他认为工程经济是一门少花钱多办事的艺术。

1915 年，斯坦福大学教授菲什出版了第一部直接冠以"工程经济学"之名（Engineering Economics）的著作。他将投资模型与证券市场联系起来，分析内容包括投资、利率、初始费用与运营费用、商业与商业统计、估价与预测、工程报告等。同时期的戈尔德曼教授在《财务工程学》一书中提出了决定相对价值的复利模型。

1930 年美国的格兰特（Eugene L. Grant）教授出版了被誉为工程经济学经典之作的《工程经济原理》。格兰特教授在这本书中分析了古典工程经济的局限性，并以复利计算为基础，讨论了判别因子和短期评价的重要性以及资本长期投资的一般方法，创造了工程经济的评价理论和原则。格兰特教授使工程经济学成为一门系统化的科学，他也被誉为工程经济学之父。

2. 工程经济学的发展（1951年至今）

第二次世界大战之后，工程经济学受凯恩斯主义经济理论的影响，研究内容从单纯的工程费用效益分析扩展到市场供求和投资分配领域。其间，两门与工程经济学密切相关的学科得到了重大发展，一个是 1951 年由乔尔·迪安（Joel Dean）教授开创的新应用经济学——管理经济学；另一个是二战前就已经存在，但在 20 世纪 50 年代发生了重要变化的公司理财学。二者对研究公司的资产投资，把计算现金流量的现值方法应用到资本支出的分析中，起到了重要作用。

20 世纪 60 年代以来，工程经济学研究主要集中在风险投资、决策敏感性分析和市场不确定性因素分析等三个方面。主要代表人物是美国的德加莫、卡纳达和塔奎因教授。德加莫教授偏重于研究工程企业的经济决策分析，他的《工程经济》（1968 年）一书以投资形态和决策方案的比较研究，开辟了工程经济学对经济计划和公用事业的应用研究途径；卡纳达教授的理论重视外在经济因素和风险性投资分析，代表作为《工程经济学》（1980 年）；塔奎因教授等的理论强调投资方案的选择与比较，他们提出了很多经济评价的原则，如利润、成本与服务年限的评价原则，盈亏平衡原则，债务报酬率分析等，这些理论成为美国工程经济学教材中的主要理论。

美国弗吉尼亚理工大学（Virginia Polytechnic Institute and State University）的沙利文（William G. Sullivan）教授编写的《工程经济学》是近些年来工程经济学领域最畅销的教材之一，这本书的最新版已经发行到了第18版，麻省理工学院等数十所美国大学以及英国、韩国、新加坡等很多国家的一些知名院校都将该书作为工程经济学课程的主要教材。

1.3 工程经济学的研究内容

工程经济学主要研究的内容是在工业生产实践中，工程技术与经济的关系及其最佳结合，即对为达到某一预定的目标可能采用的各种工程技术方案进行有关经济效益方面的计算、分析和评价，从而进行方案的决策。

本书的研究内容主要分为三大部分，一是工程经济学的基础理论；二是工程经济学分析的基本方法；三是工程经济学在实际工作中的应用。具体内容有：项目现金流量分析、资金的时间价值、工程经济评价的方法、不确定性分析、公共项目经济评价、设备更新决策、价值工程等。

1.4 工程经济分析的特点

1. 综合性

工程经济分析的往往是多目标、多因素的问题。它研究的既不是单纯的工程技术问题，也不是单纯的经济问题，而是工程技术的经济合理性，即工程技术与经济的关系问题。它不仅考虑工程技术因素、经济因素，还必须考虑社会、资源、环保等多方面的因素。明确了这一点，才能更好地掌握和运用这门学科，从而充分发挥工程经济分析在经济建设中的作用。

2. 预见性

工程经济分析的基本研究活动，往往是在事件发生之前对其进行预先的分析和评价，从中选择最优方案。因此，技术方案的建立，首先要加强工程经济预测。预测是发展现代科学技术的先驱。通过预测，技术方案可以更加接近实际，避免盲目性。工程经济分析预见性的特点还表现在两个方面，一方面，要求尽可能准确地预见某一经济事件的发展趋向和前景，充分掌握各种必要的信息资料，尽量避免由决策失误造成的经济损失；另一方面，预见性包含一定的假设性和近似性，要求对某项工程或某一方案的分析结果尽可能地接近实际，而不能要求其绝对的准确。

3. 计量性

计量性是工程经济分析的一大特点。对各种工程技术方案进行客观、科学的评价时，需要做到定量与定性相结合，以定量分析为主，因为涉及经济效益的问题还是要用数字来说话。

4. 应用性

工程经济学是一门理论与实践相结合，侧重于实际应用的学科。工程经济学所研究的问题都是来自生产建设和生活实际。它所分析和研究的成果又直接用于生产和生活，并通过实践来验证分析的结果是否正确。在实际生活和工作中，各个行业的投资决策，以及家庭和个人的理财行为，都会用到工程经济学的知识。

5. 比较性

比较性是工程经济分析的一个重要特点。进行工程经济分析是为了从许多技术方案中选出最优方案。各方案之间往往各有利弊，工程经济分析就是通过定量与定性分析，对各方案进行全面综合的比较，从中发现技术上先进、经济上合理的相对最优方案。

1.5 工程经济分析的原则

工程经济分析的基本原则如下。

1. 有无对比原则

有无对比法是指将有这个项目后和没这个项目时的现金流量情况进行对比；前后对比法是指将某一项目实施以前和实施以后所出现的各种现金流量情况进行对比。

2. 增量分析原则

可以从增量角度对不同方案进行评价和比较，即以备选方案间的差额部分为分析基础，计算各项差额评价指标，将其与基准指标进行对比，从而判断增量投资是否值得，即是否选择投资较多的方案。对不同方案进行选择和比较时，从增量角度进行分析，即考查增加投资的方案是否值得，可以将两个方案的比较转化为单个方案的评价问题，使问题得到简化。

3. 风险收益的权衡原则

投资任何项目都是存在风险的，因此进行项目工程经济分析时必须考虑方案的风险性和不确定性。不同项目的风险和收益是不同的，选择高风险的项目，必须有较高的收益。项目的最低投资回报应该大于预期通货膨胀率或弥补可察觉的风险损失。

4. 宏观经济效益与微观经济效益相结合

在进行工程经济分析时，应该将宏观经济效益与微观经济效益相结合，正确处理宏观经济效益与微观经济效益之间的关系，微观经济效益必须服从宏观经济利益。既不能以损害国民经济整体利益为代价来提高企业微观经济效益，又不能只关注宏观经济效益而忽视企业微观经济效益的提高。

5. 可持续发展原则

我国的社会主义现代化建设是一项长期的任务，所以要有可持续发展思维，综合考虑当前利益和长远利益。只有把当前利益与长远利益结合起来，才能保证社会主义经济稳定、持续、健康地发展。只顾当前利益，不符合社会发展和人民的根本利益；只讲长远利益，人们得不到应有的近期利益，将会影响人们的积极性。近期经济效益是远期经济效益的有机组成部分，只有不断地提高近期效益，才能保证获得长远的效益。我们应该以可持续发展为目标，从提高近期经济效益着手，以逐渐达到提高全过程的长远经济效益的目的。除了经济利益，还应考虑环境保护、资源保护等因素，实现经济社会的可持续发展。

1.6 工程经济分析的程序

工程经济分析的程序主要包括以下几个步骤。

1. 确定项目目标

工程经济分析的第一步就是通过调查研究寻找经济环境中显在和潜在的需求，确定项目目标，如果目标设定错误，就会导致投资和建设失败，带来重大的经济损失，因此需要通过市场调查等各种手段，明确了项目目标，才能谈得上工程技术的先进性和经济合理性。

例如，在某新能源项目中，A地的电力需求有125万千瓦时的缺口，需要建设一座新能源发电厂，那么该项目技术方案的目标就是解决125万千瓦时的电力缺口。为此，在对该项目进行工程经济分析时，需要在明确项目目标的基础上，确定可以采用的技术方案，是建立风力发电，还是太阳能发电，或是生物质能发电等具体技术方案。

2. 进行调查研究

项目目标确定之后，就要围绕项目目标进行调查研究，收集相关资料，并根据资料进行分析和预测。例如，对于油井注水方案，可以通过钻更多的科研井，或更加系统地收集更多的地质及地理信息，进行大量的数值模拟研究和使用预案，经过对上述步骤进行综合分析后，再对整个区块的油井进行注水。

3. 建立多种可能方案

通过调查研究，掌握了更多的数据和资料后，就可以围绕项目目标，列出各种可能的项目技术方案作为备选方案。显然，一个问题可采用多种方法来解决，因而可以制订出许多不同的方案。例如，为了解决电力短缺问题，可以建设风电场、太阳能电厂、生物质能电厂等，这些新能源电厂的建设方案都可能作为项目的备选方案。工程经济分析过程本身就是多方案选优，如果只有一个方案，决策的意义就不大了。因此在列出备选方案的过程中，要尽可能多地列出满足项目技术方案目标的所有可能的方案，以防遗漏好的方案，通过更加全面客观地比较、选择，选出相对最优方案。

4. 指标计算分析

从工程技术的角度提出的备案方案往往都是技术上可行的，为了选择相对最优方案，还需要对备选方案的经济效果进行评价。根据项目目标和拟定的各种备选方案，确定项目工程经济分析的评价指标，由于各种备选方案的评价指标和参数不同，应该依据工程经济分析中的比较性原则，将各备选方案的评价指标统一起来，把不能直接进行比较的数量和质量指标尽可能地转化成统一的可比性指标，使各个备选方案具有可比性。

5. 综合评价

工程经济分析是定量分析和定性分析相结合，以定量分析为主，对各个备选的工程技术方案进行综合的分析评价。其中，定性分析是从定性的角度对一些无法具体量化计算的指标进行分析，判断这些指标的优劣，剔除一些明显不合格的工程技术方案；定量分析是通过对拟定的评价指标进行计算，淘汰不可行方案，保留可行方案。

6. 方案优选

根据综合评价的结果，筛选出能够达到目标功能、技术上先进、经济上合理的相对最优方案。

■ 1.7 案例分析

以重大工程夯实现代化强国基础
——学习习近平总书记关于工程建设与发展重要论述精神

重大工程是人类文明的标志，代表时代科技进步水平，反映经济社会发展程度。新中国成立以来特别是改革开放40多年来，我国经济社会快速发展，重大工程建设举世瞩目。进入新时代，我们要在习近平新时代中国特色社会主义思想指引下，以重大工程夯实社会主义现代化强国的基础。

重大工程牵引"中国列车"砥砺前行

党的十八大以来，我国经济建设取得重大成就，一大批基础设施、高端装备、战略性新兴产业等方面的重大工程相继问世，高铁、桥梁、港口、天眼、大飞机等重大工程科技硕果累累，极大地推动了我国社会主义现代化建设步伐。

重大工程是经济社会发展的基石。截至2017年底，我国高速铁路运营里程突破2.5万公里，占世界高铁总里程的66%。高铁对中国的区域格局、人口流动、第三产业发展已经产生了系统性的重要影响，高铁正在让整个国家处于一种"高速旋转"的活力之中，对经济社会全面发展起到了巨大促进和推动作用。我国已经建成全球规模最大的4G网络，2020年前实现5G商用，全球领先。南水北调是世界上最大的水利工程，输送的水量相当于从南到北搬运了770个西湖，让超过1亿人受益。西气东输是全世界距离最长的天然气输送工程，促进我国能源结构和产业结构调整，带动钢铁、建材、石油化工、电力等相关行业的发展，有效改善大气环境、提高人民生活品质。这些重大工程建设使得基础设施空间得到有效扩展，形成完善、安全、高效、互联互通的现代基础设施网络，为整个社会的运行提供了重要的基础供应。同时，工程也带动了国民经济其他行业，促进了经济社会全面快速发展。

重大工程成为创新驱动发展战略的重要载体。我国抓住了世界科技革命和产业变革的机遇，涌现了一大批具有世界先进水平的标志性的重大科技工程，如载人航天、深海探测、特高压输变电、移动通信、"蛟龙号"载人潜水器、C919 大飞机等，这些重大工程中创新之光处处闪现，引领了行业和产业的发展。中国"天眼"（500 米口径球面射电望远镜）是目前世界最大单口径、最灵敏的射电望远镜，实现了科学前沿重大原创性突破，为我国天文学跻身世界一流创造了条件。中国"慧眼"（硬 X 射线调制望远镜卫星）在 X 射线空间观测方面，具有国际先进的暗弱变源巡天能力、独特的多波段快速光观测能力，标志着我国高能天体物理研究进入世界先进行列。中国首颗"墨子号"量子科学实验卫星成功发射，将跨越式提升我国国家信息安全和信息技术水平，对推动我国空间科学卫星系列可持续发展具有重大意义。"复兴号"动车组标志着我国铁路技术装备进入崭新时代。C919 大飞机从机体结构到机载系统设备、从机头试验到机尾复合材料应用，拥有反推装置设计、主动控制技术等 102 项关键技术突破，彰显了我国航空工业的整体科技实力。

重大工程打造"走出去"中国名片。我国重大工程惊艳全球。举世瞩目的港珠澳大桥被英国《卫报》誉为"新世界七大奇迹"。美国《华尔街日报》将京沪高铁比作美国的阿波罗登月计划。天宫二号入选美国《时代》周刊年度"让世界更美好"的最佳发明。"蛟龙号"创造了载人深潜新纪录，英国《泰晤士报》报道称中国成为继美法俄日之后第五个掌握载人深潜技术的国家。英国《金融时报》评论认为 C919 让中国向实现航空强国梦更近一步。法新社报道称，中国 500 米口径球面射电望远镜将帮助人类聆听更多来自遥远星球的声音，洞察宇宙的奥秘。如今，以高铁、核电、桥梁等为代表的中国"大工程"正积极走出国门，为世界贡献中国智慧和中国力量。从南美到北非，都可以见到建设中的中国"大工程"身影。雅万高铁连接印尼首都雅加达和第四大城市万隆，全长 142 公里，最高设计时速 350 公里，全部采用中国高铁技术和装备，借鉴中国高铁丰富的建设和运营管理经验。英国欣克利角 C 核电项目，是我国企业主导开发建设的西方发达国家核电项目，使用我国自主研发的"华龙一号"，实现我国自主核电技术向发达国家出口的突破。巴基斯坦恰希玛核电工程是中国自行设计、建造的商用核电站。这些大工程已经成为中国崭新的名片和友好交流的纽带，把中国和世界更紧密地联系在一起。

新时代赋予重大工程新的历史使命

中国特色社会主义进入了新时代，对我国经济社会发展提出许多新要求。要在继续推动发展的基础上，着力解决好发展不平衡不充分问题，大力提升发展质量和效益，更好满足人民在经济、政治、文化、社会、生态文明等方面日益增长的需要，更好地推动人的全面发展、社会全面进步。习近平总书记对工程建设与发展多次作出重要论述，我们要认真学习深刻领会习近平总书记重要论述的精神实质和丰富内涵，准确把握新时代工程建设与发展新的历史使命。

重大工程是人类文明的重要标志。习近平总书记指出："工程科技与人类生存息息相关。""万里长城、都江堰、京杭大运河等重大工程，都是当时人类文明形成的关键因素和重要标志，都对人类文明发展产生了重大影响，都对世界历史演进具有深远意义。""古代工程科技创造的许多成果至今仍存在着，见证着人类文明编年史。"[①]习近平总书记这些重要论述深刻阐明了重大工程对人类文明进步的作用，这既是对重大工程的高度概括，也是对人类文明发展规律的深刻总结。

以重大工程夯实现代化强国基础

新时代赋予重大工程新的历史使命，贯彻落实习近平总书记关于工程建设与发展的重要论述，必须坚定不移贯彻创新、协调、绿色、开放、共享的发展理念，坚持以人民为中心的思想，按照传承文明、创新驱动、变革产业、造福人民、开放共享的总体要求，以供给侧结构性改革为主线，面向经济社会建设主战场，在关系国计民生、产业命脉、国家安全和基础科学等领域推动一批世界领先的重大工程，夯实科技强国、制造强国、航天强国、网络强国、交通强国、海洋强国基础，为全面建成社会主义现代化强国提供强有力的工程支持和保障。

（资料节选自：胡希捷，朱军，赵旭峰.以重大工程夯实现代化强国基础——学习习近平总书记关于工程建设与发展重要论述精神.学习时报，2018-3-26.）

问题：
1. 什么样的工程可以称为重大工程？
2. 三峡工程为什么被称为"国之重器"？

本章小结

本章的学习主要是为了了解工程经济学这门课程。在内容上分别介绍了工程经济学的产生与发展、工程经济学的主要研究内容，以及工程经济分析工作的原则和程序。通过本章的学习，应掌握以下几方面内容：①了解工程经济学的研究对象；②了解工程经济学的研究内容和目的。

思考题

1. 如何理解工程和经济之间的关系？
2. 工程经济学有哪些特点？
3. 工程经济分析的基本程序是什么？
4. 请列举国内外重大工程项目成功或失败的例子，并分析原因。

---

① 习近平.让工程科技造福人类、创造未来——在2014年国际工程科技大会上的主旨演讲.人民日报，2014-06-04.

5. 工程经济学主要研究内容是什么？

6. 通过本章的学习，你认为学习工程经济学有什么必要性？

练习题

1. 如何理解工程经济学综合性的特点？
2. 拟建一个风力发电厂，在投资决策前，应考虑哪些问题？

延伸阅读

富金鑫，李北伟. 2018. 新工业革命背景下技术经济范式与管理理论体系协同演进研究. 中国软科学，5：171-178.

麦强，盛昭瀚，安实，等. 2019. 重大工程管理决策复杂性及复杂性降解原理. 管理科学学报，22（8）：17-32.

盛昭瀚，刘慧敏，燕雪，等. 2020. 重大工程决策"中国之治"的现代化道路——我国重大工程决策治理 70 年. 管理世界，36（10）：170-202.

Bursic K M. 2020. An engineering economy concept inventory. The Engineering Economist，6：179-194.

He Q H，Xu J Y，Wang T，et al. 2021. Identifying the driving factors of successful megaproject construction management：findings from three Chinese cases. Frontiers of Engineering Management，8：5-16.

第 2 章

现金流量分析

湖北宜城 70 兆瓦大规模渔光互补光伏发电项目

　　2021 年 1 月 18 日，湖北省宜城市郑集镇胡岗水库，两艘打桩船正在紧张施工，水面上已竖起 350 多根桩柱，这标志着宜城市规模最大的渔光互补光伏发电项目正式开工建设。该项目由阳光电源股份有限公司投资建设，总投资 7 亿元，装机容量 70 兆瓦，项目建设面积 1700 亩①，充分利用水库资源，采用水上发电、水下养殖模式，发展渔业和养殖业。据了解，该项目全部建成后，年均发电量可达 9184 万千瓦时，实现年销售收入 3500 万元，年缴纳税费 800 万元以上。同时，每年可以减少使用标准煤约 3.6748 万吨，减少粉尘排放量约为 2.4989 万吨，减少二氧化碳排放约 9.1596 万吨，减少二氧化硫排放量约 0.2756 万吨，减少氮氧化物排放量约 0.1378 吨，不仅能够实现良好的经济效益，还具有较大的社会效益和环境效益。很多项目投资额巨大，投资者需要预先了解项目的投入和产出，并分析如何能够使项目的经济效益进一步提高，从而实现理想的投资回报，并带来良好的社会效益。

■ 2.1 现金流量构成

　　在进行建设项目经济评价时，可以把所考查的项目视为一个独立的系统，而投入的资金、花费的成本、支付的税金、获取的收益，都可看成以资金形式体现的该系统的资金流出或资金流入。

2.1.1 现金流量的含义

　　项目整个寿命期内各时点上实际发生的资金流出或资金流入称为现金流量（cash flow，CF）。流出系统的资金称为现金流出（cash outflow，CO），流入系统的资金称为现金流入（cash inflow，CI），现金流入与现金流出之差称为净现金流量（net cash flow，NCF）。

---

① 1 亩≈666.7 平方米。

现金流量是经济评价的基础，有了现金流量的数据，才可以计算各类经济指标。现金流量的特点是现金何时发生就在何时计入，不包括内部的转移支付。

2.1.2 项目投资现金流量的构成

建设项目在整个寿命期内的现金流出包括建设投资、流动资金投资、经营成本、税金及附加和所得税；现金流入包括营业收入、补贴收入、寿命期末回收的固定资产残值及回收的流动资金。

2.2 工程项目的投资及构成

2.2.1 投资的概念

投资（investment）是指投资者以预期的财务收益或社会效益为目的的资金投入行为及其运动过程。

投资有实物投资和非实物投资之分，前者是指直接对机器、设备、建筑物、构筑物等固定资产进行的投资；后者是指以专利、技术等形式进行的间接投资。投资还可分为生产性投资和非生产性投资，后者主要指文教、卫生、科研、国防、市政设施、社会福利等事业的投资。本书讨论的"投资"主要就生产性投资而言。

2.2.2 工程项目总投资构成

工程项目总投资是指从项目建设到运营前所花费的全部资本性支出，具体包括建设投资、建设期借款利息及流动资金投资。

工程项目总投资构成如图 2-1 所示。

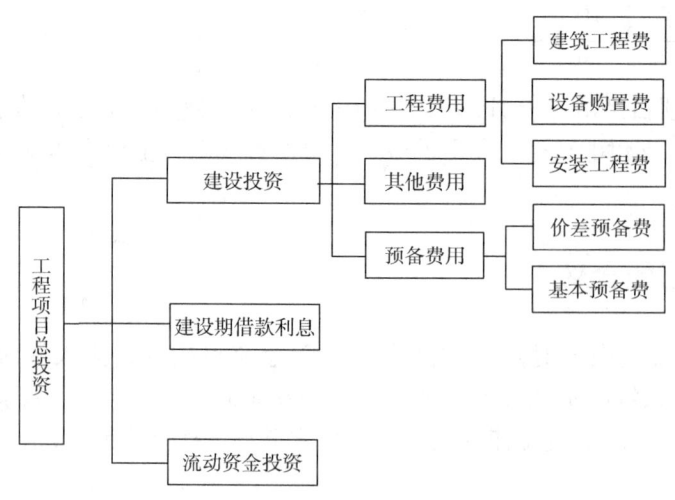

图 2-1　工程项目总投资构成

1. 建设投资

建设投资包括工程费用、其他费用及预备费用。

（1）工程费用包括建筑工程费、设备购置费、安装工程费。例如，厂房建设费用、各类机械设备的购置费用、暖通安装费用等，在油气开发项目中的钻前准备费，钻井、固井、录井、测井及试油（气）工程费等。在估算时应该按照有关部门、行业和地区规定的要求执行。根据具体的评价要求，采用合适的估算方法。

（2）其他费用主要是在建设期间发生的，不构成工程实体，为了服务于工程建设而发生的各项费用，包括建设单位管理费、投资前研究费、筹建费等。按照有关规定和可能发生的费用进行计算。

（3）预备费用主要包括基本预备费和价差预备费。

基本预备费是指估算时难以预见的工程费用，又称不可预见费。常以工程费用合计和其他费用之和为基数，乘以基本预备费率来进行估算。一般是工作深度越浅，可参考的同类项目越少，费率越高。

价差预备费指的是从项目的投资决策到正式投资建成，其间有可能会发生相关费用价格水平的波动，从而增加建设费用，所以为此准备一定的预备费用，也叫涨价预备费。

2. 建设期借款利息

建设期借款利息是指建设投资借款在建设期的利息，为建设期各年利息之和。建设期借款利息是工程成本的一部分，计入工程造价。在具体进行项目经济评价时，应对贷款机构的贷款条件、贷款发放时间、利息的计算方式等了解清楚，再进行计算。在实际的项目经济评价中，常用的计算方法包括年中法和年初法。

1）年中法

年中法假设建设项目在建设期每年的投资并不是在年初一次性投入的，而是按照工程进度安排年度投资计划。在项目经济评价时，假设借款是自年初至年末陆续支用，平均起来就是借款发生当年平均在年中支用，故按半年计息，其后年份按全年计息，以式（2-1）表示如下：

$$建设期每年应计利息 = (年初本息累计 + 本年借款/2) \times 年利率 \qquad (2\text{-}1)$$

例 2-1 某勘探开发项目第一年借款 500 万元，第二年借款 400 万元，第三年借款 200 万元。按年中法计息，见表 2-1，可以看出，第三年末本息总计为 1221.37 万元。建设期借款利息为 121.37 万元。

表 2-1 年中法计算利息（按 6% 年利率计算） 单位：万元

项目	1	2	3	合计
年初本息累计	0	515	957.9	
当年借款	500	400	200	1100
利息	15	42.9	63.47	121.37
年末本息合计	515	957.9	1221.37	

2）年初法

在项目经济评价时，假设建设投资借款是每一个建设年份的年初一次性投入，则式（2-1）中本年借款额就不需除以 2，即借款发生当年也需按全年计息，以式（2-2）表示如下：

$$建设期每年应计利息 = (年初本息累计 + 本年借款) \times 年利率 \qquad (2-2)$$

例 2-1 中，按照年初法计算建设期利息，如表 2-2 所示。

表 2-2　年初法计算利息（按 6% 年利率计算）　　　　　单位：万元

指标	1	2	3	合计
年初本息累计	0	530	985.8	
当年借款	500	400	200	1100
利息	30	55.8	71.148	156.948
年末本息合计	530	985.8	1256.948	

从表 2-2 看出：第三年末本息总计为 1256.948 万元，借款利息为 156.948 万元，比年中法多 35.578 万元，这是由计算利息的起点不同造成的。建设期利息多采用年中法进行计算，一般流动资金借款和其他短期借款都采用年初法计算利息。

3. 流动资金投资

建设项目除了建设期的建设投资外，在生产经营期间还必须占用一定的周转资金，用以维持企业的正常生产周转需要，这部分资金称为流动资金。流动资金一般在投产前开始筹措。从投产第一年开始按生产规模进行安排，如果后续生产规模扩大，则根据实际需要追加投入流动资金，其借款部分按全年计算利息。流动资金借款利息计入财务费用，项目寿命期末回收全部流动资金。

■ 2.3　工程项目的成本费用

2.3.1　总成本费用的概念和分类

总成本费用是指项目在一定时期内为生产和销售产品、提供服务而花费的全部成本和费用。

1. 总成本费用按经济用途分类

总成本费用按经济用途分类，可以分为生产成本和期间费用。生产成本计入产品成本，期间费用可以直接计入当期的营业损益。期间费用由管理费用、财务费用和营业费用组成。

1）计入成本的费用项目（生产成本）

（1）直接材料费，指所有用于生产最终产成品的材料费，即构成产品实体，或有助于产品形成的各项原材料、外购半成品及辅助材料费。例如，家具制造业中的木材、五金配件，服装生产企业所用的布料，石油行业中在采油采气过程中直接消耗于油气井、计量站、集输站、集输管线以及其他生产设施的各种原材料的费用。

（2）直接燃料和动力费，指直接用于产品生产的可以直接计入成本核算对象的各种燃料和动力费。例如，直接消耗于油气井、计量站、集输站、集输管线以及其他生产设施的各种燃料和电力的费用。

（3）直接人工费用，指直接从事产品生产的人员工资及按规定提取的职工福利费。直接人工费用主要发生在产品生产过程中，如从事采油（气）生产人员的工资、福利等。

（4）其他直接费用，指不属于上述三项但可直接计入成本核算对象的费用。例如，产品的外部加工费，制造某些产品的专用模具、专用工具的费用等。

（5）制造费用，指生产制造过程中除了直接人工、直接材料、直接燃料和动力以外的所有其他费用，如生产设备的维护维修费用，以及各个生产单位为了组织和管理生产所发生的各项费用。

2）直接计入营业损益的费用项目

（1）营业费用，指为销售产品和提供劳务而发生的各项费用，包括销售商品及提供劳务中发生的应由企业负担的运输费、装卸费、包装费、保险费、展览费、广告费，以及为销售本企业商品而专设的销售机构的职工工资、福利费、业务费、物料消耗、修理费等。

（2）管理费用，指企业行政管理部门为组织和管理企业经营活动所发生的费用，包括公司费用经费、会计审计费、咨询费、诉讼费、业务招待费、房产税、车船使用税、技术转让费、无形资产摊销及递延资产摊销、职工培训费、研究开发费等。

（3）财务费用，指企业为筹集资金而发生的各项费用，包括利息支出（或利息收入）、汇兑损失（或汇兑收益）、金融机构手续费以及因为筹资而发生的其他费用。

2. 总成本费用按经济内容分类

（1）外购材料费，指企业为进行生产而耗用的一切外部购入的原材料及主要材料、半成品、辅助材料、包装物、修理用备件和低值易耗品等。

（2）外购燃料费，指企业为了进行生产而耗用的一切从外部购进的各种燃料（包括固体、液体、气体燃料）。

（3）外购动力费，指企业为了进行生产而耗用的从外部购进的各种动力。

（4）工资，指企业应计入成本费用的职工工资。

（5）提取的职工福利费，指企业按照规定从生产成本中提取的职工福利费。

（6）折旧费，指企业按照核定的固定资产折旧计算方法计算提取的折旧费用。

（7）预提的大修理费用，指企业按照预计发生的大修理费用和大修理周期确定的预先提取的数额。

（8）利息支出，指按规定应计入财务费用的借款利息。

（9）税金，指企业应计入成本、费用的各种税金。

（10）其他支出，指不属于以上各要素的费用支出。

总成本费用按经济内容分类，可以反映企业在一定时期内发生了哪些费用，从而检查和监督费用预算的执行情况,并可为控制流动资金占用和计算工业净产值提供重要的数据资料。

3. 总成本费用按其与产品产量的关系划分

按费用与产品产量的关系即按费用的性态划分,可以分为可变成本、固定成本、半可变成本。

可变成本(variable cost)与产量和业务量关系密切,其数额随着产品产量的增减而成正比例增减,如直接材料费用、计件工资等。

固定成本(fixed cost)是用于提供一个公司最基本的经营能力的成本,其数额并不因产品产量的增减而相应增减,如设备的折旧费、行政管理人员的薪金、建筑物租金等。

有些成本并不能明确地划分为可变成本或者固定成本,即介于固定成本与可变成本之间的成本费用,称为半可变成本(semi-variable cost)或者混合成本。比如,电费,用于照明的电力消耗与业务量没有直接关系,但用于设备运行的电力消耗与产品产量同步变化。

按照与产品产量的关系对总成本费用进行分类,便于进行成本分析和经营决策,寻求降低产品成本的途径。另外,工程项目盈亏平衡分析也会用到固定成本和可变成本。

固定成本、可变成本及总成本费用与产品产量的关系如图 2-2 所示。其中,图 2-2(a)中可变成本是线性的,而图 2-2(b)中可变成本是非线性的。

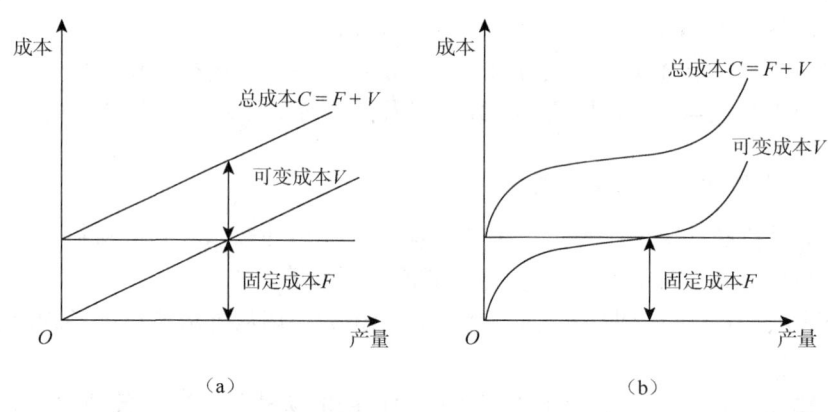

图 2-2 总成本费用与产品产量关系图

2.3.2 折旧

1. 固定资产折旧的概念

折旧(depreciation)是指固定资产在使用过程中,逐渐损耗而消失的那部分价值。固定资产损耗的这部分价值,应当在固定资产的有效使用年限内进行分摊,形成折旧费用,计入各期成本。

在企业的生产过程中,固定资产能长期发挥作用,为多个生产周期服务,在使用期间可以保持原来的实物形态，但是它的价值会逐渐发生损耗，损耗的价值转移到产品中去，并随着产品的销售而获得补偿。

下面是和折旧相关的几个基本术语。

1）原值（cost basis）

原值表示获得一项资产的初始成本，包括购买费用、运输费用等支出。建设项目竣工交付使用时，建造、购置、安装等为取得该项固定资产实际发生的全部支出就是该项目的固定资产原值。

2）账面价值（book value）

账面价值也称作净值，等于固定资产的原值减去累计的折旧额，它反映固定资产剩余价值。第 k 年的账面价值计算为

$$B_k = B - \sum_{j=1}^{k} D_j \tag{2-3}$$

式中，B 表示原值；B_k 表示第 k 年的账面价值；D_j 表示第 j 年的折旧额。

3）残值（salvage value）

残值是指固定资产报废时的残余价值扣除预计的清理费用以后的余额。

4）使用寿命期（useful life）

使用寿命期是指资产用于经营生产的总年限。

2. 固定资产折旧方法

常用的折旧方法包括直线折旧法、双倍余额递减法、年数总和法和单位产量折旧法。

1）直线折旧法

直线折旧（straight line depreciation，SLD）法也称为平均年限法，是计算折旧的方法之一。任一年的折旧额都是相同的，计算公式为

$$D_k = \frac{B-S}{n} \tag{2-4}$$

式中，B 表示固定资产原值；S 表示固定资产残值；n 表示资产使用寿命期；D_k 表示第 k 年的折旧额。

例 2-2 一台太阳能发电设备的原值为 50 000 元，如果使用寿命期为 5 年，残值为零，用直线折旧法计算每年的折旧额。

解：利用公式 $D_k = \dfrac{B-S}{n} = \dfrac{50\,000}{5} = 10\,000$（元）。

具体如表 2-3 所示。

表 2-3 例 2-2 计算表　　　　　　　　　　　　单位：元

年份	年折旧额	累计折旧额	账面价值
0			50 000
1	10 000	10 000	40 000
2	10 000	20 000	30 000
3	10 000	30 000	20 000

年份	年折旧额	累计折旧额	账面价值
4	10 000	40 000	10 000
5	10 000	50 000	0

直线折旧法计算折旧的优点是简单易行。这种方法比较适合于各个时期使用强度大致相同的固定资产投资项目。由于此方法只着眼于资产使用时间的长短，不考虑资产的使用强度，每期的折旧额都是相同的。

2）双倍余额递减法

双倍余额递减法（double declining balance method）是以平均年限法确定的折旧率的双倍乘以固定资产在每一个会计期间的期初账面价值来确定当期应提折旧的方法。

双倍余额递减法每年折旧额的计算公式如下：

$$d = \frac{2}{n} \times 100\% \quad (2\text{-}5)$$

$$D_k = B_{k-1} \times d \quad (2\text{-}6)$$

式中，d 表示年折旧率；D_k 表示第 k 年折旧额。

用双倍余额递减法计算折旧的固定资产，应该在其固定资产折旧年限到期前两年内，将固定资产净值扣除预计净残值后的净额平均分摊，即最后两年改用直线折旧法计算折旧。

例 2-3 一台太阳能发电设备的原值为 50 000 元，如果使用寿命期为 5 年，残值为零，用双倍余额递减法计算每年的折旧额。

解：$d = \frac{2}{5} \times 100\% = 40\%$。

各年折旧额如表 2-4 所示。

表 2-4 例 2-3 计算表　　　　　　　　　　　　　　　　单位：元

年份	年折旧额	累计折旧额	账面价值
0			50 000
1	20 000	20 000	30 000
2	12 000	32 000	18 000
3	7 200	39 200	10 800
4	5 400	44 600	5 400
5	5 400	50 000	0

3）年数总和法

年数总和法（sum of years digits method）是指将固定资产原值减去残值后的净额，即资产折旧总额，乘以一个逐年递减的分数计算固定资产折旧额的一种方法。这个逐年递减的分数就是每年对应的折旧率，其分子表示剩余的使用年限，分母表示折旧年限的年数总和。

年数总和法计算折旧公式如下：

$$d_k = \frac{n-k+1}{\dfrac{n(n+1)}{2}} \times 100\% \qquad (2\text{-}7)$$

$$D_k = (B-S) \times d_k \qquad (2\text{-}8)$$

例 2-4 一台太阳能发电设备的原值为 50 000 元，如果使用寿命期为 5 年，残值为零，用年数总和法计算每年的折旧额。

解：第 1 年的折旧额：$D_1 = \dfrac{2 \times (5-1+1)}{5 \times 6} \times 50\,000 = 16\,667$（元）。

第 2 年的折旧额：$D_2 = \dfrac{2 \times (5-2+1)}{5 \times 6} \times 50\,000 = 13\,333$（元）。

依次类推，其他年份计算如表 2-5 所示。可以看出，年数总和法完全可以回收资产的价值。

表 2-5 例 2-4 计算表　　　　　　　　　　　　　　　　单位：元

年份	年折旧额	累计折旧额	账面价值
0			50 000
1	16 667	16 667	33 333
2	13 333	30 000	20 000
3	10 000	40 000	10 000
4	6 667	46 667	3 333
5	3 333	50 000	0

4）单位产量折旧法

单位产量折旧（unit of production depreciation，UPD）法又称工作量法，它也是一种平均计算折旧的方法，不同于平均年限法基于使用时间进行平均，单位产量折旧法是基于设备的产量来平均计算折旧。假设设备使用寿命期内生产的总产量是已知的，每年的折旧额计算公式为

$$D = \frac{Q_k}{Q}(B-S) \qquad (2\text{-}9)$$

式中，Q 表示设备使用寿命期内生产的总产量；Q_k 表示第 k 年的产量。

例 2-5 预计某设备生产某种产品的总数为 100 000 件。设备的价值为 50 000 元（残值 $S = 0$），预计 5 年中第 1 年、第 2 年的产量均为 20 000 件，第 3 年的产量为 30 000 件，第 4 年、第 5 年的产量分别为 10 000 件及 20 000 件。计算每年的折旧额。

解：每生产一件产品设备的价值损耗为

$$\frac{B-S}{Q} = \frac{50\,000}{100\,000} = 0.5\,（元）$$

第一年的折旧额，$D = 0.5 \times 20\,000 = 10\,000$（元）。

其他年份计算如表 2-6 所示。

表 2-6 年数总和法计算表　　　　　　　　　单位：元

年份	年折旧额	累计折旧额	账面价值
0			50 000
1	10 000	10 000	40 000
2	10 000	20 000	30 000
3	15 000	35 000	15 000
4	5 000	40 000	10 000
5	10 000	50 000	0

直线折旧法是最常用的折旧方法；单位产量折旧法适用于一些专用运输设备或其他专用的技术设备；高新技术企业向上级财务机关报批后，可以采用双倍余额递减法、年数总和法等加速折旧法。

2.3.3 经营成本

经营成本是现金流量分析中所使用的特定概念，是项目在一定时期经常性的实际支出。经营成本有两个特点：一是不考虑资金来源，所以与筹资相关的利息支出不属于经营成本；二是只包含实际发生了现金流出的成本费用，而没有实际发生现金流出的项目，如折旧费和摊销费，不属于经营成本。

由此可以得到经营成本的计算公式如下：

$$\text{经营成本} = \text{总成本费用} - \text{折旧费} - \text{摊销费} - \text{利息支出} \tag{2-10}$$

在实际估算时，经营成本可以用式（2-11）进行估算：

$$\text{经营成本} = \text{外购原材料、燃料和动力} + \text{工资及福利费} + \text{修理费} + \text{其他费用} \tag{2-11}$$

式（2-11）中，企业自己内耗的原材料、燃料和动力要从中扣除。根据式（2-10）可以计算出总成本费用，即经营成本加上折旧费、摊销费和利息支出。

2.4 收入、税金与利润

2.4.1 营业收入

营业收入是指在一定时期销售产品或者提供服务所获得的收入，是现金流入的主要组成部分。营业收入是项目财务评价的重要数据，其估算的数据基础，包括产品或服务的数量和单价。计算公式为

$$\text{营业收入} = \text{销售量} \times \text{销售单价} \tag{2-12}$$

如果项目在一定时期生产和销售的产品不止一种，则营业收入为各种产品营业收入的总和。营业收入估算应进行客观科学的市场研究，分析、确认产品或服务的市场预测分析数据，特别要注重针对目标市场进行需求分析，由预测的市场需求情况来确定本项目的建设规模、产品方案或服务方案，分析预测产品或服务的价格。

工业项目评价中营业收入的估算基于一项重要假定，即按照预测的市场需求来安排生产规模，有多少市场需求就生产多少产品，即当期商品产量等于当期销售量。

2.4.2 税金及附加

按现行规定，税金及附加主要有增值税、消费税、城乡维护建设税、教育费附加等。其中，增值税和消费税统称为流转税。对于开发矿产资源的企业还应征收资源税、矿产资源补偿费、矿区使用费。

1. 增值税

增值税是对我国境内销售货物、进口货物以及提供加工、修理修配劳务的单位和个人，就其取得货物的销售额、进口货物金额、应税劳务收入额计算税款，并实行税款抵扣制的一种流转税。

增值税的计算公式为

$$增值税应纳税额 = 销项税额 - 进项税额 \tag{2-13}$$

式中，销项税额表示纳税人销售货物或应税劳务，按照销售额和适用税率计算并向购买方收取的增值税额；进项税额表示纳税人购进货物或接受应税劳务时向销售方所支付的增值税额。

2. 消费税

消费税是对一些特定消费品和消费行为征收的一种税。消费税是在征收增值税的基础上，根据政策的要求，对应税消费品征收的一个特殊税种。消费税的纳税义务人包括在中华人民共和国境内生产、委托加工和进口应税消费品的单位和个人，应税消费品包括烟、酒及酒精、贵重首饰及珠宝玉石、鞭炮焰火、汽油、柴油、汽车轮胎、摩托车、小汽车、高尔夫球具、木质地板等产品。

消费税的计算方法有从价定率和从量定额两种，不同的应税消费品适用不同的计算方法。

3. 城乡维护建设税

城乡维护建设税是向凡有营业收入的单位和个人，除另有规定外，征收的一种税。其税款用于城乡的公用事业和公共设施的维护建设，计税依据为纳税人实际缴纳的流转税额，按照纳税人所在地区不同，采用差别税率：项目所在地为市区的，税率为7%，县城、镇为5%，乡村为1%。

4. 教育费附加

教育费附加是为了加快地方教育事业的发展，扩大地方教育经费的资金来源而开征的一种税。计税依据同样为纳税人实际缴纳的流转税额，税率为3%。地方教育附加征收标准为单位和个人实际缴纳的流转税额的2%。

税金及附加中的各种税费按照相关税法及规定的税率、费率进行计算。在计算利润总额时，税金及附加作为相关的费用从营业收入中扣除。

2.4.3 利润总额

利润总额是营业收入减去税金及附加和总成本费用后的余额,即

$$\text{利润总额} = \text{营业收入} - \text{税金及附加} - \text{总成本费用} \tag{2-14}$$

2.4.4 所得税

企业所得税是针对企业应纳税所得额所征收的一个税种。项目评价中应正确计算应纳税所得额,并采用适用税率计算企业所得税,计算时注意企业是否适用有关的所得税优惠政策。

所得税的计算基数是应纳税所得额,它是利润总额弥补上年亏损之后的余额。计算公式为

$$\text{应纳税所得额} = \text{利润总额} - \text{上年亏损额} \tag{2-15}$$

所得税计算公式为

$$\text{所得税} = \text{应纳税所得额} \times \text{所得税率} \tag{2-16}$$

需要注意的是,纳税人本年度的生产经营发生亏损时,不缴纳所得税,下一年度有了盈利之后,先弥补上年亏损,弥补亏损之后的利润总额余额为本年度的应纳税所得额。如果下一年度的盈利不足以弥补的,可以逐年延续弥补,但是延续弥补年限最长不超过五年。

营业收入、成本费用和税金的关系如图 2-3 所示。

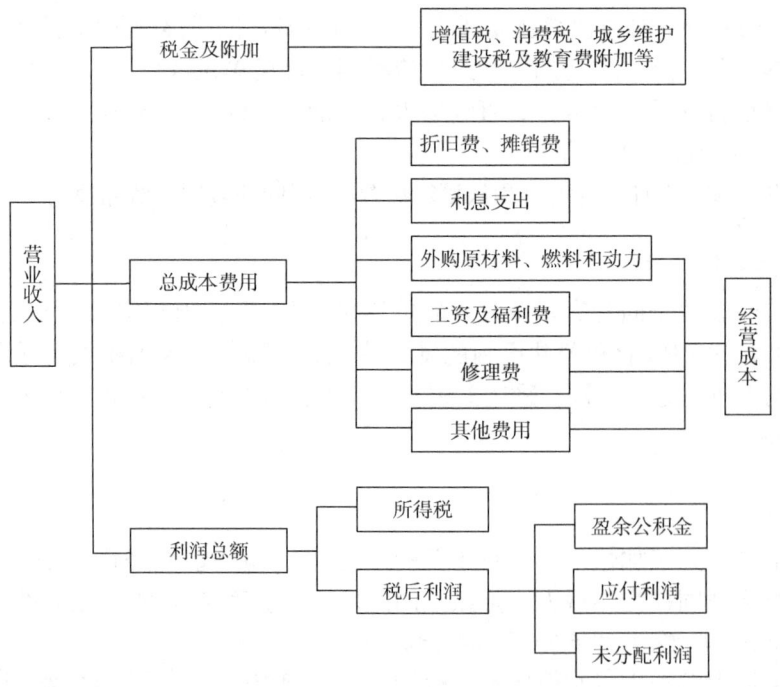

图 2-3 营业收入、成本费用和税金关系图

2.5 净现金流量的计算

项目投资现金流量分析应该站在项目自身角度，不考虑投资资金来源，按照有无对比原则，分析项目的收入与支出，考查项目自身的盈利能力。项目投资现金流量包含现金流出和现金流入。

根据前面几节的分析，投资项目的现金流入主要包括：生产经营期间销售产品的营业收入、补贴收入，在使用寿命期末回收的固定资产余值和流动资金。投资项目的现金流出主要包括：建设期间的建设投资、流动资金投资，生产经营期间的经营成本、税金及附加、所得税等。

净现金流量是同一时点现金流入与现金流出之差。其计算公式为

$$NCF = CI - CO \tag{2-17}$$

式中，CI 表示现金流入；CO 表示现金流出；NCF 表示净现金流量。

项目在建设期间，以投资为主，所以净现金流量为负，在正常生产经营过程中，主要的现金流量组成是营业收入、经营成本、税金及附加和所得税，所以生产经营期间的净现金流量按式（2-18）计算：

$$净现金流量 = 营业收入 - 经营成本 - 税金及附加 - 所得税 \tag{2-18}$$

2.6 成本估计技术

2.6.1 综合成本估算方法

1. 指数法

由于很多因素的影响，成本和价格都会随着时间的推移而变化，这些因素包括技术进步、劳动力、材料的可获得性以及通货膨胀等。指数是一个无量纲的数字，它表明相对于基准年，成本或价格是如何随时间变化的，这种变化多为增长的趋势。指数法就是根据历史数据估算当前和未来的成本和价格的简便方法。它的基本思想是根据已建项目的成本或价格来估算同类拟建项目的成本或价格，其公式为

$$I_2 = I_1 \left(\frac{C_2}{C_1} \right) \tag{2-19}$$

式中，I_1、I_2 分别表示已建和拟建工程的成本或价格；C_1 和 C_2 分别表示已建和拟建工程的价格指数。

使用这种方法可以从基准年的历史数据中获取成本或潜在销售价格的数据，并运用价格指数进行更新，可应用于 WBS（work breakdown structure，工作分解结构）的较低级别，以估算设备、材料和劳动力的成本，也可应用于 WBS 的最高级别进行估算。

2. 单价法

单价法是先估算单位成本。比如,计算每千瓦发电装机容量的投资费用,每千米、每件、每台或每吨产品的材料费用,每千瓦时的燃油成本,节能设备每运营 100 小时的节约费用,每安装一部电梯的初装成本,蒸汽管道每千米的温度损耗等。然后,采用估算的单位成本乘以相应的数量来估算项目总成本。

例如,假设需要一个房屋的初步估价,建设它的单价是每平方英尺[①]95 美元,知道房子大约有 2000 平方英尺,就可以估计出它的总成本为 95×2000 = 19 万美元。

单价法适用于初步的粗略估计,更高的估计精度需要更细致的方法才可以实现。

3. 要素法

要素法是对单价法的延伸,其估算思路是产品有些组成要素的成本可以直接估算,将它与单价法计算的其他组成要素成本相加,就可以求得产品的总成本。这个方法把成本和费用分为两大部分,公式如下:

$$C = \sum_d C_d + \sum_m f_m U_m \tag{2-20}$$

式中,C 表示估计成本;C_d 表示可直接估算的要素 d 的成本;f_m 表示要素 m 的单位成本;U_m 表示要素 m 的数量。

例如,假设需要估算一下 200 平方米的有两个门廊和一个车库的房子的成本。房子每平方米 8500 元,每个门廊 10 000 元,每个车库 8000 元,可以根据要素法计算出总成本估计值为

$$(10\ 000 \times 2) + 8000 + (8500 \times 200) = 172.8\ (万元)$$

当所要估计项目的复杂性不需要 WBS,但又包含不同的部分时,可以应用要素法。

2.6.2 参数成本估算

参数成本估算是参考历史数据,采用一定的统计方法来预测将来的成本。在早期设计阶段可以采用参数成本估算,根据一些重量、体积和功率等物理属性来了解项目的成本。参数模型输出的估计成本可用于衡量设计决策对总成本的影响。参数成本估算主要包含生产规模法、学习曲线模型、构建成本估算关系。

1. 生产规模法

生产规模法是工业厂房设备投资估算中经常使用的一种指数方法。该方法认为投资随着生产规模或生产能力的大小的一定指数而变化。公式如下:

[①] 1 平方英尺 = 9.290 304 × 10^{-2} 平方米。

$$C_A = C_B \left(\frac{S_A}{S_B}\right)^X \tag{2-21}$$

式中，C_A、C_B 分别表示拟建工程 A、已建工程 B 的投资；S_A、S_B 分别表示工厂拟建工程 A、已建工程 B 的生产能力；X 表示投资生产能力指数。

投资生产能力指数的取值取决于所估计的厂房或设备的类型。例如，对于核电站项目，$X = 0.68$；对于化石燃料发电站项目，$X = 0.79$。需要注意的是，$X<1$ 表示由于规模经济，新增单位产品成本减少；$X>1$ 表示规模不经济，即新增单位产品成本增加；$X=1$ 表示投资与规模呈线性关系。

2. 学习曲线模型

学习曲线也称为经验曲线或熟练曲线，是指在大批量生产过程中，用来表示单台（件）产品工时的消耗和连续累计产量之间的关系的一种变化曲线。累计产量的增加，意味着操作者生产制造熟练程度的提高，单台（件）产品工时消耗必然呈现下降趋势，这样就形成了一条工时递减的函数曲线。学习曲线由此而得名。

学习曲线是一种数学模型，用来解释通过重复生产某种商品或服务来提高工人效率和改善组织绩效的现象。它的基本原理是随着产量的增加，每单位产品需要的一些资源投入（如能源成本、劳动时间、材料成本、工程时间）会减少。大多数学习曲线都是基于这样一种假设：当生产的数量翻倍时，所需的工时消耗会以一定的百分比减少。式（2-22）可用于计算资源需求，假设每次产出数量翻倍时，投入的资源按一个持续的百分比减少。

$$Z_u = K(u^n) \tag{2-22}$$

式中，u 表示产出数量；Z_u 表示生产 u 单位的产出所需投入的资源数量；K 表示生产第一个产品所需投入的资源数量；$n = \dfrac{\log s}{\log 2}$ 是学习曲线指数，s 表示学习曲线斜率参数或学习比例（如 $s = 0.9$ 表示 90% 的学习曲线）。

例如，如果生产第一个产品需要 100 个劳动小时，假设是 90% 的学习曲线，那么生产第二个产品将需要 $100 \times 0.9 = 90$ 个劳动小时，同样，生产第四个产品将需要 $100 \times 0.9^2 = 81$ 个劳动小时，生产第八个产品需要 $100 \times 0.9^3 = 72.9$ 个劳动小时，以此类推。因此，90% 的学习曲线会导致产量每增加一倍，劳动时间就减少 10%。

学习曲线可以在坐标图上非常直观地表现出来，横轴表示学习次数，纵轴表示学习效果。

图 2-4 是某飞机厂的飞机构架加工制造的学习曲线。表 2-7 中所列的就是和图 2-4 对应的相关数据。表 2-7 中第 1 列表示产品生产累计数，第 2 列表示与这个累计台数相对应的单台产品直接人工工时。由于表 2-7 中的产品生产累计数都是按照一倍增加（翻一番），即累计产量为 2^n。这样单台产品直接人工工时按 20% 递减的规律就清楚地被显示出来。

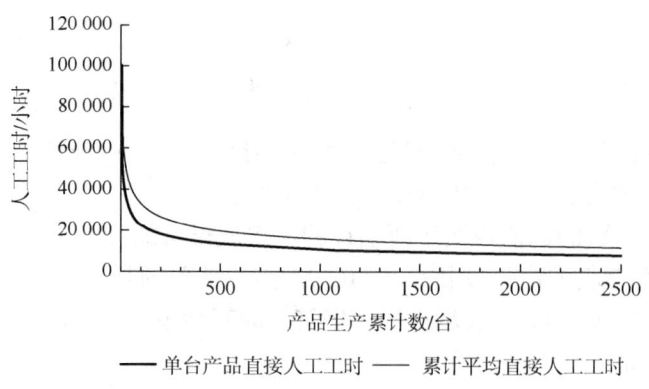

图 2-4　学习曲线图

表 2-7　飞机构架加工制造直接人工工时表

产品生产累计数/台	单台产品直接人工工时/小时	累计直接人工工时/小时	累计平均直接人工工时/小时	产品生产累计数/台	单台产品直接人工工时/小时	累计直接人工工时/小时	累计平均直接人工工时/小时
1	100 000	100 000	100 000	32	32 768	1 467 862	45 871
2	80 000	180 000	90 000	64	26 214	2 362 453	37 382
4	64 000	314 210	78 553	128	20 972	3 874 395	30 269
8	51 200	534 591	66 824	256	16 777	6 247 318	24 404
16	40 960	892 014	55 751	512	13 422	10 241 505	20 003

3. 构建成本估算关系

成本估算关系（cost estimating relationship，CER）是一个数学模型，它将工程项目的成本看作一个或多个设计变量的函数，利用历史数据求出变量和成本的关系式，代入所求项目的已知变量数值，得到所求的成本。CER 是一个非常有用的工具，它能够使估算人员更加便捷地进行成本估算。而且，可以使估算人员在缺乏产品详细资料的设计初期阶段即可做出成本估算。因此，工程师可以使用 CER 进行早期的设计决策，在满足技术与功能要求的同时，使产品成本更为合理。

建立 CER 有四个基本步骤：问题定义、数据收集和标准化、建立 CER 方程、模型验证和文档化。

1）问题定义

任何工程分析的第一步都是先定义拟解决的问题，在成本估算中可以用 WBS 来进行问题描述。

2）数据收集和标准化

数据收集和标准化是 CER 构建过程中最关键的一步。没有可靠的数据，用 CER 得到的成本估计数据将毫无意义。WBS 在数据收集阶段是一个很有用的工具，它可以用于数据整理，确保不会忽略任何因素。数据可以从内部和外部两个来源获得，过去同类项目的成本和公布的成本信息都是数据来源。数据收集好之后，需要在考虑通货膨胀、地理位置、劳动力比率等因素造成的差异后，对数据进行标准化。

3）建立 CER 方程

建立的 CER 方程应该可以准确地描述选定的成本动因和项目成本之间的关系。表 2-8 列出了在 CER 开发中常用的四种方程形式。在这些方程中，b_0、b_1、b_2 和 b_3 都是常数，而 x_1、x_2、x_3 代表设计变量。

表 2-8　常见的 CER 方程形式

关系类型	一般方程
线性关系	$\text{cost} = b_0 + b_1 x_1 + b_2 x_2 + b_3 x_3 + \cdots$
幂关系	$\text{cost} = b_0 + b_1 x_1^{b_1} + b_2 x_2^{b_2} + b_3 x_3^{b_3} + \cdots$
对数关系	$\text{cost} = b_0 + b_1 \log x_1 + b_2 \log x_2 + b_3 \log x_3 + \cdots$
指数关系	$\text{cost} = b_0 + b_1 e^{b_1 x_1} + b_2 e^{b_2 x_2} + b_3 e^{b_3 x_3} + \cdots$

在确定适合的 CER 方程形式时，一种简单但非常有效的方法是绘制数据。如果数据在常规的图表上是直线，表明是线性关系；如果是一条曲线，可以尝试在半对数坐标纸或复对数坐标纸上绘制数据，如果在半对数坐标纸上生成一条直线，那么应该是对数或指数关系；如果在复对数坐标纸上生成一条直线，那么这个关系就是一个幂关系。

一旦确定了 CER 的基本方程形式，下一步就是确定 CER 方程中系数的值。求解系数值最常用的方法是最小二乘法。该方法试图确定一条直线，可以使得实际数据与预测值的总偏差最小，这条线代表的就是 CER。

表 2-8 中所有的方程形式都可以很容易地转化为线性形式。在简单线性方程 $y = b_0 + b_1 x$ 中，系数 b_0 和 b_1 的值可以用以下公式计算：

$$b_1 = \frac{n \sum_{i=1}^{n} x_i y_i - \sum_{i=1}^{n} x_i \sum_{i=1}^{n} y_i}{n \sum_{i=1}^{n} x_i^2 - \left(\sum_{i=1}^{n} x_i \right)^2}$$

$$b_0 = \frac{\sum_{i=1}^{n} y_i - b_1 \sum_{i=1}^{n} x_i}{n}$$

式中，n 表示数据样本的数目。

4）模型验证和文档化

CER 方程建立后，需要进行模型验证，可以使用统计中的"拟合优度"进行度量，如标准误差和相关系数等。另外，CER 模型的文档记录对于 CER 的未来使用也非常重要，文档中应该包含用于构建 CER 的数据和将数据标准化的程序。

标准误差（standard error，SE）的计算公式为

$$\text{SE} = \sqrt{\frac{\sum_{i=1}^{n}(y_i - \text{cost}_i)^2}{n-1}}$$

式中，$cost_i$ 表示通过 CER 使用数据 i 的自变量值预测的成本；y_i 表示实际成本。SE 的值越小越好。

相关系数（R）衡量实际数据点与回归线的接近程度。简单来说，它就是解释偏差与总偏差的比率。

$$R = \frac{\sum_{i=1}^{n}(x_i - \bar{x})(y_i - \bar{y})}{\sqrt{\sum_{i=1}^{n}(x_i - \bar{x})^2}\sqrt{\sum_{i=1}^{n}(y_i - \bar{y})^2}}$$

式中，$\bar{x} = \frac{1}{n}\sum_{i=1}^{n}x_i$；$\bar{y} = \frac{1}{n}\sum_{i=1}^{n}y_i$。$R$ 的正负号将与回归线的斜率 b_1 的符号相同。R 值接近于 1 或 –1 是可取的，因为它们表示了因变量和自变量之间的强线性关系。

一般来说，在其他条件相同的情况下，应该选择拟合优度较好的 CER。

CER 有很多优点：首先，使用快捷；其次，CER 通常只需要很少的详细信息，因此可以在设计过程的早期使用 CER；最后，如果能通过良好的历史数据建立正确的模型，CER 会是一个很好的成本预测方法。

2.7 案例分析

A 光伏发电项目建设投资估算

A 光伏发电项目的规划装机容量为 50 兆瓦，建成后并入当地地区电网。项目建设工期为 1 年，经营期为 25 年。资本金的使用是按照项目投资的 20%，其余构成是国内银行贷款。该项目国内融资贷款利率取 6.55%，贷款年限为 10 年，基本预备费率为 3%。建设投资主要数据如表 2-9 所示。

表 2-9　A 光伏发电项目建设投资估算表

序号	工程或费用名称	设备购置费/万元	建筑安装工程费/万元	其他费用（合计）/万元	合计/万元
1	施工辅助工程		64.35		64.35
1.1	施工交通工程				
1.2	施工供电工程		10.50		10.50
1.3	施工供水工程		6.00		6.00
1.4	其他施工辅助工程		47.85		47.85
2	机电设备及安装工程	27 928.05	4 749.94		32 677.99
2.1	发电设备及安装工程	25 421.78	4 509.92		29 931.70
2.2	变电设备及安装工程	711.08	70.64		781.72
2.3	控制保护设备及安装工程	393.97	35.60		429.57
2.4	其他设备及安装工程	338.85	133.78		472.63
2.5	农业产业园工程设备工程	1 062.37			1 062.37

续表

序号	工程或费用名称	设备购置费/万元	建筑安装工程费/万元	其他费用（合计）/万元	合计/万元
3	建筑工程		6 946.09		6 946.09
3.1	发电设备基础工程		5 089.03		5 089.03
3.2	变电站基础工程		41.86		41.86
3.3	房建工程		509.57		509.57
3.4	交通工程		255.73		255.73
3.5	其他		130.00		130.00
3.6	农业产业园工程		919.90		919.90
4	其他费用			4 550.19	4 550.19
4.1	项目建设用地费			997.15	997.15
4.2	项目建设管理费			2 091.57	2 091.57
4.3	生产准备费			417.65	417.65
4.4	勘察设计费			1 043.82	1 043.82
4.5	其他税费				
5	基本预备费				1 327.16
6	价差预备费				

问题：
1. 项目总投资包含哪几部分？
2. 建设期利息的计算有哪几种方法？区别是什么？
3. 按照最常用的建设期利息计算方法，该项目的建设期利息是多少？

本 章 小 结

本章主要讨论建设项目现金流量分析，分别介绍了现金流入、现金流出的各项构成及含义，以及它们之间的关系。现金流出主要包含投资、成本、税金，现金流入主要包含营业收入、期末回收的固定资产残值和流动资金。通过本章的学习，应掌握以下几方面内容：①建设项目现金流量的构成；②各项构成的基本估算方法；③净现金流量的计算。

思考题

1. 建设项目总投资由哪几部分组成？
2. 总成本费用由哪几部分组成？各部分包括哪些项目？
3. 总成本费用和经营成本费用有什么区别？
4. 什么是现金流量、净现金流量？工业企业中常见的现金流出和现金流入分别有哪些？
5. 解释固定资产原值、固定资产净值及固定资产残值的含义。
6. 固定成本和可变成本有什么区别？分别由哪些费用组成？

7. 固定资产折旧有几种方法？怎样计算？
8. 什么是税金及附加？
9. 什么是所得税？
10. 综合成本估算主要有哪几种方法？

练习题

1. 某设备原值为 16 000 元，残值为零，使用年限为 5 年，用双倍余额递减法计算的第 4 年折旧额为（　　）。
   A. 1728　　　　　B. 2304　　　　　C. 1382　　　　　D. 3200

2. 项目的经营成本的计算公式为（　　）。
   A. 总成本费用−折旧费−摊销费−人工工资
   B. 总成本费用−销售税金及附加−人工工资
   C. 总成本费用−折旧费−摊销费−利息支出
   D. 总成本费用−销售税金及附加−所得税

3. 专有技术、专利权属于（　　）。
   A. 递延资产　　　B. 无形资产　　　C. 固定资产　　　D. 流动资产

4. 一家新能源企业年营业收入为 5000 万元，总成本费用为 3500 万元，其中折旧费为 500 万元，摊销费为 100 万元，利息支出为 15 万元。税金及附加为 250 万元，所得税税率为 25%。试从项目投资角度，计算年净现金流量为多少万元。

5. 一家石油生产公司购买了一台钻井设备，设备原值是 60 000 美元，使用年限是 14 年，使用寿命期末的设备残值为 12 000 美元，用以下方法计算折旧。
（1）直线折旧法。
（2）年数总和法。
（3）双倍余额递减法。

6. 某新能源项目，建设投资第一年为 4184 万元，第二年为 6973 万元，第三年为 2780 万元，假设投资全部借款，利率为 6%，分别按年初法、年中法计算建设期利息。

7. 一口新油井的管道系统的购买价格是 50 000 美元。假设残值是 0，折旧年限是 7 年，应用年数总和法计算每年折旧额。如果 5 年后，该井需要关闭，管道系统可以销售 10 000 美元，该公司是否有应税收入？如果有，应税收入是多少？

8. 某新能源项目第 1 年和第 2 年各有建设投资 2000 万元，第 2 年投入流动资金 100 万元并当年达产，每年有销售收入 2400 万元，生产总成本为 1700 万元，折旧费为 350 万元，项目寿命期共 10 年，期末有固定资产残值 300 万元，并回收全部流动资金。试求各年净现金流量，并做现金流量图。

9. 某投资项目预计年销售收入为 6500 万元，年成本构成如表 2-10 所示，其中财务费用就是利息支出。每年取得的进项增值税发票中增值税总额为 150 万元，销项增值税税率为 10%，流转税包括增值税和消费税，项目每年需要缴纳消费税 150 万元。城乡建设维护税和教育费附加的税率分别为 7% 和 3%，所得税税率为 25%。

计算：（1）所得税。

（2）经营成本。

（3）净收益。

表 2-10　年成本构成　　　　　　　　　　　　　单位：万元

直接费用	制造费用	管理费用	营业费用	财务费用	折旧费	摊销费
1100	500	1500	500	50	250	100

延伸阅读

陈小波，张媛媛，崔平. 2020. 基于 SVR 的工程建设项目快速投资估算方法研究. 工程管理学报，34（1）：143-148.

谢琨，樊允路，李国俊. 2020. Y 公司基于哈佛框架的光伏电站项目财务分析. 财务与会计，(11)：75.

He Y X, Liu W Y, Jiao J, et al. 2016. Evaluation method of benefits and efficiency of grid investment in China: a case study. The Engineering Economist, (12): 66-86.

第 3 章

资金的时间价值

远离非法校园贷

A 某是某高校在校生，因为借非法校园贷被催债，上大学不久，就通过网络贷借了 3000 元，从此掉入陷阱。这 3000 元分九个月还，每个月利息大概 100 元，相当于年息 40%，已经属于高利贷。

A 某在还款过程中，利息从月息 10% 涨到月息 50%，还款周期从一月一还，缩短到一周一还，等于贷款利率从月息 10% 涨到了周息 50%，相当于年息 2600%。

也就是说，按照这样的利率，如果贷款 1 万元，一年仅利息就得还 26 万元。越还越多的利息压得 A 某喘不过气来，只能用贷款还贷款，陷入了恶性循环。后来 A 某又找了三位同学帮他借校园贷，借款利率相当于两周利率为 233.33%，年利率为 6066.67%！也就是说，如果借 1 万元，一年要还 60 多万元的利息！这三位同学中，因 A 某无法按期还钱，一人被散发传单公开侮辱，两人被催债人非法扣押并遭到殴打。

接到报警后，警方迅速展开调查并抓捕了 L 某等三名犯罪嫌疑人，2018 年 7 月 25 日，B 市法院对 L 某等三人非法拘禁借贷者一案做出了判决。

2019 年 7 月，最高人民法院会同最高人民检察院、公安部、司法部联合制定印发了《关于办理非法放贷刑事案件若干问题的意见》，明确规定非法放贷行为属于非法经营罪，并于 2019 年 10 月 21 日起实施。

非法校园贷以互联网金融和社交工具为平台，锁定在校学生为诈骗对象，让大学生一经借贷便深陷其中。很多人借贷的目的是用于个人高消费项目，盲目攀比、爱慕虚荣，显然这样的人更容易受到非法校园贷的侵害。作为大学生，应该树立正确的人生观、价值观、消费观，只有这样，才能彻底铲除非法校园贷赖以生存的土壤。

不管是企业、家庭，还是个人，如果需要筹资，一定要通过合法、正规的渠道。

看完这个引例也请思考两个问题。

1. 在这个案例中提到"周息 50%，相当于年息 2600%"，那么年实际增值率是否就是 2600% 呢？

2. "两周利率为 233.33%，年利率为 6066.67%"，那么年实际增值率是否就是 6066.67%呢？

带着这两个问题，开始本章的学习。

3.1 资金时间价值概述

3.1.1 资金时间价值的含义

资金时间价值，是指资金投入到生产或流通领域，在时间推移中的增值能力。

将资金投入到生产领域，随着时间的推移，投资者可以获得利润；将资金投入到金融领域，随着时间的推移，投资者可以获得利息，所以利润和利息是资金时间价值的基本形式，也是衡量资金时间价值的基本尺度。

对资金时间价值概念的理解和应用，可以促进投资者更好地利用资金。在投资时，不仅要关注一个经济活动投入和产出的金额，还要关注每一笔投入和产出发生的时间，这对于提高投资决策的科学性，促进整个社会重视货币资金有效利用等都具有重要意义。

3.1.2 利息与利率的计算

1. 利息

利息是指占用资金使用权所付出的代价或放弃资金使用权所获得的报酬，它是衡量资金时间价值的绝对尺度。

利息的大小与利率、时间、本金有关。利率越高、时间越长、本金越大，则利息越多，反之，利息越少。

2. 利率

利率是指单位时间内所得到的利息额与本金之比，通常以百分数表示，它是衡量资金时间价值的相对尺度。其计算公式为

$$i=\frac{I}{P}\times 100\% \tag{3-1}$$

式中，i 表示利率；I 表示单位时间内的利息；P 表示本金。

利率按其每次计息时间的长短可以分为年利率、季利率、月利率、周利率、日利率等。

3. 利息计算的几个概念

本金：投资者之所以可以获得利息，是因为他具有一定数量的资金。用来获利的原始资金叫作本金，也称为本钱。对于银行来说，本金就是其借贷资金；对于工程项目来说，本金就是项目的总投资。

计息期：计算利息的整个时期。对于借贷项目来说，计息期就是存款期或贷款期；对

于工程项目来说,计息期就是其寿命期。

计息周期:计算一次利息的时间单位,即多长时间计算一次利息。计息周期的单位可以是年、半年、季、月、周或日等,通常用年或月来表示。

计息次数:根据计息周期和计息期所求得的计息次数,一般用 n 表示。若以季度为计息周期,则一年计息次数 $n=4$ 次,四年计息次数 $n=4\times4=16$ 次。若以年为计息周期,即一年计息次数 $n=1$ 次,六年计息次数 $n=6$ 次。

4. 利息的计算

利息的计算方法有单利法和复利法之分。

1)单利法

单利法,就是在计算利息时,只有本金计息,利息不再计息。此时,利息的大小与本金、利率、计息期成正比。若以 P 表示本金,i 表示计息周期内的利率,n 表示计息次数,F 表示本利和,I 表示计息期内总利息额,则单利法计算每期本利和的过程如表 3-1 所示。

表 3-1 单利法计算本利和的过程

计息期/年	期初欠款	当期利息	期末本利和
1	P	Pi	$P+Pi=P(1+i)$
2	$P(1+i)$	Pi	$P(1+i)+Pi=P(1+2i)$
3	$P(1+2i)$	Pi	$P(1+2i)+Pi=P(1+3i)$
…	…	…	…
n	$P[1+(n-1)i]$	Pi	$P[1+(n-1)i]+Pi=P(1+ni)$

所以:

$$F=P(1+ni) \tag{3-2}$$

$$I=Pni \tag{3-3}$$

可见,单利法的计算特点是:每个计息周期内所得的利息相同。若以年为计息周期,只要本金不变,第一年、第二年以及第 n 年所计算的利息都是相同的。

2)复利法

复利法,是指在计算利息时,不仅本金要计息,而且利息还要计息,俗称"利滚利"。在计息时,第一年以本金为基础,第二年以本金与第一年的利息额之和为基础,以此类推,越滚,本金越大,利息越多。

若仍以 P 表示本金,i 表示计息周期内的利率,n 表示计息次数,F 表示本利和,I 表示计息期内总利息额,则复利法计算每期本利和的过程如表 3-2 所示。

表 3-2 复利法计算本利和的过程

计息期/年	期初欠款	当期利息	期末本利和
1	P	Pi	$P+Pi=P(1+i)$
2	$P(1+i)$	$P(1+i)i$	$P(1+i)+P(1+i)i=P(1+i)^2$

续表

计息期/年	期初欠款	当期利息	期末本利和
3	$P(1+i)^2$	$P(1+i)^2 i$	$P(1+i)^2 + P(1+i)^2 i = P(1+i)^3$
...	...	...	...
n	$P(1+i)^{n-1}$	$P(1+i)^{n-1} i$	$P(1+i)^n$

由表 3-2 可以看出：

$$F = P(1+i)^n \tag{3-4}$$

$$I = P[(1+i)^n - 1] \tag{3-5}$$

例 3-1 某新能源项目年初向银行贷款 1000 万元，若贷款年利率为 5%，一年计息一次，贷款期为 5 年，试分别用单利法和复利法计算到期后企业应付的本利和及利息。

解：根据题意得 $P = 1000$ 万元，$i = 5\%$，$n = 5$。

（1）单利法

$$F = P(1+ni) = 1000 \times (1 + 5 \times 5\%) = 1250 （万元）$$

$$I = Pni = 1000 \times 5 \times 5\% = 250 （万元）$$

（2）复利法

$$F = P(1+i)^n = 1000 \times (1+5\%)^5 = 1276.282 （万元）$$

$$I = P[(1+i)^n - 1] = 1000 \times [(1+5\%)^5 - 1] = 276.282 （万元）$$

复利法每年计算利息的基数逐渐增加，所以单利法计算出来的利息永远不会大于复利法计算出来的利息。复利法可以更充分地反映资金的时间价值，所以在工程经济评价中，一般都采用复利法来计算利息。

在 Excel 中，可以用 FV 函数计算 F，如例 3-1，可在 Excel 中输入公式"= FV(5%, 5, 0, –1000)"，即可得到 F 的值为 1276.282 万元。

5. 利率的计算

李某有 10 万元闲散资金想要进行投资，目前面临两个选择：A、B 两个金融机构年利率都是 12%，A 机构计息周期为年，B 机构计息周期为季度。两个投资机会的投资风险相同，投资年限相同，请问他该选择投资给哪一个金融机构呢？

在这个例子中，B 机构虽然给定年利率是 12%，但是按季度计息，每季度都会产生一部分新的利息作为下一季度的计息基数，一年下来，实际增值率应该超过了 12%，所以对于 B 机构，年利率 12%只是名义上的利率，实际增值率不止于此。B 机构的年实际增值率，是 B 机构的年有效利率。

1）有效利率

有效利率就是本金在一年中增加的百分数。如果你投资于银行，或从贷款机构借钱，利率典型地以年为基础来定义。有些情况下，计息周期是比年小的时间单位（季、月），这种情况下会导致有效利率与公示的年利率是不同的。

例 3-2 投资 1000 万元于某项目，年利率为 12%，用复利法计算，按月计息。在一年末将得到多少本利和？

解：年利率是 12%，因为每月复利计息，需要计算月利率为

$$i_{月} = \frac{12\%}{12} = 1\%$$

根据题意可知，$P = 1000$，$i_{月} = 1\%$，$n = 12$ 个月，可得

$$F = 1000 \times (1+1\%)^{12} = 1126.83（万元）$$

也就是说，一年后的本利和为 1126.83 万元，有效利率为 12.683%，大于名义利率 12%。

如果将每月计息改为每年计息，则一年末的本利和为

$$F = 1000 \times (1+12\%)^1 = 1120（万元）$$

此时，有效利率为 12%，与名义利率相同。

年名义利率与年有效利率的关系推导如下。

以 i 表示年有效利率，r 表示年名义利率，m 表示一年中的计息次数，则每个周期的利率为 r/m。

根据复利公式，年末本利和为

$$F = P\left(1+\frac{r}{m}\right)^m \tag{3-6}$$

式（3-6）两边分别减去本金 P，即可得一年中的利息额为

$$I = F - P = P\left[\left(1+\frac{r}{m}\right)^m - 1\right] \tag{3-7}$$

式（3-7）两边分别除以本金 P，即利息与本金之比，可得年有效利率：

$$i = \left(1+\frac{r}{m}\right)^m - 1 \tag{3-8}$$

根据年名义利率和年有效利率的关系可以发现，只要计息周期是比年小的时间单位，即一年中的计息次数 m 大于 1，年有效利率一定大于年名义利率，且计息周期越小，计息次数越多，二者差别越大；当且仅当一年中的计息次数 m 等于 1，即按年计息时，年有效利率才等于年名义利率。

例 3-2 中，我们可以求出其年有效利率为

$$i = \left(1+\frac{r}{m}\right)^m - 1 = \left(1+\frac{12\%}{12}\right)^{12} - 1 = 12.68\%$$

以名义利率为 15% 为例，不同计息周期的有效利率如表 3-3 所示。

表 3-3 计息周期对有效利率的影响

计息周期	计息次数	计息周期利率（r/m）	年有效利率
年	1	15.00%	15.00%
半年	2	7.50%	15.56%
季	4	3.75%	15.87%
月	12	1.25%	16.08%

续表

计息周期	计息次数	计息周期利率（r/m）	年有效利率
周	52	0.29%	16.16%
日	365	0.04%	16.18%
无限小	∞	无限小	16.183%

由此可见，一年中的计息次数越多，年名义利率与年有效利率二者之差越大。

例 3-3 某银行在报纸登广告："今天投资 10 000 元，利率为每年 8.5%，通过每天复利计息，每年可获得 8.87%的资金增值。"你认为这个说法是正确的吗？

解：已知 $r = 8.5\%$，$m = 365$，则 $i = \left(1 + \dfrac{8.5\%}{365}\right)^{365} - 1 = 8.87\%$，即有效利率是 8.87%。因此，这个说法是正确的。

在进行资金时间价值计算时，我们必须使用有效利率进行计算。

2）实际利率

实际利率就是不考虑价格波动，即预期价格不变时所指的利率，它不含通货膨胀因素。实际利率有两种计算方法。

第一种是比较简单但较为粗略的方法：

$$\text{实际利率} = \text{名义利率} - \text{通货膨胀率} \quad (3\text{-}9)$$

第二种是较为精确的方法：

$$\text{实际利率} = \frac{1 + \text{名义利率}}{1 + \text{通货膨胀率}} - 1 \quad (3\text{-}10)$$

式（3-10）变形后可以得出 $\text{实际利率} = \dfrac{\text{名义利率} - \text{通货膨胀率}}{1 + \text{通货膨胀率}}$，因此精确计算法所得的实际利率要小一些，原因是精确计算法既考虑了由通货膨胀造成的本金购买力的贬值，也考虑了利息购买力的贬值。

例 3-4 有一笔 100 万元的贷款，期限为一年，名义利率为 10%，通货膨胀率为 8%，求实际利率是多少？

解：按第一种方法计算，实际利率为 $10\% - 8\% = 2\%$。

按第二种方法计算，实际利率为 $\dfrac{1 + 10\%}{1 + 8\%} - 1 = 1.85\%$。

名义利率大于通货膨胀率时，实际利率为正值；名义利率等于通货膨胀率时，实际利率为零；名义利率小于通货膨胀率时，实际利率为负值。

3.2 资金等值计算

3.2.1 资金等值的含义

因为资金时间价值的存在，不同时点上金额相等的资金，价值是不等的，同样，也是因为资金时间价值的存在，不同时点上金额不同的两笔资金，可能具有相等的价值，这个关系就叫作资金等值。

资金等值在工程经济分析中是一个非常重要的概念。在对单方案进行经济分析时，必须把发生在不同时点的资金换算到同一时点，才能进行经济效益指标的计算，评价其是否具有较好的经济效益。对不同方案进行比较时，必须运用资金等值原理把各个方案发生在不同时点上的现金流量换算为相同时刻的资金金额，这样才能够进行计算、比较和选择。

3.2.2 资金等值的计算公式

1. 现金流量图

在经济分析中，现金流量以许多不同的情形发生。收益也许会在项目的寿命期末发生（如在第 3 年末把本金和全部累计利息一起从金融机构收回），也许会在项目的寿命期内定期地收到（如开一家咖啡店，每天都有一定的收入）。在对项目的经济可行性进行评价之前，需要应用资金等值原理将各方案的现金流量都算到同一个时间点，实现科学决策的目的。

首先定义几个符号：P 表示资金的现值之和（present sum of money，也称为现值）；F 表示资金的将来值之和（future sum of money，也称为终值）；A 表示每个周期末的现金支付或收入，它是一系列连续等额发生的支付或收入；i 表示利率；n 表示计息次数。

现金流量图的画图步骤如下。

（1）画一条水平轴线，在该轴线上画出等分间隔，每一个等分段代表一个时间期限；将始点定为零点，表示投资过程的开始时刻，沿轴线自左向右对每一等分间隔点依次连续编号（注意：其中编号"n"表示第 n 期的期末点，也就是第 $n+1$ 期的期初）。

（2）垂直于水平轴线画箭头线，表示在该时点上的资金流动情况。箭头的方向也代表了资金流动的方向：箭头线向上表示现金流入，即正的现金流量；箭头线向下表示现金流出，即负的现金流量。此外，箭头线的长短代表了资金额的大小，箭头线越长，代表这一笔现金流量的资金额越大，然后在箭头附近标明资金额。

（3）在图上标明利率。

例如，项目初始投资是 2000 万元，此后五年每年末收到 600 万元的收益，我们可以画出现金流量图，如图 3-1 所示。

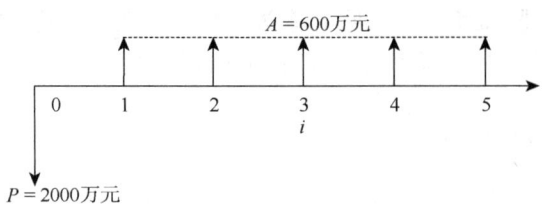

图 3-1　投资者角度的现金流量图

在现金流量图中，水平线表示时间标度（time scale），箭头线表示每周期末的现金流。

注意现金流量图所代表的角度问题。站在投资者的角度，图 3-1 表示初始投资是 2000 万元，1~5 年每年末收入 600 万元。站在借款者的角度，现金流量的方向刚好反过来，现金流量图如图 3-2 所示。

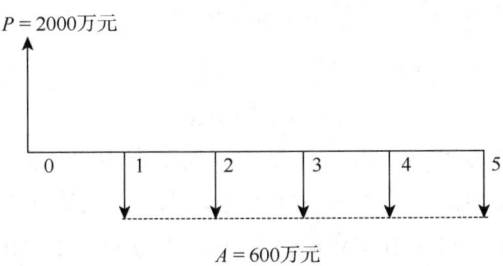

图 3-2　借款者角度的现金流量图

2. P 与 F 的关系

1）一次支付复利公式

已知本金为 P，利率为 i，求 n 期末的本利和 F 为多少？其现金流量如图 3-3 所示。

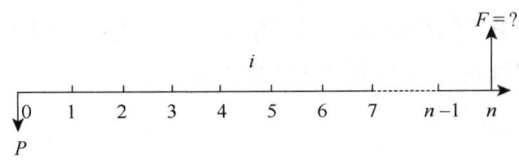

图 3-3　已知 P 求 F

根据复利公式可知，n 期后的将来值 F 为

$$F = P(1+i)^n \tag{3-11}$$

式（3-11）叫作一次支付复利公式，也叫复利终值公式，式中 $(1+i)^n$ 为一次支付复利系数，其经济意义为：现在的一元钱按利率 i 复利计息，在 n 年后可得到 $(1+i)^n$ 元钱，即一元钱的复利本利和。系数可以用符号形式 $(F/P,i,n)$ 来表示，式（3-11）也可写为

$$F = P(F/P,i,n) \tag{3-12}$$

如果已知 i、n 的值，就可计算出一次支付复利系数 $(1+i)^n$ 的值，在实际工作中，可以直接查相应的复利系数表。本书附录中列出了几个常用的利率在不同时期的复利系数，计算时可根据需要进行查找。

2）一次支付现值公式

已知 n 期末本利和为 F，利率为 i，求本金 P 为多少？其现金流量如图 3-4 所示。

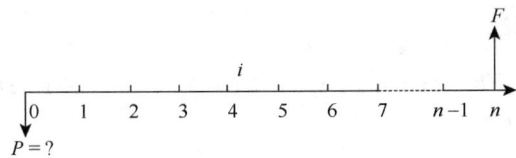

图 3-4　已知 F 求 P

由式（3-11）得

$$P = F\frac{1}{(1+i)^n} \quad (3\text{-}13)$$

式（3-13）叫作一次支付现值公式，也叫复利现值公式，式中 $\frac{1}{(1+i)^n}$（或 $(1+i)^{-n}$）称为折现系数，也叫一次支付现值系数，可以写成 $(P/F, i, n)$，式（3-13）也可写为

$$P = F(P/F, i, n) \quad (3\text{-}14)$$

例 3-5 现在投资 10 000 元，按年计息，年利率为 10%，五年后会得到多少本利和？

解：已知 $P = 10\,000$ 元，$i = 10\%$，$n = 5$ 年，求 F。由式（3-11）可直接求得

$$F = 10\,000 \times (1+10\%)^5 = 10\,000 \times 1.610\,51 = 16\,105.1\,（\text{元}）$$

例 3-6 某风电厂拟在 5 年后积累到 2 000 000 元更新现有设备，利率为 10%，问现在应该投资多少钱？

解：已知 $F = 2\,000\,000$ 元，$i = 10\%$，$n = 5$ 年，求 P。由式（3-13）得

$$P = F\frac{1}{(1+i)^n} = 2\,000\,000 \times \frac{1}{(1+10\%)^5} = 1\,241\,843\,（\text{元}）$$

现在需要投资 1 241 843 元。

在 Excel 中，可以用 PV 函数计算 P，如例 3-6，可在 Excel 中输入公式"= PV(10%, 5, 0, –2 000 000)"，即可得到现在应该投资 1 241 843 元。

3. A 与 F 的关系

1）年金终值公式

已知连续 n 期每期期末的等额支付为 A，利率为 i，求 n 期末的本利和 F 为多少？其现金流量如图 3-5 所示。

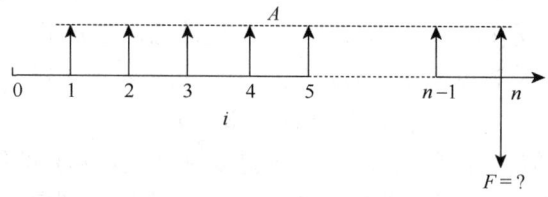

图 3-5 已知 A 求 F

可以把 n 笔 A 分别看成 n 笔现值，根据复利终值公式可以写出

$$F = A(1+i)^{n-1} + A(1+i)^{n-2} + \cdots + A \quad ①$$

①式两边分别乘以 $(1+i)$ 得

$$F(1+i) = A(1+i)^n + A(1+i)^{n-1} + \cdots + A(1+i) \quad ②$$

②式减①式整理得到

$$F(1+i) - F = A(1+i)^n - A \quad ③$$

因此，

$$F = A\frac{(1+i)^n - 1}{i} \tag{3-15}$$

也可以写为

$$F = A(F/A, i, n) \tag{3-16}$$

例 3-7 如果每年末投资 10 000 元，投资年利率为 6%，第 5 年末的本利和为多少？

解：已知 $A = 10\,000$ 元，$n = 5$ 年，$i = 6\%$，可得

$$F = A\frac{(1+i)^n - 1}{i} = 10\,000 \times \frac{(1+6\%)^5 - 1}{6\%} = 56\,371\,(\text{元})$$

第五年末的本利和为 56 371 元。

在 Excel 中，可以用 FV 函数计算 F，如例 3-7，可在 Excel 中输入公式 "= FV(6%, 5, –10 000, 0)"，即可得到 F 为 56 371 元。

2) 等额支付系列偿债基金公式

已知期末的支付为 F，利率为 i，求 n 期每期期末 A 为多少？由式（3-15）可以推导得出

$$A = F\frac{i}{(1+i)^n - 1} \tag{3-17}$$

现金流量如图 3-6 所示。

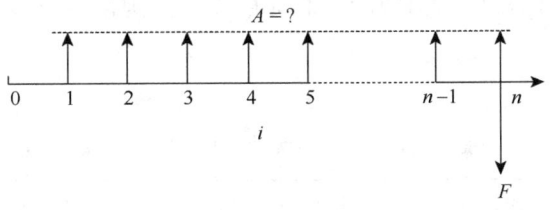

图 3-6 已知 F 求 A

式（3-17）也可以写为

$$A = F(A/F, i, n) \tag{3-18}$$

例 3-8 李明希望在大学毕业后购买一套价值 150 万元的房子，五年后需要 20% 的首付。李明的父母给他 10 万元作为毕业礼物，如果李明以 6% 的利率投资这笔资金，利率不变的情况下，他每年要追加投资多少才能在五年末攒够所需的 20% 首付？

解：已知 $F = 150 \times 20\% = 30$ 万元，$P = 10$ 万元，$i = 6\%$，$n = 5$ 年。

在该例中，李明在第一年投资了 10 万元，加上每年的追加投资，他要在第五年末获得 30 万元，现金流量图如图 3-7 所示。

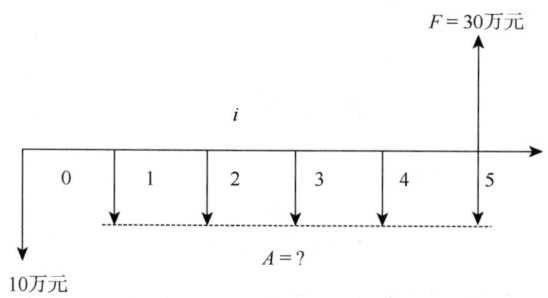

图 3-7　例 3-8 现金流量图

第一步，计算 10 万元在五年后的终值为
$$F_1 = P(1+i)^n = 10 \times (1+6\%)^5 = 13.382（万元）$$
第二步，计算每年追加投资的终值为
$$F_2 = 30 - 13.382 = 16.618（万元）$$
第三步，计算每年的投资额为
$$A = F\frac{i}{(1+i)^n - 1} = 16.618 \times \frac{6\%}{(1+6\%)^5 - 1} = 2.948（万元）$$
即李明还需要每年末再投资 2.948 万元。

在 Excel 中，可以用 PMT 函数计算 A，如例 3-8，可先在 Excel 中用 FV 函数求出 $F_1 = 13.382$，然后代入公式"= PMT(6%, 5, 0, –16.618)"，即可得到每年应该投资 2.948 万元。

4. A 与 P 的关系

1）等额支付系列现值公式

已知每周期末支付为 A，利率为 i，求 n 期支付的现值 P 为多少？现金流量如图 3-8 所示。

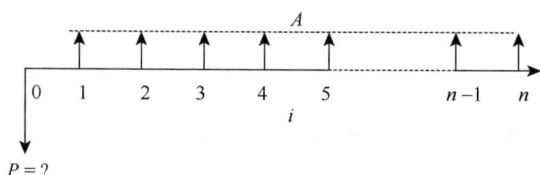

图 3-8　已知 A 求 P

由公式 $F = P(1+i)^n$ 和 $F = A\dfrac{(1+i)^n - 1}{i}$ 得

$$P(1+i)^n = A\frac{(1+i)^n - 1}{i} \tag{3-19}$$

整理得到

$$P = A\frac{(1+i)^n - 1}{i(1+i)^n} \tag{3-20}$$

式（3-20）称为等额支付系列现值公式，也叫作年金现值公式，式中 $\frac{(1+i)^n-1}{i(1+i)^n}$ 为等额资金恢复系数或年金现值系数，可以写作 $(P/A,i,n)$。

式（3-20）也可以写成

$$P = A(P/A,i,n) \tag{3-21}$$

例 3-9 如果李某希望在未来的 10 年内，每年末可以收回 20 000 元，投资年利率为 8%，复利计息，问李某现在应该投资多少钱？

解：已知 $A = 20\,000$ 元，$n = 10$ 年，$i = 8\%$，可得

$$P = A\frac{(1+i)^n-1}{i(1+i)^n} = 20\,000 \times \frac{(1+8\%)^{10}-1}{8\% \times (1+8\%)^{10}} = 134\,202 \text{（元）}$$

李某现在需要投资 134 202 元才能在以后的十年内每年获得 20 000 元。

在 Excel 中，可以用 PV 函数计算 P，如例 3-9，可在 Excel 中输入公式 "= PV(8%, 5, –20 000, 0)"，即可得到现在应该投资 134 202 元。

2）等额支付系列资金回收公式

等额支付系列资金回收公式又称为资金恢复公式。与等额支付系列现值公式正好相反，若现值为 P，利率为 i，求连续 n 期每期期末的等额支付值 A。其经济意义为在利率为 i 的情况下，企业向银行贷款进行投资，投产后用逐年的利润均衡偿还贷款，如按协定要在 n 年内全部偿清，每年应该偿还多少？现金流量图如图 3-9 所示。

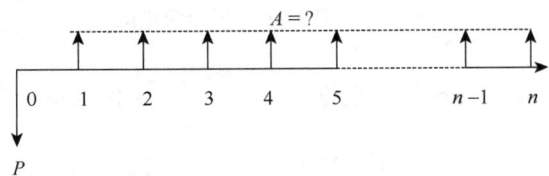

图 3-9　已知 P 求 A

由式（3-20）得

$$A = P\frac{i(1+i)^n}{(1+i)^n-1} \tag{3-22}$$

式（3-22）称为等额支付系列资金回收公式，也叫资金恢复公式，式中 $\frac{i(1+i)^n}{(1+i)^n-1}$ 为等额资金恢复系数，可以写作 $(A/P,i,n)$。式（3-22）可写为

$$A = P(A/P,i,n) \tag{3-23}$$

例 3-10 某企业拟投资 1000 万元建设一个新能源项目，期望投资收益率为 12%，如果每年末获得等额收益，项目寿命期为 5 年，则年收益至少达到多少才能达到期望的投资收益率？

解：已知 $P = 1000$ 万元，$n = 5$ 年，$i = 12\%$，可得

$$A = P\frac{i(1+i)^n}{(1+i)^n-1} = 1000 \times \frac{12\% \times (1+12\%)^5}{(1+12\%)^5-1} = 277.409（万元）$$

年收益至少要达到 277.409 万元。

在 Excel 中，可以用 PMT 函数计算 A，如例 3-10，可在 Excel 中输入公式 "= PMT(12%, 5, −1000, 0)"，即可得到收益应至少达到 277.409 万元。

例 3-11 某能源公司以 1000 万元购买了一台设备。设备的使用每年可以带来 250 万元的收益。如果公司的基准投资收益率为 15%，4 年后该设备最低应以什么价格出售？

解：已知 $P = 1000$ 万元，$A = 250$ 万元，$i = 15\%$，$n = 4$ 年，可以画出现金流量图，如图 3-10 所示。

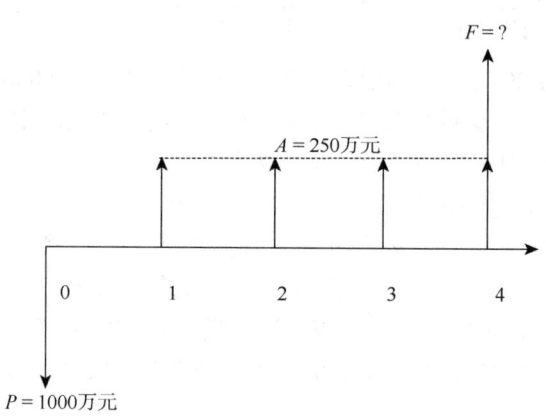

图 3-10 例 3-11 的现金流量图

计算每年 250 万元收益的现值，根据 $P = A\dfrac{(1+i)^n-1}{i(1+i)^n}$ 代入得

$$P_1 = 250 \times \frac{(1+15\%)^4-1}{15\% \times (1+15\%)^4} = 713.7（万元）$$

剩余的当前投资将要通过未来的出售价格来收回。

剩余没有收回的投资的现值为

$$1000 - 713.7 = 286.3（万元）$$

这笔投资在第四年末的终值是

$$F = P(1+i)^n = 286.3 \times (1+15\%)^4 = 500.7（万元）$$

该设备要在四年后应至少以 500.7 万元的价格出售。

5. 等差系列现金流量和等比系列现金流量

1）等差系列

等差系列如图 3-11 所示。这个系列中，初始支付是第一期末的 A。支付金额在之后每一期以一个常量 G 变化。比如，设备的维护，假设维护成本第一年是 5000 元，每年增长 500 元，这可以描述成等差系列，其中 A 是 5000 元，G 是 500 元。

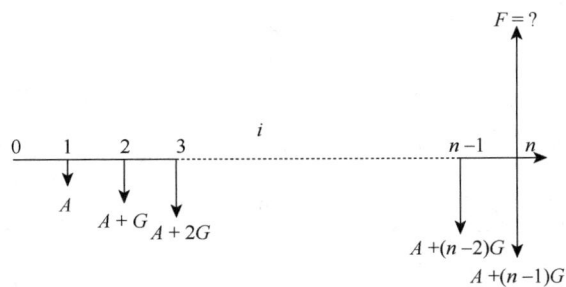

图 3-11 等差系列

可以把每一次支付看成一笔现值，分别求它们的终值，然后加总求和得

$$F = A(1+i)^{n-1} + (A+G)(1+i)^{n-2} + \cdots + [A+(n-1)G]$$

公式两边同乘 $(1+i)$，得到

$$F(1+i) = A(1+i)^n + (A+G)(1+i)^{n-1} + \cdots + [A+(n-1)G](1+i)$$

两个公式相减，整理得

$$F(1+i) - F = Fi = A(1+i)^n - A + G[(1+i)^{n-1} + (1+i)^{n-2} + \cdots + 1] - nG$$

根据年金终值公式可得

$$G[(1+i)^{n-1} + (1+i)^{n-2} + \cdots + 1] = G\frac{(1+i)^n - 1}{i}$$

由以上两个公式可得等差系列终值公式

$$F = \left(A + \frac{G}{i}\right)\left[\frac{(1+i)^n - 1}{i}\right] - \frac{n}{i}G \tag{3-24}$$

已知终值与现值的关系：

$$P = F(1+i)^{-n}$$

结合上面两个公式可得等差系列现值公式

$$P = \left(A + \frac{G}{i}\right)\left[\frac{(1+i)^n - 1}{i(1+i)^n}\right] - \frac{n}{i(1+i)^n}G \tag{3-25}$$

假设 A_{eq} 是产生相同终值的等额支付，如图 3-12 所示，可以得到

$$F = A_{eq}\frac{(1+i)^n - 1}{i} \tag{3-26}$$

由此可知

$$F = A_{eq}\frac{(1+i)^n - 1}{i} = \left(A + \frac{G}{i}\right)\left[\frac{(1+i)^n - 1}{i}\right] - \frac{n}{i}G$$

整理得

$$A_{eq} = A + \frac{G}{i} - \frac{nG}{(1+i)^n - 1} \tag{3-27}$$

即与等差系列等值的等额支付。

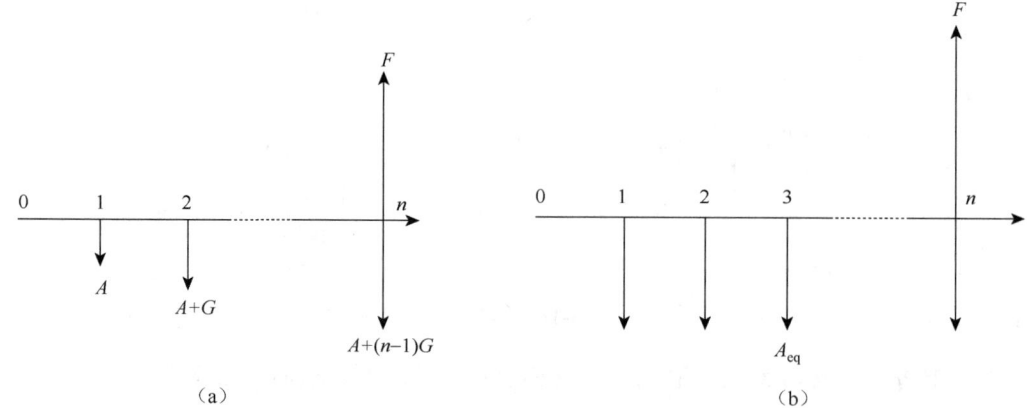

图 3-12 等差系列的等额支付

例 3-12 一个新能源公司购买了一台设备。设备维护协议要求该公司在第一年支付 20 000 元作为维护费用,此后每年增加 2000 元。如果该公司要使用该设备 6 年,假设基准收益率为 6%,该公司现在应该预留多少资金用于设备维护?维护费用的年等额支付值是多少?

解:已知 $A = 20\,000$ 元,$G = 2000$ 元,$n = 6$ 年,$i = 6\%$。

$$P = \left(A + \frac{G}{i}\right)\frac{(1+i)^n - 1}{i(1+i)^n} - \frac{n}{i(1+i)^n}G$$

$$= \left(20\,000 + \frac{2000}{6\%}\right)\frac{(1+6\%)^6 - 1}{6\%(1+6\%)^6} - \frac{6}{6\% \times (1+6\%)^6} \times 2000$$

$$= 121\,270 \,(\text{元})$$

该公司应留出 121 270 元用于设备维护。

计算年等额支付成本为

$$A_{eq} = A + \frac{G}{i} - \frac{nG}{(1+i)^n - 1} = 20\,000 + \frac{2000}{6\%} - \frac{6 \times 2000}{(1+6\%)^6 - 1} = 24\,660 \,(\text{元})$$

即年等额支付成本是 24 660 元。

2)等比系列

等比系列描述了每期末的支付成等比关系变化的现金流量系列。变化的支付与终值之间的关系如图 3-13 所示。

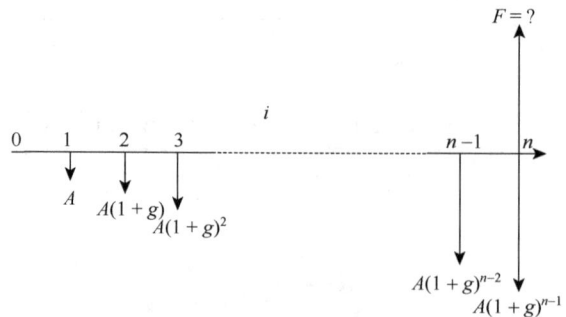

图 3-13 等比系列

如果第一次支付 A 发生在第一期期末,第二期期末变成 $A(1+g)$,其中 g 是一个常数,则最后一期 n 的支付是 $A(1+g)^{n-1}$。可以写出终值公式:

$$F = A(1+i)^{n-1} + A(1+g)(1+i)^{n-2} + \cdots + A(1+g)^{n-1}$$

公式两边乘以 $\dfrac{1+i}{1+g}$ 得到

$$F\frac{1+i}{1+g} = A\frac{(1+i)^n}{(1+g)} + A(1+i)^{n-1} + A(1+g)(1+i)^{n-2} + \cdots + A(1+g)^{n-2}(1+i)$$

两个公式相减得到

$$F\frac{1+i}{1+g} - F = A\frac{(1+i)^n}{(1+g)} - A(1+g)^{n-1}$$

可以得到等比系列终值公式为

$$F = \frac{A}{i-g}[(1+i)^n - (1+g)^n] \tag{3-28}$$

式(3-28)仅适用于 $i \neq g$。如果 $i = g$,则可得

$$F = A(1+i)^n + A(1+i)(1+i)^{n-2} + \cdots + A(1+i)^{n-1}$$

上式右边各项相加得

$$F = nA(1+i)^{n-1} \tag{3-29}$$

已知 P 与 F 的关系为

$$P = F(1+i)^{-n}$$

代入式(3-28)可以得到等比系列现值公式

$$P = \frac{A}{i-g}\left[1 - \frac{(1+g)^n}{(1+i)^n}\right] \tag{3-30}$$

同样地,当 $i = g$,复利终值公式可以代入式(3-30)得

$$F = P(1+i)^n = nA(1+i)^{n-1}$$

从而得到

$$P = \frac{nA}{1+i} \tag{3-31}$$

与等差系列相似,可以得到等比系列的等额支付的表达式。假设等额支付是 A_{eq},可以写出终值的表达式:

$$F = A_{eq}\frac{(1+i)^n - 1}{i} = \frac{A}{i-g}[(1+i)^n - (1+g)^n]$$

可以得到等比系列等额支付公式为

$$A_{eq} = A \frac{i}{i-g} \left[\frac{(1+i)^n - (1+g)^n}{(1+i)^n - 1} \right] \quad (3\text{-}32)$$

如果 $i = g$，A_{eq} 的公式可以写为

$$A_{eq} = A \frac{ni(1+i)^{n-1}}{(1+i)^n - 1} \quad (3\text{-}33)$$

例 3-13 A 油田开发第一年的年收益预期为 500 万元，以后每年以 12% 的速率递减，如果 A 油田的生产期为 10 年，基准收益率为 15%，请计算所有的收益在第 10 年末的终值是多少。

解：已知 $A = 500$ 万元，$g = -12\%$，$i = 15\%$，$n = 10$ 年，可得

$$F = \frac{A}{i-g}[(1+i)^n - (1+g)^n] = \frac{500}{15\% - (-12\%)}[(1+15\%)^{10} - (1-12\%)^{10}] = 6976(\text{万元})$$

即所有的收益在第 10 年末的终值是 6976 万元。

6. 公式小结

1）基本复利公式

公式名称	已知	求解	计算公式	符号形式
复利终值公式	P, i, n	F	$F = P(1+i)^n$	$F = P(F/P, i, n)$
复利现值公式	F, i, n	P	$P = F(1+i)^{-n}$	$P = F(P/F, i, n)$
年金终值公式	A, i, n	F	$F = A \frac{(1+i)^n - 1}{i}$	$F = A(F/A, i, n)$
资金积累公式	F, i, n	A	$A = F \frac{i}{(1+i)^n - 1}$	$A = F(A/F, i, n)$
年金现值公式	A, i, n	P	$P = A \frac{(1+i)^n - 1}{i(1+i)^n}$	$P = A(P/A, i, n)$
资金恢复公式	P, i, n	A	$A = P \frac{i(1+i)^n}{(1+i)^n - 1}$	$A = P(A/P, i, n)$

2）等差系列公式

已知	求解	计算公式
A, G, i, n	F	$F = \left(A + \frac{G}{i} \right) \left[\frac{(1+i)^n - 1}{i} \right] - \frac{n}{i} G$
A, G, i, n	P	$P = \left(A + \frac{G}{i} \right) \left[\frac{(1+i)^n - 1}{i(1+i)^n} \right] - \frac{n}{i(1+i)^n} G$
A, G, i, n	A_{eq}	$A_{eq} = A + \frac{G}{i} - \frac{nG}{(1+i)^n - 1}$

3）等比系列公式

类型	已知	求解	计算公式
$i \neq g$	A, g, i, n	F	$F = \dfrac{A}{i-g}[(1+i)^n - (1+g)^n]$
	A, g, i, n	P	$P = \dfrac{A}{i-g}\left[1 - \dfrac{(1+g)^n}{(1+i)^n}\right]$
	A, g, i, n	A_{eq}	$A_{eq} = A\dfrac{i}{i-g}\left[\dfrac{(1+i)^n - (1+g)^n}{(1+i)^n - 1}\right]$
$i = g$	A, g, i, n	F	$F = nA(1+i)^{n-1}$
	A, g, i, n	P	$P = \dfrac{nA}{1+i}$
	A, g, i, n	A_{eq}	$A_{eq} = A\dfrac{ni(1+i)^{n-1}}{(1+i)^n - 1}$

3.3 案例分析

不同的还款方式

某太阳能公司为一个新建项目进行融资，拟向某金融机构贷款 1000 万元，金融机构规定的贷款年利率为 5%，要求 5 年内还完所有贷款及利息，有四种还款方式可以选择。

方式一：等额偿还法。
方式二：等额利息法。
方式三：等额还本利息照付法。
方式四：一次性偿还法。

问题：

1. 四种还款方式分别是什么含义？
2. 不用计算，是否可以直接判断出哪种方式还款总金额最多，以及哪种方式还款总金额最少？
3. 对于四种还款方式，还款总金额分别是多少？
4. 还款总金额最少的方案是否就是最好的还款方案？

本章小结

本章主要讨论资金时间价值及其对经济分析的影响。由于资金具有增值能力，相同数额的资金在不同时刻的价值是不一样的，因此，不同时刻的资金在价值上不具有直接的可加性和可比性。这就需要我们理解资金等值的概念以及资金等值的相互关系，学会进行资金等值计算。本章详细介绍了资金时间价值的相关概念和计算方法。通过本章的学习，应掌握以下几方面内容：①资金时间价值的含义、表现方式；②资金时间价值的计算方法；③复利计算基本公式及灵活应用。

思考题

1. 什么是资金的时间价值？如何理解资金的时间价值？
2. 资金等值计算基本公式与复利计算基本公式的关系是什么？
3. 什么是名义利率、有效利率？
4. 利息的计算与哪几个要素有关？
5. 资金等值计算基本公式中，A 与 F 的时间关系如何？
6. 资金等值计算基本公式中，A 与 P 的时间关系如何？

练习题

1. 2000 元投资，5 年后本利和为 3000 元，则年利率可能为（ ）。
  A. 10%　　　　　　　B. 8.45%　　　　　　　C. 5%　　　　　　　D. 15%
2. 今天投资 10 000 元，投资期为 5 年，复利计息，以下哪个选择收益最好（ ）。
  A. 年利率 12%，按年计息　　　　　　B. 年利率 11.75%，按半年计息
  C. 年利率 11.5%，按季计息　　　　　D. 年利率 11.25%，按月计息
3. 第一年初借出 1000 元，以复利计息，年利率为 8%，半年计息一次，第四年末可收回（ ）。
  A. 1368.57 元　　　B. 1360.49 元　　　C. 1850.93 元　　　D. 1169.86 元
4. 以每股 60 元的价格购买的股票。五年后，扣除了佣金，以每股 130 元的价格卖掉，投资收益率是多少？
5. 李某打算购买一栋房子，如果他以 6% 的年利率贷款 50 000 元，为期 15 年，按月计息，每月要偿还多少？
6. 1000 立方英尺①的天然气的成本，从 2000 年的 6 美元涨至 2006 年的 15 美元，请问成本的年增长率是多少？与同期 3% 的年通货膨胀率相比，天然气价格的上涨情况如何？
7. 设备公司提出两个关于设备维护费用的方案。方案 1 要求第一年支付 2000 元，此后十年每年递增 200 元。方案 2 是此后十年每年支付等额的 2800 元。假设利率为 10%，哪个方案更好？
8. 一个油田现在以每年 100 000 桶的速度生产。该油田净收入是 11 元/桶，产量预计在未来 8 年丧失经济性前每年以 8% 的速度下滑。如果获得的收入以 8% 的利率投资，石油公司在 8 年末可以赚多少钱？
9. 一个气田当前每年生产 120 万立方英尺天然气，该气田的净收入是 0.6 元/英尺³。该气田预计在未来 8 年停产前每年产气量以 12% 的速度下滑。如果利率是 15%，你会最多支付多少资金来买这个气田？

---

① 1 立方英尺 = 2.831 685 × 10^{-2} 立方米。

10. 2017 年油价为每桶 52.5 美元。一份政府出版物说,"这个价格仍然低于 1992 年的油价"。如果 1992~2017 年,通货膨胀率平均为每年 2%,那么 1992 年每桶石油的价格是多少?

延伸阅读

王元刚,李淑平,齐得山,等. 2018. 考虑垫底气回收价值及资金时间价值的盐穴型地下储气库储气费计算方法. 天然气工业,(11):122-127.

鄢章华,刘蕾. 2018. 考虑资金时间价值的销售商预售策略研究. 管理评论,(5):262-272.

Dülk M. 2016. The sign of cash flows: a source of error in present value approximations. The Engineering Economist,61:79-94.

第 4 章

经济评价方法

辽河油田用经济评价手段提升发展质量

近年来,辽河油田基于"一切成本都可降"的理念,每个项目都进行一次经济评价。2017 年出台的《辽河油田公司经济评价管理办法》明确提出:"对投资项目全部实施经济评价,对重要的生产成本支出项目开展经济评价。"经济评价的范围从勘探开发拓展到生产经营、企业管理的各个领域,实现了从局部到全局的跨越。2017~2019 年,辽河油田对勘探开发、采油、新能源、科技、节能等 826 项项目进行了系统评价,对 4838 项项目进行了审查,并完成 349 份评价报告,实现了各类建设项目、单井效益、油井措施、水平井效果跟踪、重大项目全生命周期评价"全覆盖"。随着评价领域的扩大,效益观念深入人心,同时,借助经济评价,大大降低了新技术、新工艺使用的成本风险。目前,辽河油田已经将经济评价设置为内控流程之一,赋予其诸多事项上的"一票否决权"。以油井生产环节为例,辽河油田通过推出单井效益评价、油井措施效益评价、水平井实施效益跟踪评价三大月报,给全油田 1.6 万余口油井"记账"进行经济评价,2018 年辽河油田实现 1378 口低效井的治理、789 口效益的升级,操作成本每吨下降 3129 元。工程项目具有经济属性,即使其技术方案在技术方面非常先进,决策者也应通过经济评价指标和方法分析其经济方面的可行性。

■ 4.1 经济评价概述

多数工程技术方案都可以看作一种投资方案。为了比较工程技术方案的优劣,可以根据各方案计算期(研究期)内的现金流量计算有关能够反映经济效果的经济评价指标来判定方案经济效果。而在不同方案比选之前,必须通过经济评价分析各方案的经济性,只有各方案本身是可获利的,才能进一步评价方案之间的相对经济性,选择最佳方案。

对工程技术方案进行经济评价的方法很多,按照是否考虑资金时间价值分为静态评价方法和动态评价方法。在经济寿命期内对方案的收支情况进行分析、计算和评价时,静态评价方法不考虑资金时间价值,动态评价方法考虑资金时间价值。因此,静态评价方法所使用的指标称作静态经济评价指标，动态评价方法所使用的指标也相应地称为动态经济评价指标。由于静态评价方法没有考虑资金时间价值，相比动态评价方法计算量较小，因而应用起来比较简单，但是这些方法只能提供粗略解决问题的一种判别标准，可以作为评估各种选择的初步审查工具。在最终决策和选择时，静态评价方法必须结合动态评价方法。常用的经济评价指标有投资回收期、投资收益率、净现值、内部收益率等。

4.2 经济评价的基本原则

4.2.1 经济效益原则

在市场经济中，所有企业都应该以经济效益为中心，衡量一切经济活动的核心原则是经济效益。

经济效益是指人们在合理利用资源、保护生态环境的前提下，为实现某一技术方案、进行某项生产活动或建设某一工程项目所取得的成果与消耗的劳动之间的对比。简言之，经济效益就是产出与投入的对比、所得与所费的对比、收入与支出的对比、使用价值与劳动消耗的对比，可用公式表示为

$$E = V - C \tag{4-1}$$

$$E' = V / C \tag{4-2}$$

式中，E 表示技术方案的绝对经济效益；E' 表示技术方案的相对经济效益；V 表示技术方案的使用价值（或产出、所得、收入）；C 表示技术方案的劳动消耗（或投入、所费、支出），通常包括活劳动消耗和物化劳动消耗。

式（4-1）是绝对经济效益，反映出投入的劳动消耗所能得到的纯收益，因此，衡量经济效益的基本要求为 $E \geq 0$。

式（4-2）是相对经济效益，反映出单位劳动消耗所能得到的劳动成果，因此，衡量经济效益的基本要求为 $E' \geq 1$ 或者 $E' \geq E_0$，其中 E_0 为基准值。

以上两式都可以用来表达经济效益。用式（4-1）时，要求 V 与 C 的单位必须相同，一般用价值指标表示才有经济意义，如 V 与 C 单位均为"万元"时，E 表示能产出多少万元的经济效益。而用式（4-2）时，V 与 C 单位可以相同，也可以不同，均有实际意义。当 V 与 C 单位不同时，E' 表示单位投入的产出水平，此时 E' 的大小反映了企业劳动生产率的高低，有时也反映了投资效率。

4.2.2 可比性原则

为了实现某一经济目标，通常有不同的技术方案可以选用，可比性原则是实现不同的技术方案在同一基础上进行比较评价，从而保证技术经济评价结果可靠性的一条重要原则。可比性原则是方案进行比选的前提，主要包括满足需要上可比、消耗费用上可比、价格上可比和时间上可比四个可比条件。

1. 满足需要可比性

任何技术方案最主要的目的都是满足一定的需要。例如，设备制造方案是为了满足机器设备的需要；煤炭开发方案是为了满足国家和人民生产生活的煤炭需要。因此，某一方案和其他方案相比较的基础是二者必须满足相同的需要，否则，它们之间就不能互相代替，也就不能进行比选。例如，开采煤炭的煤矿方案只能与开采煤炭的另一煤矿方案相比，而不能与开采稀土的矿厂方案相比，因为它们满足的需要不同，不能相互替代。所以，满足需要上的可比性是一个最重要的可比条件。

满足相同需要的含义主要是指方案在品种、质量、产量上相同，如果存在不同，则不能直接比较各方案的投资、成本等指标，而必须校正，使各方案具有相同的使用价值。比如，两个仅是品种不同的技术方案，一个是单品种方案，另一个是多品种方案，二者比较时必须要把多品种方案分解成多个单品种方案，才能满足可比性。油田企业的产品主要是单一的原油，只要各方案的总采油量相差不大就满足可比性。但对于石油化工企业，其产品品种多达几百种，要求所有方案的产品品种、产量完全相同是不可能的，只要它们年处理量相近、加工方向一致、主要产品的品种和数量一致就可以比较。

当相比较的方案在品种、质量方面相同，仅产量不同时，就必须先对产量进行统一，然后再进行比较。若相比较的方案产量差别不大，一般用单位产品消耗指标进行比较，即不比较其总费用而比较其单位产品的费用，比如只对比各方案的单位产品投资额或单位产品经营费用等；若相比较的方案产量指标相差很大，可设想重复建设方案以满足产量的可比。当不同的技术方案由技术特性不同导致产品质量不同时，同理，一般把质量问题转化为数量问题进行比较，其公式为

$$Q = \frac{\theta_2}{\theta_1} Q_0 \tag{4-3}$$

式中，Q 表示消除质量差别后的产量；θ_1、θ_2 分别表示方案Ⅰ、Ⅱ的质量参数，且 $\theta_1 > \theta_2$；Q_0 表示方案Ⅰ的产量。

2. 消耗费用可比性

任何技术方案的实现都必须消耗一定的费用。消耗费用可比性就是采取统一的原则和方法来计算各个方案的消耗费用，即各方案的费用计算范围、费用结构和计算方法均一致。例如，对两个新建的石油化工企业投资费用进行估算，方案甲只计算生产部分的投资费用，而方案乙除了计算生产投资费用外，还计算由项目建设而引起的生活区、铁路、学校等非生产性建设投资费用，这就不满足可比性，费用计算范围和结构一致才能进行比较。

消耗费用上的可比性，还要求我们在经济评价中从整个国民经济出发，不能只考虑技术方案本身的各种消耗费用，还要考虑一切与之密切相关的相邻部门增加或减少的各种消耗费用。例如，燃煤发电厂和水力发电厂两个建设方案相比较，两者都能满足电力需要，但燃煤发电厂建设方案的实施和煤炭开采及运输的生产建设密切相关，没有煤炭，燃

煤发电厂就不能发电。当我们计算燃煤发电厂投资费用时，不仅要计算燃煤发电厂本身的投资，而且必须考虑因供应燃煤发电厂用煤而需要增加的煤矿和煤炭运输工程的投资，这样水力发电厂和燃煤发电厂两个建设方案就在消耗费用的计算上具有可比性。

3. 价格可比性

多种技术方案进行比较评价时，一般要借助价格来计算投入的费用或者产出的收益，如果价格运用不当，那么计算出来的各方案经济效益就缺少可比性。价格上可比就是在计算各技术方案经济效益时，必须采用合理、一致的价格。合理的价格能够真实地反映产品的价值，使得各种产品之间的比价合理。目前价格种类很多，如国家制定的现行价格、市场价格、国内价格、国际价格、预测价格、不变价格等，一致的价格要求价格种类的一致，比较各方案时要么都使用现行价格，要么都使用预测价格，要么都使用不变价格，不能一个方案使用现行价格，另一个方案使用市场价格或预测价格。此外，还要求各方案均使用本地区的相应时期的价格，如对未来时期的各方案进行比较时应采用该地区远景的预测价格；而对近期的各方案进行比较时，应采用该地区近期的价格。

影响价格的因素很多且往往难以控制，价格问题是一个十分灵敏、复杂的问题，因而价格只能相对地反映价值。在社会主义市场经济中，我们要遵循价值规律，不能人为地确定产品价格，而应使价格尽可能地反映其价值，对不合理的价格必须予以修正。

4. 时间可比性

各种技术方案建设、投产和服务的时间一般不相同，有的方案建设期长，有的短；有的方案投产早，有的迟；有的方案服务年限长，有的短；有的方案到一定时期可以扩建，有的则不能扩建等。时间的不相同直接影响各方案的经济效益，因此在进行方案比较时必须考虑时间可比性。时间可比性主要包括两个方面的含义：一方面要具有统一的计算期，另一方面要把各项投入与产出按资金时间价值换算到同一时点进行比较。

统一的计算期是不同方案比较的必要条件。如果各方案寿命期不等，则要将其调整为统一的计算期，一般有以下三种调整方法。

（1）最小公倍数法。对不同寿命期的方案以其寿命期的最小公倍数作为统一的计算期，假设每个技术方案在最小公倍数内进行重复投资，各年的净现金流量等均重复。例如，甲方案的寿命期为 2 年，乙方案的寿命期为 3 年，二者不能直接进行比较，此时应以 6 年为相同的计算期，假设甲方案在第二年末和第四年末重复投资两次，乙方案在第三年末重复投资一次，以各自 6 年的总收益与总费用相比较，从而满足了时间上可比的条件。

（2）研究期法。当方案较多时，由于各个方案的寿命期不等，计算出的最小公倍数可能很大。例如，油田开发方案寿命期往往较长，假设有四个方案相比较，其寿命期分别为 15 年、20 年、25 年、30 年，则寿命期的最小公倍数为 300 年，计算 300 年内各开发方案的效益和费用很麻烦且无现实意义。研究期法提供了较便捷的方法，选择一个共同的时期如 10 年作为比较的基础，分析研究各个方案开发 10 年的效益和费用。最大寿命期法是选择各个方案中最大者的寿命期作为研究期,最小寿命法则是选择最小者的寿命期作为研究期,例如,比较上述四个方案在 30 年或 15 年内的效益和费用,对应的分别就是最大寿命期法或最小寿命期法。在研究期内,能够重复投资的则重复投资一次或多次,不够重复投资的则按一定方法折算。

（3）年等值法。相比于研究期法,年等值法更为简便,其不比较各方案整个寿命期或研究期内的效益和费用,而仅比较各方案每年的效益和费用,即比较年值。这种方法不需考虑方案重复与否,年等值是相同的,因此可根据各方案年值的大小确定方案的优劣。

通过上述三种方法,寿命期不同的方案可以在统一的计算期内对比分析,然而各方案具体的建设年限有长有短,投产时间有早有晚,产生效益的时间也不尽相同,所以比较不同方案时,不仅要看它们各自占用和消耗的人力、物力、财力以及所生产的产品（产值）的大小,还要考虑这些投入与产出的时间是否相同。晚投入、早产出的经济效益比早投入、晚产出要好得多,投入的时间越晚,建设年限越短,则经济效益越好;产出的时间越早,持续时间越长,为社会创造的财富就越多。这是因为考虑到资金时间价值,各技术方案在不同时间发生的效益和费用不能直接进行运算,必须按复利计算其同一时点的价值。

在进行方案比选时,必须要遵循经济效益原则和可比性原则,经济效益原则是技术经济评价的核心原则,可比性原则是各技术方案进行比较的基础和条件。此外,我们还应遵循综合评价的原则,即任何技术方案的采纳与实施,除了考虑技术、经济效益外,还应考虑其他方面的效益,如国家安全、国防建设、生态环境、交通运输、公共设施、劳动就业、人体健康、安全生产等,而这些常常是无法计量和统计的,是不能用货币表示的无形的经济效益。因此,在技术经济评价中必须对各个方面、各种因素进行综合评价,对那些难以量化的无形效益目前多采用定性分析的方法加以研究。

■ 4.3　投资回收期

投资回收期是指用投资方案所产生的净收益抵偿全部投资所需要的时间。在这里所说的净收益就是正常生产年份的净现金流量,它等于现金流入（CI）减去现金流出（CO、经营成本、税金及附加和所得税）。根据这个定义,投资回收期就是累计净现金流量等于零时所需要的时间。因此将投资方案各年的净现金流量从前往后累加称为累计净现金流量,累计净现金流量刚好为零的年份就是投资回收期。投资回收期的计算开始时间有两种:一种是从出现正现金流量的那年开始算起,另一种是从投资开始时（第一年初,即 0）算起。本书采用后一种计算方法,即

$$\sum_{t=0}^{P_t}(CI-CO)_t = 0 \tag{4-4}$$

式中,P_t 表示投资回收期;$(CI-CO)_t$ 表示第 t 年的净现金流量。

以表 4-1 中的方案 A 为例,第 3 年累计净现金流量刚好等于零,所以方案 A 的投资回收期为 3 年。同理,B、C 方案的投资回收期也是 3 年。

表 4-1 三个方案的净现金流量　　　　　　　　　　单位：万元

年份	A		B		C	
	NCF	累计净现金流量	NCF	累计净现金流量	NCF	累计净现金流量
0	−1000	−1000	−1000	−1000	−700	−700
1	500	−500	200	−800	−300	−1000
2	300	−200	300	−500	500	−500
3	200	0	500	0	500	0
4	200	200	1000	1000	0	0
5	200	400	2000	3000	0	0
6	200	600	4000	7000	0	0

如果投资方案各年累计净现金流量出现在年中的某一时间，即上一年累计净现金流量小于零，下一年累计净现金流量大于零，那么投资回收期的计算公式为

$$P_t = N - 1 + \frac{|M|}{A} \tag{4-5}$$

式中，N 表示累计净现金流量开始出现正值的年份数；M 表示第 $N-1$ 年的累计净现金流量；A 表示第 N 年的净现金流量。

例 4-1　某投资项目各年净现金流量和累计净现金流量如表 4-2，计算投资回收期。

表 4-2 某投资项目各年净现金流量和累计净现金流量表　　　单位：万元

项目	1	2	3	4	5	6	7	8
净现金流量	−50	−80	40	60	60	60	60	50
累计净现金流量	−50	−130	−90	−30	30	90	150	200

解：从表 4-2 中可以看出第 4 年累计净现金流量等于 −30 万元，第 5 年累计净现金流量等于 30 万元，所以投资回收期 $P_t = 5 - 1 + \frac{|-30|}{60} = 4.5$（年）。

如果某项目总投资为 I，此后每年的净收益均为 A（图 4-1），则该项目在不考虑建设期时的投资回收期为

$$P_t = \frac{I}{A} \tag{4-6}$$

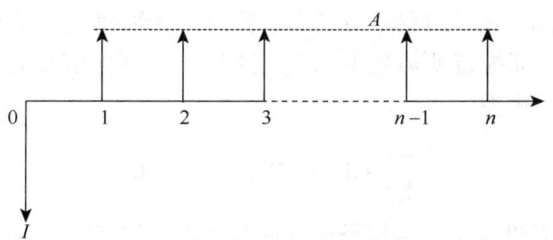

图 4-1 某项目净现金流量图

如果考虑建设期，则 $P_t = \dfrac{I}{A} + N$，其中 N 表示建设期。

通常情况下，投资回收期越短，表示能在最短时期内回收投资，投资回收期之后的净现金流量则是投资方案的净经济效益，所以投资回收期的长短反映了项目的盈利能力，投资回收期越短，项目盈利能力越强。计算出的投资回收期必须与国家规定的标准进行比较，以判断该项目可行性。国家规定的或者同行业相同规模的平均投资回收期也叫基准投资回收期，用 P_c 表示，则当 $P_t \leq P_c$ 时，说明方案较好，是可行的，否则方案不可行。目前，我国尚未制定出部门或行业统一的基准投资回收期，基准投资回收期的合理与否直接关系到对工程项目的评价。因此，各部门、各行业应根据自身的具体情况制定出合适的基准投资回收期值，如石油开采暂定基准投资回收期为 6 年、石油加工为 10 年，其作为评价时参考的标准。投资回收期不仅可以用来反映计算期（研究期）内备选方案的营利性，还可以用来衡量一个项目方案的流动性。投资回收期越短，流动性越好，间接反映了投资项目的投资回收速度越快，而投资回收速度越快则风险越小，所以投资回收期方法曾被用来衡量方案的风险。

利用投资回收期这一经济评价指标对方案进行评价和比选，称为投资回收期方法，这种方法的优点是计算简便，经济意义直观明确，易于理解，在一定程度上反映了投资效果的优劣，方便投资者评估项目承担风险的能力，因此该方法在实际工作中得到了广泛的应用。通常要求投资回收期比投资方案的计算期要短，因此，该方法在一定程度上考虑了时间因素。如果该指标能够考虑资金时间价值，则更能反映项目在计算期内的盈利状况。

利用投资回收期对方案进行评价的缺点是太粗糙，只考虑投资回收之前的经济效果，不能反映项目整个寿命期内特别是回收投资之后的真实情况，因此没有全面考虑投资方案整个计算期内净现金流量的大小和发生的时间。以表 4-1 所示的三个投资方案为例，虽然它们的投资回收期相同，但是从中也可看出三个方案的经济效果有很大的区别，用投资回收期方法并不能加以区分，特别是方案 C 在投资回收后再也不能产生更多的经济效益。现实中投资大的项目的投资回收期可能会稍微长一点的例子也很多，但是它的经济效益不能用这个指标准确衡量，如果只用投资回收期的长短进行互斥型方案比选，即选择投资回收期短的方案为最优，那么就可能因决策失误而造成损失。

通过上述分析可知，投资回收期可以反映抵偿投资方案的原始投资的速度，所以当未来的情况很难预料而投资者又特别关心资金的回收速度时，采用投资回收期方法进行评价还是有用的，它可以作为其他评价方法的补充。

上述投资回收期指标忽略了资金时间价值，称之为静态投资回收期（static payback period）。当计算投资回收期考虑资金时间价值时，则称为动态投资回收期（dynamic payback period），指给定一个贴现率（或折现率）i，该利率成为基准收益率，用项目方案的净收益的现值抵偿全部投资所需要的时间，这里的全部投资也要考虑资金时间价值。动态投资回收期的计算公式为

$$\sum_{t=0}^{P_t'}(CI-CO)_t(1+i)^{-t}=0 \qquad (4-7)$$

式中，P_t' 表示动态投资回收期。与静态投资回收期的计算方法类似，只是在计算前先把各年的净现金流量以基准收益率 i 进行折现，然后再像计算静态投资回收期那样进行计算。

例 4-2 以表 4-1 中的方案 A 为例，列表计算动态投资回收期，设折现率为 10%。

解：表 4-1 中方案 A 的净现金流量、各现金流量的现值和累计净现金流量的现值见表 4-3。

表 4-3 动态投资回收期计算   单位：万元

年末	净现金流量	现值（$i=10\%$）	累计净现金流量现值
0	−1000	−1000	−1000
1	500	454.55	−545.45
2	300	247.93	−297.52
3	200	150.26	−147.26
4	200	136.60	−10.66
5	200	124.18	113.52

根据表 4-3 中的数据，动态投资回收期计算为

$$P'_t = 5 - 1 + \frac{|-10.66|}{124.18} = 4.09 \text{（年）}$$

值得一提的是，如果项目每年的净收益相同，计算动态投资回收期的公式就不再是总投资除以每年相等的净收益了，因为考虑资金时间价值，每年相等的净收益的现值并不相等。例如，当项目方案各年的净现金流量图如图 4-1 的形式，即方案仅有第 1 年初一次性投资为 I，以后各年的净现金流量相等，都是 A，则由等额年金现值复利公式 $P = A\frac{(1+i)^n - 1}{i(1+i)^n}$ 可求得 n 就是动态投资回收期。这个公式经过整理得

$$P'_t = \frac{-\log\left(1 - \frac{I}{A}i\right)}{\log(1+i)} \tag{4-8}$$

例 4-3 某投资方案投资总额 $I = 1000$ 万元，预计从第一年末开始每年末的净收益为 250 万元，假定利率为 5%，计算方案的动态投资回收期。

解：显然不含建设期的静态投资回收期 $P_t = \frac{I}{A} = \frac{1000}{250} = 4$（年），而动态投资回收期

$$P'_t = \frac{-\log\left(1 - \frac{1000}{250} \times 5\%\right)}{\log(1+5\%)} = 4.57 \text{（年）}$$

从结果可以看出动态投资回收期介于第 4 年和第 5 年之间，当 $n=4$ 时，等额年金现值复利公式 $P = A\frac{(1+i)^n - 1}{i(1+i)^n} = 886.488$，当 $n=5$ 时，$P = A\frac{(1+i)^n - 1}{i(1+i)^n} = 1082.369$，因此动态投资回收期就是计算当 n 等于多少时，$P = A\frac{(1+i)^n - 1}{i(1+i)^n} = 1000$，计算动态投资回收期为

$$P'_t = 4 + \frac{1000 - 886.488}{1082.369 - 886.488} = 4.57 \text{（年）}$$

同静态投资回收期一样，动态投资回收期也是只考虑投资回收之前的经济效果，没有包括回收期后发生的现金流量，因此不能反映回收之后的经济效益大小，更不能选择投资回收期短的方案为最优方案。

静态投资回收期和动态投资回收期告诉我们要用多久才能使累计现金收入等于或者超过现金支出。投资回收期越长，项目的风险就越大，但是投资回收期不是全面衡量投资项目的理想指标，除了作为衡量投资回收快慢的标准，显示项目风险的大小，应尽量避免完全采用投资回收期做投资决策，其只能用于粗略评价或者作为辅助指标，应和其他指标结合起来使用。

例 4-4　某项目现金流量表如表 4-4 所示，若基准收益率为 15%，计算静态投资回收期和动态投资回收期。

表 4-4　某项目现金流量表　　　　　单位：万元

项目	1	2	3	4	5	6	7	8	9	10	11	12
现金流入			600	800	800	800	800	800	700	600	500	600
收入			600	800	800	800	800	800	700	600	500	400
回收固定资产余值												100
回收流动资金												100
现金流出	400	900	130	226	286	334	374	407	386	353	365	336
项目建设投资	400	800										
流动资金		100										
经营成本			58	83	143	191	231	264	270	260	304	304
税金及附加			30	40	40	40	40	40	35	30	25	20
所得税			42	103	103	103	103	103	81	63	36	12
净现金流量	−400	−900	470	574	514	466	426	393	314	247	135	264
累计净现金流量	−400	−1300	−830	−256	258	723	1149	1542	1857	2104	2239	2502

注：由于表中数据进行过四舍五入，小计数据的和可能不等于总计数据

解：根据式（4-5）得

$$P_t = 5 - 1 + \frac{|-256|}{514} = 4.5 \text{（年）}$$

把各年净现金流量进行折现，并计算累计净现金流量现值如表 4-5 所示。

表 4-5　例 4-4 的计算过程　　　　　单位：万元

项目	1	2	3	4	5	6	7	8	9	10	11	12
净现金流量	−400	−900	470	574	514	466	426	393	314	247	135	264
净现金流量折现	−348	−681	309	328	256	201	160	128	89	61	29	49
累计净现金流量现值	−348	−1029	−719	−391	−136	66	226	354	444	505	534	583

注：由于表中数据进行过四舍五入，小计数据的和可能不等于总计数据

$$P_t' = 6 - 1 + \frac{|-136|}{201} = 5.7 \text{ （年）}$$

4.4 投资收益率

投资收益率（return on investment，ROI）又称投资效果系数，是指项目投资方案达到设计生产能力后一个正常年份的年净收益与总投资之比。它表明投资方案在正常生产中单位投资所产生的年净收益额，如果年净收益变化不大，则投资收益率的计算公式为

$$\text{ROI} = \frac{A}{I} \tag{4-9}$$

式中，A 表示项目方案达到设计生产能力后一个正常年份的年净收益或年平均收益；I 表示投资方案总投资。

如果每年的净收益变化幅度较大，可以计算生产期内年平均净收益与总投资的比率，此时这个定义可以理解为总投资平均收益率。

例如，例 4-3 中项目的数据为一次性投资 1000 万元，每年净收益为 250 万元，则项目投资收益率为 $\text{ROI} = \frac{A}{I} = \frac{250}{1000} = 0.25$。

再如例 4-4 中的净现金流量数据，其中最后一年的净收益为 264−200 = 64（万元）（由于最后一年的净现金流量包括回收固定资产余值和流动资金各 100 万元）。

项目平均年净收益为

$$A = (470 + 574 + 514 + 466 + 426 + 393 + 314 + 247 + 135 + 64)/10 = 360.3 \text{ （万元）}$$

项目总投资为

$$I = 400 + 900 = 1300 \text{ （万元）}$$

因此 $\text{ROI} = \frac{A}{I} = \frac{360.3}{1300} = 0.277$。

计算出的投资收益率必须与国家规定的基准投资收益率进行比较，以判别该投资项目的可行性。若项目投资收益率大于等于基准投资收益率，可以考虑接受该项目，否则可以舍弃该项目。基准投资收益率与基准投资回收期之间关系密切，一般可以认为二者互为倒数。

有的教材中将投资收益率定义为项目寿命期内的总收益除以总投资，公式为

$$\text{ROI} = \frac{\sum_{t=0}^{n} \text{NCF}_t^+}{\sum_{t=0}^{n} \text{NCF}_t^-} \tag{4-10}$$

式中，NCF_t^+ 表示第 t 年的净现金流量，它等于第 t 年的现金流入减去第 t 年的现金流出；

$\sum_{t=0}^{n} \text{NCF}_t^+$ 表示累计净收益，是项目寿命期中各年净现金流量为正的数值之和；$\sum_{t=0}^{n} \text{NCF}_t^-$ 表示项目的净费用投资，即寿命期中各年净现金流量为负的数值之和。一般认为投资项目 ROI 的值大于 2 时才是一个好的投资项目。

从式（4-10）可以看出，该指标定义存在一些问题，即净费用投资不一定是各年净现金流量为负的数值之和，因为项目运营开始时的净收益也可能为负。累计净收益也不一定是各年净现金流量为正的数值之和，因为期末回收固定资产残值和流动资金虽然是现金流入，但不包括在净收益中。又因为该方法忽略了资金时间价值，所以它必须与考虑资金时间价值的指标方法结合起来使用。

例 4-5 给定某项目的现金流量，如表 4-6 所示，计算该项目的投资收益率。

表 4-6 某项目的现金流量　　　　　　单位：亿元

年份	0	1	2	3	4	5	6	7	8
净现金流量	−20	−30	30	50	60	40	40	30	20

解：　　　累计净收益 = 30 + 50 + 60 + 40 + 40 + 30 + 20 = 270（亿元）

净费用投资 = 20 + 30 = 50（亿元）

$$\text{ROI} = \frac{270}{50} = 5.4$$

投资收益率是考查项目单位投资盈利能力的静态评价指标，它的优点在于能够简单、直观地反映项目单位投资的盈利能力，而它的缺点是没有考虑资金的时间价值，是一种静态的评价方法，其评价结论依赖于基准投资收益率的正确性，因而在实际进行投资项目经济评价时投资收益率指标也仅作为一种辅助指标。

在进行财务评价时，应该特别注意的是在计算投资收益率时，一定要注意年净收益和投资的计算口径的一致性，计算口径不同就属于不同的经济指标，具体形式有以下几种。

（1）总投资收益率是指项目达到生产能力后正常年份的年息税前利润或生产期年平均息税前利润与总投资的比率，其表示了总投资的盈利水平。其中，息税前利润 = 销售收入 − 税金及附加 − 息税前总成本，息税前总成本 = 经营成本 + 折旧 + 摊销。

（2）投资利润率是项目达到正常生产年份的利润总额或生产期年平均利润总额与项目总投资的比率。其中，利润总额 = 销售收入 − 税金及附加 − 总成本。投资利润率是考查项目单位投资盈利能力的静态指标，在项目经济评价中，若计算出的项目投资利润率大于或等于所在行业或部门的基准投资利润率，则认为项目经济上可行，可以考虑接受该项目，否则不接受。

（3）投资利税率是指项目达到设计生产能力后的正常生产年份的年利税总额或生产期内年平均利税总额与总投资的比值。其中，利税总额 = 利润总额 + 税金及附加，或者利税总额 = 销售收入 − 总成本费用。投资利税率反映项目单位投资对国家积累的贡献水平，数值越大，说明项目为社会提供的利润和向国家缴纳的税金越多。在项目经济评价中，若计算出的该项目的投资利税率大于或等于该行业或部门的标准投资利税率,则认为项目经济上可行,考虑接受该项目;反之不接受。

(4)资本金利润率是指项目达产后正常生产年份的利润总额或生产期年平均利润总额与项目资本金的比率。资本金利润率反映投入项目的资本金的盈利能力。

4.5 净现值

4.5.1 净现值的计算

净现值(net present value,NPV)是反映投资方案在寿命期内获利能力的动态经济评价指标。它是通过规定的利率 i 把不同时间点发生的净现金流量统一折算为现值(第一年初,或者建设期初),然后求其代数和。计算公式为

$$\text{NPV}(i) = \sum_{t=0}^{n}(\text{CI}-\text{CO})_t(1+i)^{-t} \tag{4-11}$$

式中,$(\text{CI}-\text{CO})_t$ 表示第 t 年的净现金流量,可以用 NCF_t 表示;i 表示规定的利率,即基准收益率。

特别地,若方案开始仅有一次投资 I,每年的净收益相同,都是 A,期末残值为 L,则在寿命期为 n 时的净现值可以用式(4-12)计算:

$$\text{NPV}(i) = -I + A(P/A,i,n) + L(1+i)^{-n} \tag{4-12}$$

净现值指标的经济含义是项目达到利率 i 水平时剩余的资金的现值价值。方案可取的评价判据是 $\text{NPV}(i) \geqslant 0$,表明投资项目方案达到或超过给定的利率 i 的回报水平。

如果计算出的净现值大于零,说明在规定的利率为 i 的情况下,工程项目可以取得额外的经济效益。以图 4-2 中的净现金流量为例,计算其净现值,当 $i=10\%$ 时,则有

$$\begin{aligned}\text{NPV}(10\%) &= -5000 + 2000\times(1+10\%)^{-1} + 4000\times(1+10\%)^{-2} - 1000\times(1+10\%)^{-3} \\ &\quad + 5000\times(1+10\%)^{-4} + 5000\times(1+10\%)^{-5} \\ &= 5982(万元)\end{aligned}$$

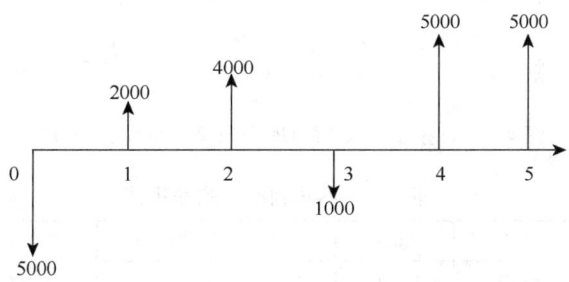

图 4-2 某投资方案的净现金流量图(单位:万元)

计算结果表明图 4-2 所示的投资方案的 NPV(10%) = 5982 万元＞0，因此该投资方案是可行的。

例 4-6 某项目总投资为 10 000 万元，连续 5 年每年产生等额收入 5300 万元，第 5 年末有 2000 万元残值，每年的费用大概是 3000 万元，公司愿意接受的投资收益率为 10%，用净现值指标判断项目是否可接受。

解： NPV(10%) = −1000 + (5300 − 3000)(P/A,10%,5) + 2000(1 + 10%)$^{-5}$ = −39（万元）

因为 NPV(10%) = −39 万元＜0，所以这个项目是不能被接受的。

净现值指标反映了项目投资的盈亏情况，衡量出投资者对项目的基本满意度，可以清楚地表明方案在整个寿命期内的绝对收益。净现值的优点是考虑了资金的时间价值，而且方案在整个寿命期内在给定净现金流量、计算期和折现率的情况下，都能算出唯一的净现值，在理论上比其他方法更完善，在实际上也有广泛的适用性。如何确定折现率是应用净现值指标的一个主要问题，这个折现率既是资金时间价值的衡量尺度，也是资金的使用人的资金成本，由于各项资金来源、预期收益估计比较困难，因此限制了资金成本的实际应用。

NPV 表明项目方案在保证实现规定的收益率 i 基础上可额外获得的收益。因此在进行投资方案选择时，我们应该选择净现值最大的方案为最优方案，但是两个方案的净现值相同，并不能说明两个方案的经济效益相等，只能说明这两个方案都能满足投资需要并且可行，在这种情况下应当考查投资的大小，投资越大的项目经济效果越好，因为投资多，方案也能获得最低的收益率 i，所以一定要选择投资大的项目。

4.5.2 净现值函数

净现值函数是指净现值与折现率之间的函数关系。假定有一个投资方案，其现金流量如图 4-3 所示。根据不同的利率 i，可以计算出投资方案的净现值，其结果列于表 4-7。将 NPV(i) 作为 i 的函数，可得图 4-4 的曲线。

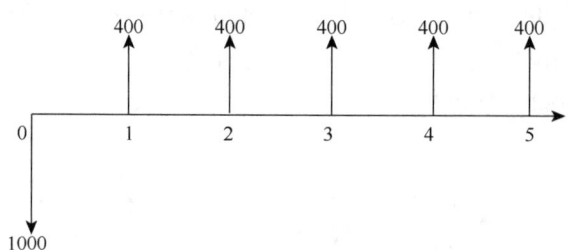

图 4-3　某投资方案的净现金流量（单位：万元）

表 4-7　不同利率下的净现值

i	0	10%	20%	22%	28.65%	30%	40%	∞
NPV(i)/万元	1000	516.31	196.24	145.46	0	−25.77	−185.93	−1000

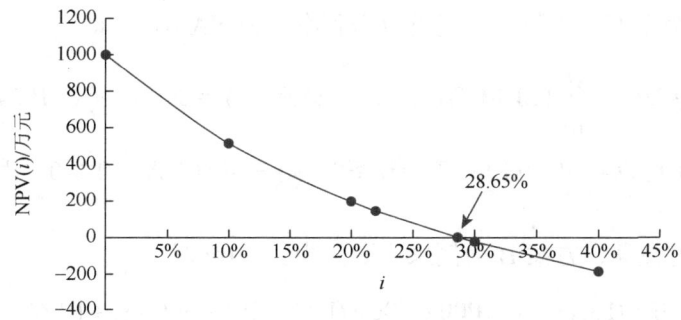

图 4-4　净现值函数曲线

在 $0 \leqslant i < 28.65\%$ 的范围内 NPV(i) 是正值，这说明收入的现值大于支出的现值。从折现系数 $(1+i)^{-n}$ 中可以得出，i 增大，折现系数变小，当 $n \rightarrow \infty$ 时，折现系数趋于零。对于开始时有一笔或几笔支出，而以后有一连续的收入，并且收入之和大于支出之和的现金流量，其 NPV(i) 函数都具有图 4-4 所示的特点，即当 i 从零逐渐增加时，函数的值逐渐减少，曲线只和横轴相交一次。但是，有时还可能出现如图 4-5 所示的净现值函数曲线。

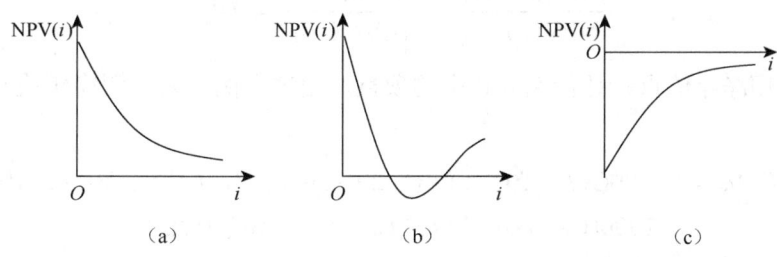

图 4-5　其他形式的净现值函数曲线图

图 4-5（a）是由于投资额少，每年的净收益很高，所以当利率 i 非常高时，净现值仍然为正，这类项目一般都是高回报的。图 4-5（b）是由于在生产经营中期出现了较大的负净现金流量，比如追加了大量的投资，这个数值影响了净现值函数曲线的变化趋势，这类项目一般是先试探性地进行较少的投资，如果项目投资成功，连续出现较好的经济效益（或者很高的投资回报），然后再追加投资，如扩建规模、连锁经营等，使项目的经济效益更好。图 4-5（c）是由于投资过于激进，开始投资额较大，而项目建成后各年的经济效益却很差（或者损失严重），所以这类项目一开始投资就出现了严重失误。

4.5.3　净年值

和净现值等价的另一个评价指标是净年值（net annual value，NAV），即把项目方案计算期内的净现值流量通过某个规定的利率 i，折算成与其等值的各年末的等额支付系列，这个等额的数值称为净年值。

任何一个方案的净现金流量可以先折算成净现值，然后用复利系数 $(A/P, i, n)$ 计算出年

值，最后把每一个年值求代数和，就可以得到净年值 NAV(i)，即

$$\text{NAV}(i) = \sum_{t=0}^{n}(\text{CI}-\text{CO})_t(1+i)^{-t}(A/P,i,n) = \text{NPV}(i)(A/P,i,n) \quad (4\text{-}13)$$

由式（4-13）可以看出，只要 NPV(i) ≥ 0，则一定有 NAV(i) ≥ 0。因此这两个评价指标是等价的。

以表 4-1 中方案 A、方案 B 为例来说明。当 $i = 10\%$ 时，

$$\text{NPV}(10\%)_A = -1000 + 500\times(1+10\%)^{-1} + 300\times(1+10\%)^{-2}$$
$$+ 200(P/A,10\%,4)(1+10\%)^{-2} = 226 \text{（万元）}$$

$$\text{NAV}(10\%)_A = \text{NPV}(10\%)_A(A/P,10\%,6) = 226\times 0.2296 = 52 \text{（万元）}$$

$$\text{NPV}(10\%)_B = -1000 + 200\times(1+10\%)^{-1} + 300\times(1+10\%)^{-2} + 500\times(1+10\%)^{-3}$$
$$+10\,000\times(1+10\%)^{-4} + 2000\times(1+10\%)^{-5} + 4000\times(1+10\%)^{-6} = 3988 \text{（万元）}$$

$$\text{NAV}(10\%)_B = \text{NPV}(10\%)_B(A/P,10\%,6) = 3988\times 0.2296 = 916 \text{（万元）}$$

计算结果表明

$$\frac{\text{NPV}(10\%)_A}{\text{NPV}(10\%)_B} = \frac{\text{NAV}(10\%)_A}{\text{NAV}(10\%)_B} = 0.057$$

例 4-7 用净年值重新评价例 4-6 中的项目。用这个例子来说明净年值与净现值之间的关系。

$$\text{NAV}(10\%) = -1000(A/P,10\%,5) + (5320-3000)(P/A,10\%,5)(A/F,10\%,5)$$
$$+ 2000(1+10\%)^{-5}(A/P,10\%,5) = -10 \text{（万元）}$$

由于 NAV(10%) = −10 万元 < 0，同样表明这个项目是不能接受的。进一步分析上面的计算公式，式中每一项均含有公因式 $(A/P,10\%,5)$，提取公因式后变成

$$\text{NAV}(10\%) = \left[-1000 + (5320-3000)(P/A,10\%,5) + 2000(1+10\%)^{-5}\right](A/P,10\%,5)$$

这个计算公式中除了公因式 $(A/P,10\%,5)$ 外，剩余的部分正好是 NPV(10%) 的计算公式，利用式（4-13）中 NAV(i) = NPV(i)($A/P,i,n$) 也可以计算出净年值，即 NAV(10%) = NPV(10%)($A/P,10\%,5$) = −39×0.2638 = −10（万元）。因此，我们验证了例 4-7 里的 NAV(10%) = −10 万元和例 4-6 里的 NPV(10%) = −39 万元是等值的。

若投资方案只有一次初始投资 I，以后各年有相同的净收益 A，且寿命期末残值为 L，方案的寿命期为 n，则

$$\text{NAV}(i) = -I(A/P,i,n) + A + L(A/F,i,n) \quad (4\text{-}14)$$

式（4-14）可以用图 4-6 解释。图 4-6（a）是该项目的现金流量图。图 4-6（b）是把投资 I 和残值 L 分别用复利系数 $(A/P,i,n)$、$(A/F,i,n)$ 转化成每期期末的年值之后的现金流量图。其中 $I_A = I(A/P,i,n)$，$L_A = L(A/F,i,n)$。从图 4-6（b）中我们可以看出净年值就是这三个年值的代数和，即 NAV(i) = $I_A + A + L_A$。

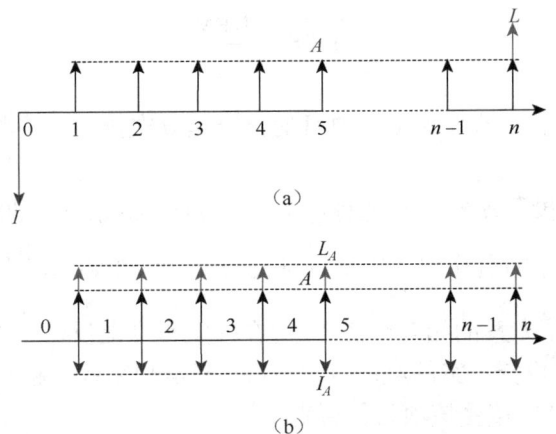

图 4-6 某投资方案净现金流量图

例 4-8 有一个投资方案，寿命期为 10 年，方案的初始投资为 450 万元、年净收益为 120 万元、期末残值为 45 万元。基准收益率 i_c = 12%，计算净现值和净年值。

解： $NPV(12\%) = -450 + 120(P/A, 10\%, 10) + 45(1+12\%)^{-10} = 242$ （万元）

$NAV(12\%) = -450(A/P, 12\%, 10) + 120 + 45(A/F, 12\%, 10) = 43$ （万元）

或者 $NAV(12\%) = NPV(12\%)(A/P, 12\%, 10) = 242 \times 0.1770 = 43$ （万元）。

净现值和净年值的计算可以利用 Excel 进行求解，若方案只有一次投资 I，每年净收益为 A，期末残值为 L，寿命期为 n，基准收益率或折现率为 i_c，可以利用第 3 章介绍的函数 PV、PMT 进行计算。计算净现值 NPV 时输入 "= PV(i_c, n, -A, -L)-I"，计算净年值 NAV 时输入 "= PMT(i_c, n, I, -L) + A"。

如例 4-8 中计算 NPV 和 NAV 就可以直接在 Excel 中分别输入 "= PV(12%, 10, -120, -45)-450" 和 "= PMT(12%, 10, 450, -45) + 120"，计算净现值和净年值的结果同样分别为 242 和 43。在这里特别要注意输入函数时数值的符号。

如果项目各年净现金流量没有规律，可以用函数 NPV 进行计算。在 Excel 中输入函数 "= NPV(i_c, value1, value2, …)"。该函数中 i_c 为基准收益率、折现率，value1, value2, … 为按照时间顺序的各年末的净现金流量，可以用单元格地址表示。值得注意的是，该函数中第一个净现金流量 value1 是第 1 年末，而计算出的净现值是第 0 年（第 1 年初），所以如果 value1 为第 1 年初的净现金流量，可以在 Excel 中输入 "= NPV(i_c, value1, value2, …)×(1 + i_c)" 或者 "= NPV(i_c, value2, value3, …) + value1"。计算出 NPV 后，可以利用 NPV 与 NAV 之间的关系计算出 NAV，即计算 NAV 时输入函数 "= PMT(i_c, n, -NPV)"。

4.5.4 净现值比率

净现值比率（net present value rate，NPVR）是方案的净现值与投资现值的比值，反映了单位投资现值可以获得的净现值。该指标是在净现值指标的基础上发展起来的，可以作为净现值方法的一种拓展，其计算公式为

$$\text{NPVR} = \frac{\text{NPV}}{I_P} \qquad (4\text{-}15)$$

式中，I_P 表示投资现值，即如果工程项目的投资是分次投入，应将各次投资均换算为现值后相加求和。

如图 4-2 所示的某投资方案的现金流量，NPV = 5982 万元，$I_P = 5000 + 1000 \times (1+15\%)^{-3} =$ 5751 万元（假设第三年的负净现金流量也是投资），则 $\text{NPVR} = \dfrac{\text{NPV}}{I_P} = \dfrac{5982}{5751} = 1.04$。

净现值比率反映了方案的相对经济效益，在一定程度上反映了投资方案的资金利用效率，净现值比率越大，投资方案的经济效益越好，资金利用效率越高。因此其判别标准是：若 NPVR ≥ 0，可以考虑接受该项目，否则不接受。

利用净现值比率指标来进行比选时，应选择净现值比率最大的方案。净现值与净现值比率指标二者关系密切，一般情况下，净现值大的方案净现值比率也大，但有时净现值最大的方案的净现值比率并不一定最大。当利用净现值与净现值比率两个指标选择方案产生不一致时，应区别不同情况做出恰当的选择。在投资充足或投资无限额时，可以追求最大收益，而不太追求资金的利用效率是否最大，此时应以净现值作为主要的评价标准，选择净现值最大的方案为最优方案。在投资紧张或各方案投资额相差很大时，应该更注重资金的利用效率，即单位投资应获得较高的收益，此时应以净现值比率作为主要的评价标准修正，选择净现值比率最大的方案为最优方案。

净现值比率指标明确反映了单位投资现值可获得的净现值，这对于提高资金利用效率，加强资金运用的管理工作有着重要指导意义。该指标与净现值指标紧密结合，既考虑了投资方案的绝对经济效益，也考虑了投资方案的相对经济效益，便于综合分析得出较科学的评价结论。净现值比率指标的缺点是在多方案选择时，容易选择投资较少、收益较大的方案，而放弃投资大、收益也大的方案。

4.6 内部收益率

4.6.1 内部收益率的定义

内部收益率（internal rate of return，IRR）是指方案计算期内可以使净现值等于零的贴现率。它是一个被广泛采用的投资方案的评价方法，如以 IRR 代表方案的内部收益率，它必须满足下列等式：

$$\text{NPV}(\text{IRR}) = \sum_{t=0}^{n}(\text{CI} - \text{CO})(1 + \text{IRR})^{-t} = 0 \qquad (4\text{-}16)$$

从式（4-16）中可以看出，必须是 IRR ≥ -1，但从经济学角度来看小于零的利率是没有经济意义的，所以对于大多数实际问题来说，0 ≤ IRR < ∞。根据净现值和净年值的计算公式和相互关系，当工程项目方案的净现值为零时，其净年值也必须为零，因此 NPV(IRR) = NAV(IRR) = 0。

采用内部收益率指标进行评价时,内部收益率计算不需事先给定折现率,它是由项目本身的净现金流量计算得到的。另外,它直接给出项目盈利水平的相对值,便于投资者理解和做出判断,因此这个指标在长期投资决策中得到广泛应用。内部收益率能反映投资方案本身的盈利水平,但由于内部收益率的计算公式是一个 n 次方程求解问题,所以很难求出精确的解。如果是非常规投资方案,即在项目计算期内各年的净现金流量有时为正,有时为负,正负号的改变超过一次的投资方案,往往有若干个解,这时就不能采用内部收益率作为评价指标。正是由于内部收益率不能在所有情况下给出唯一确定值,其应用受到一定程度的限制。此外,内部收益率在再投资收益率的假设上存在缺陷。

4.6.2 内部收益率的经济含义

假定一个工厂用 1000 万元购买一套设备,寿命期为 4 年,现金流量如图 4-7 所示,按式(4-16)可求得内部收益率 IRR = 10%,它表示每年尚未恢复的(即仍在占用)投资,在 10%的利率情况下计息,到该设备寿命期结束时恰好恢复完。具体恢复过程如图 4-8 或者表 4-8 所示,内部收益率是项目整个计算期内占用资金的平均的盈利能力。如果第 4 年末的现金流入不是 220 万元,而是 260 万元,那么按 10%的利率,到期末除全部恢复占用的资金外,还有 40 万元的剩余,为使期末资金刚好全部恢复,利率还可高于 10%,内部收益率也随之升高。因此,内部收益率可以理解为工程项目对占用资金的一种恢复能力,其值越高,一般来说方案的投资盈利能力越强。

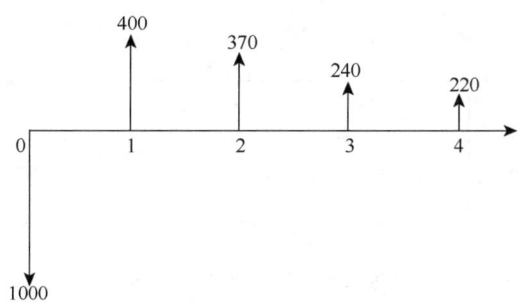

图 4-7 i = 10%时的现金流量图(单位:万元)

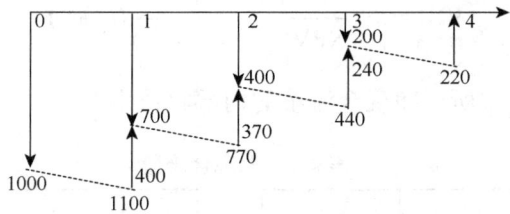

图 4-8 资金的恢复过程(单位:万元)

表 4-8 图 4-7 项目资金的恢复过程表   单位：万元

年份	期初未收回投资 ①	本期获得利息 ②=①×IRR	期末现金流入 ③	期末未收回投资 ④=①+②+③
0	0	0	−1000	−1000
1	−1000	−100	400	−700
2	−700	−70	370	−400
3	−400	−40	240	−200
4	−200	−20	220	0

4.6.3　内部收益率的计算

内部收益率若直接按定义求解时，需要求解一个高次方程，一般无法解出，通常采用内插法。

内插法的基本原理是，假设净现值函数为减函数，当取利率 i_1 时对应的 $\text{NPV}(i_1) > 0$，取利率 i_2 时对应的 $\text{NPV}(i_2) < 0$，如图 4-9 所示，那么净现值函数与横轴交点就近似等于由点 $A(i_1, \text{NPV}(i_1))$ 和点 $C(i_2, \text{NPV}(i_2))$ 确定的直线与横轴的交点，当 i_1、i_2 之间的距离足够小时（一般要小于 5%），后一个交点对应的横坐标值就近似等于内部收益率。

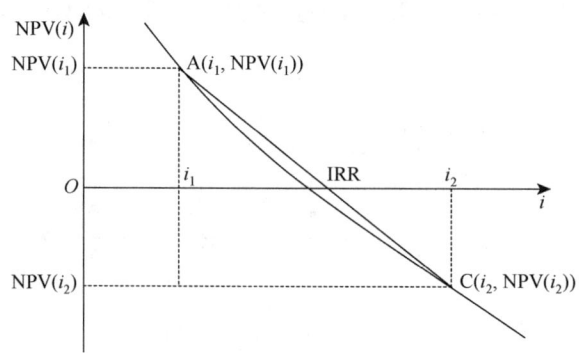

图 4-9　内插法基本原理

图 4-9 中直线 AC 与横轴交点值就近似等于内部收益率，这个数值为

$$\text{IRR} = i_1 + \frac{\text{NPV}(i_1)}{\text{NPV}(i_1) - \text{NPV}(i_2)} (i_2 - i_1) \tag{4-17}$$

例 4-9　试求表 4-9 中所列净现金流量的内部收益率。

表 4-9　净现金流量

年末	0	1	2	3	4	5
净现金流量/万元	−1000	−800	500	500	500	1200

解：按照内部收益率的定义可得

$$NPV(IRR) = -1000 - 800(1+IRR)^{-1} + 500(P/A, IRR, 4)(1+IRR)^{-1} + 700(1+IRR)^{-5} = 0$$

当取 $i_1 = 12\%$ 时，

$$NPV(12\%) = -1000 - 800(1+12\%)^{-1} + 500(P/A, 12\%, 4)(1+12\%)^{-1} + 700(1+12\%)^{-5} = 39（万元）$$

净现值还是大于零，现在取 $i_2 = 15\%$，得

$$NPV(15\%) = -1000 - 800(1+15\%)^{-1}$$
$$+ 500(P/A, 15\%, 4)(1+15\%)^{-1} + 700(1+15\%)^{-5} = -106（万元）$$

由此可见，内部收益率必在 12% 和 15% 之间，用式（4-17）可得

$$IRR = 12\% + \frac{39}{39+106}(15\% - 12\%) = 12.8\%$$

值得一提的是，当把 $i = 12.8\%$ 代入净现值计算公式时，NPV(12.8%) 仍然小于零。NPV(i) 与利率 i 之间的关系见图 4-10。为了更精确地计算 IRR，可以多次利用内插法进行计算。

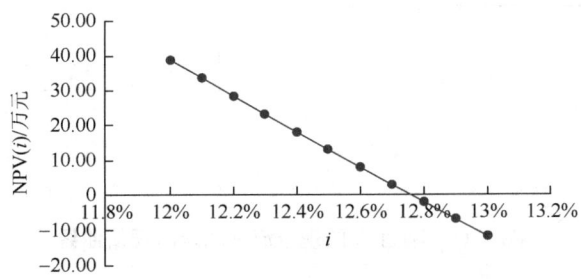

图 4-10 例 4-9 中净现值与利率之间的关系

计算内部收益率需要解一个 n 次多项式方程，在数学上，一般情况下这个方程可能会有多个解。通过对净现金流量分析和分类，可以事先预期是否存在多个内部收益率情况。用各种不同的投资净现金流量计算净现金流量序列中符号变化的次数，根据符号变化次数可以将投资方案分为常规投资和非常规投资。净现金流量的符号无论是从"+"变为"−"还是从"−"变为"+"，都算作一次符号变化（忽略零现金流量）。

常规投资是指期初净现金流量为负，净现金流量序列符号只改变一次的投资。非常规投资是指项目净现金流量序列的符号变化超过一次的投资。

目前有两条符号变化规律可用于预测内部收益率的情况：①净现金流量的符号变化，正实数解的个数不会超过净现金流量序列中符号变更的数目；②累计净现金流量的符号变化，如果累计净现金流量序列开始为负并且符号变化只有一次，那么内部收益率存在唯一正实数解，否则每变化一次，就会多出现一个正实数解。

必须强调的是，这种符号变化规律只是对多个内部收益率的可能性进行估计，预测最多存在多少个内部收益率，许多项目的净现金流量序列尽管有多次符号变化，但其仍然只有一个内部收益率。

例 4-10 （预测内部收益率的个数）推测表 4-10 中净现金流量系列内部收益率正实数解的个数，并求解。

表 4-10　例 4-10 中的净现金流量　　　　　　　　　　　单位：万元

年份	A	B	C	D
0	−6000	1000	−1000	−1000
1	2000	800	1500	400
2	3000	−800	860	−600
3	4000	−800	−1400	800
4	0	−800	0	2800

解：（1）项目 A 代表常见的常规投资，即开始各年的净现金流量为负或者只有投入，随后各年的净现金流量均为正，这种情况下的净现值曲线如图 4-11（b）所示。从图 4-11（b）中可以看出曲线与横轴只有一个交点，20.661%就是项目 A 的内部收益率。

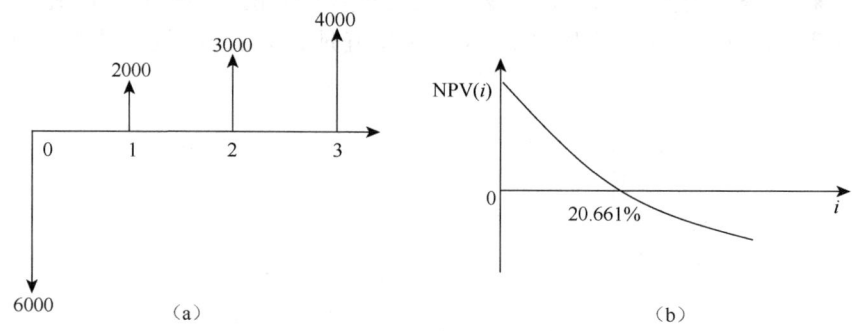

图 4-11　项目 A 的现金流量图及净现值曲线

（2）项目 B 代表的既不是常规投资也不是非常规投资，尽管在净现金流量序列中只有一次符号变化。因为初始净现金流量是正的，所以这是非投资净现金流量，而不是投资净现金流量。图 4-12（b）就是这类投资的净现值曲线，该曲线与横轴只有一个交点，12.034%就是项目 B 的内部收益率。

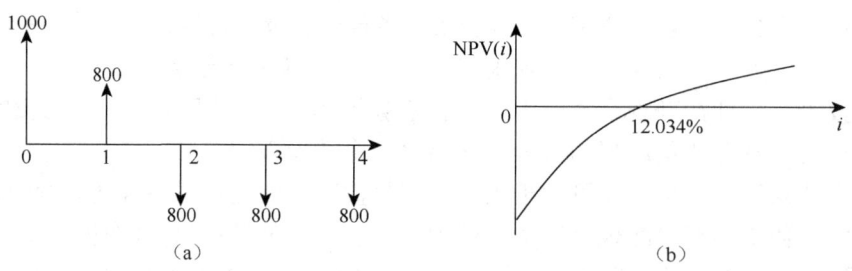

图 4-12　项目 B 非投资情况的现金流量图及净现值曲线

（3）项目 C 代表非常规投资。项目 C 的净现值曲线如图 4-13（b）所示，曲线与横轴相交于 5.125%和 40%。因此它存在两个内部收益率：5.125%和 40%。

（4）项目 D 代表非常规投资。项目 D 的净现值曲线如图 4-14（b）所示，曲线与横轴只有一个交点，原因是第三年和第四年的净现金流量比第二年的净现金流量大，并且是逐年递增的。因此它只存在一个内部收益率 40%。

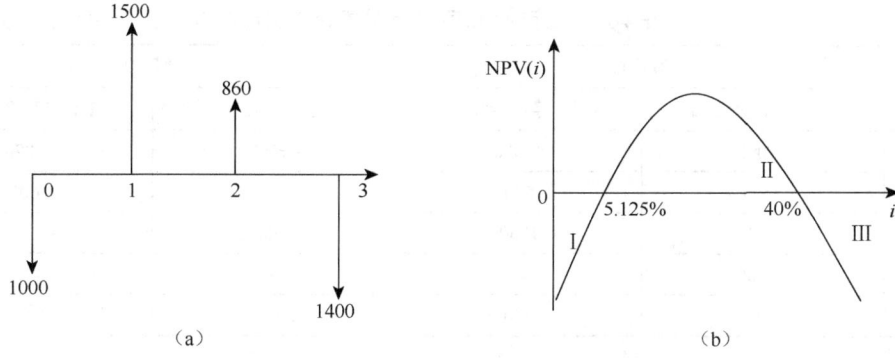

图 4-13 项目 C 的现金流量图及净现值曲线

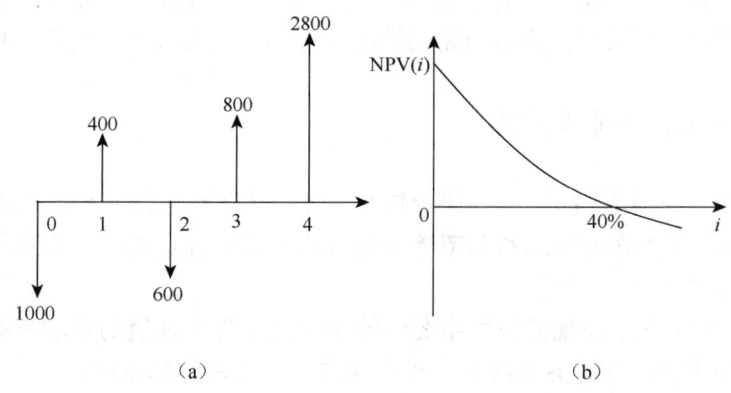

图 4-14 项目 D 的现金流量图及净现值曲线

另外还有一种非常规投资净现金流量曲线如图 4-5（b）所示，该投资项目在出现几个正净现金流量后突然一个较大的负净现金流量，所以内部收益率有两个。并非所有的非常规投资的净现值曲线与横轴有多个交点。在分析项目现金流量时，首先要判断是否存在多个内部收益率的情况。一种判断方法是通过计算机生成净现值变化曲线图，判断图形是否穿过横轴多于一次；另一种判断方法是通过审视净现金流量类型来判断多个交点的情况。

由净现金流量符号变化规律分析我们得到内部收益率的可能个数，如表 4-11 所示。

表 4-11 各项目内部收益率的可能个数

项目	净现金流量符号变化次数	内部收益率的可能个数
A	1	1 或 0
B	1	1 或 0
C	2	2、1 或 0
D	3	3、2、1 或 0

对于项目 C 和项目 D，用更精确的累计净现金流量符号分析，可以得到更少的该内部收益率的可能个数，见表 4-12。

表 4-12 项目 C 和项目 D 的累计净现金流量   单位：万元

年份	项目 C		项目 D	
	净现金流量	累计净现金流量	净现金流量	累计净现金流量
0	−1000	−1000	−1000	−1000
1	1500	500	400	−600
2	860	1360	−600	−1200
3	−1400	−40	800	−400
4	0	−40	2800	2400

根据符号变化规律，如果累计净现金流量序列以负值开始，然后只改变一次符号，那就有且只有一个内部收益率。只有项目 D 是这种情况，因此可以推测项目 D 具有唯一的内部收益率，而对于项目 C，我们却无法消除其有多个内部收益率的可能性。

4.6.4 内部收益率的判别标准

内部收益率与净现值、净年值等评价指标相比，显著的特点是不需要预先设定贴现率或者基准收益率。当未来的情况和利率等都具有高度的不确定性时，采用内部收益率判别项目可行性会更加合理。

正如前面所讨论的，净现值分析主要依赖于用来计算净现值的基准收益率。不同的基准收益率可能会改变项目的决策结果，或改变多个项目之间的排序。

考虑图 4-10 常规投资项目的净现值曲线。从图中可以看出当 IRR＞i 时，对于任何一个 i 的值，净现值是正的；而当 IRR＜i 时，对于任何一个 i 的值，净现值是负的。不仅是净现值如此，由于净现值和净年值的关系，净年值也具有同样的规律。因此，在通常情况下内部收益率与净现值等判据有相一致的评价准则，即当内部收益率大于贴现率（或者基准收益率）i_c 时，投资方案是可取的。此时，方案必有 $NPV(i_c) \geqslant 0$。

以上讨论的内部收益率的情况仅适用于常规投资方案。这类方案的净现值函数有如图 4-4 或图 4-10 所示的那种情况。此时，净现值 NPV(i) 随 i 的增加而减小，曲线与横轴仅有唯一的交点，并在 (0, ∞) 范围内。一般说来，凡是投资方案的净现金流量从第 1 年初起有一年或几年是负的，其余各年的净现金流量都是正的，而所有净现金流量代数和是正值时，一定都具有上述的那种情况，但是并不是所有现金流量都具有上述的那种理想的情况。

图 4-12 是一种非投资的情况，投资者先从工程方案中取得资金，然后再向方案投资。注意，在此种情况下与图 4-11 的情况相反，只有内部收益率小于基准收益率时，方案才可取。

如图 4-12 中的净现金流量，当 $i_1 = 0$ 时，NPV(0) = −600，当 $i_2 = 10\%$ 时，有

$$NPV(10\%) = 1000 + 800(1+10\%)^{-1} - 800(P/A, 10\%, 3)(1+10\%)^{-1} = -81$$

当 $i_3 = 15\%$ 时，NPV(15%) = 108；当 $i_4 = 20\%$ 时，NPV(20%) = 236。

从上面的计算中可以看出，净现值随 i 的增大从负值变到正值，数值也增大。只有在

内部收益率小于基准贴现率时，用基准贴现率计算净现值可得 $NPV(i_c) \geq 0$，方案才可取。

例 4-11 某企业拟发行一种债券，面值为 5000 美元，票面利率为每年 8%。该债券可以在 20 年后按票面价值赎回，而且从现在开始的 1 年后开始支付每年的利息。如果这张债券目前的市场价格为 4600 美元，该企业的 i_c 为 10%，是否发行该债券？

解： $4600 - 5000(1+IRR)^{20} - 5000(P/A, IRR, 20) \times 0.08 = 0$

解得 IRR = 8.87%。由于 IRR = 8.87% > 8%，应该发行。

我们可以通过计算净现值曲线验证该结论：

$NPV(10\%) = 4600 - 5000(P/F, 10\%, 20) - 5000(P/A, 10\%, 20) \times 0.08 = 451.36$ （美元）

$NPV(10\%) > 0$，同样得出该债券应该发行。

对于非常规投资项目，净现值曲线如图 4-13 所示。根据净现值分析，我们应该在Ⅰ和Ⅲ区域拒绝该项目，在Ⅱ区域接受该项目。这一结果违背了直觉判断，即随着利率的提高，本来不可接受的项目可能变为可接受的。因此，对于图 4-11 所示的常规投资的情况，净现值可以作为一个合适的指标来判断项目是否被接受或拒绝，但是，对于图 4-13 所示的非常规投资，并不能确定哪个可以作为判据指标进行决策。因此，对于存在多个内部收益率的项目，内部收益率的值不能充分有效地衡量投资项目的营利性。

内部收益率虽然反映了投资项目的盈利能力，但是不同投资项目的内部收益率高低不能够很好地衡量项目的优劣。在图 4-15 中 A 项目的内部收益率大于 B 项目的内部收益率（$i_A > i_B$），两条曲线的交点处的利率为 i^*，当基准收益率 $i_c < i^*$ 时 B 项目的净现值大，说明 B 项目最优，而 $i_c > i^*$ 时是 A 项目最优，因此用内部收益率判断项目优劣可能存在风险。

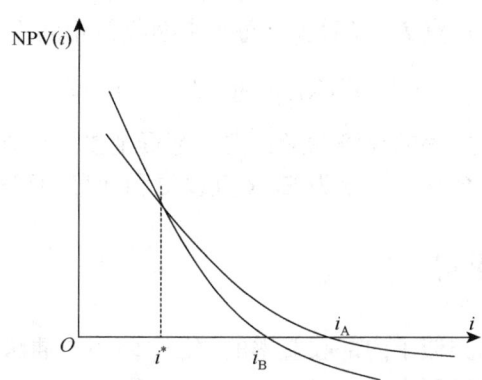

图 4-15 不同项目内部收益率和方案优劣

内部收益率可以在 Excel 中进行计算，当方案只有一次投资 I，每年净收益为 A，期末残值为 L，寿命期为 n，基准收益率或折现率为 i_c 时，可以用利率函数 RATE 进行计算。在 Excel 中输入函数 "= RATE($n, -A, I, -L$, [GUESS])" 或者 "= RATE($n, A, -I, L$, [GUESS])"。

在计算时如果出现"#NUM!"要注意参数的顺序和符号，特别是初始值 GUESS 的设定。如果一个投资项目各年的净现金流量没有规律，那么可以用下面 IRR 函数进行计算，在 Excel 中输入 "= IRR(values, [GUESS])"。式中 values 为按时间顺序排列的净现金流量数组（用{ }表示），也可以用单元地址表示。在这里如果项目内部收益率有两个以上时，Excel 仅计算出一个离 GUESS 值最近的内部收益率。当省略参数 GUESS 时，就是内部收益率最小的那个值，如果想计算出另一个内部收益率，则需要把函数的初始值 GUESS 设定得更大一些。

4.7 外部收益率

在计算内部收益率时，实际上隐含着这样一个假设：项目逐年的净收益均按计算所得的收益率即内部收益率再投资于项目内部。但是一个项目逐年所得的净收益往往不一定能以与其投资相同的收益率再投资于项目本身，如果假设逐年所得净收益以基准收益率（i_c）再投资，这就意味着项目的部分收益不是再投资于项目内部，而是投资于项目的外部，这种情况往往更为现实合理，这时我们就用外部收益率法进行项目评价。

4.7.1 外部收益率的定义

外部收益率（external rate of return，ERR）是投资的终值与用基准收益率计算的累计再投资收益终值相等时的利率（或收益率）。其计算公式为

$$\sum_{t=0}^{s} I_t(F/P,\text{ERR},n-t) = \sum_{t=s+1}^{n} \text{NCF}_t(F/P,i_c,t) \tag{4-18}$$

式中，I_t 表示第 t 年的投资；s 表示最后一次投资的年份；NCF_t 表示第 t 年的净收益；i_c 表示基准收益率。

若项目仅有一次初始投资 I，以后各年每年末净收益相同为 A，且残值为 L，则有

$$I(1+\text{ERR})^n = A(F/A,i_c,n) + L \tag{4-19}$$

可以这样理解外部收益率的经济意义：把一笔资金投资于外部收益率为 ERR 的项目所得的收益，等于将该资金存入利率为 ERR 且以复利计息的银行中所获得的收益。

4.7.2 外部收益率的求解

外部收益率求解可用类似于内部收益率的解法，即用内插法近似求解，但也可以直接求解，比内部收益率的求解要容易。

从外部收益率的经济含义可看出，外部收益率越高越好。因此，若 $\text{ERR} \geq i_c$，项目可行；若 $\text{ERR} < i_c$，项目不可行。

例 4-12 某工程项目初始投资为 300 万元，当年投产并获利。5 年内每年净收益为 100 万元，设基准收益率为 10%，试求该项目的外部收益率。

解：由式（4-19）得

$$300(1+\text{ERR})^5 = 100(F/A,10\%,5)$$

求解外部收益率一般有两种方法：一是查表；二是直接计算。

（1）查表求解外部收益率，由 $(F/A, \mathrm{ERR}, 5) = 2.0350$，查附录可知外部收益率介于 15%～20%，当利率等于 15%时，$(F/A, 15\%, 5) = 2.0114$；当利率等于 16%时，$(F/A, 16\%, 5) = 2.1003$，则 $\mathrm{ERR} = 15\% + \dfrac{2.0350 - 2.0114}{2.1003 - 2.0114} \times (16\% - 15\%) = 15.27\%$。

（2）直接计算外部收益率，由 $(F/A, \mathrm{ERR}, 5) = 2.0350$ 得 $(1+\mathrm{ERR})^5 = 2.035$，解得 $\mathrm{ERR} = 15.27\%$。

故该项目的外部收益率为 15.27%。

例 4-13 某工程初始投资 100 万元，第五年末又追加投资 20 万元，工程寿命期为 10 年，10 年内每年收入 35 万元，支出 15 万元，若基准收益率为 10%，求外部收益率。

解：由式（4-18）得

$$100(1+\mathrm{ERR})^{10} + 20(1+\mathrm{ERR})^5 = (35-15)(F/A, 10\%, 10)$$

化简得

$$5(1+\mathrm{ERR})^{10} + (1+\mathrm{ERR})^5 = 15.9374$$

此题可直接计算求解 ERR。

令 $(1+\mathrm{ERR})^5 = x$，则上述方程可变为

$$5x^2 + x = 15.9374$$

解为 $x = 1.68815$（$x = -1.88815$ 舍去），则由 $(1+\mathrm{ERR})^5 = 1.68815$ 得 $\mathrm{ERR} = 11.04\%$。

故该项工程外部收益率为 11.04%。

目前，外部收益率的应用较少，但它在经济意义上比内部收益率更合理，因为外部收益率关于再投资的假设比较符合实际，而内部收益率的假设前提往往难与实际相符，并且外部收益率一般可避免多解，即只有唯一正实数解，而且常常能直接精确求解。其缺点是内部收益率与基准收益率之差可以表示为项目的额外收益率，而外部收益率却不能反映这种额外收益率。

4.8 案例分析

某工程项目的经济评价分析

某工程项目预计第 1 年投资 400 万元，第 2 年投资 900 万元，其中，前两年每年都投入 300 万元，均来自银行贷款，年利率 $i = 10\%$，采用年中法计算建设期利息，建设期为 2 年，其余为自有资金。生产期 5 年，按照等本金偿还。投资后形成固定资产 1000 万元，无形资产 200 万元。固定资产残值为 100 万元，采用 8 年双倍余额递减法计算折旧。第 3 年初投入流动资金 100 万元。生产期为 10 年。各年收入及总成本费用见表 4-13，税金及附加按销售收入的 5%计算，所得税税率为 25%。无形资产及其他资产分 6 年计入摊销费用。已知基准收益率 $i_c = 20\%$。

表 4-13　某工程项目的销售收入及总成本费用　　　　单位：万元

项目	3	4	5	6	7	8	9	10	11	12
销售收入	600	800	800	800	800	800	700	600	500	400
总成本费用	400	350	350	350	350	350	340	320	330	330

1）计算建设期利息和贷款偿还

建设期每年应计利息 =(年初借款本息累计 + 本年借款额/2)×年利率

计算出第 1 年和第 2 年利息分别为 15 万元和 46.5 万元，到第 3 年累计欠款 661.5 万元，按照等本金（等额还本、利息照付）法计算出各年需要偿还的本金和利息支出见表 4-14。

表 4-14　各年需要偿还的本金和利息支出　　　　单位：万元

项目	1	2	3	4	5	6	7
年初欠款		315	661.5	529.2	396.9	264.6	132.3
利息	15	46.5	66.15	52.92	39.69	26.46	13.23
偿还本利和			198.45	185.22	171.99	158.76	145.53
偿还本金			132.3	132.3	132.3	132.3	132.3
当年借款	300	300					

2）用双倍余额递减法计算各年折旧

根据双倍余额递减法计提折旧的计算公式，折旧率 = 2/8 = 0.25，每一年计提完折旧后的余额乘以折旧率，得出各年的折旧额，最后一年（第 8 年）的折旧额等于第 7 年的余额减去残值 100，具体各年折旧额见表 4-15，必须注意到第 8 年计提折旧后固定资产残值为 100 万元。

表 4-15　各年折旧额　　　　单位：万元

项目	1	2	3	4	5	6	7	8
年初余值	1000	750	562.5	421.88	316.41	237.3	177.98	133.48
折旧额	250.00	187.50	140.63	105.47	79.10	59.33	44.50	33.37

3）计算摊销费用

建设期利息为 61.5 万元，建设项目总投资（包括流动资金 100 万元）为 1361.5 万元，除了形成 1000 万元固定资产外，还形成无形资产 200 万元，而建设期利息 61.5 万元的投资形成了其他资产，则摊销费 =(200 + 61.5)/10 = 26.15（万元）。

4）计算税金及附加、所得税和经营成本

税金及附加按照销售收入的 5%进行估算，利润总额 = 收入−税金及附加−总成本费用，所得税 = 利润总额×所得税率，得出各年的税金及附加、所得税见表 4-16。

表4-16 各年的税金及附加、所得税　　　　　　　　单位：万元

项目	3	4	5	6	7	8	9	10	11	12
销售收入	600	800	800	800	800	800	700	600	500	400
总成本费用	400	350	350	350	350	350	340	320	330	330
税金及附加	30	40	40	40	40	40	35	30	25	20
所得税	42.5	102.5	102.5	102.5	102.5	102.5	81.25	62.5	36.25	12.5
折旧	250	187.50	140.63	105.47	79.10	59.33	44.50	33.37		
摊销	26.15	26.15	26.15	26.15	26.15	26.15	26.15	26.15	26.15	26.15
利息支出	66.15	52.92	39.69	26.46	13.23					
经营成本	57.7	83.43	143.54	191.92	231.52	264.52	269.35	260.48	303.85	303.85

注：由于表中数据经过四舍五入，根据表中数据进行加减得到的数据可能有些许误差

根据经营成本＝总成本费用－折旧－摊销－利息支出得出各年经营成本，如表4-16最后一行数据。

5）计算各年现金流量，并做出现金流量表（表4-17）

表4-17 现金流量表　　　　　　　　单位：万元

序号	项目	1	2	3	4	5	6	7	8	9	10	11	12
1	现金流入			600	800	800	800	800	800	700	600	500	600
1.1	收入			600	800	800	800	800	800	700	600	500	400
1.2	回收固定资产余值												100
1.3	回收流动资金												100
2	现金流出	400	900	130.20	225.93	286.04	334.42	374.02	407.02	385.60	352.98	365.10	336.35
2.1	项目建设投资	400	800										
2.2	流动资金		100										
2.3	经营成本			57.70	83.43	143.54	191.92	231.52	264.52	269.35	260.48	303.85	303.85
2.4	销售税金及附加			30	40	40	40	40	40	35	30	25	20
2.5	所得税			42.50	102.50	102.50	102.50	102.50	102.50	81.25	62.50	36.25	12.50
3	净现金流量	−400	−900	469.80	574.07	513.96	465.58	425.98	392.98	314.40	247.02	134.90	263.65
4	累计净现金流量	−400	−1300	−830.20	−256.13	257.83	723.41	1149.39	1542.37	1856.77	2103.79	2238.69	2502.34

问题：

1. 计算本项目的静态和动态投资回收期，若投资回收期为8年，项目是否可行？
2. 计算净现值、内部收益率，判断项目是否可行？

3. 比较不同经济评价指标的差异性。

表 4-17 中数据小数点后均保留了两位有效数字，根据表 4-17 的计算结果：静态投资回收期为 4.5 年，动态投资回收期为 6.4 年，项目可行；净现值为 311.71 万元，内部收益率为 29.64%，项目可行。

本 章 小 结

经济评价是通过计算评价对象的一系列经济指标来判断评价对象的优劣，其核心内容是经济效益评价。本章介绍了经济评价的基本原则，较系统地分析了常用的经济评价的指标和方法，特别是各种指标的概念、计算方式、经济意义、评价标准等。这些指标主要有静态（动态）投资回收期、投资收益率、净现值、净年值、净现值比率、内部收益率、外部收益率等。每个指标都反映了项目的盈利能力，对工程项目的评价与决策有着重要的意义。通过本章的学习，①掌握每个指标的计算方法；②理解每个指标的优点和缺点，并明确指标间的联系和区别；③在实际应用中，能够结合具体应用情景和每个指标的评价标准，选取科学的经济评价指标与方法。

思考题

1. 能否用项目各年的净利润计算投资回收期？
2. 反映项目盈利能力的指标都有哪些？
3. 内部收益率的经济含义是什么？
4. 为什么不能仅用内部收益率的高低反映不同项目的优劣？

练习题

1. 某项目各年净现金流量如表 4-18 所示。计算静态投资回收期、投资收益率（$i_c = 10\%$）。

表 4-18　某投资项目各年净现金流量表

年末	0	1	2	3	4	5	6
净现金流量/万元	−50	−80	40	60	60	60	60

2. 某项目寿命期为 12 年，初期投资 5000 万元，第一年末又投资 2000 万元，第二年末的净现金流量为 1000 万元，此后连续 6 年每年的净现金流量为 1500 万元，最后三年净现金流量为 2000 万元。基准收益率为 12%，画出现金流量图，计算动态投资回收期、NPV 和 IRR。

3. 某方案的各年净现金流量如表 4-19 所示，基准收益率为 15%。试计算：①静态投资回收期和动态投资回收期；②净现值；③内部收益率。

表 4-19　某投资方案各年净现金流量表

年末	0	1	2	3	4	5
净现金流量/万元	−2000	450	550	650	700	800

4. 某条输油管线，第一年和第二年各投资 400 万元，建设期为 2 年，第三年初投入流动资金 300 万元后预计每年销售收入为 580 万元，生产总成本为 350 万元，折旧、摊销和利息支出为 100 万元。期末固定资产余值为 100 万元，15 年后项目结束并全部回收流动资金。不考虑税收，当 i_c = 10% 时，计算 P_t、NPV、IRR。

5. 某项目前三年初各有 300 万元投资，项目寿命期为 12 年。第三年开始连续 8 年每年末的净收益都是 200 万元，第 12 年末净现金流量为 400 万元。计算内部收益率。

6. 一个项目初始投资为 1000 万元，以后每年的净收益都是 200 万元，项目寿命期为 10 年，计算外部收益率。当 i_c = 12% 时，判断项目是否可行。

延伸阅读

李志学，陈健，张侃. 2016. 低渗透天然气项目经济评价方法及关键评价指标探讨. 中国石油勘探，21（5）：11-18.

宋小敏，杨青，万君康. 2022. 项目投资经济效益评价原理与方法研究. 中国管理科学，10（1）：45-48.

Gianmarco A，Hawal S，Wilhelm K. 2021. Micro-economic assessment of residential PV and battery systems: the underrated role of financial and fiscal aspects. Applied Energy，281：115667.

Natali. 2020. Non-equal-life asset replacement under evolving technology: a multi-cycle approach. The Engineering Economist，65：339-362.

第 5 章

投资方案比选

涪陵页岩气田钻井工程优化创造大效益

工程项目往往存在多个技术方案，这些方案在投入、产出以及有效期等方面通常有着较大的差异，经济效益也不尽相同，因此，必须采取科学的方法对不同的项目方案进行比选。近年来，为了提高经济效益，江汉油田随着气田开发调整，焦石坝主体区域大量部署加密井和上部气层井，随着对钻井成本的进一步压缩，对钻井工程优质高效提出新要求。涪陵页岩气公司钻井工程项目部加强钻井实钻资料剖析，参考相邻构造及钻井实钻井身结构，开展钻井地质环境影响因素的攻关，灵活把控现场施工设计调整原则，依据有利于安全、优质、高效钻井和油气层保护的原则，选取部分有利区块，持续优化井身结构。2020 年 8 月 3 日，涪陵页岩气田焦页 11-S6HF 井，正进行一开钻井，与以往不同的是，该井取消了导管，在该方案实施之前，项目部进行了技术经济分析，通过对方案的对比和论证，进行了比选。以焦页 9 号平台为例，共设计 5 口井，前 3 口井 2014 年完钻，2018 年再部署 2 口加密井，根据钻井实钻资料的剖析，研究决定从"导管 + 三开次"优化为"导管 + 二开次"的井身结构，导管直径由 473.1 毫米变为 339.7 毫米，长度也相应减少。采用新的方案后，现场应用效果显著，机械钻速平均提高 2.25 米/时，完钻周期缩短 10 多天，有效降低了套管和固井费用。2018~2020 年，涪陵页岩气田共优化井身结构 60 多井次，平均机械钻提速 2.12%，平均单井节约时间 9.8 天，累计节约钻井工期费用 6000 多万元。

■ 5.1 投资方案类型

对于单一方案而言，通过计算不同的经济评价指标，依据各个指标的评价标准，就可判断该方案的经济可行性，从而决定方案的取舍，但在工程项目的决策过程中，为保证项目最终效益的实现，需要从技术和经济相结合的角度进行多方案分析论证，根据经济评价的结果结合其他因素进行决策。工程项目投资决策的过程就是多方案评价和择优的过程，通过对多方案进行评价，决策出技术先进、经济合理和最大化社会效益的最优方案。

多方案经济评价方法的选择与项目方案的类型（即项目方案之间的相互关系）有关。按照方案之间经济关系的类型，多方案可以划分成以下几种类型。

1. 互斥型方案（mutually exclusive alternatives）

互斥型方案也称为互斥多方案或互斥方案，指在一组方案中只能选择一个方案，其余方案必须放弃，方案之间的关系具有相互排斥的性质。互斥型方案是工程实践中最常见的，如一栋楼房层数的选择、一座水库坝高的选择、一座建筑物结构类型的选择、一个工程主体结构的施工工艺的确定等，这类决策问题常常面对的就是互斥型方案的选择。常见的例子如下。①项目地址应设在哪里？北京、上海还是深圳？不同地址就是互斥关系。②项目的技术是采用哪国技术？是国内技术还是国外技术？不同国家就是互斥关系。③设备是购买进口的，还是购买国产的？不同的引进方式也是互斥关系。此外，不同的投资项目可能由于资本、资源以及项目不可分的原因而呈互斥的关系。

2. 独立型方案（independent alternatives）

独立型方案是指在一组备选方案中，任一方案的采用与否都不影响其他方案的选用，即各方案之间净现金流量独立，互不干扰，方案之间无相关性，采纳一个方案并不要求放弃其他方案，如一个区域为实现社会经济的发展，要建设交通运输项目、资源开发项目、环境保护项目、高新技术产业项目等，在项目功能不存在矛盾的前提下，这些项目是独立项目，可以认为每一个方案是独立型方案的特例。

3. 混合型方案（hybrid scheme）

混合型方案指既有互相独立关系又有互相排斥关系的一组方案，也称为层混方案。混合型方案中存在着两个层次，高层次由一组独立型方案构成，每一个独立型方案又包括若干个互斥型方案。例如，某集团公司有三个投资项目 A、B、C，A 是工业生产类项目，有 A1、A2、A3 三个生产方案；B 是一个房地产开发项目，有 B1、B2、B3 三种不同用途的开发方案；C 是一个高速公路项目，有 C1、C2 两个建设方案。对该集团公司而言，A、B、C 三个投资项目是相互独立的，在资金允许的情况下，三个项目可以同时投资，或者可以投资其中的一个或两个项目，但对于 A 项目只能采取其中的一个生产方案，A1、A2、A3 三个生产方案是互斥的；对于 B 项目只能开发一种用途的房地产项目，B1、B2、B3 三种用途的房地产开发项目方案是互斥的；对于 C 项目，只能开工建设一种方案的高速公路，C1、C2 两个建设方案是互斥的，该集团公司这样的投资方案就是混合型方案。

4. 互补型方案（complementary scheme）

互补型方案也称从属方案，是指具有依存关系的一组方案，也就是在接受某一方案的同时，更有利于另一方案的接受，即方案之间除了具有紧密条件相关外，还具有互补性。互补型方案根据相互依存关系分为对称型互补方案和不对称型互补方案。对称型互补方案是指方案间相互依存，互为彼此存在的前提条件，如煤炭资源开发中矿井建设项目和铁路专用线项目，两者互为对方存在的前提条件，缺一个项目则另一个项目也不能实现预定目标；不对称型互补方案指其中某个方案的存在是另一个方案存在的前提条件，如办公楼建设方案和空调系统建设方案，没有办公楼就不可能有空调系统，办公楼是空调系统的前提条件。

5. 现金流量相关型方案（related in cash flow scheme）

现金流量相关型方案是指方案间现金流量存在影响的一组方案。在该类型的多方案中，方案之间既不完全是排斥关系，也不完全是独立关系，一个方案成立与否会影响其他方案现金流量的变化，如两个城市之间要建设交通运输项目，既可以建设公路项目，也可以建设铁路项目，公路项目方案和铁路项目方案既非完全排斥也非完全独立，一个方案的取舍必然影响另一个方案的现金流量。

对不同类型的多方案经济评价可以选择使用不同的指标和方法，但所有指标和方法进行比较的宗旨只有一个：最有效地分配有限的资金，使获得的经济效益最大化。

5.2 互斥型方案的比选

5.2.1 互斥型方案比较的原则

进行互斥型方案比选时，除必须满足可比性原则，以保证论证过程能够全面、正确地反映实际情况，保证决策的正确性外，还应遵循增量分析原则、环比原则和选择正确指标原则。

1. 可比性原则

两个互斥型方案必须具有可比性，即不同的技术方案应该在同一基础上进行比较评价。关于这一点在第 4 章已有详细叙述，在此不再赘述。

2. 增量分析原则

不同方案间进行比选必须从增量角度进行，即在投资额较低的方案是可行的基础上，通过计算两个方案的净现金流量差，分析某一方案比另一方案增加的投资在经济上是否合算。通常情况下计算相关的增量评价指标，再与基准指标对比，进行方案取舍。这种增量分析可以看成投资大的方案就是对于投资小的方案增加投资，评价增加投资在经济上是否有利，如果增加投资所带来的增量收益大于增量费用，那么增加投资的方案是可行的。例如，两个方案 A 和 B，方案 A 比方案 B 投资金额大，方案 A 是否好于方案 B，就要看增加的投资能否带来更好的经济效益。

3. 环比原则

对多个互斥型方案进行比较时，为选出最优方案，理论上来讲，各方案除与"0"方案进行比较外，各方案间还应进行横向的两两比较，这带来了计算量的加大。"0"方案表示不投资方案，该方案各年的净收益也为 0，因此其净现值为 0 或内部收益率为 i_c。在比较时,判断某方案是否被选择或者淘汰,就变成了判断该方案是否可行的问题了。在实际的比较中,通过采用环比原则可以减少比较次数,将各方案按投资额从小到大排序,依次进行比较,每比较一次就要淘汰一个方案,被淘汰的方案不再与其他剩余方案进行比选,然后用保留的方案与剩余的方案再进行比较,逐步淘汰,最终选出最优方案。

4. 选择正确指标原则

如果采用增量分析法,无论用哪一个评价指标都可以得出正确的结论,这时就可以根据各个方案的净现金流量计算增量投资所对应的增量净现金流量,然后计算净现值、内部收益率等评价指标,如果净现值不小于零,或者内部收益率不小于基准收益率,我们就认为投资大的方案优于投资小的方案。如果不用增量分析法,则需要合理选用合适的评价指标,如采用投资回收期或者内部收益率这样的指标进行评价比选时,投资回收期短的方案不一定比投资回收期长的方案经济效益好,内部收益率高的方案也不一定比内部收益率低的方案好。

5.2.2 增量分析法

比较两个方案,可计算其在投资、年销售收入、年经营费用、净残值等方面的增量,构成新净现金流量即增量净现金流量,因此对不同方案的增量净现金流量进行分析称为增量分析。互斥型方案比较采用增量分析法,其原理是:①用投资大的方案各年的净现金流量减去投资小的方案各年的净现金流量,形成一个新的投资的增量净现金流量(新的投资方案各年的净现金流量);②应用增量分析指标考查其经济效用;③一般情况下的比较需要有一个基准,即在某一给定的基准贴现率下,判断投资大的方案比投资小的方案所增加的投资是否有利。

例如,A、B 两个方案的基本情况如表 5-1 所示。

表 5-1 增量分析方案关系　　　　　　单位:万元

方案	初始投资	年净值	残值
A	450	120	45
B	550	135	50
B'	100（=550-450）	15（=135-120）	5（=50-45）

B'方案就是 B 的替代方案,这里 100 就是增量投资,15 就是增量收益(当然,成本的节约也可以看成增量投资所带来的收益),5 就是增量投资的残值。因此判断 B'方案可行就是 B 方案最优。

一般地,如果 A 方案各年的净现金流量为 NCF_{At},B 方案各年的净现金流量为 NCF_{Bt},且 B 方案投资较大,在寿命期相同的情况下,B'方案的各年的净现金流量为 $NCF_{Bt} - NCF_{At}$。如果判断结果为 B'方案可行则 B 方案较优,否则淘汰 B 方案。

对互斥型方案进行经济评价时,根据 B'方案的现金流量判断其是否可行,可采用追加投资回收期 ΔP_t、差额投资净现值 ΔNPV、差额投资内部收益率 ΔIRR 等指标进行方案的比选，其中 B'方案的投资回收期称为追加投资回收期，B'方案的净现值称为差额投资净现值，B'方案的内部收益率称为差额投资内部收益率。

1. 追加投资回收期

追加投资回收期（ΔP_t）指两个方案的净现金流量之间差额的投资回收期，因为增加投资可行的评价依据是必须取得较好的经济效果，这可以理解为用成本的节约或收益的增加来回收多出的投资期限。对于两个投资不同的方案而言，一般来说，投资大的方案的年经营成本往往低于投资小的方案的年经营成本，或投资大的方案的年净收益往往高于投资小的方案的年净收益。追加投资回收期即投资大的方案用年经营成本的节约或者年净收益的增加额来补偿其投资增量所需的时间。

比选原则：当 ΔP_t 不大于基准回收期 P_c 时，投资大的方案更好。

2. 差额投资净现值

差额投资净现值（ΔNPV）是指两个方案的净现金流量之间差额的净现值。差额投资净现值法比选是在进行比较的方案达到基准收益率要求的基础上，判定投资大的方案比投资小的方案所增加的投资是否值得，如果差额投资值得，则投资大的方案为最优方案；否则投资小的方案为最优方案。

比选原则：若 $\Delta NPV \geqslant 0$，选投资大的方案；若 $\Delta NPV < 0$，选投资小的方案。

3. 差额投资内部收益率

差额投资内部收益率（ΔIRR）是指两个方案的差额投资净现值等于零（或两个方案的净现值相等）时的折现率。对于两个投资不等的方案而言，如果投资大的方案的年净现金流量与投资小的方案的年净现金流量的差额现值之和等于 0，此时的折现率为差额投资内部收益率。

比选原则：若 $\Delta IRR \geqslant i_c$，则投资大的方案为优，否则投资小的方案为优。

此外，增量分析法还有差额投资收益率、增量投资费用效益比等方法，在此不一一赘述。增量分析法将两个方案的比选问题转化为一个方案的评价问题，从而可以利用前面介绍的指标进行评价，增量分析的结论显然是准确可靠的。

例 5-1 方案 A_1 和方案 A_2 各年的净现金流量如图 5-1 所示，试比较两个方案。

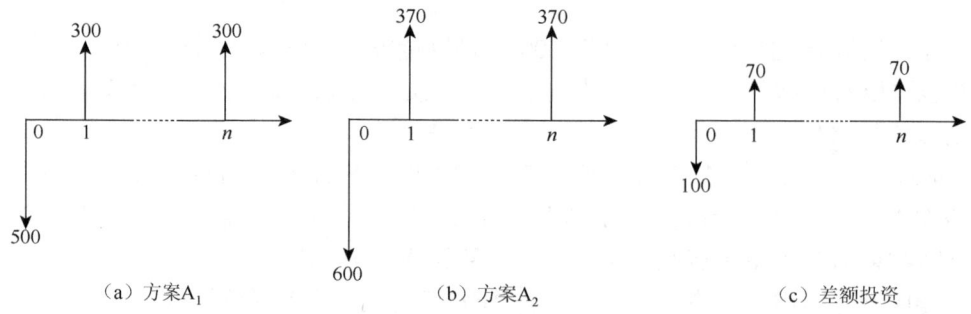

（a）方案A_1　　　　（b）方案A_2　　　　（c）差额投资

图 5-1　投资方案及差额投资现金流量图

解：方案 A_2 比方案 A_1 多投资 100 单位，而每年净收益多 70 单位。方案 A_2 比方案 A_1 是否有利，就是看这 100 单位的投资是否可行，也就是看图 5-1（c）中差额投资现金流量是否可行。要做出这种判断，就要先定出一个基准收益率，譬如说 10%，那么 A_2-A_1 的净现值为

$$NPV(10\%) = -100 + 50(P/A, 10\%, 3) = 24.34 > 0$$

说明方案 A_2 多用 100 单位的投资是可行的。因此，方案 A_2 比方案 A_1 好。

若基准收益率不是 10% 而是 30%，因为 $NPV(30\%) = -100 + 50(P/A, 30\%, 3) = -9.19 < 0$，方案 A_2 还不如方案 A_1 好，所以选择方案 A_1。由于 $NPV(30\%)_{A_1} = -550 + 300(P/A, 30\%, 3) = -14.36$，$NPV(30\%)_{A_2} = -650 + 350(P/A, 30\%, 3) = -5.17$，两个方案的净现值均小于零，这两个方案都不可取，但就比较而言，如果投资方案 A_1，可以减少损失，把余下的资金用于其他的投资机会上（收益率可达 30%）。

5.2.3 产出相同、寿命相同的互斥型方案的比较

先考虑两个产出和使用寿命完全相同的工程技术方案的比较，此时就转化为简单的费用比较问题。当一个方案的一次投资费用和经营费用都小于另一个方案时，前者一定优于后者，不存在比较的问题。经常碰到的问题是：方案 2 的一次投资费用 I_2 大于方案 1 的一次投资费用 I_1，而经营费用 C_2 要小于 C_1，由于投资费用和经营费用的支出时间不同，就不能简单地用绝对的费用节省来判定方案的好坏。采用增量分析方法评价方案 2 是否优于方案 1 的准则是看方案 2 多投资（I_2-I_1）能否通过经营费用的节省（C_1-C_2）在规定的时间内回收回来，或者看方案 2 多投资（I_2-I_1）能否通过经营费用的节省（C_1-C_2）在规定的期限内达到要求的收益水平（图 5-2）。

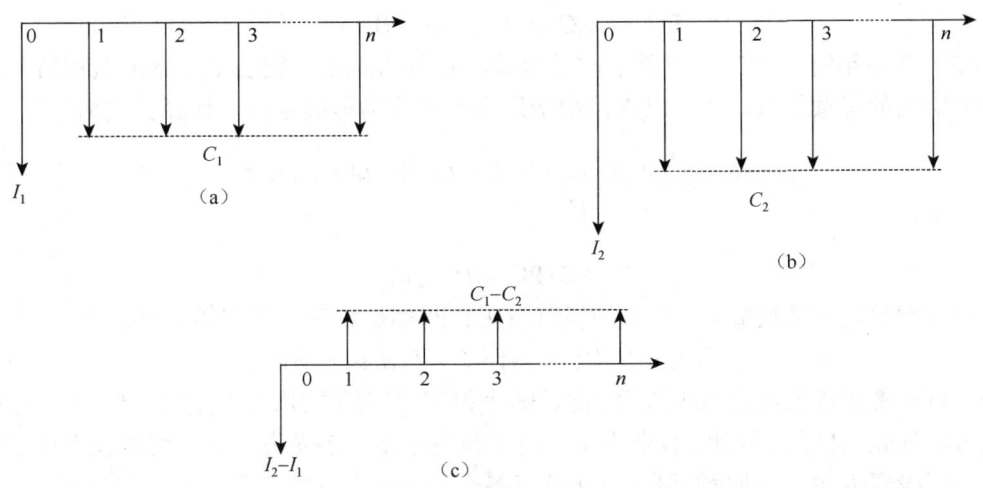

图 5-2 产出相同、寿命相同的互斥型方案比较

通过投资大的方案每年所节省的经营费用来回收相对增加的投资所需要的时间为追加投资回收期，可用公式表示为

$$\Delta P_{t2-1} = \frac{I_2 - I_1}{C_1 - C_2} \tag{5-1}$$

式中，ΔP_{t2-1} 表示追加投资回收期，当 ΔP_{t2-1} 不大于基准回收期 P_c 时，方案2比方案1好。

这里的多投资所带来的经营费用的节省可以看成多投资所带来的净收益，在这种情况下可采用差额投资净现值或差额投资内部收益率等来比较。

若选用差额投资净现值来进行比较，差额投资净现值大于零时说明投资大的方案好，此时，

$$\Delta NPV(i)_{2-1} = -(I_2 - I_1) + (C_1 - C_2)(P/A, i, n) \tag{5-2}$$

式中，$\Delta NPV(i)_{2-1}$ 表示差额投资净现值。

若选用差额投资内部收益率来进行比较，差额投资内部收益率大于基准收益率时说明投资大的方案好，此时，

$$\Delta NPV(\Delta IRR)_{2-1} = -(I_2 - I_1) + (C_1 - C_2)(P/A, \Delta IRR, n) = 0 \tag{5-3}$$

式中，ΔIRR 表示差额投资内部收益率。

与净现值和净年值类似，由于方案产出相同或者不考虑产出，我们比较出哪个投资方案的费用最少哪个方案就是最优的。

（1）费用现值（PC）：在基准收益率 i_c 或给定折现率下，投资方案在寿命期内各年现金流出的现值之和，若有残值，因为残值属于收益，所以应扣除残值的现值。计算公式为

$$PC = \sum_{t=0}^{n} CO_t (1+i_c)^{-t} - L(1+i_c)^{-n} \tag{5-4}$$

式中，CO_t 表示第 t 年的现金流出；L 表示残值。

当方案只有一次投资 I，每年的经营费用相同都是 C 时，费用现值公式为

$$PC = I + C(P/A, i_c, n) - L(1+i_c)^{-t} \tag{5-5}$$

（2）费用年值（AC）：以基准收益率或给定的折现率，把各个方案的费用转化为经济寿命期内的等额年值，也可以直接将费用现值换算为等额年值。计算公式为

$$AC = \sum_{t=0}^{n} CO_t (1+i_c)^{-t} (A/P, i_c, n) - L(A/F, i_c, n) \tag{5-6}$$

或者

$$AC = PC(A/P, i_c, n) \tag{5-7}$$

当方案只有一次投资 I，每年的经营费用相同都是 C 时，费用年值公式为

$$AC = I(A/P, i_c, n) + C - L(A/F, i_c, n) \tag{5-8}$$

计算出费用现值或费用年值后，比较哪个投资方案的费用现值或费用年值最小，哪个投资方案就是最优的。因此，投资方案2优于投资方案1表明方案2的费用现值或者费用年值小于投资方案1，即我们可以直接计算各个投资方案的费用现值或者费用年值，费用现值或者费用年值最小的投资方案就是最优方案。还应该注意，如果两个方案的费用现值或者费用年值相同，应该选择投资小的方案。

例 5-2 某厂需要一部机器，使用期为 4 年，购买价格为 7 万元，在其使用期末预计残值为 2 万元，同样的机器每年可花 2.5 万元租得，基准收益率为 20%，问是租还是买？

解：购买方案：$AC_1 = 7(A/P, 20\%, 4) - 2(A/F, 20\%, 4) = 2.331$（万元）。

租赁方案的费用年值为 2.5 万元，比较可知租赁比购买方案贵，所以应选择购买机器。计算收益率，使租赁和购买的费用年值相同时，有

$$7(A/P, i, 4) - 2(A/F, i, 4) = 2.5$$

在 Excel 中输入函数"= rate(4, 2.5, –7, 2)"，结果为 23%。因此如果基准收益率高于 23%，则选择租赁更合适。如果基准收益率小于 20%，则更能体现购买的优势。

5.2.4 产出不同、寿命相同的互斥型方案比较

如果产出的质量相同，仅数量不同时，可用单位产出的费用来进行方案的比选。例如，每度①电的成本、每平方米住宅建筑的造价等。在一般情况下，不同方案的产出质量是不同的，在不同行业和部门的工程项目方案的性质也是完全不同的，为使方案之间可比，最常用的办法是用货币指标统一度量各方案的产出和费用，利用增量分析法进行比较。按投资大小将方案排序，选择最小投资的方案作为比较的基准，然后判断追加投资在经济上是否合算。

下面我们举例说明如何进行互斥型方案的比选。

例 5-3 现有三个互斥的投资方案（表 5-2），试进行方案比较。

表 5-2 三个互斥的投资方案   单位：万元

项目	A_1	A_2	A_3
初始投资	–5 000	–10 000	–8 000
NCF（1~10 年末）	1 400	2 500	1 900

解：第一步，先将方案按照初始投资的顺序排列，如表 5-3 所示。

表 5-3 按初始投资顺序排列   单位：万元

项目	A_0	A_1	A_3	A_2
初始投资	0	–5 000	–8 000	–10 000
NCF（1~10 年末）	0	1 400	1 900	2 500

A_0 为不投资方案。有时所有互斥型方案均不可行，而在方案比较时，总能选出一个相对较优的方案，而这个相对较优的方案也可能是不可取的。为了避免这种情况的发生，我们把不投资也作为一个方案。不投资并不意味着把资金存在保险箱里得不到任何效益，而是把资金投放在其他机会上，不投到上述所考虑的那些方案上。

---

① 度为千瓦时的俗称。

第二步，选择投资最少的初始方案作为临时最优方案，这里选定不投资方案作为临时最优方案。

第三步，选择较高的初始投资方案作为备选方案，计算两个方案的净现金流量之差并计算其净现值，这里选择 A_1 作为比较方案，假定 $i_c = 15\%$，计算所选定的评价指标：

$$\Delta NPV(15\%)_{A_1-A_0} = -5000 + 1400(P/A, 15\%, 10) = 2026.28 \text{（万元）}$$

$$\Delta IRR_{A_1-A_0} = 25\%$$

由于差额投资净现值大于零，差额投资内部收益率大于基准收益率 15%，因此 A_1 方案优于 A_0 方案，所以应把临时最优方案 A_0 剔除，而将方案 A_1 作为临时最优方案，否则，剔除 A_1 方案，临时最优方案维持 A_0 不变。

第四步，重复上述步骤，直到完成所有方案的比较，找到最终的最优方案。现在以 A_1 作为临时最优方案，将 A_3 作为比较方案，计算方案 A_3 和方案 A_1 两个方案净现金流量之差并计算差额投资净现值或者差额投资内部收益率。

$$\Delta NPV(15\%)_{A_3-A_1} = -3000 + 500(P/A, 15\%, 10) = -490.62 \text{（万元）}$$

$$\Delta IRR_{A_3-A_1} = 10.6\%$$

由于差额投资净现值为负，差额投资内部收益率小于基准收益率 15%，因此方案 A_3 较差，将它舍弃，方案 A_1 仍为临时最优方案。再将 A_2 作为比较方案，计算方案 A_2 和方案 A_1 两个方案净现金流量之差并计算差额投资净现值或差额投资内部收益率。

$$\Delta NPV(15\%)_{A_2-A_1} = -5000 + 1100(P/A, 15\%, 10) = 520.65 \text{（万元）}$$

$$\Delta IRR_{A_2-A_1} = 17.7\%$$

由于差额投资净现值大于零，差额投资内部收益率大于基准收益率 15%，所以 A_2 优于 A_1，即 A_2 为最后的最优方案。

从上述例子可以看出，采用差额投资净现值法和差额投资内部收益率法比较的结论是一致的。容易证明，按方案的净现值的大小直接比较也可以得到完全相同的结论。

例如，表 5-3 中所列的 4 个方案，如取 $i_c = 15\%$，各方案的净现值为

$$NPV(15\%)_{A_1} = -5000 + 1400(P/A, 15\%, 10) = 2026.28 \text{（万元）}$$

$$NPV(15\%)_{A_3} = -8000 + 1900(P/A, 15\%, 10) = 1535.66 \text{（万元）}$$

$$NPV(15\%)_{A_2} = -10\,000 + 2500(P/A, 15\%, 10) = 2546.92 \text{（万元）}$$

同样得出 A_2 为最优方案，但是不能直接使用内部收益率法，直接使用内部收益率会导致不一致的结论。仍然采用上述例子，根据各个方案的现金流量计算的内部收益率值如下所示。

$$IRR_{A_1} = 25.0\%, \quad IRR_{A_2} = 19.87\%, \quad IRR_{A_3} = 21.41\%$$

A_1 方案的内部收益率最大，但是如果选择方案 A_1，该方案净现值却不是最大的。这是因为 $IRR_{A_1} > IRR_{A_2}$，但并不一定有 $\Delta IRR_{A_2-A_1} > 15\%$（基准收益率），这里是 17.7%。以上各种方法比选结果如表 5-4 所示。

表 5-4 按不同评价判据排序

项目		方案		
		A_1	A_3	A_2
初始投资	数值	−5 000	−8 000	−10 000
NCF（1~10 年末）	数值	1 400	1 900	2 500
ΔNPV	排序	1	3	2
ΔIRR	排序	1	3	2
NPV	数值	2 026.28	1 535.66	2 546.92
	排序	2	3	1
IRR	数值	25.0%	21.41%	19.87%
	排序	1	2	3

按内部收益率比选出的方案与当基准收益率为 15%时采用其他判据来评选方案的结论并不一致。这种不一致的情况可由图 5-3 来说明，其中两个方案即表 5-4 中的方案 A_1 和 A_2。虽然方案 A_1 的内部收益率大于 A_2 的内部收益率，但在基准收益率 15%处，A_2 的净现值大于 A_1 的净现值，差额投资内部收益率 $\Delta IRR_{A_2-A_1} = 17.7\%$，表示贴现率为 17.7%时，两个方案的净现值相同。因此，只要基准贴现率在差额投资内部收益率 17.7%的左边，方案 A_2 就优于 A_1，这样就与净现值或差额投资净现值等判据相一致了。这种方法和净现值判据不同，用内部收益率来比较方案时，一定要用差额投资内部收益率，而不能直接用内部收益率的大小进行比较。

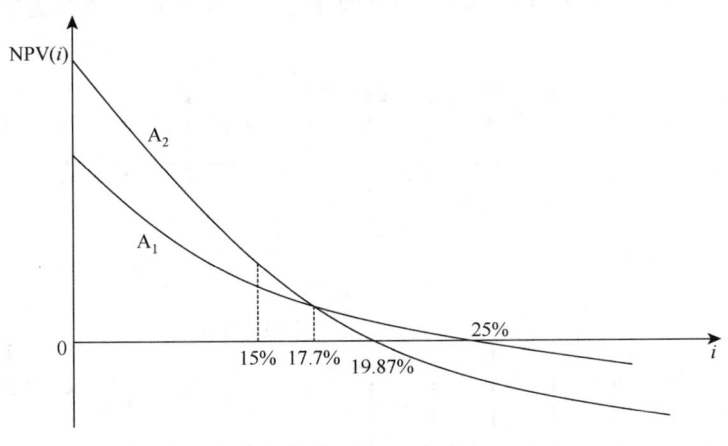

图 5-3 互斥型方案比较

5.2.5 寿命期不等的方案比较

多数情况下，相互比较的互斥型方案的寿命期是不同的，这时要评价方案，不满足时间上可比的要求。相互比较必须具有可比性，当两个方案寿命期不等时，这两个方案就不能直接比较，否则有可能是不公平的。因此，必须加以处理使两者的寿命期相等，通常有三种方法：最小公倍数法、净年值法和研究期法。

1. 最小公倍数法

取各方案寿命期的最小公倍数作为各方案的共同寿命，假设在方案寿命期的最小公倍数时间内，各方案在原来的水平上进行若干次重复，即各方案的净现金流量在最小公倍数的时间以其寿命期为周期而重复出现。对寿命期不等的互斥型方案经过这样调整后，就变成寿命期相等的方案了，完全可以按照前面介绍的方法加以比选。例如，两个方案分别有 4 年、6 年的寿命期，最小公倍数就是 12 年，方案 1 反复实施 3 次，方案 2 反复实施 2 次。当最小公倍数较小时，这种重置的假设是合理的，但当最小公倍数很大时，由于技术进步，这种假设就不符合实际了。

例 5-4 设有两个互斥型方案，如表 5-5 所示。若基准收益率为 15%，试选择较优方案。

表 5-5 基础数据表

方案	初始投资/万元	年净收益/万元	残值/万元	寿命期/年
A	850	600	40	3
B	1000	680	120	4

由于两个方案寿命期不同，不满足时间上可比的要求，故取其寿命期的最小公倍数 12 年作统一的计算期，即方案 A 在 12 年内需重复投资 4 次，方案 B 需重复投资 3 次。经过这样的处理后，两方案具有了可比性，可以用净现值法或差额投资净现值或差额投资内部收益率进行比较。现以净现值为例，介绍寿命期不同的互斥型方案的比较方法。

例 5-4 中，方案 A、B 在 12 年内的现金流量如图 5-4 所示。两方案净现值计算如下。

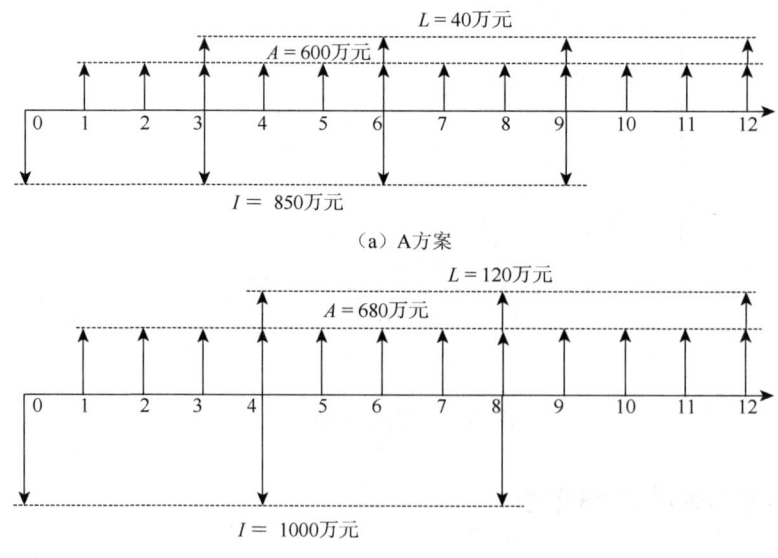

(a) A 方案

(b) B 方案

图 5-4 A、B 方案在最小公倍数寿命期内的现金流量图

$$\text{NPV}(15\%)_A = -850[1+(1+15\%)^{-3}+(1+15\%)^{-6}+(1+15\%)^{-9}]+600(P/A,15\%,12)$$
$$+40[(1+15\%)^{-3}+(1+15\%)^{-6}+(1+15\%)^{-9}+(1+15\%)^{-12}]=1297 \text{（万元）}$$
$$\text{NPV}(15\%)_B = -1000[1+(1+15\%)^{-4}+(1+15\%)^{-8}]+680(P/A,15\%,12)$$
$$+120[(1+15\%)^{-4}+(1+15\%)^{-8}+(1+15\%)^{-12}]=1918 \text{（万元）}$$

由于 $\text{NPV}(15\%)_B > \text{NPV}(15\%)_A$，因此，方案 B 优于方案 A。

从上面计算可以看出，若多个寿命期不同的互斥型方案相互比较，其最小公倍数可能很大，有时长达近百年甚至几百年。计算各方案在这样长的时期内的效益和费用既麻烦又无意义，而解决这一问题最简便有效的方法是净年值法。

2. 净年值法

净年值法是年等值法的一种，其基本思想是：不论方案在寿命期最小公倍数的时间内重复多少次，其年值是相等的，只需计算各方案在各自寿命期内的净年值就可以进行方案的比选。

结合例 5-4，可以计算两方案的净年值，然后比较选优。

$$\text{NAV}(15\%)_A = -850(A/P,15\%,3)+600+40(A/F,15\%,3)=239 \text{（万元）}$$

或者 $\text{NAV}(15\%)_A = \text{NPV}(15\%)_A (A/P,15\%,12) = 1297 \times 0.1845 = 239$（万元）。

$$\text{NAV}(15\%)_B = -1000(A/P,15\%,4)+680+120(A/F,15\%,4)=354 \text{（万元）}$$

或者 $\text{NAV}(15\%)_B = \text{NPV}(15\%)_B (A/P,15\%,12) = 1918 \times 0.1845 = 354$（万元）。

由于 $\text{NAV}(15\%)_B > \text{NAV}(15\%)_A$，所以方案 B 最优。

从以上计算过程可以看出两种方法得出的净年值相同，并且计算两方案 12 年内的净年值与计算一个寿命周期内的净年值是相同的。此结论成立的先决条件是各方案必须满足重复投资的假设。在此条件下，计算净年值比计算其他指标要容易一些。

前面已经讲过，当方案仅有投入，收益未知或者相同时，我们可以比较各自的费用，如计算各自的费用现值（PC），取费用现值最小的方案。

例 5-5 两个互斥型方案 A 和 B，方案 A 原始投资费用为 2300 万元，寿命期为 3 年，如表 5-6 所示。基准收益率为 15%，比较两个方案。

表 5-6 两个互斥投资方案的基本情况（一）

方案	初始投资/万元	年运行费用/万元	残值/万元	寿命/年
A	2300	500	0	3
B	3200	250	400	4

解：方案 A 的寿命期为 3 年，方案 B 的寿命期为 4 年，最小公倍数为 12 年，所以方案 A 重复投资 4 次，方案 B 重复投资 3 次。现金流量图如图 5-5 所示。

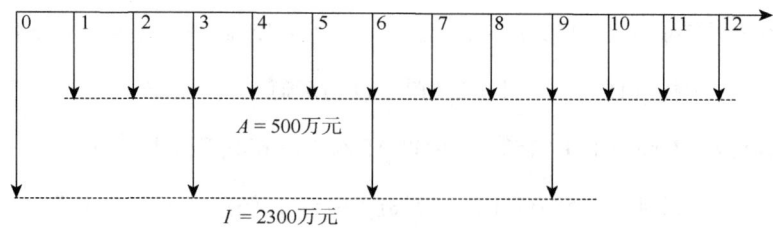

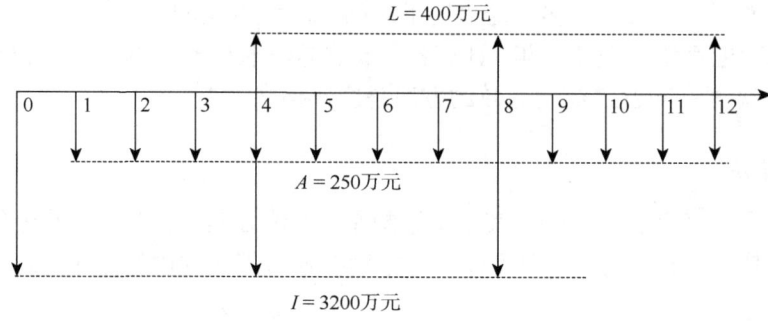

图 5-5 两个方案的现金流量图

$$PC_A = 2300[1+(1+15\%)^{-3}+(1+15\%)^{-6}+(1+15\%)^{-9}]+500(P/A,15\%,12)=8170.73（万元）$$

$$PC_B = 3200[1+(1+15\%)^{-4}+(1+15\%)^{-8}]+250(P/A,15\%,12)$$

$$-400[(1+15\%)^{-4}+(1+15\%)^{-8}+(1+15\%)^{-12}]=6996.75（万元）$$

由于在 12 年的寿命期内方案 B 的费用现值小于方案 A 的费用现值，因此方案 B 最优。就像净现值与净年值一样，同样可以计算费用年值（AC）。

$$AC_A = 2300(A/P,15\%,3)+500=1507.4（万元）$$

$$AC_B = 3200(A/P,15\%,4)+250-400(A/F,15\%,4)=1290.8（万元）$$

根据年值和现值之间的转换关系 $A=P(A/P,i,n)$，同样可以计算出费用年值。

$$AC_A = PC_A(A/P,15\%,12)=8170.73\times0.1845=1507.4（万元）$$

$$AC_B = PC_B(A/P,15\%,12)=6996.75\times0.1845=1290.8（万元）$$

由于 $AC_A > AC_B$，因此选择方案 B。

从上面的例子中可以看出费用现值指标必须采用最小公倍数法，如两个方案寿命期分别为 10 年、13 年，必须在共同的寿命期限 130 年内应用现值法，而采用费用年值指标，只需对方案的一个寿命期的年度等值作比较，完全避开了寿命期不等的问题。

3. 研究期法

研究期法是指对具有不同寿命期的互斥型方案指定一个计划期作为各方案的共同寿命期，通常为所有比较方案的最短寿命期，通过比较共同寿命期内的净现值来确定最优方案。该方法假定在研究期末处理掉所有资产，因此必须估计残值。如果能够准确地估计残值，这一方法将比最小公倍数法更为合理，但通常估计各个方案资产将来的市场价值是非常困难的，通常的做法是计算最低残值，然后判断资产的市场价值是高于还是低于该最低残值，以此选择方案。

例 5-6 A、B 两个互斥型方案的投资、年净收益和寿命期如表 5-7 所示，假设基准收益率为 10%，选择最优方案。

表 5-7　两个互斥投资方案的基本情况（二）

方案	初始投资/万元	年净收益/万元	残值/万元	寿命期/年
A	100	40	0	4
B	200	70	10	6

解：选 4 年为研究期，则在这 4 年里 A 方案的净现值为

$$\text{NPV}(10\%)_A = -100 + 40(P/A, 10\%, 4) = 26.8 \text{（万元）}$$

$$\text{NPV}(10\%)_B = -200 + 70(P/A, 10\%, 4) = 21.9 \text{（万元）}$$

从计算结果可以看出 A 方案最优。如果考虑残值，B 方案 6 年后仍有 10 万元的残值，所以 B 方案的净现值至少应该为

$$21.9 + 10(1+10\%)^{-6} = 27.5 \text{（万元）}$$

综合分析可以看出 B 方案最优。

例 5-7 以例 5-5 的数据为例，用研究期法进行比选。

解：选 3 年为研究期，则在这 3 年里 A 方案的费用现值

$$\text{PC}_A = 2300 + 500(P/A, 15\%, 3) = 3442 \text{（万元）}$$

而在不考虑假定残值时，在这 3 年里 B 方案的费用现值

$$\text{PC}_B = 3200 + 250(P/A, 15\%, 3) = 3771 \text{（万元）}$$

如果选择方案 A，方案 B 在第三年末的残值的现值最大为 329 万元（3771−3442 = 329），该残值折合成第三年末为 500 万元（$329 \times (1+15\%)^3 = 500$），而方案 B 四年后的残值为 400 万元，该残值的现值应该为 229 万元（$400 \times (1+15\%)^{-4} = 229$），由于采用直线摊销法得到方案 B 每年的折旧额为 700 万元（(3200−400)/4 = 700），可以看出 3 年后方案 B 的残值为 1100 万元，大于 500 万元，因此方案 B 最优。

如果选 2 年为研究期，则在这 2 年里不考虑各方案的残值，A、B 两个方案的费用现值为

$$\text{PC}_A = 2300 + 500(P/A, 15\%, 2) = 3113 \text{（万元）}$$

$$\text{PC}_B = 3200 + 250(P/A, 15\%, 2) = 3606 \text{（万元）}$$

由于方案 B 比方案 A 的费用现值大 493 万元（3606−3113 = 493），假设方案 B 在 2 年后的残值为 L，在不考虑方案 A 的残值基础上，只要方案 B 的残值 L 的现值比 493 大就选择 B 方案，否则选择 A 方案。令 $\text{PC}_A = \text{PC}_B - L(1+15\%)^{-2}$，即

$$3113 = 3606 - L(1+15\%)^{-2}$$

解得

$$L = 652（万元）$$

在不考虑方案 A 在第 2 年末的残值，方案 B 在 2 年后的残值大于 652 万元时，选择方案 B，否则选择方案 A。如果考虑方案 A 在第 2 年末的残值，方案 B 在 2 年后的残值比方案 A 在 2 年后的残值大 652 万元时，选择方案 B，否则选择方案 A。在都考虑残值的情况下，因为 2 年后方案 A 的残值为 767 万元（2300/3 = 767），方案 B 的残值为 1800 万元（3200–700×2 = 1800），由于 1800–767 = 1033 万元大于 652 万元，所以选择方案 B。

互斥型方案比选可以在 Excel 中进行，具体方法介绍如下。

1）寿命期相同的互斥型方案比较

例 5-8 有 A、B、C 三个互斥型方案在 Excel 中如图 5-6 所示，假设基准收益率为 12%，计算相应指标。

	F	G	H	I	J	K	L	M
17	项目方案	初始投资/万元	年净收益/万元	残值/万元	寿命期/年	NPV/万元	NAV/万元	IRR
18	A	220	50	10	20	154.51	20.69	22.34%
19	B	180	40	8	20	119.61	16.01	21.81%
20	C	250	55	12	20	162.06	21.70	21.58%
21	A–B	40	10	2	20	34.90	4.68	24.71%
22	C–A	30	5	2	20	7.55	1.01	15.84%

图 5-6 寿命期相同的互斥型方案比较

第 18 行 K18 输入函数" = PV(12%, J18, –H18, –I18)–G18"，L18 输入函数" = PMT(12%, J18, G18, –I18) + H18"，M18 输入函数" = RATE(J18, –H18, G18, –I18, 0.5)"就可以计算出相应的数值（这里 RATE 函数不输入初始值参数 0.5，就不能计算出 IRR）。图 5-6 中第 21 行、第 22 行计算出的指标值分别表示 ΔNPV、ΔNAV、ΔIRR。

2）寿命期不相同的互斥型方案比较

例 5-9 有 A、B、C、D 四个互斥型方案在 Excel 中如图 5-7 所示，计算相应指标。

	A	B	C	D	E	F	G	H	I
1	方案	投资/万元	寿命期/年	净收益/万元	残值/万元	i_c	NPV/万元	NAV/万元	IRR
2	A	100	6	30	10	15%	17.86	4.72	21.21%
3	B	80	5	40	5	20%	41.63	13.92	41.71%
4	C	210	3	95	20	12%	32.41	13.49	20.50%
5	D	130	10	28	10	10%	45.90	7.47	17.52%

图 5-7 寿命期不相同的互斥型方案比较

图 5-7 中计算出的净现值是一个寿命期的净现值，如果要计算最小公倍数寿命期的净现值，则用函数 NPV_A = PV(F2, 30, –H2)，其中 NPV_A 是方案 A 的净现值。

3）收益相同（或未知）的互斥型方案比较

例 5-10 有 A、B、C 三个互斥型方案在 Excel 中如图 5-8 所示，假设基准收益率为 12%，计算相应指标。

	B	C	D	E	F	G	H
1	方案	初始投资/万元	残值/万元	年经营费用/万元	寿命期/年	PC/万元	AC/万元
2	A	2000	160	160	5	5474.30	689.63
3	B	2800	280	200	10	5529.49	679.60
4	C	2000	0	200	6	2822.28	686.45

图 5-8 收益相同（或未知）的互斥型方案比较

图 5-8 中计算出的费用现值是最小公倍数寿命期的费用现值，如果计算一个寿命期的费用现值则用函数"＝PV(12%, F2, –E2, D2) + C2"，就是方案 A 的费用现值。

5.3 独立型方案的比选

独立型方案是指在经济上互不相关的方案，接受或放弃某个方案，不会影响对其他方案的决策。如果两个方案不存在资金的限制，那么这两个方案就是相互独立的，其中每个方案称为独立型方案。根据这个定义，互斥型方案如果没有资金限制，也可以视为独立型方案。例如，某企业有三个方案可供选择，一个是房产项目，一个是生物制药项目，一个是信息工程项目，每个项目视为一个方案，如果有资金限制，只能选择一个项目，则这三个方案就是互斥型方案，如果企业的资金等是充足的，可以同时建设两个以上的项目，这三个方案就是独立型方案。对于独立的常规投资方案，用净现值、内部收益率等任何一种判据进行评价的结论是一致的。例如，某一常规投资项目 NPV≥0 或者 IRR≥i_c，则就认为该项目是可行的，因此只要资金允许，任何可行的方案都是被选择的对象，但是如果在有约束条件下（比如受一定资金限制），只能从中选择一部分项目而淘汰其他项目，这时就出现了资金合理分配的问题，一般要通过项目排队（独立型方案按排序的最优组合）来优选。例如，有三个投资方案，其净现金流量如表 5-8 所示，假如企业仅有 600 万元，很显然如果接受方案 A，就必须放弃方案 B 和方案 C，如果接受方案 B 和方案 C，就必然放弃方案 A。选择方案 A 和方案 B，或者选择方案 A 和方案 C，或者同时选择三个方案都会突破资金限制。

表 5-8 三个投资方案的净现金流量   单位：万元

方案	0	1	2	3
A	−500	200	200	200
B	−200	100	100	100
C	−350	160	160	160

由于方案的不可分性（即一个方案只能作为一个整体被接受或放弃），不能按互斥型方案比选方法进行取舍，对于独立型方案可用的方法主要有三种：互斥组合法、线性规划法、净现值比率法。

5.3.1 互斥组合法

互斥组合法（mutually exclusive combination method）是指在资金有限的条件下，选择一组满足资金限制且经济效益最大的互斥组合方案作为资金分配的对象。当存在多个投资方案时，不论其相互关系如何，都可以把它们组成许多种互斥组合，每一种方案组合之间都可以看成互斥的。如现在有 A、B、C、D 四个投资方案，一共有 14 种互斥组合，除了这四种方案本身以外还有 10 种组合，它们是两个一组合的（AB、AC、AD、BC、BD、CD）六种，三个一组合的（ABC、ACD、BCD）三种，四个一组合的（ABCD）一种。按照这个定义，我们可以将这 14 种方案组合通过净现值、净年值等指标计算各互斥组合的经济效益，从而进行综合分析和评价，在满足资金限制的条件下，选取经济效益最大的一组投资方案组合作为分配资金的对象。

其具体步骤是：①形成所有可能的各种互斥组合方案，列举出所有的组合，每个组合都代表一个满足约束条件的互斥组合方案；②按各组合方案的投资从小到大进行排列；③在总投资小于投资限额的组合方案中，把组合方案看成互斥型方案，然后按互斥型方案的比选原则选择最优的方案。

本章之前所介绍的各种投资经济效益评价方法适用于直接对互斥型方案进行评选。对独立型方案进行比选时，需要把它们转换为一系列互斥组合方案（以下简称互斥组合），以便于用前述各种方法对投资方案进行评价。下面举例说明怎样根据投资项目的原有关系把它们转换为一系列互斥组合。

当项目 A、B、C 为独立型方案时，可把它们转换成表 5-9 所示的 8 种互斥组合。表中"1"与"0"分别表示某一互斥组合内是否包括该方案，"1"表示组合内有该方案，"0"表示无该方案。

表 5-9 3 个独立型方案的互斥组合　　　　　　　　　　　　单位：万元

序号	方案			年净现金流量				组合方案	总投资
	A	B	C	0	1	2	3		
1	0	0	0	0	0	0	0	无	0
2	1	0	0	−500	200	200	200	A	500
3	0	1	0	−200	100	100	100	B	200
4	0	0	1	−350	160	160	160	C	350
5	1	1	0	−700	300	300	300	AB	700
6	1	0	1	−850	360	360	360	AC	850
7	0	1	1	−550	260	260	260	BC	550
8	1	1	1	−1050	460	460	460	ABC	1050

根据资金限制，从组合方案中选择符合资金限制的组合方案作为优选的备用方案。

1. 整体净现值法（$\sum \text{NPV}$）

在资金限制情况下，如果多个独立型方案的寿命期相同，在进行选择时通常采用整体净现值法，整体净现值法是计算在资金限额内每一种可能的组合方案的整体净现值，即组合方案中各个方案净现值之和，其中整体净现值最大的组合方案为最优方案，公式为

$$\sum \text{NPV} = \text{NPV}_1 + \text{NPV}_2 + \cdots + \text{NPV}_n = \sum_{t=1}^{n} \text{NPV}_t \tag{5-9}$$

式中，$\sum \text{NPV}$ 表示整体净现值；NPV_t 表示组合方案中 t 方案的净现值。

用整体净现值法选择最优组合方案的步骤：第一，计算各投资方案的净现值，并淘汰掉小于 0 的方案；第二，将各方案按其净现值由大到小进行排列；第三，在资金限额内，按照要求对排列好的方案进行组合，使之尽量满足资金约束；第四，计算各组合方案的整体净现值，其中整体净现值最大的组合方案被选择为最优方案。

互斥组合法的优点是简单明了，但只适用于备选项目很少的情况。当备选项目增多时，互斥组合数目很多，计算量会很大。互斥组合法理论上是严密的，但要求寿命相同。如表 5-9 所示，虽然只有 3 个方案，但工作量也很大，当项目方案较多时互斥组合数很多，工作量很大。

例 5-11 某企业有 A、B、C 三个独立的投资方案，寿命期均为 5 年，初始投资及各年净收益和残值如表 5-10 所示。若给定折现率为 8%，问该企业在 4500 万元的资金限额内应如何选择？

表 5-10 三个独立型方案的基础数据　　　　　　　　　　　　单位：万元

方案	初始投资	年净收益	残值	净现值
A	1500	650	100	1163.32
B	3000	1500	200	3125.18
C	4000	2000	300	4189.60

经计算，上述三个方案的净现值均大于零，见表 5-10 中最后一列数据。如果资金没有限额，则三个方案从经济上考虑均可行，因此都是可选的，但现在企业资金只有 4500 万元，这时就必须在投资限额以内建立互斥组合，然后进行比较，见表 5-11。

表 5-11 三个独立型方案的互斥组合

序号	方案			年净现金流量/万元						组合方案
	A	B	C	0	1	2	3	4	5	
1	0	0	0	0	0	0	0			无
2	1	0	0	−1500	650	650	650	650	750	A
3	0	1	0	−3000	1500	1500	1500	1500	1700	B

续表

序号	方案 A	方案 B	方案 C	年净现金流量/万元 0	1	2	3	4	5	组合方案
4	0	0	1	−4000	2000	2000	2000	2000	2300	C
5	1	1	0	−4500	2150	2150	2150	2150	2450	AB
6	1	0	1	−5500	2650	2650	2650	2650	3050	AC
7	0	1	1	−7000	3500	3500	3500	3500	4000	BC
8	1	1	1	−8500	4150	4150	4150	4150	4750	ABC

按资金限额把凡是投资额不超过限额的方案组合取出，从中找出整体净现值最大的组合方案，即为最优组合方案，在本例中，由于资金限额是 4500 万元，因此组合方案 6、7、8 均不考虑，所以组合方案 5 为最优方案。

本例中，如果资金限制大于等于 5500 万元而小于 8500 万元时，则选择组合方案 7。而当资金限制大于等于 8500 万元时，则选择组合方案 8。表 5-12 列出了各组合方案的整体净现值。

表 5-12 三个独立型方案互斥组合后的整体净现值

序号	方案 A	方案 B	方案 C	组合方案	$\sum$NPV/万元
1	0	0	0	无	0
2	1	0	0	A	1163.32
3	0	1	0	B	3125.18
4	0	0	1	C	4189.60
5	1	1	0	AB	4288.50
6	1	0	1	AC	5352.91
7	0	1	1	BC	7314.78
8	1	1	1	ABC	8478.10

2. 整体收益率法（IRR_t）

存在资金约束时，对寿命期不同的独立型方案进行选择时，通常采用整体收益率法。这种方法就是对所有独立的方案进行分析，在资金限额内进行方案组合，每一种组合方案不能超过资金限制，然后选择整体收益率最大的组合方案。整体收益率是指各组合方案内各投资方案的内部收益率（或外部收益率）的加权平均值，对于未使用剩余资金的内部收益率按基准收益率计算。为区别内部收益率 IRR 及差额投资内部收益率 ΔIRR，整体收益率用 IRR_t 表示。计算公式为

$$IRR_t = \sum_{s=1}^{n} IRR_s \times a_s + i_c \times a_{余} \tag{5-10}$$

式中，IRR_s 表示组合方案中第 s 个方案的内部收益率；a_s 表示第 s 个方案投资占比；$a_余$ 表示剩余资金占比。

用整体收益率法选择最优组合方案的步骤：第一，计算各投资方案的内部收益率，并将小于基准收益率的方案淘汰；第二，将各方案按其内部收益率从大到小排列；第三，在资金限额内，按照要求对排列好的方案进行组合，使之满足资金的约束；第四，计算各组合方案的整体收益率，整体收益率最高的组合方案被选择为最优方案。

例 5-12 某企业投资限额为 350 万元，可备选的独立型方案有 6 个，如表 5-13 所示，基准收益率为 15%，试选择最优组合方案。

表 5-13 各备选的独立型方案数据

方案	投资额/万元	寿命期/年	年净收益/万元	内部收益率	排序
A	100	6	28.7	18%	3
B	150	9	29.3	13%	—
C	80	5	26.8	20%	2
D	210	3	95.0	17%	4
E	130	10	26.0	15%	5
F	60	4	25.4	25%	1

解： 根据上述步骤，第一步，求出各投资方案的内部收益率，见表 5-13。

第二步，淘汰掉低于基准收益率的方案 B，剩余的方案按内部收益率由大到小排列，表 5-13 最后一列给出了排序结果，然后依次计算累计投资额，如表 5-14 所示。

表 5-14 各独立型方案的经济指标

方案	内部收益率	投资额/万元	累计投资额/万元
F	25%	60	60
C	20%	80	140
A	18%	100	240
D	17%	210	450
E	15%	130	580

第三步，从表 5-14 中首先淘汰掉累计投资额超过限额的组合方案，然后在保留下来的各组合方案中进行选优。对于本例，由于符合投资限额要求的组合方案较多，在此省去了单个投资方案组合以及两个投资方案组合，只列举其中几个效益较好的组合方案，见表 5-15。

表 5-15 各组合方案的整体收益率

组合方案	整体收益率	投资总额/万元	排序结果
CDF	19.06%	350	1
ACF	18.71%	240	2

续表

组合方案	整体收益率	投资总额/万元	排序结果
CEF	17.86%	270	3
AEF	17.57%	290	4
ACE	17.00%	310	5

第四步，计算各组合方案的整体收益率，并比较选优，见表 5-15，表中各组合方案的整体收益率计算如下。

（1）CDF 组合方案的整体收益率为

$$\mathrm{IRR}_t = \frac{(80 \times 20\% + 210 \times 17\% + 60 \times 25\%)}{350} = 19.06\%$$

（2）ACF 组合方案的整体收益率为

$$\mathrm{IRR}_t = \frac{(100 \times 18\% + 80 \times 20\% + 60 \times 25\% + 110 \times 15\%)}{350} = 18.71\%$$

式中，110 万元表示 A、C、F 三个方案的累计投资额与资金限额之差，是未使用的剩余资金，按基准收益率 15% 计算。

（3）CEF 组合方案的整体收益率为

$$\mathrm{IRR}_t = \frac{(80 \times 20\% + 130 \times 15\% + 60 \times 25\% + 80 \times 15\%)}{350} = 17.86\%$$

（4）AEF 组合方案的整体收益率为

$$\mathrm{IRR}_t = \frac{(100 \times 18\% + 130 \times 15\% + 60 \times 25\% + 60 \times 15\%)}{350} = 17.57\%$$

（5）ACE 组合方案的整体收益率为

$$\mathrm{IRR}_t = \frac{(100 \times 18\% + 80 \times 20\% + 130 \times 15\% + 40 \times 15\%)}{350} = 17.00\%$$

计算结果表明，CDF 组合方案的整体收益率最高，则 CDF 组合方案为最优组合方案。

值得注意的是单个投资方案的整体收益率不是该方案的内部收益率，而是该方案内部收益率和未使用的剩余资金按基准收益率计算的加权平均值。

5.3.2 线性规划法

对于投资项目较多的资金分配问题，可以运用线性规划模型（linear programming model）和计算机来解决，应用线性规划解决资金分配问题的数学模型如下。

设目标为净现值最大，其目标函数可写为

$$\max z = \sum_{t=1}^{n} \mathrm{NPV}_t \cdot x_t \tag{5-11}$$

式中，NPV_t 表示第 t 个投资项目的净现值；x_t 表示决策变量，其取值为 1 或 0，x_t 取值为 1，表示第 t 个投资项目被接受，x_t 取值为 0，表示第 t 个投资项目被舍弃（$t = 1, 2, 3, \cdots, n$）。

上述目标函数的约束条件分为两类：一类是计划期的资金限额；另一类是投资方案之间的相互关系。其表达式如下。

1. 资金约束条件

$$\sum_{t=1}^{n} I_t \cdot x_t \leqslant I \tag{5-12}$$

式中，I 表示允许的最大现金支出；I_t 表示第 t 个项目的现金支出（如投资额或年经营成本）。

2. 方案相互关系约束条件

（1）如若干方案间存在互斥关系，设其决策变量分别为 $x_1, x_2, \cdots, x_n$，则它们有如下关系式：

$$x_1 + x_2 + x_3 + \cdots + x_n \leqslant 1$$

（2）若某一方案对另一方案有依存关系，设其决策变量分别为 x_1, x_2，则 x_1 与 x_2 有如下关系式：

$$x_1 \leqslant x_2$$

上述模型求解方法和过程详见《运筹学》。

例 5-13 有 7 个寿命期都是 5 年的投资项目，各个项目方案的基本情况如表 5-16 所示，假定投资资金总额限制为 500 万元，基准收益率为 15%，试选出最优的方案。

表 5-16 各个方案的基本情况　　　　　　　　　单位：万元

方案	初始投资	年净收益	期末残值	净现值
1	300	450	30	1221
2	300	130	30	148
3	100	120	10	307
4	200	70	20	45
5	90	50	9	82
6	50	30	5	53
7	10	25	1	74

解：根据式（5-11）、式（5-12）列出整数规划模型如下：

$$\max z = \sum_{t=1}^{n} \mathrm{NPV}_t \cdot x_t = 1221x_1 + 148x_2 + 307x_3 + 45x_4 + 82x_5 + 53x_6 + 74x_7$$

约束条件如下。

（1）资金约束：$300x_1 + 300x_2 + 100x_3 + 200x_4 + 90x_5 + 50x_6 + 10x_7 \leqslant 500$。

（2）方案约束：$x_t = 0$ 或 1。

根据上述模型利用 MATLAB 解出最优的方案是方案 7、1、3、5。

方案 7、1、3、5 的净现值总和为 74+1221+307+82=1684（万元）。

方案 7、1、3、5 的投资额总和为 10+300+100+90=500（万元）。

5.3.3 净现值比率法

净现值比率（net present value ratio，NPVR）法是在计划期满足资金约束下先选择净现值比率大的投资方案，直到资金限额分配完为止的方案选择方法。其具体做法是把能满足最低期望盈利率的投资方案，按净现值比率从大到小进行排序，将资金依次进行分配，直到分配完为止，净现值比率法应用简单，一般能求得投资经济效益较大的方案组合，但不一定能取得最优的方案组合。

例 5-14 资料同例 5-13，请用净现值比率法进行选择。

解：各个方案的净现值、净现值比率计算见表 5-17。

表 5-17 例 5-14 计算过程

方案	初始投资/万元	年净收益/万元	期末残值/万元	净现值/万元	净现值比率
1	300	450	30	1221	4.07
2	300	130	30	148	0.49
3	100	120	10	307	3.07
4	200	70	20	45	0.22
5	90	50	9	82	0.91
6	50	30	5	53	1.06
7	10	25	1	74	7.43

净现值比率法解出较优的方案是 7、1、3、6。方案 7、1、3、6 的净现值总和为 1655 万元，投资总和为 460 万元。

基于净现值比率的排序只是一种近似方法，并非在所有情况下都能得出正确的结论。由于投资方案不可分割，净现值比率法在许多情况下并不能保证充分利用现有资金，也无法达到净现值最大的目标。只有当每个项目的初始投资相对于总投资限额较小或各方案投资额相差不大的情况或各入选方案投资累加额与投资预算限额相差甚微时，才能得出更可靠的结论。

5.4 混合方案的比选

混合方案实际上包括多种类型。这里只讨论由独立型方案与互斥型方案组成的混合方案，即某些方案为互斥型方案（实为同一项目中的方案），而某些方案则为相互独立的方案（相互独立的不同项目中的方案）。例如，某企业既可投资 IT 产业，IT 产业又有 A、B 两个互斥型方案；又可同时投资其他产业，其他产业又有 C、D 两个互斥型方案。但 IT 产业的方案与其他产业的方案之间是相互独立的。这样，A、B、C、D 就组成了一个混合方案。

混合方案的选择也分以下两种情况讨论。

5.4.1 无资金约束条件下混合方案的比选

由于各方案是相互独立的,又无资金约束,因此,只要方案可行就可采纳,但应从可行方案中选择一个最优方案。选择工作分两步。第一步,评价各方案的可行性。第二步,在每个方案中选择一个可行且最优的方案,即把同一个方案中的互斥型方案进行比较与选择,所用的方法主要有净现值法、净年值法及差额投资内部收益率法。

5.4.2 有资金约束条件下混合方案的比选

在这种情况下,选择的思路与无资金约束条件下混合方案的选择基本相同,只是在选择方案时应考虑总投资额不超过资金总额,因此,所选的方案不一定是该方案中最优的。与独立型方案的选择有所不同,它在进行方案组合时,只能从每一个方案的次级方案中最多选择一个方案参与组合,步骤如下:第一步,评价各方案的可行性,舍弃不可行的方案;第二步,在总投资额不超过资金限额的条件下,进行独立型方案的组合,除了要考虑总投资额不超过资金限额以外,还应注意各方案中最多只能选一个方案;第三步,求各种方案组合的总体经济效果值,经济效果指标通常采用净现值、净年值;第四步,选择最优的方案组合,选择的标准也是整体净现值或整体净年值最大。

例 5-15 某公司有三个下属部门 A、B、C,各部门提出了若干个方案,其现金流量如表 5-18 所示。设三个部门之间的投资方案是相互独立的,但部门内部的投资方案是互斥的。寿命均为 10 年,基准收益率为 10%。

表 5-18 某公司的三个部门各投资方案的现金流量 单位:万元

部门	方案	初始投资	净现金流量(1~10年)
A	A1	100	27.2
	A2	200	51.1
B	B1	100	12.0
	B2	200	30.1
	B3	300	45.6
C	C1	100	50.9
	C2	200	63.9
	C3	300	87.8

(1)若无资金约束,应选择哪些方案?
(2)若资金限额为 500 万元,应选择哪些方案?
解:考虑到计算的方便性,这里选用净现值法。

（1）第一步，求各方案的净现值并评价它们的可行性。计算结果如表 5-19 所示，可以看出，B 部门的各方案均不可行，其余部门各个方案均可行。

表 5-19　某公司三个部门各投资方案的净现值　　　　　　　　单位：万元

部门	方案	初始投资	净现值
A	A1	100	67.13
A	A2	200	113.99
B	B1	100	−26.27
B	B2	200	−15.05
B	B3	300	−19.81
C	C1	100	212.76
C	C2	200	192.64
C	C3	300	239.49

第二步，选择方案。由于 B 部门的各方案均不可行，因此，只能在 A、C 部门中各选一个净现值最大的方案，所以应选择 A2、C3。

（2）由于已判断了各方案的可行性，所以只需进行以下三步工作。

第一步，进行方案组合。组合结果如表 5-20 所示。

表 5-20　某公司两个部门可行的投资方案组合及其整体净现值　　单位：万元

序号	方案组合	总投资	整体净现值
1	A1	100	67.13
2	A2	200	113.99
3	C1	100	212.76
4	C2	200	192.64
5	C3	300	239.49
6	A1、C1	200	279.89
7	A1、C2	300	259.77
8	A1、C3	400	306.62
9	A2、C1	300	326.75
10	A2、C2	400	306.63
11	A2、C3	500	353.48

第二步，求各种方案组合的整体净现值。各种方案组合的整体净现值计算结果如表 5-20 所示。

第三步，选择最优的方案组合。由表 5-20 可看出，方案组合 11 的整体净现值最大，所以应选择方案组合 11，即选择 A2、C3 两个方案。

进一步讨论：如果资金限额为 400 万元，则方案组合 11 的总投资 500 万元超过了资金限额，故应选择 A2、C1 两个方案。

5.5 案例分析

某绿色建筑中热水系统热源方案选取

某绿色建筑设计热源方案为 96m² 太阳能集热板 + 2 台 58.1kW 制热量的空气源热泵（单台输入功率 8.3kW）（方案三），晴天时，太阳能集热板可满足 100%供热，阴雨天时，由空气源热泵补充加热。对照方案有两个：一台 120kW 的常规燃气锅炉加热（方案一）和一台 120kW 的电热水炉加热（方案二）。各方案费用及运行成本见表 5-21，财务基准收益率为 12%。

表 5-21　三种备选热水系统热源方案费用估算　　　　　单位：元

方案	初始投资	年运行费用
方案一　燃气锅炉	45 000	46 795
方案二　电热水炉	35 000	84 847
方案三　太阳能集热板 + 空气源热泵	299 000	8 485

问题：
1. 如果三个方案都按 20 年寿命期计算，请选取恰当的评价方法进行方案比选。
2. 如果方案一、方案二、方案三的寿命分别为 20 年、15 年、12 年，请选取恰当的评价方法进行方案比选。

本章小结

投资方案比选是投资决策和技术经济分析中最重要的内容。根据投资方案之间的关系可以分为互斥型方案比选、独立型方案比选以及混合方案的比选。不同情形有着不同的评价指标和选择方法。具体而言，互斥型方案可以分为寿命期相同和寿命期不同的情形；独立型方案、混合方案又可分为无资金约束条件和有资金约束条件的情形。通过本章的学习，应掌握以下内容：①互斥型方案的比较原则及比选方法；②独立型方案的比选方法；③混合方案的比选方法。

思考题

1. 投资方案分为哪几种类型？
2. 互斥型方案比选分几种情况？不同情况下比选原则和方法有哪些？
3. 独立型方案比选的方法有哪些？
4. 混合方案比选的方法有哪些？

练习题

1. 有三个互斥投资方案，寿命期均为 20 年，各方案的初始投资和年净收益如表 5-22 所示。在基准收益率 $i = 12\%$ 的条件下选择最佳方案。

表 5-22　三个互斥型方案基本情况表

项目方案	初始投资/万元	年净收益/万元	残值/万元	寿命期/年
A	220	50	10	20
B	180	40	8	20
C	250	55	12	20

2. 有 A、B、C 三台功能相同的设备，寿命期都是 10 年，不同的部分如表 5-23 所示。试在折现率 $i = 10\%$ 的条件下进行选择。

表 5-23　三个收益未知的互斥型方案基本情况表

方案	投资/万元	年操作费用/万元	残值/万元
A	1600	295	90
B	2000	215	85
C	1667	235	65

3. 有两个互斥型方案 A、B，基本情况如表 5-24 所示。设基准收益率为 10%，用各种方法进行比选。

表 5-24　互斥型方案基本情况表

方案	初始投资/万元	残值/万元	年末支出/万元	年末收入/万元	寿命期/年
A	2000	160	280	780	5
B	2800	180	250	800	10

4. 计算表 5-25 中各个寿命期不同的互斥型方案的净现值、净年值、内部收益率，并进行方案比选，$i = 15\%$。

表 5-25　寿命期不同的互斥型方案基本情况表

项目方案	初始投资/万元	年净收益/万元	残值/万元	寿命期/年
A	1000	450	100	4
B	800	500	80	3
C	1200	300	120	5

5. 有两台功能相同的设备，不同的部分如表 5-26 所示。试在折现率 $i = 15\%$ 的条件下进行选择。

表 5-26　收益未知且寿命期不同的互斥型方案基本情况表

设备	初始投资/元	年操作费用/元	残值/元	寿命期/年
A	2300	500	0	3
B	3200	250	400	4

6. 有 6 个独立型方案的数据如表 5-27 所示。设定资金限额为 300 万元，基准收益率为 10%，寿命期为 6 年。试求最优的投资组合方案。

表 5-27　独立型方案基本情况表　　　　　　　　　　单位：万元

项目	A1	A2	B1	B2	C1	C2
初始投资	120	160	90	80	70	60
年净收益	40	50	30	25	20	18

7. 三个互斥型方案 A、B、C 的基本情况如表 5-28 所示。试对其进行比选，基准收益率 $i_c = 15\%$，已知 $(P/A, 15\%, 40) = 6.642$。

表 5-28　寿命期不同的互斥型方案基本情况表

方案	初始投资/万元	残值/万元	净收益/万元	寿命期/年
A	3000	200	1200	5
B	2800	200	1000	10
C	3000	200	1100	8

8. 有四个寿命期不同的独立型方案如表 5-29 所示，资金限制为 3000 万元，试进行方案比选，$i = 15\%$。

表 5-29　四个独立型方案基本情况表

项目方案	初始投资/万元	年净收益/万元	残值/万元	寿命期/年
A	800	500	80	3
B	1000	450	100	4
C	1200	300	120	5
D	1200	280	100	7

延伸阅读

郭树声. 2005. 净现值指数法在方案选择中的错误和危害. 数量经济技术经济研究，（9）：91-95.
任红岗，谭卓英，魏铮. 2015. 埃塞俄比亚某大型金矿基于经济比较法开采方案选择. 有色金属工程，5（2）：86-88.
周鑫，陈春兰，赵辉，等. 2020. 敏感价格区间内中间基原油减压蜡油加工方案对比. 石油学报（石油加工），36（5）：1011-1020.
Natali. 2020. Non-equal-life asset replacement under evolving technology：a multi-cycle approach. The Engineering Economist，65：339-362.

第6章

工程项目不确定性分析与风险分析

疫情多维度影响海外项目

2020年7月30日参加"金融支持企业国际合作,完善'一带一路'产业链"研讨会的多家企业、机构负责人对海外项目受到的影响、国际市场环境未来的发展做出了以下判断。一是企业在建项目被迫停工或者放缓施工进度。因所在国疫情防控要求等原因,部分项目不能按期履约,直接带来项目运营成本增加,影响公司经营效益。为此还面临业主罚款风险,同时也面临下游分包单位成本追加和索赔要求的双重压力。海外项目后期的执行风险也在加大,如疫情导致银行贷款延后、部分企业前期垫资压力增大、新项目也明显减少等。二是企业的在手订单减少,经营面临困难。中国信保统计,超过30%的企业出口申请延时收汇,海外业主由于疫情的压力、资金的压力,难以按期支付,导致中国企业资金链紧张。国外疫情发展对进口配套件和原材料采购也产生一定影响。一方面,受疫情影响,部分原材料供应延迟,进口材料周期延长,企业产业链完全恢复需要一定时间。另一方面,项目本身执行难度加大。除了执行环节中现场施工、产品交货、物流运输等环节存在较大的不确定性外,设备企业还面临着成本上升、上下游合同纠纷增加等困难。工程项目在建设、实施中面临着融资、经营、收入等各种不确定性,同时除了经济风险外,还面临着环境、政治、合作、项目本身(如进度、成本、质量)等各类风险,项目决策者需要对工程项目经济评价中的不确定性与风险进行分析。

■ 6.1 概　　述

6.1.1 不确定性的概念

在工程项目技术经济分析中,由于资料不详、资金不确定、价格波动、销量难以准确估计等因素,加之人们认知和决策的滞后性等,技术经济分析中许多因素的实际数值难以准确给出。此外,技术经济分析所要选择的方案多是"未来时",影响方案的因素很多,不仅有技术经济本身的因素,还有政治、社会、自然、科技进步等各类外部因素,这些因素随着时间的推移会动态变化。因此，在项目经济评价中的许多参数，如产品（服务）的销售量、销售价格、单位成本、项目建设投资、建设工期、运营期限等在项目建设和投产后的实际运行过程中都有可能与计划时的预测值发生偏离，使得项目经济评价中计算出的各项评价指标值具有不确定性，进而导致按照评价指标值所做出的经济决策具有风险。为了分析不确定性因素对经济评价指标的影响，估计项目可能承担的风险，应结合项目的具体情况开展不确定性分析和风险分析，并提出相应的风险应对策略，为项目的投资决策服务。

不确定性分析是考查工程项目中建设投资、经营成本、产品售价、销售量、项目寿命等因素变化对项目经济效益的影响。风险分析是分析风险因素发生的可能性及给项目带来经济损失的程度。不确定性分析与风险分析既有联系，又有区别。区别在于：不确定性分析不知道未来各种结果发生的可能性或概率，而风险分析知道未来各种结果可能发生的概率。通过不确定性分析可以找出影响项目效益的敏感因素，确定各类因素的敏感程度；通过风险分析可以获得不确定性因素发生的概率及其给项目经济效益造成的影响的程度。由不确定性分析找出的敏感因素可以作为风险分析的基础和依据。

通常，项目经济评价的不确定性源于两个方面，即项目本身的不确定性和项目所处环境的不确定性。具体表现如下。

（1）项目基础数据的误差。缺乏足够的市场调查数据、所用统计和预测方法的局限、项目制约因素限制，以及不现实或不准确的假设等，都可能引起项目基本参数预测和估算的误差。

（2）项目所涉技术的快速发展。当代科学技术突飞猛进，科技跳跃式发展，新技术、新材料、新工艺、新设备、新产品等不断出现。在项目建设中期或后期运营阶段，通过引入新技术、新工艺、新设备等，项目产出会大幅增加，成本明显下降，经济效益更好。同时，项目还会受到同行业其他项目的影响，竞争对手变换采用新技术，推出新产品，也会导致本项目产品在产量（销量）、定价、推广成本、市场占有率和竞争力方面发生变化，进而影响经济效益。

（3）政治、经济形势的变化。在项目推进中，新的法律法规的颁布、政府政策变动、价格体系改革、银行存款利率调整、汇率变动以及国际市场变化等，都会给项目带来较大的不确定性。

除了上述因素以外，项目经济评价中还有一些可能变动的其他因素。如果要全面分析所有因素的变化对项目经济效果的影响，十分困难。因此，在实际的项目经济评价中，往往重点寻求那些对项目影响大的关键因素，对它们开展不确定性分析。

6.1.2 不确定性分析的作用

作为项目经济评价中的一个重要内容，不确定性分析具有如下作用。

1）一定程度上可以避免投资决策失误

项目经济评价通常都是基于项目未来的基础数据进行评价，由于不确定性因素的存在，这些基础数据的预测值往往存在较大的变动可能性，因此，单纯按照确定的基础数据预测值进行经济评价，依据其结论取舍项目，可能会导致投资决策出现失误。不确定性分析使得决策者更加全面地把握项目中的各种不确定性因素,并对各种因素变化所导致的后果进行预判,从而帮助决策者做出正确的选择。

2)可以充分把握不确定性因素对项目经济效益的影响程度

通过预测不确定性因素的变动范围,可以获得因素变动对经济效益评价指标的影响方向与影响程度,并把握影响项目经济效益的关键因素。在项目实施中重点关注这类因素,扩大其正影响,减少对项目的负影响,以保证项目取得预期经济效益。

3)可以为项目风险应对提供决策依据

对于由不确定性分析所获得的重要不确定性因素,可以针对性地预设相应的防范措施以降低其对项目经济效果的负面影响程度,减少由此可能造成的损失,提高项目的风险防范能力,使得项目决策更加全面、可靠,保证项目实现预设目标。

6.1.3 不确定性分析与风险分析的方法

不确定性分析主要包括盈亏平衡分析和敏感性分析。风险分析应采用定性与定量相结合的方法,其分析过程包括风险识别、风险估计、风险评价与风险应对,其中,概率确定是风险分析的关键,常用的概率分析方法包括简单概率分析法、决策树法和蒙特卡洛模拟法等。一般而言,盈亏平衡分析只适用于项目的财务评价,而敏感性分析和概率分析可同时用于财务评价和国民经济评价。除上述方法外,实物期权分析也常用于不确定性分析。

6.2 盈亏平衡分析

6.2.1 盈亏平衡分析概述

盈亏平衡分析也称量本利分析,是指在一定的市场、生产能力的条件下,研究项目产量、成本与利润之间的平衡关系,据此判断项目抗风险能力的一种方法。成本费用与收益相等即利润总额等于零时的状态称为盈亏平衡。盈亏平衡时对应的经济效益指标值或参数值称为盈亏平衡点,即项目盈利与亏损的转折点,用 BEP(break even point)表示。常用的盈亏平衡点包括产量、固定成本、单位产品变动成本、产品价格、销售收入、单位产品销售税金及附加、生产能力利用率等,其中,以产量和生产能力利用率表示的盈亏平衡点最为常用。

根据总成本费用、销售收入与产量(销售量)之间是否呈线性关系,盈亏平衡分析可分为线性盈亏平衡分析和非线性盈亏平衡分析。

6.2.2 线性盈亏平衡分析

1. 线性盈亏平衡分析的前提条件

线性盈亏平衡分析主要有下列五个假设。

（1）总成本费用可以划分为固定成本和可变成本。
（2）产量变化，单位可变成本不变，从而总可变成本是产量的线性函数。
（3）销售量变化，销售价格不变，从而营业收入是销售量的线性函数。
（4）产量等于销售量。
（5）只生产单一产品，如果生产多种产品，可以换算为单一产品计算。

2. 固定成本、可变成本的划分

（1）固定成本。固定成本即产量在一定幅度内变动，而总额始终保持不变的有关成本，如房屋租金、保险费等。固定成本可进一步划分为"约束性"固定成本与"酌量性"固定成本。"约束性"固定成本指与企业生产经营能力的形成及正常维护相联系的成本，如固定资产折旧费、无形资产及其他资产摊销、企业管理人员工资等。"酌量性"固定成本指由管理者决策所确定的未来某一时期的预算额所形成的成本，如广告费、开发研究费等。

（2）可变成本。可变成本即随着产量的变动，总额也将发生同向、同比例变动的成本，如直接材料费、直接人工工资等。

（3）混合成本。混合成本即随着产量的变动，总额将发生与之变动幅度不等的变动的有关成本，如设备维修费、检验人员工资等。混合成本可进一步区分为半固定成本和半可变成本。半固定成本是指总额依次在不同的产量水平上保持相对固定的有关成本。半可变成本是指总额开始值不变或递增缓慢，然后随着产量增加递增明显的有关成本。

将总成本费用划分为固定成本与可变成本的原则为如下几方面。

（1）凡与产量增减无关的费用，如辅助人员工资、职工福利费、折旧及摊销费、修理费等应划为固定成本。

（2）凡与产量增减成正比的费用，如原材料消耗、燃料、动力等应划为可变成本。

（3）对于某些辅助材料、非直接生产动力消耗、直接生产人员工资等虽与产量增减有关但又非呈比例变化的半可变（或半固定）成本，可用以下方法近似地将其划为固定成本或可变成本：①参照类似项目的成本与产量关系确定的成本变动率划分固定成本与可变成本，成本变动率即单位产品可变成本，其数值可根据类似企业的实际成本资料确定，一般可采用高低点法、散布图法和最小二乘法等；②参照类似项目各项费用要素固定成本、可变成本的比例分项划分和测算。

3. 线性盈亏平衡分析

设 C_T 表示年总成本费用，C_F 表示年固定成本，C_V 表示年可变成本，C_v 表示单位产品可变成本，Q 表示年产量或年销售量，Q_0 表示设计年产量，P 表示产品价格，S 表示年销售收入，t 表示单位产品应缴纳的税金及附加，t' 表示税率。当投资项目处于盈亏平衡时，利润总额等于零，有

$$(PQ - tQ) - (C_F + C_v Q) = 0 \tag{6-1}$$

$$P(1-t')Q - (C_F + C_v Q) = 0 \qquad (6-2)$$

盈亏平衡状态所对应的产量称为盈亏平衡点产量，则

$$\text{BEP}_Q = \frac{C_F}{P - t - C_v} \qquad (6-3)$$

式中，BEP_Q 表示盈亏平衡点产量。

BEP_Q 表示当产量达到该水平时，拟建项目处于盈亏平衡状态。BEP_Q 越小，表明拟建项目适应市场变化的能力越强，即抵抗市场经营风险的能力越强，或者说面临的市场经营风险越小。

对于同一技术方案，BEP_Q 虽然越小越好，但是不能直接反映拟建项目面临的市场经营风险的程度。尤其是两个方案比选时，BEP_Q 也不能直接用于比较两方案的风险大小。因此，引入盈亏平衡点生产能力利用率来反映拟建项目面临的市场经营风险程度。

$$\text{BEP}_\eta = \frac{\text{BEP}_Q}{Q_0} \times 100\% = \frac{C_F}{(P - t - C_v) Q_0} \times 100\% \qquad (6-4)$$

式中，BEP_η 表示盈亏平衡点生产能力利用率。

BEP_η 越大，说明拟建项目面临的市场经营风险程度越大。BEP_η 与市场经营风险程度成正比，因此，BEP_η 又称为经营风险率。有时还用经营安全率反映项目的经营安全状况，经营安全率计算公式为

$$\text{BEP}_v = 1 - \text{BEP}_\eta \qquad (6-5)$$

盈亏平衡点生产能力利用率一般不应大于75%，经营安全率一般不应小于25%。

根据盈亏平衡点产量，可以计算相应的盈亏平衡点销售收入。

$$\text{BEP}_s = \frac{PC_F}{P - t - C_v} \qquad (6-6)$$

式中，BEP_s 表示盈亏平衡点销售收入。

线性盈亏平衡分析还可以计算拟建项目在满负荷生产条件下的盈亏平衡状态。

$$(P - t)Q_0 - (C_F + C_v Q_0) = 0 \qquad (6-7)$$

$$\text{BEP}_{C_F} = (P - t - C_v) Q_0 \qquad (6-8)$$

式中，BEP_{C_F} 表示盈亏平衡点年固定成本。

$$\text{BEP}_{C_v} = P - t - \frac{C_F}{Q_0} \qquad (6-9)$$

式中，BEP_{C_v} 表示盈亏平衡点单位产品可变成本。

$$\text{BEP}_P = \frac{C_F}{Q_0} + t + C_v \qquad (6-10)$$

式中，BEP_P 表示盈亏平衡点产品价格。

线性盈亏平衡状态及其盈亏平衡点产量可以在二维坐标图上表示。横轴表示拟建项目产品产量或销售量，纵轴表示拟建项目的总成本费用或销售收入。根据盈亏平衡分析原理，

当不考虑税收时,在坐标图上分别绘制出总成本费用与销售收入随产量或销售量变化的运动轨迹,二者的交点所对应的产量就是盈亏平衡点产量,具体如图 6-1 所示。当产量等于 BEP_Q 时,销售收入等于总成本费用,拟建项目达到盈亏平衡状态。当产量小于 BEP_Q 时,销售收入小于总成本费用,拟建项目处于亏损状态。当产量大于 BEP_Q 时,销售收入大于总成本费用,拟建项目处于盈利状态。

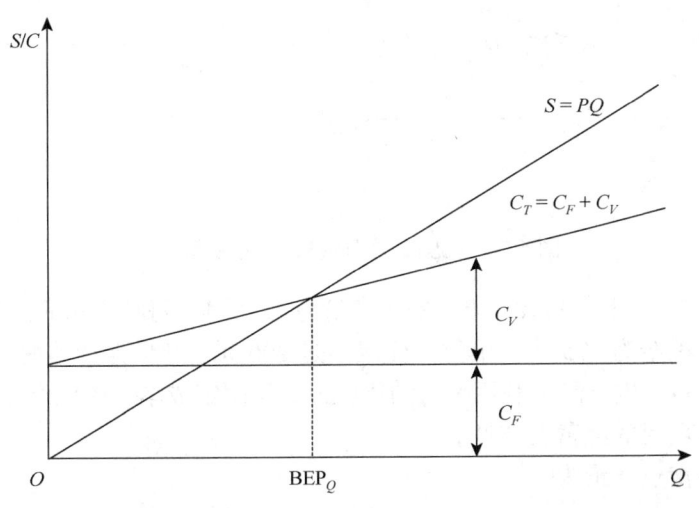

图 6-1 不考虑税收时的线性盈亏平衡分析

当考虑税收时,把收入减去税收之后的曲线和成本曲线绘制成如图 6-2 所示的二维坐标图。图 6-2（a）中收入和成本曲线的交点 E 就是盈亏平衡点,BEP_Q 就是盈亏平衡点产量,对应的成本或收入即为盈亏平衡点总成本费用或盈亏平衡点销售收入。图 6-2（b）、图 6-2（c）、图 6-2（d）分别是项目在满负荷生产条件下的盈亏平衡状态,从图中可以找到各自的盈亏平衡点。

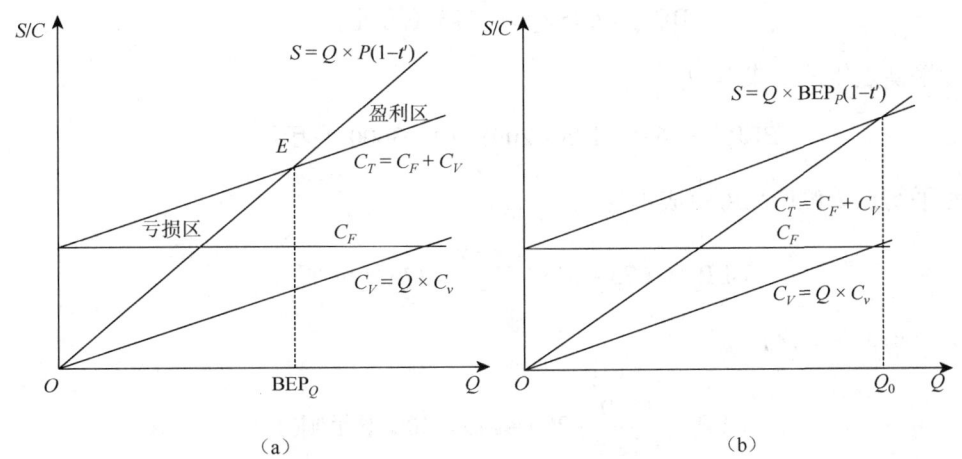

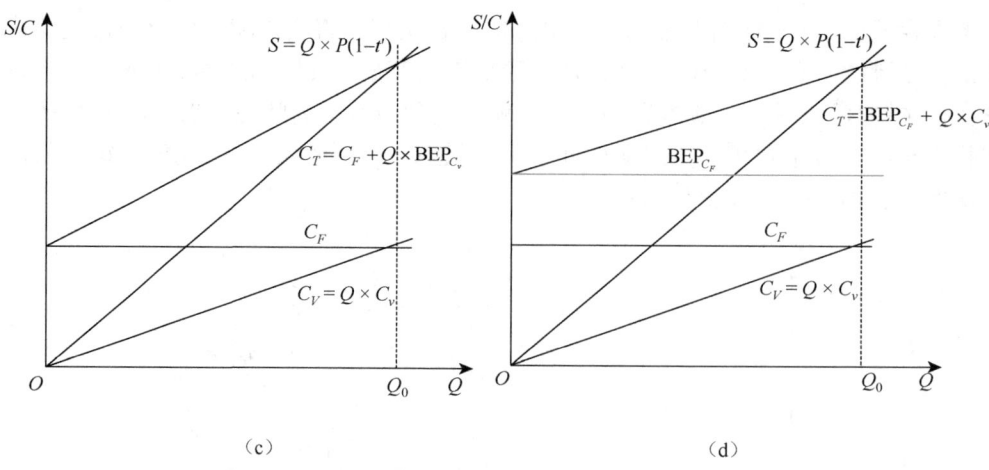

图 6-2 考虑税收时的线性盈亏平衡分析

例 6-1 已知某能源产品设计方案的年产量为 12 万吨，每吨产品的销售价格为 675 元，每吨产品缴付的税金为 175 元，单位可变成本是 200 元，年固定成本是 1500 万元。试求盈亏平衡点的产量、生产能力利用率、销售收入、年固定成本、单位产品可变成本、产品价格，并判断该项目的经营安全性。

解：盈亏平衡点产量为

$$\mathrm{BEP}_Q = \frac{1500}{675-175-200} = 5 \text{（万吨）}$$

盈亏平衡点生产能力利用率为

$$\mathrm{BEP}_\eta = \frac{5}{12} \times 100\% = 41.67\%$$

盈亏平衡点销售收入为

$$\mathrm{BEP}_s = 675 \times 5 = 3375 \text{（万元）}$$

盈亏平衡点年固定成本为

$$\mathrm{BEP}_{C_F} = (675-175-200) \times 12 = 3600 \text{（万元）}$$

盈亏平衡点单位产品可变成本为

$$\mathrm{BEP}_{C_v} = 675 - 175 - \frac{1500}{12} = 375 \text{（元/吨）}$$

盈亏平衡点产品价格为

$$\mathrm{BEP}_P = \frac{1500}{12} + 200 + 175 = 500 \text{（元/吨）}$$

经营安全率为

$$BEP_v = 1 - 41.67\% = 58.33\%$$

根据经营安全率判断，该项目经营安全。

上述结果如表 6-1 所示。

表 6-1　盈亏平衡分析结果

项目	BEP_Q	BEP_P	BEP_S	BEP_{C_v}	BEP_{C_F}
绝对值	5 万吨	500 元/吨	3375 万元	375 元/吨	3600 万元
相对值	41.67%	74%	41.67%	214%	240%
允许降低（升高）率	58.33%	26%	58.33%	−114%	−140%

盈亏平衡分析用于拟建项目的市场经营风险分析，应该采取保守估计，充分估计项目的风险程度。根据经营风险率的计算方法，建议选择年固定成本最大的年份的数据进行分析，以保证计算出来的盈亏平衡点产量最大，进而估算的经营风险程度最大。

对于一个项目，可能有多种技术方案可以达到其经营目标。在产品产量和质量一定的前提下，各种技术方案的投资和经营总成本费用不尽相同。随着产量的增加，各种技术方案的成本费用变化率也不尽相同。利用盈亏平衡分析，我们可以在不同的产量下选择不同的技术工艺路线，此时盈亏平衡分析称为多方案盈亏平衡分析或动态盈亏平衡分析。

例 6-2　某产品的生产有三种工艺方案。方案 A 的年固定成本为 300 万元，单位产品可变成本为 30 元；方案 B 的年固定成本为 500 万元，单位产品可变成本为 18 元；方案 C 的年固定成本为 750 万元，单位产品变动成本为 10 元。试分析各种方案适用的生产规模。

解：C_T 表示方案的年总成本费用，C_F 表示方案的年固定成本，C_v 表示单位产品可变成本，Q 表示年产量，有

$$C_{T_A} = C_{F_A} + C_{v_A}Q = 3\,000\,000 + 30Q$$
$$C_{T_B} = C_{F_B} + C_{v_B}Q = 5\,000\,000 + 18Q$$
$$C_{T_C} = C_{F_C} + C_{v_C}Q = 7\,500\,000 + 10Q$$

各方案的年总成本费用函数曲线如图 6-3 所示。

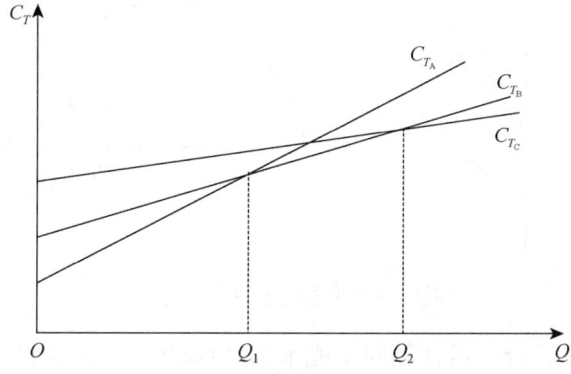

图 6-3　A、B、C 三个方案总成本费用曲线图

根据经济效益最大化原则，产出相同，应当选择成本最低的工艺方案。如图 6-3 所示，如果 $0<Q<Q_1$，则应该选择方案 A；如果 $Q_1<Q<Q_2$，则应该选择方案 B；如果 $Q>Q_2$，则应该选择方案 C。如果 $Q=Q_1$，方案 A 和 B 都可以；如果 $Q=Q_2$，方案 B 和 C 都可以。

由 $3\,000\,000+30Q_1=5\,000\,000+18Q_1$，得到 $Q_1=16.67$ 万件；由 $5\,000\,000+18Q_2=7\,500\,000+10Q_2$，得到 $Q_2=31.25$ 万件。这表明，当生产规模小于 16.67 万件时，应选方案 A；当生产规模在 16.67 万件至 31.25 万件之间时，应选方案 B；当生产规模大于 31.25 万件时，应选方案 C。生产规模为 16.67 万件时，方案 A 和方案 B 都可以；生产规模为 31.25 万件时，方案 B 和方案 C 都可以。

6.2.3 非线性盈亏平衡分析

随着项目销售量的增加，市场上产品的单位价格可能下降，销售收入与销售量之间是非线性关系。企业增加产量，原材料需求增多，价格可能上涨，同时，企业可能还将多支付一些加班费、设备维修费等，使产品的单位可变成本增加，从而总成本与销售量之间也变成非线性关系，一般用二次函数表示。用 $S(Q)$ 表示销售收入关于产品销售量的二次函数，$C(Q)$ 表示总成本费用关于产品产量的二次函数，$R(Q)$ 表示利润关于产品产量的二次函数。

$$R(Q)=S(Q)-C(Q) \tag{6-11}$$

如图 6-4 所示，假设产量等于销售量，不考虑销售税金及附加，当 $S(Q)=C(Q)$ 时，拟建项目有 Q_1 和 Q_2 两个盈亏平衡点产量。如果产量小于 Q_1 或大于 Q_2，则拟建项目处于亏损状态。如果产量大于 Q_1 并小于 Q_2，则拟建项目处于盈利状态。当拟建项目处于盈利状态时，其利润 $R(Q)$ 并不完全随着产量的增加而增加，在产量为 Q^* 时，利润最大。

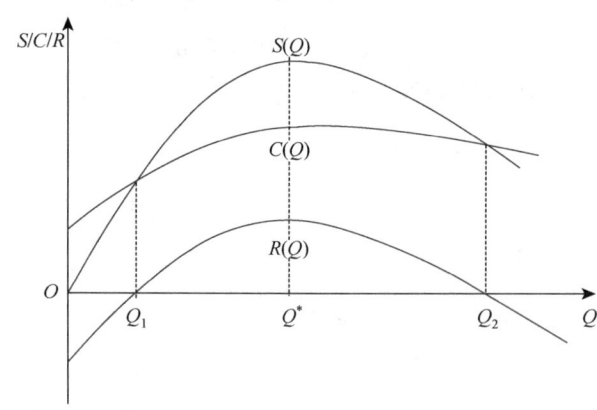

图 6-4 非线性盈亏平衡分析

例 6-3 某工程项目投产后，年固定成本为 70 000 元，单位产品可变成本为 25 元，由于原材料整批购买，每多生产一件产品，单位产品可变成本可降低 0.001 元；单位售价为 60 元，销售量每增加一件，售价下降 0.0035 元。试求盈亏平衡点及最大利润时的销售量。

解：单位产品的售价为 $60-0.0035Q$，单位产品的可变成本为 $25-0.001Q$，有

$$C(Q) = 70\,000 + (25-0.001Q)Q = 70\,000 + 25Q - 0.001Q^2$$

$$S(Q) = 60Q - 0.0035Q^2$$

当 $C(Q) = S(Q)$，即 $70\,000 + 25Q - 0.001Q^2 = 60Q - 0.0035Q^2$ 时，解得盈亏平衡点产量为：$Q_1 = 2443$，$Q_2 = 11\,582$。

$$R(Q) = S(Q) - C(Q) = -0.0025Q^2 + 35Q - 70\,000$$

令 $R'(Q) = 0$，即 $-0.005Q + 35 = 0$，解得 $Q_{\max} = 7000$。

■ 6.3 敏感性分析

6.3.1 敏感性分析的含义与作用

1. 敏感性分析的含义

敏感性分析（sensitivity analysis）也称灵敏度分析，就是测定一个或多个不确定性因素数值的变化所导致的经济评价指标值的变化幅度，了解各因素变化对实现预期目标的影响程度，从而确定引起项目经济效益发生变化的主要不确定性因素。

一般用经济评价指标，如净现值、净年值、内部收益率、投资回收期等作为分析指标；用计算指标的各个参数，如建设投资、经营成本、营业收入、固定资产净残值等作为不确定性因素，营业收入因素可以进一步分解为产品价格和销售量等因素。例如，净现值代表项目的经济效果，初始投资、年净收益、计算期等参数是其影响因素。如果年净收益发生较小变化，使其净现值发生较大变化，则说明年净收益是净现值的敏感性因素，或称净现值对年净收益敏感性强；反之，如果年净收益发生较大变化，使其净现值发生较小变化，则说明年净收益是净现值的非敏感性因素，或称净现值对年净收益敏感性弱。对于较强、较弱没有明确的判断标准，需要根据项目的具体情况进行确定。

如果各因素发生相同幅度的变动，如均增加 1%，使其净现值发生最大幅度变动的因素称为最敏感因素。两方案比选时，如果它们的年净收益发生相同幅度的变动，如均增加 1%，使其净现值发生较大幅度变动的方案称为敏感性强的方案，使其净现值发生较小幅度变动的方案称为敏感性弱的方案。

敏感性越强，说明敏感性因素变动使净现值变化的范围越大，对净现值影响程度越大，给项目带来的风险越大。因此，敏感性越弱越好。敏感性分析就是要找出拟建项目的敏感性因素，并估计项目效益对它们的敏感程度，以预测项目可能承担的风险，为进一步的风险分析奠定基础。

2. 敏感性分析的作用

敏感性分析的作用主要有以下四个方面：①找出影响拟建项目经济效果的主要敏感性因素，并明确这些因素变化后对评价指标的影响程度，使决策者明确项目建设中可能遇到的风险，为风险的概率分析与风险应对提供方向；②通过多方案敏感性大小的对比，选取敏感性小即风险小的方案，提高投资决策的准确性；③对项目敏感因素进行重新调查、分析、计算，以提高投资决策的可靠性；④对可能出现的最有利与最不利的经济效果范围进行分析，通过寻找替代方案或对原方案采取控制措施等办法确定最现实的方案。

根据每次变动的敏感性因素的数目的不同，敏感性分析可以分为单因素敏感性分析和多因素敏感性分析。

6.3.2 单因素敏感性分析

单因素敏感性分析每次只考虑一个因素的变动，而假设其他因素保持不变，其步骤如下。

1. 确定敏感性分析指标

敏感性分析指标是指代表拟建项目经济效果的经济评价指标。一般而言，所有经济评价指标都可以作为敏感性分析指标，如净现值、内部收益率、净年值、投资回收期、盈亏平衡点等，但是，对于同一个拟建项目，某因素对各个指标的影响程度大致相同，即某因素对于一个指标是敏感性因素，对于其他指标同样是敏感性因素。因此，进行敏感性分析时，无须把所有经济评价指标都作为敏感性分析指标，可选择其中一个经济评价指标进行分析，也可根据需要选择多个经济评价指标。

2. 确定敏感性因素及其可能变动范围

影响拟建项目经济效果的不确定性因素有很多，拟建项目经济效果对其敏感程度差别很大。因此，无须对所有的不确定性因素都进行敏感性分析，可以根据不同项目的实际情况选择主要的敏感性因素进行分析。一般情况下，敏感性因素的确定参考以下两条原则：一是预计在可能的变动范围内，其变动将会较大地影响方案经济效果的因素；二是在未来项目实施过程中可能发生较大波动的因素。

对于一般工业项目，通常从以下几个因素中选定不确定性因素：项目总投资额、项目建设工期、项目投产期限、项目寿命期、项目达产产能、产品产量、产品销售量、销售价格、经营成本、折现率及汇率。敏感性因素的可能变动范围需要根据实际情况确定，没有专门的方法。

3. 进行敏感性计算

敏感性计算是指根据选定的敏感性因素和经济评价指标，计算各敏感性因素在可能的变动范围内发生不同幅度的变动所导致的经济评价指标的变动结果。因素变动应注意以下两个问题。一是当计算分析其中某一个敏感性因素变动对经济评价指标的影响时,其他因素都保持不变。二是各个敏感性因素的变动幅度相同,以利于下一步的汇总分析。变动幅度一般选择用百分数表示,即敏感性因素初始值的一定百分比;对于不便于用百分数表示的因素,如建设期,可采用延长一定的时间表示,如延长一年。

4. 敏感性计算结果汇总分析

汇总分析包括三项内容:一是计算敏感度系数,对因素的敏感性进行排序;二是计算临界点,确定敏感性因素的允许变化范围;三是编制敏感度系数和临界点分析表,绘制敏感性分析图。

1)计算敏感度系数

敏感度系数是指项目经济评价指标变化的百分率与不确定性因素变化的百分率之比。敏感度系数大,表示项目效益对该不确定性因素的敏感程度高。其计算公式为

$$S_{AF} = \frac{\Delta A / A}{\Delta F / F} \tag{6-12}$$

式中,S_{AF} 表示经济评价指标对于不确定性因素的敏感度系数;F 表示不确定性因素的初始值;$\Delta F/F$ 表示不确定性因素的变化率;$\Delta A/A$ 表示不确定性因素发生 ΔF 的变化时,经济评价指标的相应变化率。

$S_{AF}>0$,表示经济评价指标与不确定性因素同方向变化;$S_{AF}<0$,表示经济评价指标与不确定性因素反方向变化。$|S_{AF}|$ 越大,表明经济评价指标对于不确定性因素越敏感。

2)计算临界点

临界点(switch value)是指项目允许不确定性因素向不利方向变化的极限值。超出极限值,项目的效益指标将变得不可行。例如,当项目建设投资上升到某值时,内部收益率刚好等于基准收益率,此点即为建设投资的临界点。临界点可用百分数或者临界值表示,表明某一变量的变化达到一定的百分比或者一定数值时,项目的经济评价指标结果将使得项目从可行转变为不可行。

3)编制敏感度系数和临界点分析表,绘制敏感性分析图

敏感性分析图是将敏感性因素的数值变化率作为横坐标,以经济评价指标值(如内部收益率)作为纵坐标,绘制经济评价指标值随敏感性因素变动而变动的图形。经济评价指标随某因素变动的曲线越陡峭,表明其对该因素的敏感性越强;其变动方向与敏感性因素变动方向是否相同则表明其与该因素是正相关还是负相关;将曲线延长与判别标准底线相交,其交点就是各敏感性因素变动的临界点,表明敏感性因素变动的允许极限。

5. 方案选择或制定应对措施

如果进行敏感性分析的目的是对不同的投资项目或某一项目的不同方案进行选择,一般应选择敏感程度低、承受风险能力强、可靠性高的项目或方案。当然,也可以分析敏感

性因素变动的原因,针对性地制定风险应对措施,降低敏感性因素变动对经济效果的影响程度,减小拟建项目风险。

例 6-4 某投资方案的初始投资为 1000 万元,当年投产并获利,寿命期为 10 年,年营业收入为 500 万元,年经营成本为 220 万元,固定资产残值率为 20%,基准收益率为 12%。试对其进行敏感性分析。

解:选择内部收益率作为敏感性分析指标。确定年营业收入、年经营成本、初始投资为不确定性因素,其可能变动范围均为初始值的±20%。

$$-1000+(500-220)\times(P/A,\text{IRR},10)+1000\times20\%(1+\text{IRR})^{-10}=0$$

解得 IRR = 25.7%,IRR > i_c = 12%,该项目具有可行性。

假设其他因素不变动,如果年营业收入增加 5%,则

$$-1000+[500(1+5\%)-220]\times(P/A,\text{IRR},10)+1000\times20\%(1+\text{IRR})^{-10}=0$$

解得 IRR = 28.5%。

以此类推,计算年营业收入、年经营成本、初始投资分别发生±5%至±20%变动时的内部收益率,具体如表 6-2、图 6-5 所示。

表 6-2 敏感性计算结果

项目	变化率								
	-20%	-15%	-10%	-5%	0	5%	10%	15%	20%
初始投资	33.4%	31.2%	29.2%	27.3%	25.7%	24.2%	22.8%	21.5%	20.3%
年营业收入	13.8%	16.9%	19.9%	22.8%	25.7%	28.5%	31.2%	34.0%	36.6%
年经营成本	30.6%	29.4%	28.1%	26.9%	25.7%	24.4%	23.2%	21.9%	20.6%

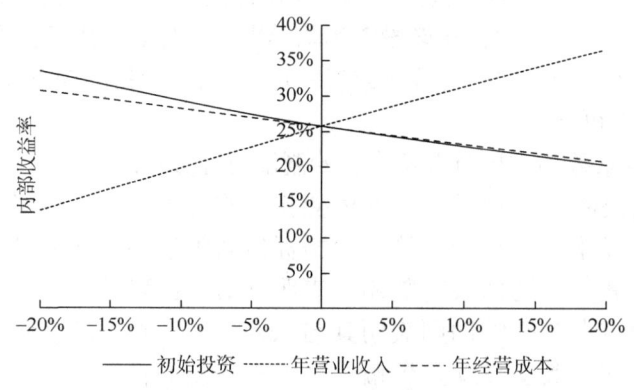

图 6-5 敏感性计算示意图

依据表 6-2 所示的数据,首先计算年营业收入增加 20%时的敏感度系数,如下式所示:

$$S_{AF}=\frac{(36.6\%-25.7\%)/25.7\%}{20\%}=2.12$$

同理，分别计算年营业收入、初始投资、年经营成本在±20%可能变动范围内的敏感度系数，结果如表 6-3 所示。从表 6-3 看出，$\left|S_{AF年营业收入}\right|>\left|S_{AF初始投资}\right|>\left|S_{AF年经营成本}\right|$，说明投资方案对年营业收入变动敏感性最强，对初始投资变动次之，对年经营成本变动敏感性最弱。$S_{AF年营业收入}>0$，说明内部收益率与年营业收入同向变动，内部收益率随年营业收入的增加而增大。$S_{AF初始投资}<0$、$S_{AF年经营成本}<0$，说明内部收益率与初始投资、年经营成本反向变动，内部收益率随初始投资、经营成本的增大而降低。

表 6-3 敏感度系数和临界点分析表

项目	可能变化率	IRR	敏感度系数	临界点	临界值/万元
基本方案	0	25.7%	—	—	—
年营业收入	20%	36.6%	2.12	—	—
	−20%	13.8%	2.32	−23%	385
初始投资	20%	20.3%	−1.05	69%	1690
	−20%	33.4%	−1.50		
年经营成本	20%	20.6%	−0.99	52%	334.4
	−20%	30.6%	−0.95		

当项目处于可行与不可行的临界状态时，内部收益率等于基准收益率，设年营业收入的临界点为 X，即

$$-1000+[500(1+X)-220]\times(P/A,12\%,10)+1000\times 20\%(1+12\%)^{-10}=0$$

解得 $X=-23\%$。此时，年营业收入临界值 = 500×(1−23%) = 385 万元。

同理可以计算初始投资的临界点为 69%，临界值为 1690 万元，年经营成本的临界点为 52%，临界点为 334.4 万元。

以初始投资为例，假设其变动的原因是预期建设物资价格将大幅度上涨，导致建设投资的大幅度增加。针对上述风险和原因，建设单位可以提前按照当前的较低价格订购所需的建设物资，规避通货膨胀风险。同理，可以分析年经营成本、年营业收入的变动原因，分别制定风险应对措施。

6.3.3 多因素敏感性分析

多因素敏感性分析是分析两个或两个以上相对独立的因素同时变动对拟建项目经济评价指标的影响程度。多因素敏感性分析常常分析两个因素同时变动对拟建项目经济评价指标的影响，称为两因素敏感性分析。

例 6-5 某气田开发项目初始投资为 10 000 万元，当年投产并获利，年营业收入为 5000 万元，年经营成本为 2200 万元，寿命期为 5 年，固定资产残值回收为 2000 万元。财务基准收益率为 8%。如果可变因素为初始投资和年营业收入，分析二者同时变动对该项目财务净现值的影响程度。

解：令 x 及 y 分别代表初始投资及年营业收入的变动百分率，则

$$\text{NPV} = -1000(1+x) + [5000(1+y) - 2200] \times (P/A, 8\%, 5) + 2000 \times (1+8\%)^{-5}$$

若该投资方案可行，则 NPV≥0，化简得 $y \geq 0.5008x - 0.1273$。

这是一个直线方程，将其在坐标图上表示出来（图 6-6）即为 NPV≥0 的临界线。在临界线上，NPV = 0，在临界线左上方的区域 NPV>0，在临界线右下方的区域 NPV<0。

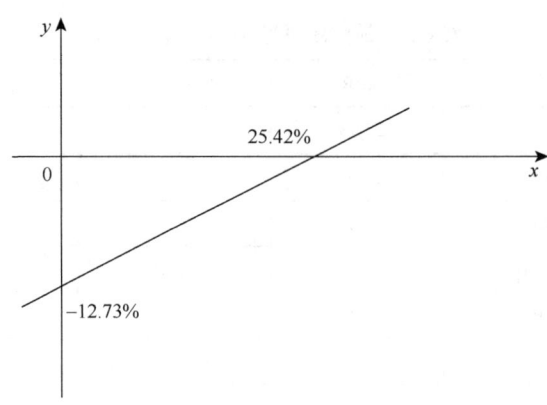

图 6-6　两因素敏感性分析图

分析三个因素同时变动对拟建项目经济评价指标的影响，称为三因素敏感性分析。此时需要列出三维的数字表达式，在图上说明时，则需用降维的方法处理。

例 6-6　在例 6-5 中，若项目的寿命期也是不确定性因素，试进行初始投资、年营业收入和项目寿命期三个因素同时变化的敏感性分析。

由于很难处理三维以上敏感性的表达式，我们进行降维处理，按不同寿命期 $n = 2, 3, 4, 5, 6$ 年，研究三个因素同时发生变化时净现值的相应变化。令 NPV(n) 代表寿命期为 n 的净现值，则方案必须满足下列不等式才可行。

$$\text{NPV}(n) = -1000(1+x) + [5000(1+y) - 2200] \times (P/A, 8\%, n) + 2000 \times (1+8\%)^{-n} \geq 0$$

若 NPV(2)≥0，化简得 $y \geq 0.369 + 1.12x$。
若 NPV(3)≥0，化简得 $y \geq 0.092\,848 + 0.776x$。
若 NPV(4)≥0，化简得 $y \geq -0.044\,928 + 0.603\,84x$。
若 NPV(5)≥0，化简得 $y \geq -0.127\,26 + 0.500\,92x$。
若 NPV(6)≥0，化简得 $y \geq -0.181\,88 + 0.4326x$。

将各不等式在二维坐标图上表示，可绘出一组损益平衡线（图 6-7）。每条线代表一个方案寿命，线的上方为 NPV>0；线的下方为 NPV<0。只要 $n \geq 4$，方案就具有一定的抗风险能力，但是 $n = 4$ 时，初始投资及年营业收入发生估计误差的允许范围就很小了。例如，当初始投资增加 10% 时，年营业收入至少要增加 1.55% 才能使净现值大于零。

多因素敏感性分析要考虑可能发生的多种因素不同变动幅度所形成的多种组合，计算起来比单因素敏感性分析复杂。当分析的不确定性因素不超过三个，且指标计算比较简单

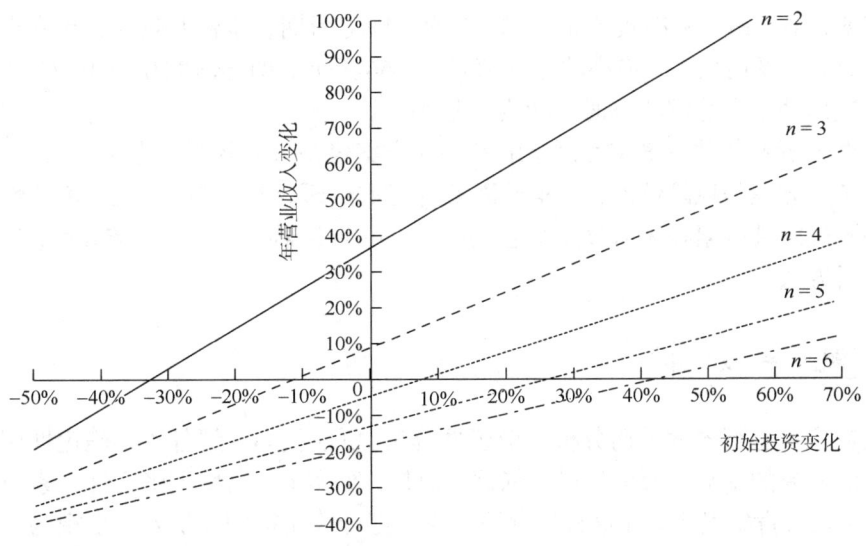

图 6-7 净现值敏感性分析图（多因素）

时，可以采用三项预测值敏感性分析，即对技术方案的各个参数分别给出三个预测值（估计值），包括最悲观的预测值 P、最可能的预测值 M、最乐观的预测值 O，据此对技术方案进行敏感性分析。

例 6-7 某新能源公司准备购置一台新设备，总投资、寿命期等数据如表 6-4 所示，试就寿命期、年支出和年营业收入按最乐观、最可能和最悲观三种情况进行净现值敏感性分析，$i_c = 8\%$。

表 6-4 某新能源公司的有关数据

因素变化	总投资/万元	寿命期/年	年营业收入/万元	年支出/万元
最乐观（O）	15	18	11	2.0
最可能（M）	15	10	7	4.3
最悲观（P）	15	8	5	5.7

解：计算过程如表 6-5 所示。

表 6-5 计算过程 单位：万元

年营业收入因素变化	年支出因素变化								
	O			M			P		
	寿命期因素变化								
	O	M	P	O	M	P	O	M	P
O	69.35	45.39	36.72	47.79	29.89	23.50	34.67	20.56	15.46
M	31.86	18.55	13.74	10.30	3.12	0.52	−2.82	−6.28	−7.53
P	13.12	5.13	2.24	8.44	−10.30	−10.98	−21.56	−19.70	−19.00

在表 6-5 中，最大的净现值是 69.35 万元，即寿命期、年营业收入、年支出均处于最乐观状态时，净现值最大；最小的净现值是 –21.56 万元，即寿命期在最乐观状态，年营业收入和年支出处于最悲观状态时，净现值最小。

敏感性分析就各种不确定性因素的变动对方案经济效果的影响做了定量刻画，这有助于决策者了解方案的风险情况，就重要因素进行重点研究与控制，但是，敏感性分析并未考虑各种不确定性因素在未来发生变化的概率，可能会影响其结论的准确性，这需要借助于概率分析方法。

6.4 概率分析

对投资项目进行盈亏平衡分析和敏感性分析，可使我们了解各种不确定性因素的变化对项目经济效果的影响，为决策提供依据，但是，事实上，这些不确定性因素只是有发生的可能，而未必肯定发生。在这种情况下，我们把计算所得的经济效果也视为不确定性因素，通过概率分析的方法加以研究。

概率分析是指使用概率来研究预测各种不确定性因素变化对项目经济效果影响的一种定量分析方法。通过概率分析，可以找出经济效果指标的概率分布情况，用以判断项目风险。在进行概率分析时，把各种不确定性因素视为随机变量，而经济效果是随机变量共同作用的结果，因而经济效果也是随机变量。概率分析的关键是确定随机变量的分布函数，进而寻求经济效果随机变量的取值范围以及取这些值的概率，从而得到对项目经济效果的全面认识。实际中很难准确给出各个随机变量的分布函数，只需知道其主要特征参数，如数学期望值及方差等，就可以进行概率分析。工程项目经济评价中，常用的概率分析方法包括简单概率分析法、决策树法、蒙特卡洛模拟法等。

6.4.1 简单概率分析法

简单概率分析法是根据经验设定各种情况发生的可能性（即概率），继而求出项目的经济效果指标值的期望值及方差或标准差。期望值、方差、标准差是描述随机变量的主要参数，是进行概率分析最基本的指标。

1. 期望值

期望值就是随机变量取值的平均值，也是最可能的取值。期望值表明在各种风险条件下期望可能得到的经济效果，计算公式为

$$E(X) = \sum_{i=1}^{n} P_i X_i \tag{6-13}$$

式中，$E(X)$ 表示随机变量 X 的数学期望，在经济评价中，X 为各种经济效果指标；X_i 表示随机变量 X 的各种可能取值；P_i 表示出现 X_i 的概率值，且满足 $\sum_{i=1}^{n} P_i = 1$。

2. 方差、标准差

方差或方差的均方根（即标准差）表示随机变量的离散程度，反映经济效果各种可能值与期望值之间的差距。差距越大，说明随机变量的变化范围越大，风险越大；差距越小，说明经济效果的各种可能值越接近于期望值，风险越小。

方差的计算公式如下：

$$D(X) = \sum_{i=1}^{n} P_i (X_i - E(X))^2 \tag{6-14}$$

标准差的计算公式为

$$\sigma(X) = \sqrt{D(X)} = \sqrt{\sum_{i=1}^{n} P_i (X_i - E(X))^2} \tag{6-15}$$

例 6-8 对于某投资项目，预计其净收益及相应的概率如表 6-6 所示，试求该项目净收益的期望值、方差和标准差。

表 6-6 某投资项目的净收益及其概率

净收益/万元	-20	100	200	250
概率	0.1	0.2	0.4	0.3

解：用随机变量 X 表示该项目净收益这一经济效果指标，期望值为

$$E(X) = 0.1 \times (-20) + 0.2 \times 100 + 0.4 \times 200 + 0.3 \times 250 = 173（万元）$$

项目净收益的方差：

$$D(X) = 0.1 \times (-20-173)^2 + 0.2 \times (100-173)^2 + 0.4 \times (200-173)^2 + 0.3 \times (250-173)^2 = 6861（万元）$$

项目净收益的标准差：

$$\sigma(X) = \sqrt{6861} = 82.83（万元）$$

这说明该投资项目最大可能的净收益值是 173 万元，但可能有 82.83 万元的偏差。

一般来说，简单概率分析可以只计算投资项目净收益的期望值以及净收益大于或等于零的累计概率。累计概率值越大，说明项目承担的风险越小；反之，项目承担的风险越大。

例 6-9 假定某公司要从四个互斥型方案中选择一个，各方案各种可能的净现值及其概率如表 6-7 所示。

表 6-7 各方案的净现值及其概率

方案	净现值					期望值	标准差
	-30	+50	+90	+120	+150		
A	0.15	0.25	0.25	0.2	0.15	77	37.33
B	0.1	0.2	0.35	0.25	0.1	83.5	31.85
C	0	0.35	0.4	0.2	0.05	85	29.92
D	0.05	0.35	0.2	0.2	0.2	88	38.47

解：各方案净现值的期望值及标准差的计算结果见表 6-7。从表 6-7 中看出：如果仅按净现值的期望值来判断，后三个方案的差别不大，方案 D 较好；如果从净现值的标准差来判断，则方案 C 较好。如果从方案的净现值大于或等于零的累计概率来看，有

$$P(NPV_A \geqslant 0) = 0.85$$

$$P(NPV_B \geqslant 0) = 0.9$$

$$P(NPV_C \geqslant 0) = 1.0$$

$$P(NPV_D \geqslant 0) = 0.95$$

方案 C 较好。可见，如果以净现值的期望值、标准差及净现值大于或等于零的累计概率综合判断方案的优劣，方案 C 可能更优。当然，如果单纯从期望值来看，方案 D 优于方案 C。

对同一方案而言，风险的大小同标准差呈正比关系，但标准差只是一个绝对值，如果要比较不同方案的风险大小，还需要采用离差系数这个相对指标。

3. 离差系数

离差系数的计算公式为

$$v = \frac{\sigma(X)}{E(X)} \qquad (6\text{-}16)$$

离差系数作为衡量风险程度的指标，可以定量比较不同方案的风险大小。离差系数越小，风险越小；反之，风险越大。

计算例 6-9 中 A 方案的离差系数为

$$v = \frac{\sigma(X)}{E(X)} = \frac{37.33}{77} = 0.485$$

同理计算 B、C、D 三个方案的离差系数分别为 0.381、0.352、0.437。可见，方案 C 的离差系数最小，意味着其风险相对最小。

6.4.2 决策树法

决策树法是一种在不确定情况下，利用各方案的损益期望值或折现期望值进行决策的方法。由于这种决策方法的思路如树枝形状，所以称为决策树。在进行多级决策时，决策树法有明显的优越性。决策树模型如图 6-8 所示。

图 6-8 中符号意义如下：□表示决策点，由决策点上引出的每一分枝称为方案分枝；○表示状态点，由状态点上引出的每一分枝称为状态分枝或概率分枝，表示每种可能发生的状态，在图中标明各状态发生的概率；△表示叶结点，为各种状态的损益值或净现值。

在各状态点应根据每种状态发生的概率及其相应的损益值或净现值，计算出各状态点

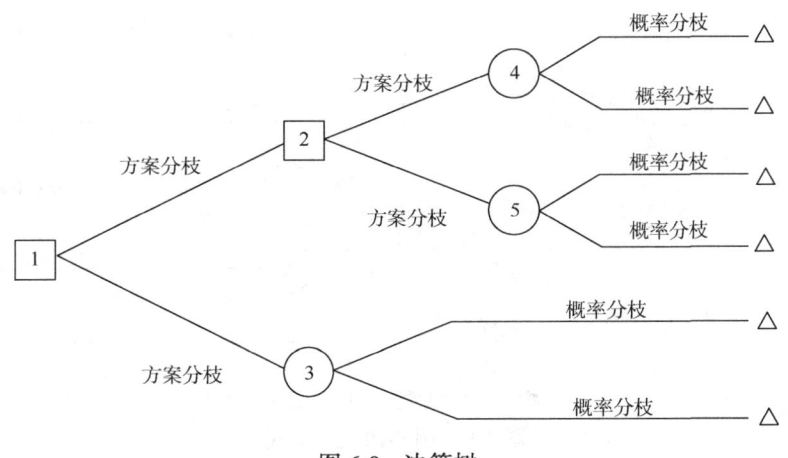

图 6-8 决策树

的损益期望值或折现期望值。在决策点则根据各状态点的损益期望值或折现期望值取舍方案。在计算每一状态点的期望值时，按照所给条件计算损益期望值或折现期望值，前者不考虑资金的时间价值，后者考虑资金的时间价值。

决策树法不仅适用于解决单级决策问题，而且特别适用于多阶段即多个决策点的决策问题。在进行多阶段决策时，从最末一级决策点开始计算分析，逐步缩减决策树，直至第一级决策点。决策树法的一般步骤如下：①依据决策问题的要求，画出决策树形图；②预测各种自然状态发生的概率；③估计各方案在不同自然状态下实现的损益值；④计算各方案的综合损益期望值，填到状态点上方；⑤比较各方案的综合损益期望值，选择最优方案，对落选的方案进行剪枝，将中选方案的综合损益期望值填到决策点的上方即为本次决策的最佳结果；⑥如果是多阶段决策，应先从决策树的末端开始，由右到左，逐级按上述步骤进行期望值的计算和方案的优选，直到确定出最高一级决策的最优方案为止。

例 6-10 某生产锂电池的绿色能源企业为满足市场需求，拟扩大生产能力，提出了三个可行方案。

A.新建大厂，投资 9000 万元，据估计，销路好时每年获利 3500 万元，销路差时亏损 1000 万元，经营限期 10 年。

B.新建小厂，投资 3500 万元，销路好时每年可获利 1100 万元，销路差时仍可以获利 300 万元，经营限期 10 年。

C.先建小厂，三年后销路好时再扩建，追加投资 5500 万元，经营限期 7 年，每年可获利 4000 万元。

根据市场销售形势进行预测，10 年内产品销路好的概率为 0.7，销路差的概率为 0.3。按上述情况用静态方法进行决策树分析，选择最优方案。

解：根据已知条件绘制决策树，如图 6-9 所示。

先对决策点 4 进行决策：状态点 5 为 4000×7−5500 = 22 500 万元，状态点 6 为 1100×7 = 7700 万元。因为 22 500＞7700，所以应选状态点 5，即三年后扩建的方案，将状态点 6 对应的不扩建一枝剪去。

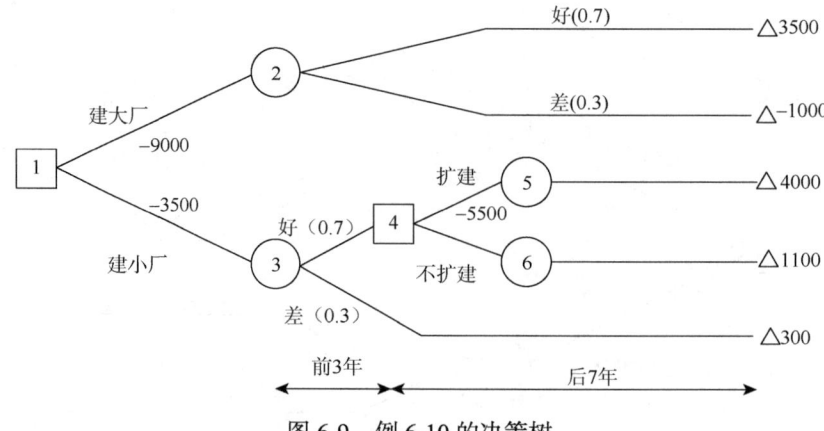

图 6-9 例 6-10 的决策树

由右向左对决策点 1 进行决策：状态点 2 为 $(3500\times0.7-1000\times0.3)\times10-9000=12\,500$ 万元；状态点 3 为 $(1100\times3+22\,500)\times0.7+300\times10\times0.3-3500=15\,460$ 万元。因为 $15\,460>12\,500$，所以应选状态点 3，即先建小厂，将状态点 2 对应的建大厂一枝剪去。

最终决策结果是应该选择建小厂，三年后销路好的话应进行扩建。

对于该例，若考虑资金的时间价值，如取基准收益率为 12%，那又如何进行选择呢？

建大厂（状态点 2）对应的 10 年的损益现值的期望值为

$$E(\text{NPV}_2)=(3500\times0.7-1000\times0.3)(P/A,12\%,10)-9000=3147.98\ （万元）$$

对于建小厂（状态点 3），应在第三年末进行一次选择。

状态点 5 在第三年末损益现值的期望值为

$$E(\text{NPV}_5)=4000(P/A,12\%,7)-5500=12\,755.03\ （万元）$$

状态点 6 在第三年末损益现值的期望值为

$$E(\text{NPV}_6)=1100(P/A,12\%,7)=5020.13\ （万元）$$

由于 $E(\text{NPV}_5)>E(\text{NPV}_6)$，故应选择状态点 5 对应的扩建方案，舍弃不扩建方案。

现在来计算状态点 3 的期望值：

$$E(\text{NPV}_3)=[12\,755.03\times(1+12\%)^{-3}+1100(P/A,12\%,3)]\times0.7\\+300(P/A,12\%,10)\times0.3-8000=1899.62（万元）$$

因为 $3147.98>1899.62$，所以建大厂方案要优于建小厂方案，这与不考虑资金时间价值的静态方法所得的结论是不同的。

6.4.3 蒙特卡洛模拟法

在风险测度中，简单概率分析法、决策树法多用于解决比较简单的问题，如只有一个或两个参数是随机变量，且随机变量的概率分布是离散型的。当随机变量较多且概率分布是连续型时，可以采用蒙特卡洛模拟法。

蒙特卡洛模拟（Monte Carlo simulation）又称随机模拟（random simulation），是利

用计算机对实际可能发生的情况进行模拟和仿真,研究项目风险的一种近似的数学求解方法。其实质是按照各不确定性因素——随机变量的概率分布来产生随机数,以模拟可能出现的随机现象。当然,每次模拟只能描述被模拟系统可能出现的一次情况,然而,经过多次模拟,则可以得到很有参考价值的结果,这种方法可用于研究和处理有限多个随机变量的综合结果。

蒙特卡洛模拟的基本原理是:设随机变量函数 $Y = g(X_1, X_2, X_3, \cdots, X_n)$,其中,$X_1, X_2, X_3, \cdots, X_n$ 是 n 个 (n 是有限值) 相互独立的随机变量,并且各自具有一定的概率分布。对各自变量按其概率分布进行 N 次随机抽样,并且对每一次抽样结果都按关系式 $Y = g(X_1, X_2, X_3, \cdots, X_n)$ 进行一次运算处理。抽样运算 N 次,当 $N \to \infty$ 时,这 N 次运算的结果则构成了 Y 的概率分布,由此通过实际运算而不是理论推导实现了对因变量 Y 的求解。蒙特卡洛模拟法的操作步骤如图 6-10 所示。

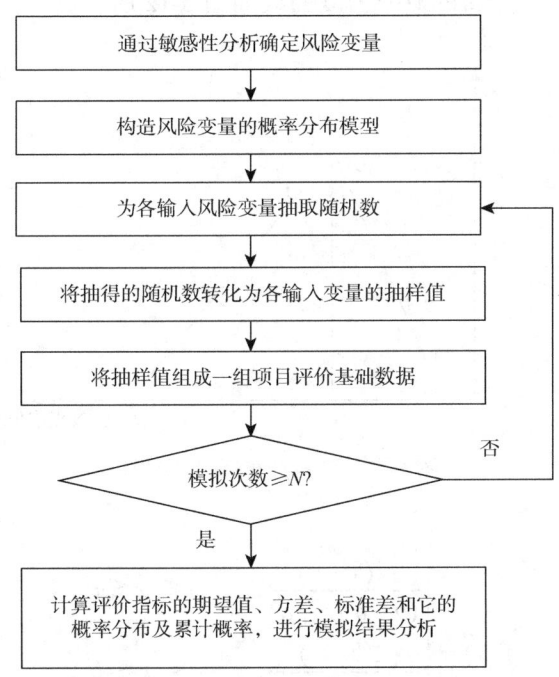

图 6-10　蒙特卡洛模拟法流程图

风险变量的概率分布可以是离散型分布,也可以是连续型分布。连续型分布中常见的有正态分布、三角分布、均匀分布等。下面介绍不同概率分布的概率密度函数、累计概率分布函数以及随机值的计算公式。

(1) 正态分布。正态分布的概率密度曲线如图 6-11 所示。

概率密度函数为

$$f(x) = \frac{1}{\sqrt{2\pi}\sigma} e^{-\frac{(x-\mu)^2}{2\sigma^2}} \quad (-\infty < x < \infty) \tag{6-17}$$

式中,σ 表示均方差;μ 表示期望值。

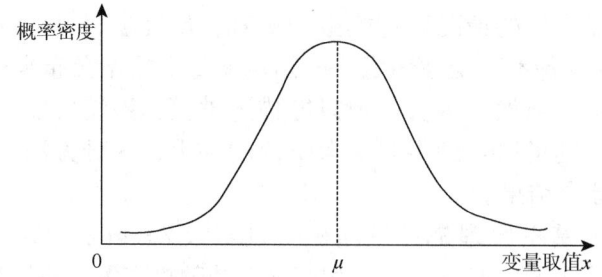

图 6-11 正态分布概率密度图

累计概率分布函数为

$$F(x) = \int_{-\infty}^{\frac{x-\mu}{\sigma}} \frac{1}{\sqrt{2\pi}\sigma} e^{-\frac{t^2}{2}} dt \qquad (6-18)$$

（2）三角分布。三角分布的概率密度曲线如图 6-12 所示。

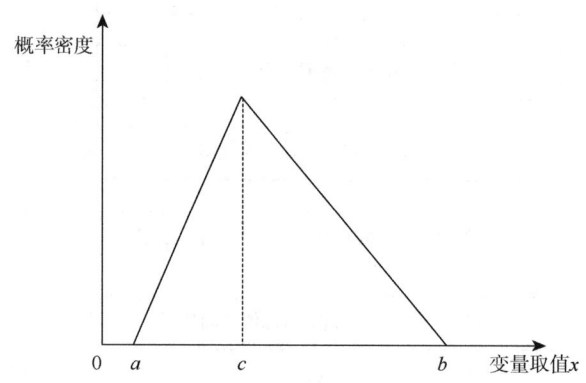

图 6-12 三角分布概率密度图

概率密度函数为

$$f(x) = \begin{cases} \dfrac{2(x-a)}{(b-a)(c-a)}, & a \leqslant x \leqslant c \\ \dfrac{2(b-x)}{(b-a)(b-c)}, & c < x \leqslant b \\ 0, & x < a \text{ 或 } x > b \end{cases} \qquad (6-19)$$

累计概率分布函数为

$$F(x) = \begin{cases} \dfrac{(x-a)^2}{(b-a)(c-a)}, & a \leqslant x \leqslant c \\ \dfrac{(b-x)^2}{(b-a)(b-c)}, & c < x \leqslant b \\ 0, & x < a \\ 1, & x > b \end{cases} \qquad (6-20)$$

随机值的计算公式为

$$v = \begin{cases} a + \sqrt{(b-a)(c-a)r}, & 0 \leqslant r \leqslant \dfrac{c-a}{b-a} \\ b - \sqrt{(b-a)(b-c)(1-r)}, & \dfrac{c-a}{b-a} < r \leqslant 1 \end{cases} \quad (6-21)$$

式中，r 表示（0，1）区间上的随机数。

（3）均匀分布。均匀分布概率密度曲线如图6-13所示。

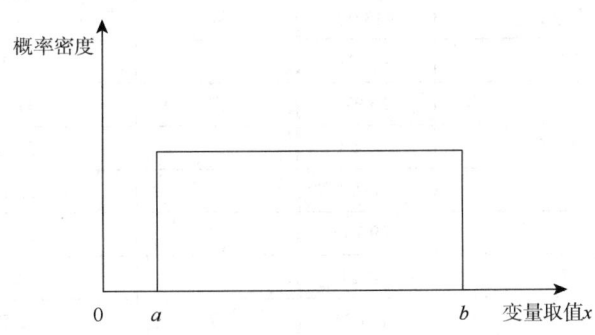

图 6-13 均匀分布概率密度图

概率密度函数为

$$f(x) = \begin{cases} \dfrac{1}{b-a}, & a \leqslant x \leqslant b \\ 0, & x < a, x > b \end{cases} \quad (6-22)$$

累计概率分布函数为

$$F(x) = \begin{cases} 0, & x < a \\ \dfrac{x-a}{b-a}, & a \leqslant x \leqslant b \\ 1, & x > b \end{cases} \quad (6-23)$$

随机值的计算公式为

$$v = a + (b-a)r \quad (6-24)$$

例 6-11 某建设工程的初始投资为 200 万元，项目年净收益呈现正态分布，期望值为 30 万元，标准差为 10 万元，贴现率为 10%。期末残值为 0，项目周期为 10 年，利用蒙特卡洛模拟法描述其净现值概率分布，进行风险分析。

解：目标变量为净现值，影响目标变量的风险变量为年净收益。目标变量与风险变量的模型为

$$\text{NPV} = \sum_{t=1}^{10} \text{NCF}_t (1+10\%)^{-t} - 200$$

应用 Excel 中正态分布反函数 NORMINV(rand( ), 40, 10)产生随机变量值，若随机值为 18.78 万元，得到净现值的随机结果值为−84.61 万元。设重复 50 次上述过程，得到 50 个风险变量的随机值和相应的净现值的随机结果值，见表 6-8。

表 6-8 风险变量随机值及目标变量的计算结果　　　　　　单位：万元

模拟序号	年净收益随机值	净现值	模拟序号	年净收益随机值	净现值
1	20.99	−71.03	26	12.13	−125.49
2	39.75	44.27	27	20.56	−73.66
3	35.10	15.66	28	19.01	−83.16
4	21.22	−69.59	29	23.82	−53.66
5	30.43	−13.02	30	23.45	−55.90
6	27.53	−30.87	31	26.55	−36.85
7	41.33	53.97	32	31.50	−6.46
8	20.89	−71.64	33	39.86	44.89
9	27.63	−30.24	34	26.14	−39.36
10	48.78	99.76	35	22.92	−59.20
11	18.19	−88.21	36	22.81	−59.87
12	9.03	−144.53	37	32.57	0.11
13	40.98	51.81	38	35.78	19.87
14	9.29	−142.90	39	28.92	−22.31
15	30.67	−11.53	40	43.06	64.57
16	4.21	−174.15	41	31.50	−6.46
17	34.88	14.34	42	29.21	−20.55
18	29.81	−16.84	43	16.76	−97.00
19	29.17	−20.77	44	28.02	−27.86
20	9.96	−138.81	45	16.78	−96.88
21	34.35	11.04	46	48.66	98.97
22	14.64	−110.03	47	25.78	−41.57
23	20.99	−71.01	48	36.68	25.38
24	41.71	56.32	49	0.53	−196.75
25	35.90	20.56	50	23.59	−55.07

统计 NPV≥0 的可行方案个数，共有 15 个，则 NPV≥0 的概率为 15/50 = 30%，有一定的风险。

6.5 实物期权分析

传统的经济评价方法在短期、较低不确定性情形下具有易于理解、计算简便的优势，在实际应用中非常广泛。随着经济、科技的快速发展，资本投资面临的风险与不确定性大大增加，传统的经济评价工具已经难以完全满足人们的需要。例如，应用净现值法考虑的仅是资金的时间价值问题，而像研发投资这种能为企业带来新产品或新技术项目的资本投资，用净现值法评估可能会低估其价值；净现值法将投资项目看成静态或一次性的，而随着市场因素条件的变化，当某些不确定性因素成为确定性因素时，决策者可能会做出推迟生产经营、扩大或缩小生产经营规模等决策，但净现值法无法反映这些因素。决策树法虽然可以帮助决策者做出阶段性投资决策，但是决策树形图中的每个节点都需要设置主观概率，且每个节点都需要设置不同的折现率，概率和折现率选取的困难和错误会随着时间而累加。面对高确定性与多阶段性决策的投资项目，实物期权分析十分必要。

6.5.1 期权概述

1. 期权的概念

期权是一种选择权，是一种能在未来某给定日期或该日期之前的任何时间以特定价格买入或卖出一定数量的特定标的资产的权利。例如，17世纪荷兰发生的郁金香炒作事件就是一种典型的期权行为：由于郁金香价格的盘旋上涨，许多批发商为了减少风险，保证利润，它们在一定时期内按照一个预定的价格，从种植者那里购买郁金香。

17世纪80年代，荷兰阿姆斯特丹证券交易所出现了最早的期权市场。18世纪，伦敦期权市场也有所发展。20世纪40年代后期，股票期权开始发展。1973年美国建立了芝加哥期权交易所，期权合约实现了标准化，标志着现代金融期权的诞生。

期权涉及买方、卖方、权利金、标的资产、执行价格、到期日等概念。期权的买方即支付权利金、获得权利的一方，也称为期权的多头方。卖方即出售权利、获得权利金的一方，也称为期权的空头方。权利金是买方为获取权利而向卖方支付的费用，它是期权合约中的唯一变量，相当于期权合约的价格，其大小取决于期权合约的性质、到期日及执行价格等因素。标的资产也称标的物，是指契约双方约定的实物商品（如小麦、铜、原油等）或金融资产（如股票、证券等）。执行价格即契约双方事先确定的标的资产或期货合约的交易价格。到期日也称为"履行日"，在这一天，预先做了声明的期权合约必须履行交货。

例如，某期权的买方有权利在2020年12月15日以500元的价格购进100股A股票，购买这一权利需要支付80元。那么其中的权利金（期权价格）为80元，执行价格为500元，到期日为2020年12月15日。

2. 期权的分类

根据履约时间与到期日的关系，有两种典型的期权，即欧式期权和美式期权。欧式期权仅允许权利人在到期日或特定日期行权，美式期权允许权利人在到期日前任意一天行权。

从期权买卖方的角度，期权包括买入期权和卖出期权。买入期权赋予它的持有者根据预定价格（执行价格）在所规定的到期日或之前购入标的资产的权利。因为买方购买时认为标的资产价值会上涨，买入期权往往是一种看涨期权。卖出期权则赋予它的持有者在所规定的到期日或之前出售标的资产而获得预定价格（执行价格）的权利。因为卖方出售时认为标的资产价值会下跌，卖出期权往往是一种看跌期权。

3. 买入期权的例子

例 6-12　2020 年 6 月 15 日，A 股票当前股价为 438 元，你买了 100 股 A 股票的看涨期权，执行价格为 500 元，到期日为 2020 年 12 月 15 日，权利金（为了购买一股股票的期权所支付的价格）为 48 元，假设该期权到期日的股价为 600 元，那么该看涨期权的净收益是多少？

解：初始投资（一手合约）为 $48 \times 100 = 4800$ 元。到期日，执行期权所产生的净收益是 $(600-500) \times 100 - 4800 = 5200$ 元。

看涨期权的净收益取决于到期日的估价，即标的资产的价值。由图 6-14 可知，到期日的股价高于 548 元时，买方将会获得大于 0 的净收益，可以选择以执行价格购入，否则在股价低于 548 元时，买方可以选择放弃执行期权，其收益为 0，而仅损失先期支付的权利金。

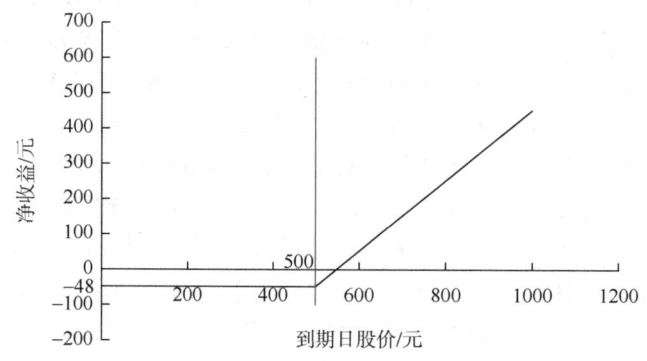

图 6-14　买入一股 A 股票看涨期权的收益

6.5.2　期权定价方法

我们可以准确地知道期权到期时的价值，但是这并非我们感兴趣的。我们更想知道的是"今天"的期权价格（权利金）是多少。首先我们介绍简单的两状态期权定价方法。

假设基于某种股票的买方期权，到期期限为 12 个月，执行价格 $E=120$ 元，标的股票当前市场价格 $S_0=100$ 元。假设 12 个月后其价格会上升到 $S^+=200$ 元或下降到 $S^-=40$ 元，概率分别是 q 和 $1-q$。假设无风险利率 $r=10\%$，采用如下资产组合复制该期权：以当前市场价格 S_0 购买 N 张标的股票，根据无风险利率借入 B 元，其余部分使用自有资金 NS_0-B。那么，一年后须偿还借款本息 $(1+r)B$，该资产组合一年后的价值将是：以概率 q 取得 $NS^+-(1+r)B$，以概率 $1-q$ 取得 $NS^--(1+r)B$，若资产组合在期末任一状态下都能提供与期权一样的收益，即以概率 q 取得 $C^+=\max(S^+-E,0)=80$，以概率 $1-q$ 取得 $C^-=\max(S^--E,0)=0$，有

$$NS^+-(1+r)B=C^+$$
$$NS^--(1+r)B=C^-$$

可以解得

$$N = (C^+ - C^-)/(S^+ - S^-) = (80-0)/(200-40) = 0.5$$
$$B = (NS - C^-)/(1 + r) = (0.5 \times 40 - 0)/(1 + 10\%) = 18.18（元）$$
$$C = NS_0 - B = 0.5 \times 100 - 18.18 = 31.82（元）$$

对于离散时间型的期权定价，除了上述两状态期权定价方法外，还可用二项式期权定价法，即对到期前的时间间隔进行细分，每一个细分时间段都假定是一个两状态过程。如果将细分间隔扩展至连续时间，那么就是布莱克–舒尔茨（Black-Scholes，B-S）期权模型。

1973 年，布莱克和舒尔茨提出的 B-S 期权模型为一种连续时间模型。其包含如下假设：①金融资产价格服从对数正态分布，金融资产收益率服从正态分布；②金融资产在期权有效期内不支付红利或其他收益；③市场无摩擦，即买卖金融资产或期权没有交易成本；④无风险利率 r 为常数且对所有到期日都相同；⑤金融资产的交易是连续的；⑥不存在无风险套利机会。

满足上述假设的期权价格是

$$C = S_0 N(d_1) - E e^{-rT} N(d_2) \tag{6-25}$$

式中，$d_1 = \dfrac{\ln(S_0/E) + (r + \sigma^2/2)T}{\sigma\sqrt{T}}$；$d_2 = d_1 - \sigma\sqrt{T}$；$C$ 表示期权价格或权利金；S_0 表示金融资产当前价格；E 表示期权执行价格；r 表示无风险利率；σ 表示金融资产价格波动率；T 表示距到期日的时间；$N(d)$ 表示标准正态分布随机变量小于等于 d 的概率。

由式（6-25）可以看出，标的资产的价值 S_0 越高，所付成本 E 越低，买方期权价格 C 越高。距到期日越远和波动性越大，股价变动的可能性也越大，买方期权价格就越高。这是由于期权存在着不对称性：拥有从更大的上涨机会获利的权利，同时把下跌损失限定在固定数额上（因为没有实施期权的义务）。

6.5.3 实物期权及其在经济评价中的应用

1. 实物期权的定义

1977 年 Stewart Myers（斯图尔特·迈尔斯）首先提出实物期权的定义：投资项目价值不仅来自项目直接带来的现金流，还来自未来成长机会，后者可以视为一种增长期权（对有价值的增长机会进一步投资的权利）。

实物期权是指在不确定性条件下，与金融期权类似的实物资产投资的选择权。就其本质而言，实物期权是以"期权"定义的企业投资选择权，即企业在面对未来的某个项目时，有权利而非义务去决定投资或者不投资。

持有实物投资机会的决策被认为具有投资的权利而不是义务，因此投资者也就拥有了与股票看涨期权类似的实物期权：一个投资机会可以被视为一项以该投资所产生的现金流量现值为标的资产的看涨期权；为获得该项资产所支付的投资费用就是执行价格；持有期就是做出投资决策的时间或者机会消失的时间。一个股票的看涨期权与资本投资实物期权的类比见表 6-9。实物期权到期日的价值依赖于资产的价值，并且会影响到是否行权的决策。

表 6-9 资本投资实物期权与股票看涨期权的类比

实物期权	股票看涨期权
预期未来现金流量的现值 V	目前股价 S_0
投资费用 I	执行价格 E
投资决策期或者机会失去期 D	到期期限 T
由现金流量波动造成项目价值的不确定性 u	股价波动率 σ

将投资的净现值纳入期权分析的框架,称为项目战略净现值,执行该项投资的权利价值也就是立即行权的收益。如果 $V>I$,那么收益就是 $V-I$;如果 $V<I$,收益为 0。决策者只有在有利可图的情况下才会执行该实物期权。所以,项目战略净现值通常要大于传统净现值,二者的区别在于,前者具有可以选择推迟投资的灵活性价值,因此实物期权溢价可以写成

实物期权溢价 = 项目战略净现值 – 传统净现值

下面通过一个简单的例子解释实物期权决策的思路。考虑一个项目需要 200 万元投资,未来三年的现金流量如表 6-10 所示。考虑市场风险的资本成本,风险调整折现率为 10%,无风险收益率为 6%。我们可以将该项目推迟一年,然后等待市场需求合适或者良好时再执行该项目吗?

表 6-10 项目未来三年的现金流量

需求状况	概率	年现金流量/万元
好	25%	250
一般	30%	100
差	45%	35

解:传统方法是根据净现值的期望值 $E(NPV)$,判断项目是否可接受:

$E(NPV) = (0.25 \times 250 + 0.3 \times 100 + 0.45 \times 35)(P/A, 10\%, 3) - 200 = 69.2 > 0$

因为该项目的净现值期望是正值,可以立即实施该项目。这种决策是有风险的,如果需求好,净现值是 421.72 万元;如果需求一般,净现值是 48.69 万元;如果需求差,净现值是 –112.96 万元。即使净现值的期望值是正值,仍然会担心未来需求出现较差的情形。

应用实物期权法,假设拥有一项可以将该投资决策推迟一年的期权,一年后可以获得更多关于需求的额外信息。如果需求不足,项目不会执行;如果等待,前期费用及后续的现金流量不会发生变化,只是推后一年。表 6-11 描述了三种情况。

表 6-11 推后一年的现金流量情况

| 需求状况 | 未来年度现金流量/万元 | | | | 净现值/万元 | 概率 |
	1	2	3	4		
好	–200	250	250	250	376.51	25%
一般	–200	100	100	100	37.4	30%
差	0	0	0	0	0	45%

这里假设推迟 2 亿元的初始投资不会产生任何成本，如果有成本产生，可以在初始投资中加上这笔费用。为了求出净现值，使用两种不同的折现率。因为项目的成本是确定的，所以采用 6% 的无风险收益率折现项目投资费用，以风险调整折现率折现项目的经营现金流量，有

$$\text{NPV}_{好} = -200(P/F, 6\%, 1) + 250(P/A, 10\%, 3)(P/F, 10\%, 1) = 376.51（万元）$$

$$\text{NPV}_{一般} = -200(P/F, 6\%, 1) + 100(P/A, 10\%, 3)(P/F, 10\%, 1) = 37.4（万元）$$

$$\text{NPV}_{差} = 0$$

净现值的期望值为

$$E(\text{NPV}) = 0.25 \times 376.51 + 0.3 \times 37.4 + 0.45 \times 0 = 105.35（万元）$$

该期望值即为项目战略净现值，将其与传统净现值进行比较，实物期权溢价 = 105.35 – 69.2 = 36.15 万元。这表明等待的期权价值为 36.15 万元。如果今天就执行该项目，可以得到 69.2 万元，但是会失去未来实施项目的价值 105.35 万元，从而损失 36.15 万元。因此，应该选择等待，并根据明年的情况决定是否实施该项目。

2. 实物期权的类型

根据实物期权的特点，可以将实物期权分为六种情形：推迟投资期权、扩张投资期权、收缩投资期权、放弃期权、转换期权和增长期权（表 6-12）。根据实际情况，有的投资项目也可同时包含几种实物期权。

表 6-12　实物期权的类型

实物期权种类	描述	例子
推迟投资期权	项目的持有者有权推迟对项目的投资，以解决现在时刻投资项目所面临的一些不确定性	投资者在投资一些不可回收的项目时，需要详细进行前期投资分析，因为一旦项目投入运行，再回收投资就会造成很大的损失，推迟投资期权在资源采掘业、农业、造纸业和房地产开发业特别有价值，因为这些行业具有较高的不确定性和较长的投资周期，并且这种类型的投资具有不可回收、投资大的特点
扩张投资期权	项目的持有者在未来的时间内增加项目的投资规模，即未来时间内，如果项目投资效果好，则投资者有权扩张投资项目的投资规模	如果投资者在投资某一项目后，市场条件变得比较好（产品价格上涨或成本降低等），则投资者通过扩张投资项目的规模，可以取得比开始预期较好的投资收益，如高新技术、研发投入、国外扩张、战略并购等情形
收缩投资期权	项目的持有者在未来的时间内减少项目的投资规模，即未来时间内，如果项目投资效果不好，则投资者有权收缩投资规模	如果投资者在投资某一项目后，市场条件变坏（产品价格降低或成本上升等），则投资者可以通过收缩投资项目的规模，降低投资的风险
放弃期权	如果项目的收益不足以弥补投入的成本或市场条件变坏，则投资者有权放弃对项目的继续投资	可以将投资者从研发某一产品到产品推向市场分成若干个投资阶段，如果市场条件变坏，则投资者有权放弃对项目的继续投资，以控制继续投资的可能损失，这种类型的期权大多存在于研发密集型产业（特别是制药业），这些项目具有高度不确定性、开发期长等特点
转换期权	在未来时间内，项目的持有者有权在多种决策之间进行转换，如根据投入产出需求或价格改变转换产品、经营范围或生产工艺	投资者在从事石油冶炼的项目设计时，可以设计能够使用多种能源（如电力、油气等）进行石油冶炼的设备，投资者可以根据这几种能源价格的变化情况，选择合适的能源，以降低成本

实物期权种类	描述	例子
增长期权	项目的投资者获得初始的投资成功后，在未来时间内，能够获得一些新的投资机会	投资于第一代高新技术产品类似于项目间的复合期权，尽管净现值为负值，但是在第一代产品开发过程中的基础设施、经验以及潜在的副产品，可能是开发低成本或高质量的下一代产品的基础，甚至是产生完全新的应用的基础，除非公司做出最初的投资，否则不可能获得接下来的产品或其他的投资机会，公司独有的基础设施和经验将使公司在激烈的市场上获得相对的竞争优势，增长期权存在于所有的基础设施投资项目、公司战略性的投资项目、跨国投资项目和战略性兼并的投资项目

3. 实物期权在经济评价中的应用举例

首先给出推迟投资期权的经济评价案例，说明 B-S 期权模型在实物期权中的应用。

例 6-13 一家公司正在考虑生产并销售一种新的数字电话。关于该项目有如下财务信息：当前投资费用估算为 5000 万元，未来五年的净现金流入估计是 1200 万元。由于新型数字电话的高度市场不确定性，现金流量的波动率估计为 50%。假设该投资决策有两年的"机会窗"。如果公司延迟投资决策，投资成本预计每年增长 10%。公司的风险调整折现率是 12%，无风险收益率是 6%。公司应该马上投资该项目吗？如果不是，推迟两年的投资是否有价值？

解：首先计算净现值：NPV = –5000 + 1200(P/A, 12%, 5) = –674 万元。可见，按照传统的净现值依据，不应该马上投资。从实物期权法的角度看，该投资可以被视为一种推迟投资期权，是一种看涨期权，如果项目的价值 V 从现在开始的两年后大于投资费用 I，那么该期权应该被执行，如果不是，到期放弃行权。因此，推迟投资期权 = max[$V_2 - I_2$, 0]，其中，V_2 是依赖于市场需求的随机变量。

假设可以用 B-S 期权模型来评估两年后实施项目的机会，等待的机会可以视为一个欧式看涨期权，其标的资产是项目未来现金流量的现值：V_0 = 1200(P/A, 12%, 5)(P/F, 12%, 2) = 3449 万元。从现在开始的两年后到期（T = 2），行权价为 E = 5000(1 + 10%)² = 6050 万元。因为 r = 6%，σ = 50%，根据 B-S 期权模型，有

$$d_1 = \frac{\ln(v_0/E) + (r + \sigma^2/2)T}{\sigma\sqrt{T}} = \frac{\ln(3449/6050) + (6\% + 0.5^2/2) \times 2}{0.5\sqrt{2}} = -0.2175$$

$$d_2 = d_1 - \sigma\sqrt{T} = -0.2175 - 0.5\sqrt{2} = -0.9786$$

查阅 Excel 中的 NORMSDIST 函数，得到 $N(d_1)$ = 0.3930，$N(d_2)$ = 0.1639，那么期权价值为

$$C = V_0 N(d_1) - E e^{-rT} N(d_2) = 476 （万元）$$

实物期权溢价即推迟投资期权价值为 476–(–674) = 1150 万元。选择等待可以为决策者提供 476 万元的战略净现值，而不是 674 万元的负净现值。一方面，如果该产品的市场转好，该公司可以在两年后投资该项目。另一方面，如果市场两年后不乐观，将会放弃该

投资。总的来说，可以支付 1150 万元来拥有该推迟投资期权。

当初始投资需要后续的投资来支持时便产生了增长期权。例如，一项处于扩张阶段的投资，一项基于互联网的技术投资，一项市场占有的投资。初始投资费用代表了看涨期权的成本。初始投资的决策为后续的投资机会提供了一个期权。例如，假设一个公司正在计划初期投资一个小规模项目。如果进展顺利，那么公司将会投资大规模项目。增长期权就是评估在进展顺利的情况下投资大规模项目的灵活性价值。项目初始投资费用可视为期权的成本。下面给出一个增长期权的例子。

例 6-14 一个公司计划在当地和所属区域两个市场开拓并销售其产品。初始投资于当地市场，并在后续的三年内产生现金流入。如果进展顺利，公司将会在区域市场投资和销售其产品，并预期在未来四年产生收益，现金流量的波动率估计为 40%。该项目增长期权的投资机会如表 6-13 所示。

表 6-13 项目投资与收益状况 单位：万元

指标	0	1	2	3	4	5	6	7
投资	−3000			−6000	1600	1800	2000	2000
收益		1000	1200	1400				

假设公司的风险调整折现率为 12%，无风险收益率为 6%，求增长期权的价值。

解： 每一阶段的净现值是

$$\text{NPV}_{\text{小, 第0年}} = -3000 + 1000(P/F, 12\%, 1) + 1200(P/F, 12\%, 2) + 1400(P/F, 12\%, 3) = -154 \text{（万元）}$$

$$\text{NPV}_{\text{大, 第3年}} = -6000 + 1600(P/F, 12\%, 1) + 1800(P/F, 12\%, 2) + 2000(P/F, 12\%, 3)$$
$$+ 2000(P/F, 12\%, 4) = -442 \text{（万元）}$$

该两阶段投资项目的总净现值是

$$\text{NPV}_{\text{总计, 第0年}} = -154 - 442(P/F, 12\%, 3) = -154 - 314 = -468 \text{（万元）} < 0$$

在投资小规模项目之后，公司没有义务必须投资大规模阶段，因此这是一种弃权。这种两阶段投资机会的价值可以分为两步来计算。

第一步，该扩张期权可以视为一个欧式看涨期权，根据 B-S 期权模型，有

$$V_{\text{大, 第0年}} = [1600(P/F, 12\%, 1) + 1800(P/F, 12\%, 2) + 2000(P/F, 12\%, 3)$$
$$+ 2000(P/F, 12\%, 4)](P/F, 12\%, 3) = 3956 \text{（万元）}$$

$$d_1 = \frac{\ln(S_0/E) + (r + \sigma^2/2)T}{\sigma\sqrt{T}} = \frac{\ln(3956/6000) + (6\% + 0.4^2/2) \times 3}{0.4\sqrt{3}} = 0.005$$

$$d_2 = d_1 - \sigma\sqrt{T} = 0.005 - 0.4\sqrt{3} = -0.6878$$

$$N(d_1) = 0.5020, \quad N(d_2) = 0.2458$$

期权价值为

$$C = V_0 N(d_1) - Ie^{rT} N(d_2) = 754 （万元）$$

第二步，两阶段投资机会的总价值是

实物期权权利金 = 754−(−468) = 1222 万元＞154 万元

因为基于这些组合投资机会的期权权利金超过 154 万元，所以该投资应该被执行。即使在当地的市场初始投资会产生损失，大规模投资的收益也会在随后弥补该损失。

6.6 案例分析

M 钢铁公司煤气发电项目方案的不确定性

M 钢铁公司有大量的富余煤气被排空放散，为了减少煤气浪费现象，进一步提高煤气利用效率，M 钢铁公司拟淘汰部分低效率煤气用户，新建高效煤气发电机组。拟建项目的内容包括：主厂房一座；烟囱一座；项目配套的循环冷却水系统及消防水系统等给排水设施；项目配套的化水系统、电气系统、热工检测与控制系统；项目配套的土建工程、能源介质管网、启备电源及电力上网等外线工程。该项目投产运营后经营收入主要是售电收入，按照当前动力电的售价，电厂的售电价为 0.5 元/千瓦时（不含税价），达产年售电收入为 30 240 万元。经计算，该项目生产经营期年均代征缴纳营业税金及附加税费 573.38 万元。项目年固定成本为 4784.23 万元，达产年可变成本为 3480.85 万元。敏感性分析结果见表 6-14。

表 6-14 敏感性分析表

项目		内部收益率	净现值（$i = 12\%$）/万元	投资回收期/年
基本方案		14.88%	55 195	7.86
投资变化	−10%	16.73%	84 163	7.35
	−5%	15.77%	69 679	7.60
	5%	14.05%	40 712	8.11
	10%	13.28%	26 228	8.37
经营成本	−10%	34.07%	466 239	4.69
	−5%	24.86%	260 717	5.70
	5%	3.43%	−150 326	15.76
	10%	0	−355 848	−40.01
销售价格	−10%	0	−389 496	−21.79
	−5%	2.29%	−167 150	17.54
	5%	25.55%	277 541	5.61
	10%	35.27%	499 887	4.61

问题：
1. 计算该项目的盈亏平衡点生产能力利用率，说明其经营安全情况。
2. 结合敏感性分析结果，阐明重要的敏感性因素，给出相应的风险控制思路。

■ 本章小结

本章主要阐述了不确定性的概念、不确定性分析的作用，重点阐述了盈亏平衡分析和敏感性分析这两种不确定性分析方法，以及风险分析中常用的简单概率分析法、决策树法和蒙特卡洛模拟法。此外，针对高确定性与多阶段性决策的投资项目，阐述了实物期权分析方法。通过本章学习，①要了解不确定性分析的含义及产生不确定性的原因，理解风险的含义及其与不确定性的关系；②掌握盈亏平衡分析法的过程及盈亏平衡点的表示方法；③理解敏感性分析的概念，掌握敏感度的表示方法和敏感性分析的方法步骤；④掌握概率分析常用的方法；⑤掌握实物期权分析方法在经济评价中的应用。

思考题

1. 什么是不确定性分析？其作用是什么？
2. 风险分析和不确定性分析有何区别和联系？
3. 什么是盈亏平衡分析？线性盈亏平衡分析的假设是什么？
4. 盈亏平衡点的表达形式有哪些？
5. 敏感性分析的目的是什么？敏感性分析要经过哪几个步骤？
6. 常用的概率分析的方法有哪些？
7. 概率分析中，期望值和离差系数有何不同？
8. 实物期权分析与传统的净现值分析有何区别？

练习题

1. 根据估算，某拟建设项目的产品单价为 1300 元。每月的生产成本是：固定成本为 145 万元，单位产品可变成本为 930 元。设计生产能力为月产 6000 单位，销售税率为 5%。试计算该项目以产量、营业收入、生产能力利用率和销售价格等表示的盈亏平衡点。

2. 加工某种产品有两种设备，若选用设备 A 需初始投资 20 万元，加工每件产品的费用为 8 元；若选用设备 B 需初始投资 30 万元，加工每件产品的费用为 6 元。假定设备残值均为零，试回答下列问题。

（1）若设备使用年限为 8 年，基准折现率为 12%，年产量为多少时选用设备 A 比较有利？

（2）若设备使用年限为 8 年，年产量为 13 000 件，基准折现率在什么范围内选用设备 A 比较有利？

（3）若年产量为 15 000 件，基准折现率为 12%，设备使用年限为多长时选用 A 设备比较有利？

3. 某企业准备生产一种新产品，生产新产品需要 1000 万元的投资，新产品的需求量有三种情况，三种需求量的年收益和出现概率如表 6-15 所示。

表 6-15 不同需求情况的年收益和出现概率

指标	需求量大	需求量中等	需求量小
年收益/万元	410	330	170
出现概率	0.6	0.3	0.1

基准贴现率为 10%，寿命期为 5 年，问企业是否生产该产品？

4. 设某项目基本方案的基本数据如表 6-16 所示，试以内部收益率为评价指标，以年营业收入 R、年经营成本 C 和建设投资 I 为不确定性因素进行敏感性分析，基准收益率 $i_c = 8\%$。

表 6-16 基本方案的基本数据估算表

因素	建设投资 I/万元	年营业收入 R/万元	年经营成本 C/万元	期末残值 L/万元	寿命期 n/年
估算值	1500	600	250	200	6

5. 某项目方案预计在计算期内的支出、收入如表 6-17 所示，基准收益率为 10%，试以净现值为分析指标，以投资、年经营成本、年营业收入为不确定性因素，对方案进行敏感性分析。

表 6-17 现金流量表   单位：万元

指标	年份						
	0	1	2	3	4	5	6
投资	100	200	80				
年经营成本				160	210	210	210
年营业收入				300	410	410	410

6. 某项目固定资产投资预计为 10 000 万元，项目两年建成，第三年投产并当年达产，项目计算期为 14 年。该项目从建成开始预计每年税前利润为 2000 万元，利用类似项目相关历史数据推测，该项目固定资产投资服从三角分布，其中最悲观值 c 为 12 500 万元，最可能值 b 为 10 000 万元，最乐观值 a 为 8800 万元。税前利润服从正态分布，其中期望值 $\mu = 2000$ 万元，均方差 $\sigma = 100$ 万元。企业目标收益率 i_0 为 10%。试利用蒙特卡洛模拟法对该项目全投资税前财务净现值进行风险分析。

7. 一个公司正考虑购买一个新探区，租金预计是 100 000 元。根据当前分析，钻井成功的机会是 20%，产生 1 200 000 元的净现值。一旦购买，另一个方案是进行 3-D 地震测量以增加成功机会。根据邻近区块分析，地震测量产生有利结果的概率是 0.7。如果有利，成功钻井的机会增至 0.8。如果地震测量不利，成功概率会减至 0.05。地震测量的成本估计是 300 000 元。钻井成本估计是 100 000 元。应用期望净现值分析，公司应该采取什么行动？

8. 某石油管理局为了开发甲油田，拟定 A、B 两个开发方案。方案使用年限为 20 年。

方案 A：一上马就立即投入全面开发，投资 18 000 万元。据预测，油井产能高的概率为 0.7，每年可获利 6000 万元；油井产能低的概率为 0.3，每年要亏损 1200 万元。

方案 B：一上马就建设开发实验区，投资 8000 万元。据预测，油井产能高的概率为 0.7，每年可获利 2400 万元；油井产能低的概率为 0.3，每年可获利 600 万元。如果前三年油井产能高，则从第四年开始全面开发，追加投资 12 000 万元。投入全面开发后，预测油井产能高的概率为 0.9，每年可获利 6000 万元；油井产能低的概率为 0.1，每年可获利 2400 万元。试用决策树方法进行决策。

9. 一企业生产某产品的资料如下：①单件售价为 29 元；②销售量满足正态分布，期望值为 700 件，标准差为 100 件；③单位产品可变成本满足三角分布，最小值、最可能值、最大值分别为 6 元、8 元和 11 元；④固定成本满足离散分布，取值 10 000 元、12 000 元和 15 000 元的概率分别是 0.25、0.5、0.25。用蒙特卡洛模拟法计算其净现金流量期望值、标准差以及净现金流量大于 0 的概率。

10. 某开发企业 2013 年获得一块土地，预计总开发周期为七年。未来现金流入根据历史数据对房价进行预测所得。表 6-18 中是现金流入、流出的预期值（均发生在年末）。

表 6-18　开发周期内的现金流入、流出情况　　　　　单位：万元

指标	2013	2014	2015	2016	2017	2018	2019
现金流入	0.86	3.27	5.41	6.48	7.50	10.18	6.77
现金流出	−5.24	−4.75	−6.28	−5.49	−6.22	−5.79	−0.75
净现金流	−4.38	−1.48	−0.87	0.99	1.28	4.39	6.02

投资要求基准收益率为 18%，考虑以下策略：等待市场信号，发现市场机会较大时投入资金进行开发销售，否则继续等待，直到市场形势转好。假设推迟开发后现金流入、流出保持不变。根据历史数据测算，收入波动率为 16.5%，无风险利率为 6.8%。请问是否应购地开发？

11. 一家公司计划投资 200 万元升级一种新兴市场的产品，市场具有高度不确定性，但是该公司拥有一项专利可在第二年前阻止竞争者进入。预计未来现金流现值为 190 万元，假设无风险利率为 8%，现金流现值的标准差为 40%。实施该项投资的价值是多少？

延伸阅读

高世葵，朱文丽，殷诚. 2014. 页岩气资源的经济性分析——以 Marcellus 页岩气区带为例. 天然气工业，34（6）：141-148.

贺晓英，谷耀鹏. 2020. 基于不确定性理论的水期权交易及其定价研究——以引汉济渭工程为例. 干旱区资源与环境，(7)：119-124.

王越. 2020. 新时期全球油气资源投资环境风险分析. 中国矿业，(9)：29-34，60.

Dong M，Li Y，Song D，et al. 2021. Uncertainty and global sensitivity analysis of levelized cost of energy in wind power generation.Energy Conversion and Management，229：113781.

Takeda S，Kitada T. 2021. Simple method based on sensitivity coefficient for stochastic uncertainty analysis in probabilistic risk assessment. Reliability Engineering & System Safety，209：107471.

第7章

工程项目财务评价

太平里风电项目的财务效益

太平里风电场位于湖南郴州市，年平均风速为 6.2 米/秒，属典型的南方中低速山地风场。该风场由湖南华电郴州风力发电有限公司投资开发，总装机容量为 50 兆瓦，安装 25 台中车株洲所生产的 WT2000D110 型风电机组。项目于 2011 年 9 月获得湖南省发展和改革委员会核准批复，2013 年 12 月开工建设，2015 年 9 月 26 日全部风机并网发电。

太平里风电项目设计年发电量 2102.71 万千瓦时，年等效满负荷小时数为 2070 小时。实际上，2016 年风场年发电量 12 083.162 0 万千瓦时，年等效满负荷小时数为 2441 小时；2017 年截至 12 月末实际年发电量 12 959.1 万千瓦时，年等效满负荷小时数为 2618 小时。太平里风电场的表现在湖南 37 个风场中都是名列前茅，项目建成以来始终处于良好的盈利状态。

太平里风电项目可研预计总投资为 43 353.22 万元，严格控制工程造价后，实际总投资为 40 339 万元。以 2015 年 10 月风机全部投产至 2017 年 10 月两年时间为例，项目总利润为 7078 万元，项目总投资收益率为 8.77%，远高于预期的 5.38%，2017 年底全部收回资本金。除去风场建设带动相关产业发展带来的经济发展外，仅一个风电场每年平均净创造社会财富达 3539 万元。

此外国内碳交易市场统计，装机规模 50 兆瓦的风电项目每年可减少 8.2 万～9 万吨 CO_2 排放，按照市场价 8～10 元/吨计算，每年太平里风电项目碳交易后的预期收益为 65.6 万～90 万元。

项目投建之前，都应该进行财务效益的预测和分析，一方面可以避免盲目决策，遭受巨大的经济损失；另一方面，工程项目良好的财务分析结果也是项目筹措建设资金、保证项目资金链连续平稳有序的重要基础。

7.1　工程项目财务评价的含义

工程项目财务评价是项目可行性研究的有机组成部分和重要内容,是项目决策科学化的重要手段。项目财务评价应用非常广泛,各行各业在投资前的可行性研究工作中都要进行财务评价。

财务评价又称财务分析,是从投资项目或企业角度进行的经济分析。进行财务评价工作,首先要根据国家现行的经济、财政、金融制度等相关规定和价格体系,分析、预测、计算项目直接发生的财务效益和费用,编制财务评价报表,计算财务评价指标,考查项目的盈利能力、清偿能力以及外汇平衡等财务状况,以判别拟建项目的财务可行性。

7.2　工程项目财务评价的基本步骤

一般来说,进行工程项目财务评价应遵循以下步骤。

1）财务评价费用与效益的识别

识别财务评价的效益和费用是项目财务评价工作的基础。在这一环节,要根据有无对比原则,识别直接由项目本身所引起的效益和费用。一般来讲,效益主要包括营业收入、财政补贴、固定资产残值回收和流动资金回收等。费用是指项目在建设期和生产经营过程中所发生的各种支出,主要包括建设投资、维持运营投资、流动资金投资、经营成本、税金及附加、所得税等。

2）汇集、预测基础数据

汇集、预测的基础数据主要包括：预计产品的市场需求量,进而确定项目的建设规模及产品方案；项目实施进度及项目计算期；各类投资的计划及资金筹措方案；流动资金来源及分年使用计划；职工总数和工资总额的估计；项目所耗用的原材料、燃料的价格资料；有关税率和取费标准；产品的价格预测和可能的变化趋势；营业收入总额和税金的预测数据；投产后产品成本的预测数据等。预测基础数据之后可以编制各类数据的估算表。

3）编制财务报表

根据上一步骤的预测结果编制辅助报表,即各种数据的估算表,如建设投资估算表、建设期利息估算表、流动资金估算表、项目总投资使用计划与资金筹措表、营业收入与税金及附加估算表、总成本费用估算表等。有了基础数据表之后可以进一步编制主要的财务报表。

主要的财务报表包含了项目投资现金流量表、项目资本金现金流量表、投资各方现金流量表、利润与利润分配表、财务计划现金流量表、资产负债表及建设投资借款还本付息计划表等。

4）计算评价指标

根据基本财务报表,可以计算各种财务评价指标。计算的财务评价指标主要有三大类,分别是反映项目的盈利能力、清偿能力及财务生存能力的财务指标,如财务内部收益率、投资回收期、财务净现值、资产负债率等。

5）进行经济评价

经济评价包括现金流量分析、财务平衡分析以及不确定性分析。分析各个方案的利弊，进行方案优选，为决策部门提供决策依据。

7.3 工程项目财务评价主要财务报表

在工程项目财务评价中，进行基础数据的预测之后，就可以编制各辅助报表，即各类基础数据的估算表，主要有建设投资估算表、流动资金估算表、投资计划与资金筹措表、主要产出物和投入物使用价格表、单位产品生产成本估算表、固定资产折旧费估算表、无形及递延资产净值资产摊销估算表、总成本费用估算表、产品营业收入和流转税金及附加估算表等。

为了计算评价指标，考查项目的盈利能力、清偿能力等财务状况，需要在完成项目基础数据估算表的基础上编制财务评价报表。财务评价报表主要包括：项目投资现金流量表、项目资本金现金流量表、利润与利润分配表、资金来源与运用表、资产负债表及财务外汇平衡表等。

7.3.1 现金流量表

现金流量表反映项目计算期内各年的现金收支情况，用以计算项目净现值、内部收益率、投资回收期等指标，从而进行项目的财务盈利能力分析。按投资计算基础的不同，现金流量表可以分为项目投资现金流量表、项目资本金现金流量表、投资各方现金流量表等。

1. 项目投资现金流量表

其也称全部投资现金流量表，见表 7-1。此表不考虑投资资金来源，以全部投资作为计算基础，假设全部投资都是自有资金，用以计算全部投资财务内部收益率、财务净现值及投资回收期等评价指标，考查项目全部投资的盈利能力。

表 7-1 项目投资现金流量表　　　　　　　　单位：万元

序号	项目	合计	计算期					
			1	2	3	4	…	n
1	现金流入							
1.1	营业收入							
1.2	补贴收入							
1.3	回收固定资产余值							
1.4	回收流动资金							
2	现金流出							
2.1	建设投资							
2.2	流动资金							

续表

序号	项目	合计	计算期					
			1	2	3	4	...	n
2.3	经营成本							
2.4	税金及附加							
2.5	维持运营投资							
3	所得税前净现金流量（1-2）							
4	累计所得税前净现金流量							
5	调整所得税							
6	所得税后净现金流量（3-5）							
7	累计所得税后净现金流量							

计算指标：
项目投资财务内部收益率（%）（所得税前）
项目投资财务内部收益率（%）（所得税后）
项目投资财务净现值（所得税前）（i_c = %）
项目投资财务净现值（所得税后）（i_c = %）
项目投资回收期（年）（所得税前）
项目投资回收期（年）（所得税后）

2. 项目资本金现金流量表

项目资本金现金流量表也称自有资金现金流量表，见表7-2。此表从投资者角度出发，以投资者的出资额作为计算基础，把借款本金偿还和借款利息支付均作为现金流出考虑，用以计算资本金财务内部收益率、财务净现值等评价指标，考查项目资本金的盈利能力。

表 7-2 项目资本金现金流量表　　　　　　单位：万元

序号	项目	合计	计算期					
			1	2	3	4	...	n
1	现金流入							
1.1	营业收入							
1.2	补贴收入							
1.3	回收固定资产余值							
1.4	回收流动资金							
2	现金流出							
2.1	项目资本金							
2.2	借款本金偿还							
2.3	借款利息支付							
2.4	经营成本							
2.5	税金及附加							
2.6	所得税							

续表

序号	项目	合计	计算期					
			1	2	3	4	…	n
2.7	维持运营投资							
3	净现金流量（1–2）							

计算指标：
资本金财务内部收益率（%）
资本金财务净现值

3. 投资各方现金流量表

该表（表 7-3）以投资各方的出资额作为计算基础，编制投资各方的财务现金流量表，用于计算投资各方的盈利指标。

表 7-3　投资各方现金流量表　　　　　单位：万元

序号	项目	合计	计算期					
			1	2	3	4	…	n
1	现金流入							
1.1	实分利润							
1.2	资产处置收益分配							
1.3	租赁费收入							
1.4	技术转让或使用收入							
1.5	其他现金流入							
2	现金流出							
2.1	实缴资本							
2.2	租赁资产支出							
2.3	其他现金流出							
3	净现金流量（1–2）							

计算指标：
投资各方财务内部收益率（%）

7.3.2　利润与利润分配表

利润与利润分配表见表 7-4，此表反映了项目计算期内各年的利润总额、所得税，以及税后利润及其分配情况，用以计算投资利润率、投资利税率和资本金利润率等指标。

表 7-4　利润与利润分配表　　　　　单位：万元

序号	项目	合计	计算期					
			1	2	3	4	…	n
1	营业收入							
2	税金及附加							
3	总成本费用							
4	补贴收入							

续表

序号	项目	合计	计算期					
			1	2	3	4	…	n
5	利润总额（1−2−3−4）							
6	弥补以前年度亏损							
7	应纳税所得额（5−6）							
8	所得税							
9	净利润（5−8）							
10	期末未分配利润							
11	可供分配的利润（9＋10）							
12	提取法定盈余公积金							
13	可供投资者分配的利润（11−12）							
14	应付优先股利润							
15	提取任意盈余公积金							
16	应付普通股股利（13−14−15）							
17	各投资方利润分配							
	其中：××方							
	××方							
18	未分配利润（13−14−15−17）							
19	息税前利润 （利润总额＋利息支出）							
20	息税折旧摊销前利润 （息税前利润＋折旧摊销）							

7.3.3 资金来源与运用表

资金来源与运用表见表 7-5。此表反映项目计算期内各年的资金盈余或短缺情况，用于制订资金筹措方案，并为编制资产负债表提供依据。资金来源与运用表分为三大项，即资金来源、资金运用和盈余资金，其关系为

$$资金来源-资金运用=盈余资金 \tag{7-1}$$

盈余资金为正表示当年有资金盈余，为负表示当年资金是短缺的。

表 7-5 资金来源与运用表 单位：万元

序号	项目	合计	建设期		投产期		达产期		
			1	2	3	4	5	…	n
1	资金来源								
1.1	利润总额								
1.2	折旧费								
1.3	摊销费								
1.4	长期借款								
1.5	流动资金借款								
1.6	其他短期借款								

续表

序号	项目	合计	建设期		投产期		达产期		
			1	2	3	4	5	...	n
1.7	自有资金								
1.8	回收固定资产余值								
1.9	回收流动资金								
2	资金运用								
2.1	建设投资								
2.2	建设期利息								
2.3	流动资金								
2.4	所得税								
2.5	应付利润								
2.6	长期借款本金偿还								
2.7	流动资金借款本金偿还								
2.8	其他短期借款本金偿还								
3	盈余资金（1-2）								
4	累计盈余资金								

7.3.4 资产负债表

资产负债表见表 7-6，它记录的是现金存量，即某一时间点此项目的累计值或净值。此表综合反映了项目计算期内各年末资产、负债和所有者权益的增减变化及对应关系，以考查项目的资产结构是否合理，用以计算资产负债率、流动比率及速动比率等指标，从而进行项目的清偿能力分析。

表 7-6　资产负债表　　　　　　单位：万元

序号	项目	合计	计算期					
			1	2	3	4	...	n
1	资产							
1.1	流动资产总额							
1.1.1	货币资金							
1.1.2	应收账款							
1.1.3	预付账款							
1.1.4	存货							
1.1.5	其他							
1.2	在建工程							
1.3	固定资产净值							
1.4	无形及其他资产净值							

续表

序号	项目	合计	计算期					
			1	2	3	4	…	n
2	负债及所有者权益（2.4＋2.5）							
2.1	流动负债总额							
2.1.1	短期借款							
2.1.2	应付账款							
2.1.3	预收账款							
2.1.4	其他							
2.2	建设投资借款							
2.3	流动资金借款							
2.4	负债小计（2.1＋2.2＋2.3）							
2.5	所有者权益							
2.5.1	资本金							
2.5.2	资本公积金							
2.5.3	累计盈余公积金							
2.5.4	累计未分配利润							

计算指标：资产负债率（%）

资产负债表的主体结构包括三大部分，即资产、负债和所有者权益，其基本关系为

$$资产 = 负债 + 所有者权益 \tag{7-2}$$

7.3.5 财务外汇平衡表

财务外汇平衡表见表 7-7。此表适用于有外汇收支的项目，用以反映项目计算期内各年的外汇余缺情况，进行项目的外汇平衡分析，用以计算外汇净现值、换汇成本和节汇成本等评价指标。

表 7-7 财务外汇平衡表　　　　　　　　　　　　　　单位：万元

序号	项目	合计	建设期		投产期		达产期		
			1	2	3	4	5	…	n
1	外汇来源								
1.1	产品销售外汇收入								
1.2	外汇借款								
1.3	其他外汇收入								
2	外汇运用								
2.1	固定资产投资用汇								

续表

序号	项目	合计	建设期		投产期		达产期		
			1	2	3	4	5	…	n
2.2	流动资金用汇								
2.3	进口原材料、零部件用汇								
2.4	技术转让费用汇								
2.5	偿付外汇借款本息								
2.6	其他外汇支出								
3	外汇结余（1–2）								
4	累计外汇结余								

在财务外汇平衡表中，外汇来源包括产品销售外汇收入、外汇借款和自筹外汇等，自筹外汇包括在其他外汇收入项目中。外汇运用包括固定资产投资用汇、流动资金用汇、进口原材料、零部件用汇、技术转让费用汇、偿付外汇借款本息和其他外汇支出。各项均按相应表中的外汇收入和外汇支出数据填列。

7.4 工程项目财务能力分析

预测出拟建项目的经济数据之后，就可以编制财务报表，根据财务报表计算评价指标，然后根据评价指标对项目的财务能力进行分析。工程项目财务能力分析主要包含工程项目的财务盈利能力和清偿能力分析，分析内容和指标与基本财务报表的对应关系见表 7-8。

表 7-8　经济评价和评价指标与基本财务报表的对应关系

评价内容	基本财务报表	静态指标	动态指标
财务盈利能力分析	项目投资现金流量表	全部投资回收期 投资回收期	财务内部收益率 财务净现值
	项目资本金现金流量表		资本金内部收益率
	投资各方现金流量表		投资各方内部收益率
	利润与利润分配表	总投资收益率 项目资本金利润率	
	财务计划现金流量表	固定资产投资 国内借款偿还期	
财务清偿能力分析	资产负债表	资产负债率 利息备付率 偿债备付率	

7.4.1　财务盈利能力分析

财务盈利能力分析主要考查项目投资的盈利水平，用以下指标表示。

1. 财务内部收益率

财务内部收益率（financial internal rate of return，FIRR）是指项目在整个计算期内各年净现金流量现值代数和等于零时的折现率，它反映项目在计算期内所占用的没有回收的资金的盈利能力，是考查项目盈利能力的主要动态评价指标。

2. 投资回收期

投资回收期（P_t）是指以项目投产后的净收益回收全部直接投资所需要的时间。它是考查项目在财务上的投资回收能力的主要静态评价指标，也是实际工作中应用非常广泛的一个指标。投资回收期一般从建设开始年算起。

3. 财务净现值

财务净现值（financial net present value，FNPV）是指按行业的基准收益率或设定的折现率，将项目计算期内各年净现金流量折现到建设期初的现值之和。它是考查项目在计算期内盈利能力的主要动态评价指标。

4. 总投资收益率

总投资收益率（return on investment，ROI）表示总投资的盈利水平，是指项目达到设计生产能力后，正常生产年份的年息税前利润或运营期内年平均息税前利润（earnings before interest and tax，EBIT）与项目总投资（total investment，TI）的比率。总投资收益率可以根据利润与利润分配表进行计算，公式如下：

$$\mathrm{ROI} = \frac{\mathrm{EBIT}}{\mathrm{TI}} \times 100\% \tag{7-3}$$

总投资收益率高于同行业的收益率参考值，表明用总投资收益率表示的盈利能力较好。

5. 项目资本金净利润率

项目资本金净利润率（return on equity，ROE）表示项目资本金的盈利水平，是指项目达到设计生产能力后正常生产年份的年净利润或运营期内年平均净利润（net profit，NP）与项目资本金（equity capital，EC）的比率。项目资本金净利润率可以根据利润与利润分配表进行计算，公式如下：

$$\mathrm{ROE} = \frac{\mathrm{NP}}{\mathrm{EC}} \times 100\% \tag{7-4}$$

项目资本金净利润率高于同行业的净利润率参考值，表明用项目资本金净利润率表示的盈利能力较好。

7.4.2 财务清偿能力分析

财务清偿能力分析主要考查计算期内各年的财务状况及项目的偿债能力。

1. 资产负债率

资产负债率是指负债总额与资产总额（扣除折旧后的净额）的比率，又称举债经营比率，是反映项目各年所面临的财务风险程度及偿债能力的指标。计算公式为

$$\text{LOAR} = \frac{\text{TL}}{\text{TA}} \times 100\% \qquad (7\text{-}5)$$

式中，LOAR 表示资产负债率；TL 表示期末负债总额；TA 表示期末资产总额。

资产负债率说明了资产总额中负债的比率。它反映了企业利用债权的资本进行经营活动的能力。比率越高，经营风险越大，但盈利的机会也大一些；比率很低时，偿还债务是有保证的，但盈利的机会小一些。适度的资产负债率，表明企业经营安全、稳健，具有较强的筹资能力，可以充分利用资金，也表明企业和债权人的风险较小。在项目的财务分析中，长期债务还清后，可以不再计算资产负债率。

2. 利息备付率

利息备付率是指在借款偿还期内的息税前利润与应付利息的比值，它反映了可以用来付息的资金偿付项目债务利息的保障程度，计算公式如下：

$$\text{ICR} = \frac{\text{EBIT}}{\text{PI}} \qquad (7\text{-}6)$$

式中，ICR 表示利息备付率；EBIT 表示息税前利润；PI 表示计入总成本费用的应付利息。

利息备付率分年计算。利息备付率越高，表明利息偿付的保障程度越高，清偿能力越强。利息备付率应当大于 1，并结合债权人的要求确定。

3. 偿债备付率

偿债备付率又称偿债覆盖率，是指在借款偿还期内，可以用来还本付息的资金与应还本付息金额的比值，它表示可以用来还本付息的资金偿还借款本息的保障程度，计算公式如下：

$$\text{DSCR} = \frac{\text{EBITAD} - \text{TAX}}{\text{PD}} \qquad (7\text{-}7)$$

式中，DSCR 表示偿债备付率；EBITAD 表示息税前利润加折旧和摊销；TAX 表示企业所得税；PD 表示应还本付息金额，包括还本金额和计入总成本费用的全部利息。融资租赁费用可视同借款偿还，运营期内的短期借款本息也应纳入计算。

偿债备付率分年计算，偿债备付率越高，表明可用于还本付息的资金保障程度越高，清偿能力越强。偿债备付率应大于1，并结合债权人的要求确定。

7.5 案例分析

某LNG项目接收站三期工程项目财务评价

1. 项目概况

根据市场预测及工程建设计划安排，某LNG（liquefied natural gas，液化天然气）项目接收站的一期工程建设规模为300万吨/年；二期工程建成后接收规模为700万吨/年；本次为某LNG项目接收站的三期工程，设计达产后总量接收规模为1100万吨/年，总供气能力为154亿米^3/年，实际三期工程增量规模按照400万吨/年计算，供气能力增量为56亿米^3/年。项目基准收益率为8%。

2. 投资估算

三期工程接收站LNG年周转量由二期的700万吨/年调整到1100万吨/年。为此，三期工程包括新建LNG卸船码头一座和接收站新增一台LNG储罐及配套设施。接收站建设投资估算范围包括新增一台$27×10^4$立方米LNG低温储罐及配套设施的工程费、固定资产其他费、其他资产投资和预备费。项目总投资估算值为170 733.9万元，其中建设投资为162 000万元，建设期借款利息为8733.9万元。本期工程建设投资中自有资金为30%，其余70%拟使用银行贷款，借款年利率取5%。

本期工程建设期为三年，建设期内分年投资比例为30%、40%、30%。

3. 基础条件及数据

计算期为23年，其中建设期为3年，运营期为20年。

1）投产后各年的购气量预估

各年购气量估计表如表7-9所示。

表7-9 各年购气量估计表

年末	4	5	6	7	8~23
购气量/亿米^3	18	29	40	47	56

2）税金及附加

目前国际市场LNG定价按照等热等值的原则确定，和原油价格水平有关，但国内销售实际以质量或体积进行计算，本财务评价根据增值税为10%计算进口LNG进站价，取4800元/吨（根据气化率折合取3.05元/米^3），暂不考虑外贸手续费及港口建设费等。根据接收站现生产运行情况分析，外购燃料动力费约为外购原材料费0.25%。外购原材料、燃料动力费用估算见表7-10。

表 7-10　外购原材料、燃料动力费用估算表

指标	4	5	6	7	8	9~23
购进量/万米^3	180 000	290 000	400 000	470 000	560 000	560 000
外购原材料费/万元	549 000	884 500	1 220 000	1 433 500	1 708 000	1 708 000
外购燃料动力费/万元	1 372.5	2 211.25	3 050	3 583.75	4 270	4 270

项目收入来自销售 LNG，包括汽化后的进管道的气体销售和液体装车销售两部分，单价为 3.3 万元每万立方米。本期工程天然气增值税税率为 10%，所得税税率为 25%。城市维护建设税和教育费附加分别为增值税的 7%和 5%（含地方教育附加 2%）。新增税金及附加见表 7-11。

表 7-11　新增税金及附加估算表

指标	4	5	6	7	8	9~23
加工量/万米^3	180 000	290 000	400 000	470 000	560 000	560 000
营业收入/万元	594 000	957 000	1 320 000	1 551 000	1 848 000	1 848 000
税金及附加/万元	523.53	843.47	1 163.40	1 367.00	1 628.76	1 628.76
城市维护建设税/万元	305.39	492.02	678.65	797.41	950.11	950.11
教育费附加/万元	218.14	351.44	484.75	569.58	678.65	678.65
增值税/万元	4 362.75	7 028.88	9 695	11 391.63	13 573	13 573
销项税/万元	59 400	95 700	132 000	155 100	184 800	184 800
进项税/万元	55 037.25	88 671.13	122 305	143 708.38	171 227	171 227

3）总成本费用估算

接收站固定资产折旧年限为 20 年，净残值率为 3%，修理费率为 5%，其他资产摊销年限为 5 年，营业费用按销售收入的 0.5%估算，其他制造费按新增固定资产原值（不含建设期利息）的 1%计取，暂不考虑财产保险费等费用，从而进行总成本费用估算，如表 7-12 所示。

表 7-12　总成本费用估算表

指标	4	5	6	7	8	9~23
购进量/万米^3	180 000	290 000	400 000	470 000	560 000	560 000
1. 生产成本/万元	568 373.09	904 711.84	1 241 050.59	1 455 084.34	1 730 270.59	1 730 270.59
1.1 外购原材料费/万元	549 000	884 500	1 220 000	1 433 500	1 708 000	1 708 000
1.2 外购燃料动力费/万元	1 372.5	2 211.25	3 050	3 583.75	4 270	4 270
1.3 制造费用/万元	18 000.59	18 000.59	18 000.59	18 000.59	18 000.59	18 000.59

续表

指标	4	5	6	7	8	9～23
1.3.1 折旧费/万元	8 280.59	8 280.59	8 280.59	8 280.59	8 280.59	8 280.59
1.3.2 修理费/万元	8 100	8 100	8 100	8 100	8 100	8 100
1.3.3 其他制造费/万元	1 620	1 620	1 620	1 620	1 620	1 620
2. 管理费用/万元	150	150	150	150	150	0
3. 借款利息/万元	4 381.3	3 381.3	2 381.3	1 381.3	381.3	0
4. 营业费用/万元	2 970	4 785	6 600	7 755	9 240	9 240
5. 总成本费用/万元	575 874.39	913 028.14	1 250 181.89	1 464 370.64	1 740 041.89	1 739 510.59
6. 经营成本/万元	563 212.5	901 366.25	1 239 520	1 454 708.75	1 731 380	1 731 230

经测算，达产年总成本为 1 739 510.59 万元，其中原料成本为 1 708 000 万元。

4. 盈利能力分析

根据《中华人民共和国企业所得税法》规定，所得税按应纳税所得额的 25% 计取。法定盈余公积金按所得税后净利润的 10% 提取。盈利能力分析报表见表 7-13 和表 7-14。

表 7-13 利润计算表　　　　　　　　　　　　单位：万元

指标	4	5	6	7	8	9～23
营业收入	594 000	957 000	1 320 000	1 551 000	1 848 000	1 848 000
税金及附加	523.53	843.70	1 163.40	1 367.00	1 628.76	1 628.76
总成本费用	575 874.39	913 028.14	1 250 181.89	1 464 370.64	1 740 041.89	1 739 510.59
利润总额	17 602.08	43 128.16	68 654.71	85 262.36	106 329.35	106 860.65
所得税	4 400.52	10 782.04	17 163.68	21 315.59	26 582.34	26 715.16
净利润	13 201.56	32 346.12	51 491.03	63 946.77	79 747.01	80 145.49
盈余公积金	1 320.156	3 234.612	5 149.103	6 394.677	7 974.701	8 014.549
可供分配利润	11 881.404	29 111.508	46 341.929	57 552.093	71 772.311	72 130.939
息税前利润	21 983.38	46 509.46	71 036.01	86 643.66	106 710.65	106 860.65

根据表 7-14，可以得出项目增量部分的所得税前财务内部收益率为 29.94%，净现值为 522 007.72 万元；所得税后财务内部收益率为 24.65%，净现值为 350 277.92 万元。按照假定的融资方案，项目达产后年均营业收入为 1 848 000 万元，年均净利润为 80 145.49 万元，具有较好的盈利能力。

表 7-14 项目投资现金流量表

单位：万元

项目	建设期			运营期																		
	1	2	3	4	5	6	7	8	9	10	11	12	13	14	15	16	17	18	19	20	21	22	23
生产负荷				30%	50%	75%	85%	100%	100%	100%	100%	100%	100%	100%	100%	100%	100%	100%	100%	100%	100%	100%	100%
1. 现金流入	0	0	0	594 000	957 000	1 320 000	1 551 000	1 848 000	1 848 000	1 848 000	1 848 000	1 848 000	1 848 000	1 848 000	1 848 000	1 848 000	1 848 000	1 848 000	1 848 000	1 848 000	1 848 000	1 848 000	1 848 000
1.1 营业收入				594 000	957 000	1 320 000	1 551 000	1 848 000	1 848 000	1 848 000	1 848 000	1 848 000	1 848 000	1 848 000	1 848 000	1 848 000	1 848 000	1 848 000	1 848 000	1 848 000	1 848 000	1 848 000	1 848 000
1.2 回收固定资产余值																							5 122.017
2. 现金流出	51 220.2	68 293.6	51 220.2	568 098.7	909 238.7	1 250 378	1 467 467.35	1 746 581.8	1 746 431.8	1 746 431.8	1 746 431.8	1 746 431.8	1 746 431.8	1 746 431.8	1 746 431.8	1 746 431.8	1 746 431.8	1 746 431.8	1 746 431.8	1 746 431.8	1 746 431.8	1 746 431.8	1 746 431.8
2.1 建设投资	51 220.2	68 293.6	51 220.2																				
2.2 经营成本				563 212.5	901 366.3	1 239 520	1 454 708.75	1 731 380	1 731 230	1 731 230	1 731 230	1 731 230	1 731 230	1 731 230	1 731 230	1 731 230	1 731 230	1 731 230	1 731 230	1 731 230	1 731 230	1 731 230	1 731 230
2.3 税金及附加				4 886.2	7 872.4	10 858.4	12 758.6	15 201.8	15 201.8	15 201.8	15 201.8	15 201.8	15 201.8	15 201.8	15 201.8	15 201.8	15 201.8	15 201.8	15 201.8	15 201.8	15 201.8	15 201.8	15 201.8
3. 所得税前净现金流量	-51 220.2	-68 293.6	-51 220.2	25 901.3	47 761.35	69 621.6	83 532.65	101 418.2	101 568.2	101 568.2	101 568.2	101 568.2	101 568.2	101 568.2	101 568.2	101 568.2	101 568.2	101 568.2	101 568.2	101 568.2	101 568.2	101 568.2	101 568.2
4. 累计所得税前净现金流量	-51 220.2	-119 513.8	-170 734	-144 833	-97 071	-27 449.75	56 082.90	157 501.10	259 069.30	360 637.50	462 205.70	563 773.90	665 342.10	766 910.30	868 478.50	970 046.70	1 071 614.90	1 173 183.10	1 274 751.30	1 376 319.50	1 477 887.70	1 579 455.90	1 681 024.10
5. 调整所得税				4 400.52	10 782.04	17 163.68	21 315.59	26 582.237 5	26 715.162 5	26 715.162 5	26 715.162 5	26 715.162 5	26 715.162 5	26 715.162 5	26 715.162 5	26 715.162 5	26 715.162 5	26 715.162 5	26 715.162 5	26 715.162 5	26 715.162 5	26 715.162 5	26 715.162 5
6. 所得税后净现金流量	-51 220.2	-68 293.6	-51 220.2	21 500.78	36 979.31	52 457.92	62 217.06	74 835.862 5	74 853.037 5	74 853.037 5	74 853.037 5	74 853.037 5	74 853.037 5	74 853.037 5	74 853.037 5	74 853.037 5	74 853.037 5	74 853.037 5	74 853.037 5	74 853.037 5	74 853.037 5	74 853.037 5	74 853.037 5
7. 所得税后累计净现金流量	-51 220.2	-119 513.8	-170 734	-149 233	-112 254	-59 796	2 421.072 5	77 256.935	152 109.972 5	226 963.01	301 816.048	376 669.085	451 522.123	526 375.16	601 228.198	676 081.235	750 934.273	825 787.31	900 640.348	975 493.385	1 050 346.42	1 125 199.46	1 200 052.5

5. 结论

按照投资估算，某 LNG 项目接收站三期工程建设总投资为 170 733.9 万元，所筹集的资金 30%源于自有资金，70%源于银行贷款。经过财务分析，达产后正常年份营收 184 亿元，年成本费用为 174 亿元左右，税后内部收益率为 24.65%，净现值为 350 277.92 万元，所得税后项目投资回收期为 7.14 年，项目整体盈利能力及偿债能力较好，具有财务可行性。

问题：
1. 项目投资现金流量表和项目资本金现金流量表有什么区别？
2. 根据项目投资现金流量表可以分析得到项目的哪些财务信息？

本章小结

工程项目财务评价是可行性研究的有机组成部分和重要内容，同时也是建设项目决策科学化的基础性工作。无论项目的投资目的、规模、类型如何，都必须做财务评价，使项目具有经济可行性。通过本章的学习，应该掌握以下内容：①工程项目财务评价的概念、内容、原则、步骤；②工程项目财务评价的指标及其计算方法；③能够结合实际工程项目相关数据开展财务评价分析。

思考题

1. 什么是财务评价？
2. 财务评价中效益和费用是怎样划分的？
3. 财务评价的内容有哪些？
4. 财务评价包含哪几个步骤？
5. 财务评价需要编制哪些基本报表？
6. 主要的盈利能力分析指标有哪些？
7. 主要的清偿能力分析指标有哪些？

练习题

某太阳能工程建设项目，建设投资为 1800 万元，其中 450 万元为自有资金，流动资金投资 360 万元，其中自有资金为 120 万元，其余所需资金全部为贷款。建设投资借款利率为 12%，流动资金借款利率为 8%。固定资产折旧使用平均年限法，寿命期末固定资产残值为 75 万元。基准折现率为 12%，所得税率为 25%，投资使用计划如表 7-15 所示，其他数据如表 7-16、表 7-17 所示。

表 7-15 投资使用计划表　　　　　　　　　　　　　　　　单位：万元

指标	1	2	3	4
1. 建设投资	750	900	150	
1.1 自有资金	450			

续表

指标	1	2	3	4
1.2 借款	300	900	150	
2. 流动资金投资			270	90
2.1 自有资金			120	
2.2 借款			150	90

表 7-16　营业收入、税金及附加　　　　　单位：万元

指标	0	1	2	3	4	5～12
1. 营业收入				1050	1800	2400
2. 税金及附加				21	36	48

表 7-17　经营成本费用表　　　　　单位：万元

指标	0	1	2	3	4	5～12
1. 原材料、辅助材料				375	690	975
2. 燃料动力				52.5	72	90
3. 工资				45	82.5	120
4. 其他				58.5	120	172.5

（1）编制总成本费用表、利润及利润分配表、建设投资借款还本付息表，并计算借款偿还期。

（2）编制项目投资现金流量表。

（3）计算净现值、净现值比率、内部收益率、投资回收期。

延伸阅读

韩亚坤，陈汉利. 2018. 基于层次分析—可拓学的绿色建筑节能技术经济评价. 工程管理学报，32（5）：18-23.

季玉华，赵勇. 2020. 国际电网投资财务评价模型研究——基于大湄公河次级区域电网绿地项目投资的案例. 财会通讯，(24)：89-93.

张明明，周德群，周鹏. 2014. 基于实物期权的中国光伏发电项目投资评价. 北京理工大学学报（社会科学版），16（6）：26-33.

赵辉，王雪青. 2017. 大型基础设施项目融资风险动态评价体系研究. 北京理工大学学报（社会科学版），19（1）：83-90, 98.

第 8 章

公共项目的经济分析

综合打造绿水青山，环抱生态金山银山

余杭塘河流域水环境综合治理项目为一个公共项目，该项目采用公私合营模式（public private partnership，PPP），它位于杭州市余杭区，总投资 23.5 亿元，包括南片水系综合整治、余杭塘河河道综合整治、余杭污水处理厂建设和凤凰山山体公园建设四个子项。围绕"五水共治"与"美丽余杭"的部署和要求，本项目统筹了"厂、网、河、岸、人"的全部要素，整合了城市管网提质、生态岸线打造、水体生态修复、邻避效应营造、山体步道建设、水系智慧调度、环保教育展示、人居空间拓展等多种措施，以期为余杭区打造一个综合性的基础设施和高品质城市生态空间。项目整体思路为"前端分散溢流＋分流、调蓄＋排涝能力提升"。项目建成后，流域内河道主要断面的主要指标将达到地表Ⅳ类，水生态系统逐渐恢复，形成水清岸绿的生态景象。通过河道综合治理和整体景观提升，不仅解决了城市排涝问题，降低了积水风险，也削减了城市污染，通过生态修复和景观打造，形成了水清岸绿的城市生态网，为周围居民提供了良好的生活休闲环境。通过河道水质的全面改善，逐步构建了稳定的生态群落系统，提升生物多样性；通过红绿相间的植物群落打造，形成了自然宜人的滨水景观，改善了周边环境；通过沿河或者穿越山体的慢行绿道布设，提升了区域空间的可达性和体验感。与此同时为了避免和化解邻避效应，加强科普，建立合理的利益补偿机制，允许公众的全过程参与和监督，做到公开透明、互相理解，最终形成了公共利益和局部利益共赢的相互满意的和谐局面。环境综合治理等公共项目具有不同于一般的工程项目的特征，特别在效益分析方面，除了经济效益外，还应注重社会、环保、安全、节能等其他效益的分析，确保公共项目真正实现预期目标。

■ 8.1 公共项目及其特点

8.1.1 公共项目的定义

公共项目又称公用事业项目、公共工程、基础设施项目，这类项目的资源配置不完全由市场决定，而是由政府或社会公共部门出资筹建并参与运营，不以营利为目的，项目建成后可以为国家、社会和公众提供产品或者服务，实现各种社会目标。常见的公共项目包括三类：一是提供生产性服务的基础设施，如交通运输、水利、邮电等；二是提供社会性服务的基础设施，如体育、文教卫生、气象等；三是提供公用事业服务的基础设施，如路桥工程、隧道、水电、城市绿化等。在现实生活中这类项目数量相当多，建设耗资巨大，却可能由于不收费或者收费过低而看不到直接经济效益。公共项目可划分为纯公共项目、准公共项目、战略性或政策性项目。

1. 纯公共项目

纯公共项目是指为国家和公众提供公用物品的项目，这类项目的特点是需要非直接现金流入类型的资源的投入，但具有为公众提供服务的经济效益，如国防建设、防沙工程、水利工程、义务教育、公共健康卫生、环境生态保护和治理，以及国家的立法、执法和行政所必需的各类建设项目，如公检法司（最高人民法院、最高人民检察院、公安部、司法部）、工商、税务、海关和城镇化建设等。这些项目提供的服务是由全社会共同享用的，而单独个人的享用也不会影响其他人的享用，它无法排除"免费搭便车的人"享用，因此该项目产出具有非排他性和非竞争性特点。民间部门和个人投资一般不会参与这类项目。

2. 准公共项目

准公共项目是指提供满足人们基本需要的准公用物品的项目，如农业、水利、通信、教育、基本医疗服务和交通运输等基础设施项目，由于存在外部效果，收益往往不足以反映项目的经济投入，因此需要政府对投入加以补充。准公共项目中，有一类称为公用事业项目，如水电气暖供应、给排水，以及城市公交、地铁、停车场等，虽然收费和通过市场运作，具有一定的竞争性和排他性，但因为这些产品和服务有较强的公益性，且具有自然垄断属性，有必要由政府或公共部门专营或授权经营，价格不能真实体现价值和成本。

3. 战略性或政策性项目

战略性或政策性项目是指由政府承担发起和建设工作的对国家有战略意义的特大型的项目、出于领土完整和国家安全以及减少地区间经济发展差异或公平分配考虑的项目、有较大风险但有重大前景的项目，或者是资源性的项目。

由以上所述可知，公共项目涉及的范围是相当宽泛的，特别是我国当前还处于进一步深化改革时期，市场配置资源的能力还有待加强，政府在项目投资决策中发挥着重要作用。

公共项目的决策往往涉及很多非经济因素，工程经济分析只能是提供决策考虑的一个方面，正是由于公共项目不完全受制于市场竞争，并且其资金最终又来源于广大的公众和纳税人，因此更有必要从社会角度出发，进行费用效益经济分析。

8.1.2 公共项目的基本特点

公共项目的目的是提供公共物品，满足公共需求，以社会公众利益为主要目的，不以商业营利为目标，因此公共项目具有以下基本特点。

1）政府主导性

虽然公共项目的投资与管理近些年呈现多元化趋势，但政府的主导作用是其最大的特征。一方面，由于公共项目的目标不是获得商业利润，且投资周期较长，私人或企业往往不愿涉足，主要还是依靠政府投资；另一方面，即使是由企业或私人投资和管理的公共项目，政府也必须要进行严格监管和协调以体现公众利益。

2）公共性

公共项目提供的是公共物品。与私有物品不同的是公共物品不具有排他性，而具有明显的公共性，如某人享受公园里优美的环境并不排斥他人同时享用。每个人在公共物品的使用或消费上都是"免费搭便车的人"。

3）非竞争性

商品的竞争性与消费商品所增加的成本有关。通常，当人们增加消费商品时，生产者就必须花费一定的成本多生产该商品，但某些公共物品不具有这种特性。例如，电台和电视台提供的各类栏目的成本与受众群体接收与否没有太大的关系。如果每增加一个消费者的消费，社会所需要增加的成本等于零，则称该商品为非竞争性商品。许多公共物品具有这种特性。此外，公用事业的自然垄断性和政府的严格监管也使得公共项目不具有竞争性。

4）外部性

项目的外部性，是指项目的外部收益和外部成本。外部收益是指项目投资经营主体之外的收益，由其他方免费获得，如水电站项目可以使投资经营主体获得发电收益，也可使水电站下游减少洪涝灾害，后者就是该项目的外部收益。外部成本是指项目投资经营主体之外不由投资经营主体等价补偿，而由项目以外的个人、团体或社会来承担的社会成本，如项目导致的环境和生态破坏等就属于外部成本。外部性是公共项目所具有的显著特点之一。

5）多目标性

公共项目通常都具有多用途和多目标性，如水利水电枢纽项目的开发目标一般有防洪、发电、供水、灌溉、航运、水土保持、养殖、旅游等多个目标。很多时候不同目标之间可能存在着冲突，为了使公共项目实现这一系列的目标，政府必须进行协调。

8.2 公共项目评价概述

8.2.1 公共项目评价的目标

不同于营利项目，政府参与公共项目追求的目标和公共项目评价的基本目标都是效率和公平,效率和公平目标分别指政府通过有效投资实现社会资源的高效配置以促进社会经济增长和实现社会福利的公平分配。

以营利为目的的竞争性产业领域借助市场机制就可以保证一定的效率,政府应主要在市场机制不能充分发挥作用的公用事业领域进行投资,弥补市场机制的不足,提高社会资源配置效率。政府参与公共项目的原因主要有两个:一个原因是公共项目投资大、周期长、经济收益低,所以私人或企业无力或不愿进行投资,如大型水利、环境保护、基础设施建设和公益等项目;另一个原因是公共物品对社会民生关系重大且不具有市场交换性,不少公共项目也不宜由私人或企业投资和管理,如国防项目、立法、司法和执法建设项目等。因此这些公共项目必须由政府投资,才能实现社会资源的有效配置,确保满足社会经济发展的需求。

就公平而言,政府可以通过财政税收政策和提供公共物品进行二次分配以调节社会成员的收入与福利,促进社会公平。一方面,通过税收调节社会成员的收入差距;另一方面,通过公共项目投资提供免费的或价格低廉的公共物品,如公共教育、医疗等,从而进一步改善社会福利分配。

公共项目的目标是效率和公平的统一,即实现社会整体福利最大化。这一目标具有广泛性和长期性,广泛性是指全社会受益;长期性则是指注重社会未来的发展和利益。

公共项目投资与管理近年来的发展趋势呈多元化。企业甚至个人逐步参与到公共项目的投资与管理中,呈现出国有国营、特许经营、公私合营、民办民营等多种模式。在国有国营模式下,要避免效率低下的问题;在民办民营、公私合营模式下,则要特别关注社会效益和私有收益的协调问题。

8.2.2 公共项目评价的原则

公共项目评价的原则是由公共项目的基本特点及评价的目标决定的,这就要求对公共项目进行评价应遵循以下原则。

1)注重宏观效果原则

由于公共项目提供的是公共物品,所以对其评价不应仅仅局限于项目本身的收入和利润等微观效果,还应该从社会的角度出发,看看它是否更有利于促进社会经济效益以及提高社会福利等国家和社会的宏观效果。

2)关注间接效果原则

公共项目除产生直接效果外,还会产生许多涉及社会各方面的间接效果,这些间接效果产生的间接作用传导机理十分复杂,有时往往难以准确估计。此外,公共项目的影响具有长期性,其效果往往要经过很长时间才能显现,这更加剧了公共项目评价的不确定性。对公共项目的间接效果评价的准确性是公共项目评价的关键。

3)定量分析和定性分析相结合原则

公共项目不仅产生有形效果,还会产生难以用货币或实物单位去衡量的无形效果,这是由公共项目的多目标性和外部性所决定的。因此,必须采用定量分析和定性分析相结合的评价方法。

8.3 公共项目费用与效益

8.3.1 效益和费用识别与计量的原则

1. 效益和费用识别

1）以目标为依据

公共项目的目标是效益和费用识别与计量的基本依据。效益和费用分别是对目标实现的贡献和实现目标所付出的代价。通常情况下，一个公共项目实现的目标具有多目标性，这使识别与计量公共项目的效益和费用更加复杂。例如，一个大型水利工程项目的目标不仅是提供电力供应，还有灌溉、防洪、航运、旅游等其他目标。效益和费用的识别与计量需要围绕这些目标展开综合分析。

2）统一计量范围

公共项目效益和费用的发生具有时间性和空间性，因此效益和费用的识别与计量范围要统一，在计量时应遵循时间和空间上的统一。

遵循时间上的一致性，一是要明确计量的时间范围，一般以项目的整个生命周期为效益和费用计量的时间范围；二是要使效益和费用的计量在同一时间范围内，由于公共项目生命周期一般较长，因此要考虑资金时间价值。

遵循空间上的一致性，一是要确定考查项目效益和费用的合理空间；二是要使效益和费用的计量在相同的空间范围内进行，扩大或缩小考查的空间范围或对效益和费用的考查空间不一致都会造成项目评价的偏差。

费用与效益的空间分布包括地域分布和人群分布，其一致性是指在同一地域分布和人群分布中同时考查效益与费用。合理确定空间范围，是正确识别、计量项目费用与效益的基本要求，因为在实践中，有时会有意地扩大或缩小识别范围，或者对费用与效益的考查空间不一致。例如，从国家角度去分析一个由当地政府出资的家用煤气项目的效益，就不恰当地扩大了考查空间；而一个主要由中央财政拨款修建的水利工程，如果仅出于地区利益考虑，在投资成本上仅计入地区出资而将中央财政支出视作"免费"，就会产生低估成本的后果；如果只考查一条专供车辆通行的全封闭高速公路为车辆通行者带来的效益，而不考查它给沿线步行者和骑自行车人带来的不便，便会导致低估成本的后果。

表 8-1 为某大型水利水电工程项目的费用与效益的识别和计量范围应用举例。

表 8-1 某大型水利水电工程项目的费用与效益

目标	内部效益	外部效益	内部费用	外部费用
水力发电	电力销售收入	消费者剩余	投资与运行	土地淹没损失
防洪		减少洪涝灾害	投资与维护	土地淹没损失

续表

目标	内部效益	外部效益	内部费用	外部费用
灌溉	水费收入	农作物增产净收入	投资与维护	水库周围土盐碱化
航运	航船收费	提高运量及成本节省净收入	投资与维护	公路运输需求减少
游览	开办游览服务净收入	由游览业带动的商业	投资与维护	原有自然景观与人文景观的破坏

3）遵循增量原则

公共项目最终是预测和分析项目的效益与费用变化，即增量费用和增量效益，可采用有无对比法和前后对比法，而前者更好。

2. 效益和费用计量

1）支付意愿原则

遵循支付意愿原则计算公共项目产出物的正面效果，即由社会成员意愿为项目产出的效益所支付的价值来计量项目效益。

2）受偿意愿原则

遵循受偿意愿原则计算公共项目产出物的负面效果，即项目成本可由社会成员因接受项目所带来的不利影响所得到的补偿的价值来计量。

3）机会成本原则

遵循机会成本原则计算公共项目投入的经济费用，即由项目所占用的资源的机会成本来确定项目投资的计量。机会成本应按资源的其他最有效利用所产生的效益进行计算。

8.3.2 费用效益量化

计为效益的情况有：增加消费者消费、享用或各种愿意支付之满足，降低人们费用或支出，替代其他项目产出而节省的社会费用或减少资源耗费而节约的成本。计为费用的情况有：增加社会资源的耗用或占用，挤占消费者消费、享用，或减少各种愿意支付之满足等。这就要求对不同类别的公共项目进行界定和计量。现举例说明费用和效益是如何进行量化的。

1. 消费者费用的节省

对于不能收费或收费的成本太高的公共项目，如交通运输中不收费的道路和桥梁以及一些城市道路的改扩建，其效益主要体现在消费者剩余的增加、使用者费用的节省上。路程缩短、道路标准或质量的提高而产生的各种费用节省按有无对比原则进行计算，包括以下内容。

（1）车辆行驶费用的节省。如路程缩短、车速加快和路况改善而得到的单位行驶里程的费用节省等，节省的是车辆的可变成本。

（2）车辆利用时间和旅客时间的节省。前者是车辆利用所节省时间的机会效益，等于车辆的毛收益减去可变成本；后者是旅客对交通时间节省的支付意愿。

（3）货物在途时间的节省。如图 8-1 所示，横坐标 Q 表示交通量，纵坐标 C 表示单位出行费用。在公路不收费的情况下，效益主要由增加的消费者剩余来体现，项目的效益为四边形 ABDE 的面积，这些效益是由交通量 Q_A 增加到 Q_B 实现的，即交通量增量为 Q_B-Q_A。

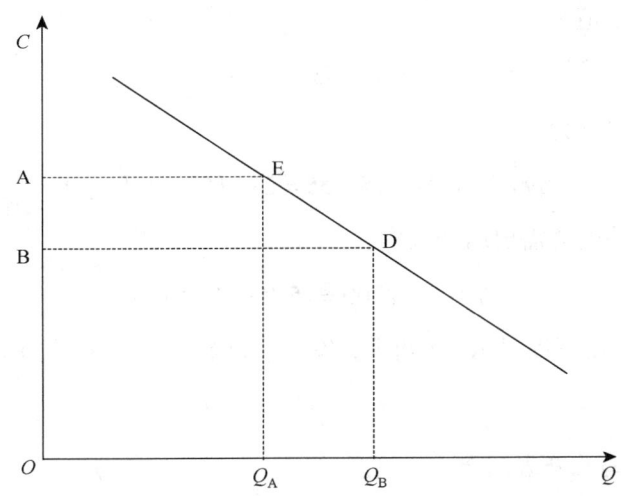

图 8-1 交通运输项目的消费者剩余

除了上述节省的费用外，还应包括减少拥挤和交通事故的效益、旅客出行的舒适和正点等直接的无形效益。

例 8-1 某市交通局要在一条 26 千米长的普通公路上进行改建，有两个方案可供选择。方案 A：保持原有线路不变，只是对路基局部加固并重铺路面，一次投资为 2200 万元，以保持现有的路况状态。方案 B：变弯曲公路为直线，这样该条公路可以缩短为 20 千米，在此基础上提高等级，并且在公路两侧安装隔离栅等防护措施，这样需一次投资 17 500 万元。

方案 B 的平均车速可从 40 千米/时提高到 50 千米/时，假设这样每年可以减少交通事故 55 次。据统计资料，每次交通事故的平均费用为 1 万元。

这段公路每天平均双向交通量为 5500 辆，其中小客车、大客车、货车分别为 1500 辆、500 辆和 3500 辆。假设这些车辆每千米行驶的费用分别为 0.6 元、1 元和 0.5 元，车辆（包括车辆本身和车上的乘客、司机及货物）时间节省每小时的价值分别为 30 元、80 元和 20 元。

以 30 年为计算期，计算期内的路面翻修、日常保养费、期末余值以及交通量增长等在方案比较时可略去，社会折现率为 8%，试对费用和效益进行量化。

解：该道路改建方案效益主要体现在道路各种费用的节省上，包括时间的节省、车辆行驶费用的节省、交通事故减少带来的节省等，这些都是消费者剩余的增加；费用是道路部门改建费用的支出。可以把方案 A 视作"无"方案，方案 B 视作"有"方案，计算增量的效益与费用。假定行驶费用只与路程长度有关，单位距离行驶费用节省忽略不计。

行驶费节省：

$$(1500\times0.6+500\times1+3500\times0.5)(26-20)\times365=689.85\text{（万元）}$$

时间节省价值为

$$(1500\times30+500\times80+3500\times20)(26/40-20/50)\times365=1414.375\text{（万元）}$$

减少交通事故价值为

$$1\times55=55\text{（万元）}$$

利用者年效益总计为

$$689.85+1414.375+55=2159.225\text{（万元）}$$

产生这样的经济效益需要增加投资：

$$17\,500-2200=15\,300\text{（万元）}$$

通过这样量化，就可以对 A、B 两个方案在基准收益率为 8%的情况下比较 30 年的经济效益。

2. 消费者剩余与生产者剩余

对收费的公共项目，通常收费低于消费者的支付意愿，项目的收益不足以衡量项目产出效益。因此，可以用效益减去费用来表示该项目的产出，这个产出可以从经济学角度衡量，它等于消费者支付意愿减去生产者费用，也等于消费者剩余与生产者剩余之和。生产者剩余的计算相当于营利性分析时运营期的投资净现金流量。

例 8-2 拟建跨海大桥项目，经过测算，如果平均每辆车收费 30 元，日交通量可以达到 1 万辆，如果平均每辆车收费降至 20 元，日交通量可以达到 1.5 万辆。假定日交通量与过桥费呈线性关系，该桥技术上限制日交通量不能超过 2 万辆，日经常性运行费用为过桥费收入的 5%，不考虑税收等支出。试对该桥分别进行营利性（最大化）分析和费用效益量化，确定收费标准和建桥投产的预算限额。

解：设交通量和收费分别用 Q、p 表示，根据给出的两组数据，可以得出交通量和收费之间的关系满足直线方程

$$p=50-20Q$$

因此日过桥费收入 $\text{TR}=pQ=(50-20Q)Q$，当日过桥费收入最大时，$\dfrac{d(\text{TR})}{dQ}=0$，此时 $p=25$ 元，$Q=1.25$ 万辆。

年净现金流入为

$$25\times1.25\times(1-5\%)\times365=10\,836\text{（万元）}$$

建桥的投资按 8%的折现率求得，根据现值公式 $P=A\dfrac{(1+i)^n-1}{i(1+i)^n}$ 可知，当 $n\to\infty$ 时，$P=\dfrac{A}{i}$，因此可计算总投资不超过

$$P = \frac{10\,836}{8\%} = 13.545 \text{（亿元）}$$

按净效益最大化，桥的通过能力应充分利用，收费标准可降至 10 元/辆，日交通量为 2 万辆。

消费者剩余为

$$\frac{1}{2}(50-10) \times 2 \times 365 = 14\,600 \text{（万元）}$$

生产者剩余为

$$10 \times 2 \times (1-5\%) \times 365 = 6935 \text{（万元）}$$

年净效益为

$$14\,600 + 6935 = 21\,535 \text{（万元）}$$

建桥的投资按 8% 的折现率求得，计算总投资不超过

$$\frac{21\,535}{8\%} = 26.92 \text{（亿元）}$$

通过两种出发点的比较，投资可相差一倍。

3. 供水、供气和供电等项目的价格

供水、供气和供电等项目通常具有自然垄断性，其产出或提供的服务是现代生活所必需的，收费受物价部门的价格限制，产品（或服务）相对单一，这类公共项目也称为公用设施项目。这种项目产品的实际定价必须考虑广大居民用户的承受能力，采取必要的补贴，又不能完全依靠补贴来实现公平，因此难以事前确定计量效益尺度。由于产出单一，我们倾向于按投资和费用比推出产出的价格，其计算公式为

$$P = \frac{\sum_{t=0}^{n} C_t (1+i_c)^{-t}}{\sum_{t=0}^{n} Q_t (1+i_c)^{-t}} \tag{8-1}$$

式中，C_t 表示项目包括投资在内的第 t 期费用，一般在营利性分析的投资和经营成本估算的基础上进行调整（如剔除税收、国内保险和应付费用等）；Q_t 表示第 t 期的产出并供应消费的量；i_c 表示社会折现率。项目方案利用式（8-1）计算出的价格 P 小于或等于某种从社会角度被认为是合理的价格，那这个评价结论与用这种合理价格计算的净现值大于等于 0 的结论是一致的。计算出的价格也可用来对方案进行比选，在同样条件下，选择价格低的方案。

例 8-3 某城市拟建水厂，设计供水 1 亿立方米，初始投资 20.6 万元，预计使用年限为 25 年，其他费用支出如表 8-2 所示。按社会折现率 8%，试计算水的价格。

表 8-2 某供水项目反推价格计算

序号	项目	单位	计算期						
			0	1	2	3	4~16	17~24	25
1	供水量 Q	亿立方米		0.65	0.80	0.85	0.95	0.75	0.75
2	费用流量 C	万元	150 000	58 000	7 500	9 300	6 600	6 900	6 400
2.1	建设投资	万元	150 000	50 000					
2.2	维持运营投资	万元				3 000			
2.3	流动资金	万元		3 000	2 000				
2.4	运行费用	万元		3 000	3 000	3 700	4 000	4 200	4 200
2.5	原水费用	万元		2 000	2 500	2 600	2 600	2 700	2 700
2.6	回收资产余值	万元							−500

解：将表 8-2 中各年的数据代到式（8-1）中，计算出 $\sum_{t=0}^{n}Q_t(1+i_c)^{-t}=929\,059.41$（亿立方米），$\sum_{t=0}^{n}C_t(1+i_c)^{-t}=271\,435.08$（万元），则水厂水价约为 2.92 元/米^3。

4. 无形效果的价值

无形效果是指不具有市场价格、不能或难以直接货币化的效果，很多公共项目的产出都具有这种特性。这种效果的价值货币化的估计是费用效益分析的重要内容。无形效果价值的估计主要用揭示偏好法和意愿调查法两类方法。

1）揭示偏好法

消费者在一定价格条件下的购买行为暴露了或显示了他内在的偏好倾向，因此我们可以根据消费者的购买行为来推测消费者的偏好。这类方法基于这样的认识：有些非市场物品或服务，尽管不存在市场的交换，但这些无形效果也与市场价格之间有着一定的联系，利用他们所支付的价格或者他们获得的利益间接推出对物品或者服务的偏好，估算出物品或服务的经济价值。揭示偏好法就是利用相关数据得出指标与支付意愿之间的关系，利用边际意愿把这些无形效果的价值"剥离"出来。例如，区位、面积、质量、容积率和交通配套等其他条件相同，安静的小区房价高，噪声指标高的房价低。如果能收集到这类房价差别的样本，用统计学的方法建立噪声（负的"安静"）指标与价格差的函数关系，那么就可以求出人们对降低一个噪声单位的边际支付意愿，也就是隐含在住房物业内的噪声的价格。这种揭示偏好法曾被广泛地应用于旅行时间、噪声、空气污染、水质、水景和绿化等无形效果的货币化度量上。又如，道路旁的住户，用双层玻璃的门窗来防止噪声，购买瓶装水来代替自来水的饮用，这些额外的支出可以看作避免噪声和水污染的支付意愿。在研究投资道路隔音屏蔽和进一步净化供水项目时，就可以用这种揭示出来的支付意愿来表征项目的效益。随着环境和生态等无形效果日益被人们重视，人们也开始考虑用污染造成的损失或防治的费用来间接地估计这类无形效果的价值。近年来出现的污染物排放权交易也让这些效果进入了市场，为这类无形效果的价值提供了信号。表 8-3 给出了一些参考性的量。

表 8-3 环境损害值参考量值

排放物	损害值单位	损害值				备注
		人口密集区	小城镇	农村	空旷地区	
NO_2、SO_2 等	万元/吨	10.0～15.0	2.0～3.0	0.5～1.0	0.05	对人体健康和产出等的地区性损失
噪声	万元/(分贝·延长公里·年)	8.0～12.0	2.0～3.0	0.3～0.8	0.03	按 20 分贝以上计算
污水化学需氧量排放	元/千克	2.0～10.0				考虑行业的治理费用和地区影响系数
CO_2 排放	元/吨	80.0～100.0				参照清洁发展机制交易价格

2) 意愿调查法

意愿调查法也叫意愿调查评估法，是一种典型的陈述偏好法。这种方法是在 20 世纪 90 年代发展起来的，它通过调查询问消费者对某一东西的改善效益的支付意愿和对其损失的接受赔偿意愿的陈述进行分析加工，获取人们对某种需求的支付意愿，而这种支付意愿就是存在价值，即无形效果价值，它考虑的都是使用者的各种直接和间接的成本与效益。例如，人们对珍稀物种、历史文物和自然状态等的支付意愿，即使不前去观赏，但还是希望它们"存在"下去，这种价值只能靠分析消费者的支付意愿综合得出。虽然由于搭便车等原因，没有以市场实际支付为基础的简单问卷调查所得的信息是不可靠的，难免有各种人为的倾向性，但是，意愿调查法经过科学地统计调查和分析可以提供足够可靠的无形效果价值。这种方法常常用于空气和水质量价值评估；休闲娱乐（包括钓鱼等）价值评估；自然资产（森林和原始区域）的保护价值评估；生物多样性的选择价值和存在价值；生命和健康影响或风险损失评估；交通条件改善价值评估；供水、卫生设施和污水处理损失价值评估等。

例如，某地区发生了严重的环境污染事故。这次事故对商业、旅游以及休闲娱乐等活动造成了极大的损失，这些损失有些可以基于市场信息加以估计，有一些无形效果价值的损失却难以准确估计。为了较准确地估计出这部分损失，采用意愿调查法进行估计。

（1）分层抽样统计。样本总体是 M 个县，每个县有 m 个被调查者。分三层抽样，第一层是从样本总体 M 中，按人口大小比例随机抽取 m_1 个县样本；第二层是从 m_1 个县样本中按人口比例抽取 m_{11} 个普查样本；第三层是从 m_{11} 个普查样本中抽得 m_{12} 个样本。

（2）信息说明。采用分别访谈的形式，向被调查者介绍事故的损害情况，包括事故发生的地理位置、周边环境污染的基本情况，以及拟采用的清污办法和自然恢复的过程与时间等。最后，提出为避免此类事故拟采取的措施计划以及有关的费用。

（3）支付形式。提供可供选择的弥补损失方案，并进行研究，确定最优的支付形式。在征求被调查者支付意愿前，向被调查者告知这次事故每一个家庭都要承担部分的费用，请选择是否赞成这样的方案。赞成则意味着承担这部分费用是值得的，反对则认为不值得。

（4）问题设计。为了防止偏差，采用了双区间两分法意愿吸取方法，让被调查者回答"是"或"否"的问题设计。这次事件的问题设计Ⅰ、Ⅱ、Ⅲ、Ⅳ四套支付意愿，供被调查者随机抽取其中之一，如表 8-4 所示。该表 A1 列是首先发问的该支付意愿，如回答"是"，再追问 A2 列；如果回答"否"，则追问 A3 列。以抽中方案Ⅰ为例，首先问"你是否愿意支付 a1？", 如果回答"是", 则再追问一个"那么你是否愿意支付 a2？"; 如果回答"否", 则再追问一个"那么你是否愿意支付 a3？", 其中 a2>a1>a3。

表 8-4 支付意愿测试初始表

方案	A1	A2	A3
I	a1	a2	a3
II	b1	b2	b3
III	c1	c2	c3
IV	d1	d2	d3

（5）统计分析。经整理，回答结果如表 8-5 所示。

表 8-5 组合回答比例结果

方案	是-是	是-否	否-是	否-否
A	a11	a12	a13	a14
B	b11	b12	b13	b14
C	c11	c12	c13	c14
D	d11	d12	d13	d14

根据表 8-5 的结果，方案 A 的区间是：（0-a3[否–否]）；（a3-a1[否–是]）；（a1-a2[是–否]）；（a2-∞[是–是]）。其中，（0-a3[否–否]）表示抽样方案 I 先发问问题 a1 回答的是"否"，追问问题 a3 回答的也是"否"的情况，由于 a3 最小，所以这个区间是既不愿意支付 a1 也不愿意支付 a3 的情况，即支付意愿小于 a3。同理，（a3-a1[否–是]）表示支付意愿大于 a3 而小于 a1；（a1-a2[是–否]）则表示支付意愿大于 a1 小于 a2；（a2-∞[是–是]）则表示支付意愿高于 a2。由于方案 I 中的 a1、a2、a3 与方案 II 中的 b1、b2、b3 数值不一样，所以统计的结果也有所差别。类似地，方案 B 的区间是（0-b3, b3-b1, b1-b2, b2-∞）；方案 C 的区间是（0-c3, c3-c1, c1-c2, c2-∞）；方案 D 的区间是（0-d3, d3-d1, d1-d2, d2-∞）。根据以上区间和回答的比例，按最大或然率，用 Weibull 分布或 Turnbull 非参数估计，在一定的置信区间内得到样本的期望值下限 E1 和上限 E2。考虑样本 M，则可以估算出这次事故的无形效果价值损失是 $E1 \times M \sim E2 \times M$。

8.3.3 费用效益调整

1. 影子价格

影子价格是指在社会处于某种最优状态下，反映社会劳动消耗、资源稀缺程度和最终产品需求状况的价格。除了货物的影子价格外，广义的影子价格还包括资金的影子价格（社会折现率）、外汇的影子价格（影子汇率）、土地的影子价格、工资的影子价格等。影子价格只有在满足市场完善条件下才会出现，因为其是社会对货物真实价值的度量。发展中国家因计划经济、经济转轨等原因，某些商品的国内市场价格偏离这样的均衡价格较远，一般将交换价格调整为影子价格。一般认为，只要存在对外贸易，就采用国际市场价格计算费用和效益。这种价格也叫"进口平价"或"出口平价"，它是考虑了国内运输、仓储、装卸等实际资源耗费（不考虑关税等进出口环节的各种转移支付）后的价格。因此，在费用效益分析时应当采用进出口平价来计算效益和费用。

例 8-4 某有色金属联合项目生产主要供出口的有色金属原料，每吨的离岸价（free on board，FOB）稳定在 1000 美元，这种原料在国内市场价格较低，波动也大，出口潜力大，为了考查该项目对国民经济的贡献，有必要以出口平价确定该项目产出的效益。设项目至口岸的运输费每吨为 500 元人民币，离岸前的其他物流费用按 6% 估算，汇率为 1 美元 = 6.72 人民币。

解：产出品出口平价（出厂价）= FOB × 汇率 × (1–6%) – 项目至口岸的运输费，得
产出品出口平价（出厂价）= 1000 × 6.72 × (1 – 6%) – 500 = 5816.8（元/吨）

例 8-5 我国制纸用木浆大量依赖进口。正在考虑一个种植快速成长林项目，在增加森林覆盖率的同时，用这种林木制浆替代进口。同类木浆进口的到岸价（cost insurance and freight，CIF）稳定在 1200 美元/吨，口岸至国内造纸厂（用户）的运输费和项目至该用户的运输费相当，试求这个项目产出品进口平价。

解：产出品进口平价（出厂价）= CIF × 汇率 + 口岸至主要用户的运输、仓储和装卸费用
–项目至主要用户的运输、仓储和装卸费用

考虑后两项可以相互抵消，汇率同例 8-4，则
产出品进口平价（出厂价）= 1200 × 6.72 = 8064（元/吨）

经过多年的市场培育，我国目前多数商品都处于供求均衡状态，市场均衡价格就可作为费用效益分析时的价格，不必做调整。

2. 非边际性和税收的修正

边际性是指项目的规模占整个国民经济的比重很小，可以忽略不计其投入产出对供求价格的影响，但当项目较大，其产出和投入足以影响原来的供求均衡价格时，效益（费用）的计算和营利性分析现金流就会有区别。如图 8-2（a）所示，项目提供的产品的原有市场的供求均衡点在 E 点，供求量为 Q_0。项目提供相对于市场较大的产出 Q_1-Q_2，在增加市场供应的同时引起价格下降。因此，对原有产出品市场均衡的影响由两部分组成：一部分是增加了市场的供应 Q_0-Q_2，这部分的效益既不是用均衡前的价格 P_0，也不是用均衡后的价格 P_1，而是应用消费者的支付意愿来度量（需求曲线 D 下面的面积，可近似地取 $(P_0 + P_1)(Q_1-Q_0)/2$）；另一部分是由于价格下降，项目的产出排挤了原有的供应 Q_0-Q_2，这部分的效益是对应于 Q_0-Q_2 的费用的节省，应该用供应曲线 S 下面的面积来度量，因此，项目产出的效益是以上两部分之和，也就是图 8-2（a）中阴影面积，显然，它不同于项目产出的收益 $P_1(Q_1-Q_2)$，同样道理，项目的投入如果排挤了原有用户，则在费用中要考虑消费者剩余的减少，如图 8-2（b）所示。

税收在投资主体的营利性分析中是一笔支出，但是这笔支出并不代表社会资源的耗用，只是项目法人实体向政府的一种转移支付，从整体看并不是费用。因此，在效益和费用识别与计量时应将税收从营利性分析的现金流出中剔除。但是，当用支付意愿来度量效

益和费用时，由于消费者面对的价格是含税的，因此在这种情况下价格内所含的流转税如消费税、增值税等不应在支付意愿中扣除。

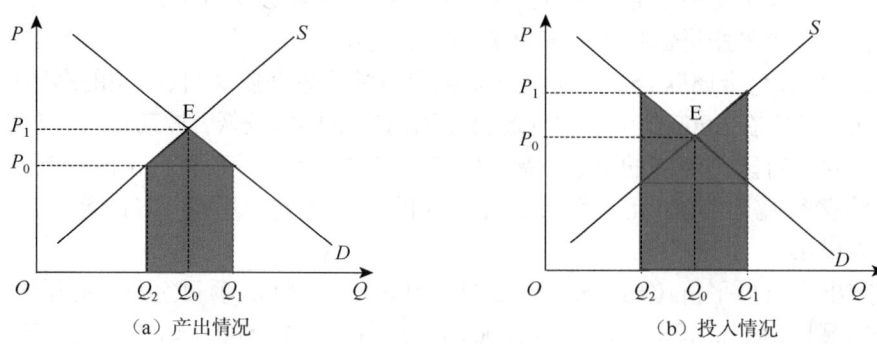

（a）产出情况　　　　　　　　　　　　　（b）投入情况

图 8-2　非边际性项目费用和效益的修正

例 8-6　某年产 500 万吨的水泥项目，用以满足省内和周边地区的需求，并替代部分价高质次的中小水泥厂的产出。由于水泥的运输费占比较高，市场容量有限，供求均衡平均出厂价格（含 16%增值税）与无项目比较会从每吨 360 元下降至 330 元，估计项目产出的 60%会增加需求的满足，40%是替代原由中小水泥厂的供应，求用以计算产出收益与效益的价格差异。

解：项目营利性分析时计算产出收益的价格为

$$\frac{330}{1+16\%}=284.48（元/吨）$$

效益和费用识别与计量时计算产出效益的平均价格为

$$\frac{1}{2}(360+330)\times 60\%+\frac{1}{2}(360+330)\times 40\%\times \frac{1}{1+16\%}=325.97（元/吨）$$

式中，第一项表示包括消费者剩余在内的支付意愿的价格增加；第二项表示排除原有水泥供应而节省的费用。前者含税，后者不含税。如图 8-3 所示的阴影部分面积，它等于厂商收益与项目产出的社会经济效益之和。

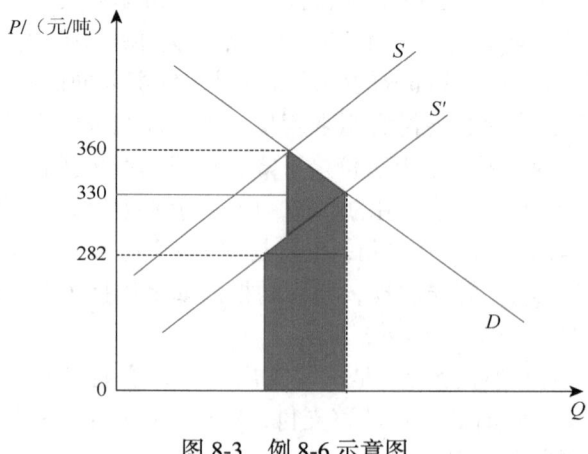

图 8-3　例 8-6 示意图

例 8-7 我国每年出口某种有色金属原料 72 万吨，预测的离岸价平均为 3800 美元/吨。考虑某新建这种原料项目的产出中每年有 12 万吨的增加出口。由于这种原料国际市场的需求价格弹性有限，价格下降至 3650 美元/吨，试从企业和国家角度分析出口的价格。

解：由于出口，国外的消费者剩余增加不在效益考虑的范围内，但由此产生的出口价格下降对国内原有出口商造成的生产者剩余的损失应在项目的出口效益中扣除。在进行营利性分析时，应按降价后的 3650 美元/吨为基础，计算项目这部分产出的收益，但是，在进行效益和费用识别与计量时，从国家利益出发，项目产出的效益还要扣除国内原出口的 72 万吨因价格下降的收益损失，即按 $3650 - (3800 - 3650) \times 72/12 = 2750$（美元/吨）为基础计算。

3. 外部效果

投资者营利性分析中现金流量主要是由项目的投入和产出通过市场交换来实现的，而很多项目实施和运行时对生产和消费的影响并没有通过市场的交换，也就没有在现金流中得到体现，但是，从社会经济整体来看，这些影响又确实形成了一定的效益和费用。例如，新建工业项目的配套道路、供电和供水等设施为附近的居民带来方便，高科技工业项目的人力资源和知识的扩散等都可以看作正的外部效果；很多工业项目生产时产生的污水、废物和废气的排放可以看作负的外部效果。这些外部效果往往难以定量化和货币化，无法或难以通过市场来收费和付费，当这些影响较大而在营利性分析中又没有反映的，应在效益和费用识别与计量时给予补充。

把外部效果计入项目效益时要避免重复计算。例如，某一生产化纤原料的大型工程项目投产，由于市场供应的增加，这种化纤原料的价格下降，由此采用这种化纤原料的纺织行业的利润会增加。同样推理，其下游的服装加工企业、服装商店直至服装消费者都会因此得到好处。这一系列的连锁效益是否都要算作生产化纤原料的那个大型工程项目的外部效果呢？答案是否定的。事实上，纯粹的价格变动，只能产生效益的转移：由于价格下降，下游行业的收益正是来源于上游的损失。因此，那些由价格变动引起的上下游利益格局的变动而产生的效益重新分配不应作为外部效果来计算。同样道理，新建一个大型纺织厂，使投入的化纤原料价格上升，由此产生的上游化纤原料、石油化工行业的收益也不能计为纺织厂项目的外部效果。

还有一类由供求变化而引起的相邻外部效果也要防止夸大和重复计算。譬如，某地区的电机生产能力过剩，设备闲置。现在考虑要建一个空调厂项目，对电机的需求增加，使原来的电机工厂的生产能力得以充分利用，由此产生的效益似乎可以看作空调厂项目的外部效益；反过来，如果空调厂原来就有，但因电机供应不足，空调厂生产能力闲置，那么建一个新的电机厂项目就有一系列下游的相邻外部效果。实践表明，对这类效果不应估计过大，防止随意夸大。只有同时具备下列情况时才予以考虑。①这些相邻部门的生产能力或资源处于闲置状态。②这些闲置的生产能力或资源被利用之后，不会影响该部门或其他相邻部门的产出。例如，当闲置的设备开动后，会挤占原来就紧张的电力供应，有可能使其他行业减产。这样，利用闲置设备的外部效果实际上并不存在，至少要打折扣。③除了拟议的工程项目方案外，并无利用上述闲置生产能力和资源的其他途径。否则，在评价和比选项目方案时会由此产生厚此薄彼。

同时具备以上条件的情况是不太多的,因此,对这类相邻外部效果不应过分强调。

4. 社会折现率

民间投资项目对资金时间价值的考虑主要体现在基准收益率的设定上,其主要的决定因素是个别投资者的资金来源的加权成本和可能的投资机会成本。从国家和社会角度出发的费用效益分析,同样要考虑效益和费用的时间价值问题。类似于投资营利性分析,费用效益分析也用折现率,一般称为社会折现率,这个参数应由国家考虑两方面的因素后统一设定。一是公共部门资金使用的机会成本。公共部门投资的资金被有限的公共部门使用了,民间部门就失去了投资机会,这种牺牲的投资机会获利水平是决定社会折现率的一个基础;二是社会成员对于现在与未来能获得的效益的偏好程度。尽管在社会折现率决定上有很多理论上的争论,但多数国家都设定在6%~8%。

8.4 费用效益分析

费用效益分析法是指通过权衡效益与费用来评价项目可行性的一种分析方法。费用效益分析既能表明每个项目或方案是否值得执行,又能计算与比较它们相应的效益与费用的差额,这种方法是一种更有力的决策工具。除了表现在分析的结论上,它对决策更重要的作用表现在分析过程中所提供的有用信息和反映出来的详细内容上。

对于纯公共项目或准公共项目,由于项目没有或只有很少的效益,其主要体现在消费者的费用节省或非货币化的得益上。在这种情况下,我们不是通过营利性分析进行调整,而是直接对效益进行尽可能的量化和货币化,在合理的范围内将效益与费用对比,最终判断和选择方案。

在经过以上必要的调整后,经营性项目的营利性分析就转化为从国家和社会资源配置角度的费用效益分析。这种分析的指标和判据在形式上与投资者营利性分析类似,通常用经济净现值和经济内部收益率来判断,但也有一些区别:如果用效益(B)代替投资者的现金流入,用费用(C)代替投资者的现金流出,i_c 代表社会折现率,n 为项目计算期,经济净现值指标的计算公式为

$$\text{ENPV} = \sum_{t=0}^{n}(B-C)_t(1+i_c)^{-t} \tag{8-2}$$

式中,$(B-C)_t$ 表示第 t 年的净效益,它等于当年的收益减去费用支出。

项目经济净现值不小于零,表示国家为拟建项目付出的代价可以得到符合社会折现率要求的社会盈余,或者表示可以得到以现值计算的超额社会收益,经济净现值越大,表示项目所带来的经济效益的绝对值越大。与经济净现值等价的净年值也可作为等价的指标。另外,也可以计算经济内部收益率,即使

$$\text{ENPV} = \sum_{t=0}^{n}(B-C)_t(1+\text{EIRR})^{-t} = 0 \tag{8-3}$$

式中,EIRR 表示经济内部收益率。对于常规投资项目,作为评价的判据,项目的经济内部收益率大于等于社会折现率时项目是可行的。

公共项目的评价有时用效益费用比（B/C）指标。效益费用比等于在考虑社会折现率的基础上项目各年收益的现值与费用的现值之比。计算这个指标时，对各年效益 B 和费用 C 分别折现。效益的现值：

$$\overline{B} = \sum_{t=0}^{n} B_t(1+i_c)^{-t} \tag{8-4}$$

费用的现值：

$$\overline{C} = \sum_{t=0}^{n} C_t(1+i_c)^{-t} \tag{8-5}$$

效益费用比：

$$B/C = \frac{\overline{B}}{\overline{C}} \tag{8-6}$$

或净效益费用比：

$$\text{NB}/C = \frac{\overline{B} - \overline{C}}{\overline{C}} \tag{8-7}$$

式中，NB 表示净效益，等于效益的现值减去费用的现值。效益费用比的评判规则为：$B/C \geqslant 1$ 或 $\text{NB}/C \geqslant 0$ 则接受，反之则拒绝。不难看出，效益费用比作为评价的判据和经济净现值判据是一致的。

从式（8-7）可以得出，净效益的计算公式为 $\text{NB} = \overline{B} - \overline{C}$，即

$$\text{NB} = \overline{B} - \overline{C} = \sum_{t=0}^{n} B_t(1+i_c)^{-t} - \sum_{t=0}^{n} C_t(1+i_c)^{-t} = \sum_{t=0}^{n}(B-C)_t(1+i_c)^{-t} \tag{8-8}$$

式（8-8）也是式（8-2），因此当 $\text{NB} \geqslant 0$ 时，项目可以接受，否则项目应予拒绝。

对于 1、2 两个互斥型方案，可以用增量费用效益差比较方案，公式如式（8-9）、式（8-10）所示。

$$\Delta \text{NB}_{2-1} = \sum_{t=0}^{n}(B_2 - B_1)_t(1+i_c)^{-t} - \sum_{t=0}^{n}(C_2 - C_1)_t(1+i_c)^{-t} \tag{8-9}$$

或

$$\Delta \text{NB}_{2-1} = \sum_{t=0}^{n}(B_2 - C_2)_t(1+i_c)^{-t} - \sum_{t=0}^{n}(B_1 - C_1)_t(1+i_c)^{-t}$$
$$= \text{ENPV}_2 - \text{ENPV}_1 \tag{8-10}$$

$\Delta \text{NB}_{2-1} \geqslant 0$ 时，选择 2 方案；否则选择 1 方案。

也可运用增量费用效益比进行比较。首先，将所有方案按成本从小到大排列，然后按式（8-11）进行两两比较，最终选择增量费用效益比最大的方案。

$$\Delta B/\Delta C = \frac{\sum_{t=0}^{n}(B_2 - B_1)_t(1+i_c)^{-t}}{\sum_{t=0}^{n}(C_2 - C_1)_t(1+i_c)^{-t}} \tag{8-11}$$

评价准则为：$\Delta B/\Delta C \geqslant 1$ 时，选择 2 方案；否则选择 1 方案。

由于公共项目的费用和收益具有较大的不确定性，在完成上述分析之后，还应在费用

效益分析的基础上进行盈亏平衡分析、敏感性分析和风险分析等，这样有助于减小不确定性，提高分析的可靠性，确保决策的有效性。

在上述准则中，B/C 表示每单位费用带来的效益；B–C 表示各方案净收益的大小。这两个准则适合公共项目的单方案比较（绝对效果评价），判断识别标准如表 8-6 所示。

表 8-6　B/C、B–C 准则判断识别标准

B/C	B–C	结论
= 1	= 0	方案取舍临界点
> 1	> 0	方案可行
< 1	< 0	方案不可行

实际上在多方案经济评价时，人们更倾向于用最后的两种评价准则，即增量法，保证每增加一单位的投资都带来最大的经济效益，判断识别标准见表 8-7。

表 8-7　$\Delta B/\Delta C$、$\Delta B-\Delta C$ 准则判断识别标准

$\Delta B/\Delta C$	$\Delta B-\Delta C$	结论
= 1	= 0	增量费用与非增量费用等价
> 1	> 0	增量费用较优
< 1	< 0	非增量费用较优

例 8-8　某城市计划修建一条高速公路以取代原来的普通公路。原公路的长度为 26 千米。方案一是花费 300 万元重修路面，随后每十年需要花费 250 万元翻新路面。此外，每年路面的维护费是每千米 1 万元。方案二是建造一条 22 千米的新公路，最初投资 1000 万元，每十年的翻新费为 225 万元，每年维护费为每千米 1 万元。方案三是建设一条 20.5 千米的直线公路，其最初投资为 1800 万元，每十年的翻新费为 225 万元，每年维护费为每千米 1 万元，计划期为 30 年，忽略残值，基准折现率为 8%。试选择最佳方案。

解：根据上述条件，可以计算出各方案的投资和维护费等运营成本如下。

方案一：$AC_1 = [300 + 250(1+8\%)^{-10} + 250(1+8\%)^{-20}](A/P, 8\%, 30) + 1 \times 26 = 67.70$（万元）。

方案二：$AC_2 = [1000 + 225(1+8\%)^{-10} + 225(1+8\%)^{-20}](A/P, 8\%, 30) + 1 \times 22 = 124.37$（万元）。

方案三：$AC_3 = [1800 + 225(1+8\%)^{-10} + 225(1+8\%)^{-20}](A/P, 8\%, 30) + 1 \times 20.5 = 193.93$（万元）。

显然，从项目内部看，方案一的内部成本现值最低，但是，从社会和国家角度看，能否认为方案一是最优方案呢？显然不能。因为，公共项目投资的决策依据是公共利益的最大化，而上述分析仅仅代表项目投资的内部成本方面，还需要对项目的外部公共收益方面进行分析，才能得出正确的结论。

公路建设项目的外部收益包括：节省的机动车的运行费、节约的时间和增加行车安全减少的车祸损失等，该公路日均机动车流量及运行成本情况见表 8-8。三个方案的行车速度和年均事故数量等数据见表 8-9。

第 8 章 公共项目的经济分析

表 8-8 公路日均机动车流量及运行成本表

项目	轻型卡车	重型卡车	摩托车	轿车
日均机动车流量/辆	350	250	80	3320
运行成本/（元/千米）	0.50	0.85	0.15	0.30

表 8-9 路长度、行车速度和年均事故数量

项目		方案一	方案二	方案三
路长度/千米		26	22	20.5
行车速度/（千米/时）	重型卡车	35	40	40
	其他	45	50	50
年均事故数量/辆		105	75	70

假设商务用车（所有卡车和 25%的轿车）的时间成本为 22 元/时，非商务用车的时间成本为 8 元/时，每辆汽车事故成本（包括物质财产损失、医药费、误工费和其他相关费用）平均为 9000 元，则可以计算出项目各方案的年公共运行成本、时间成本和事故成本。

（1）运行成本。

方案一：$(350\times 0.5 + 250\times 0.85 + 80\times 0.15 + 3320\times 0.3)\times 26\times 365 = 13\,243\,295$（元）。

方案二：$(350\times 0.5 + 250\times 0.85 + 80\times 0.15 + 3320\times 0.3)\times 22\times 365 = 11\,205\,865$（元）。

方案三：$(350\times 0.5 + 250\times 0.85 + 80\times 0.15 + 3320\times 0.3)\times 20.5\times 365 = 10\,441\,829$（元）。

（2）时间成本。

方案一：

$[(350/45 + 250/35)\times 22 + 80/45\times 8 + 3320/45\times (0.25\times 22 + 0.75\times 8)]\times 26\times 365 = 11\,301\,837$（元）

方案二：

$[(350/50 + 250/40)\times 22 + 80/50\times 8 + 3320/50\times (0.25\times 22 + 0.75\times 8)]\times 22\times 365 = 8\,575\,237$（元）

方案三：

$[(350/50 + 250/40)\times 22 + 80/50\times 8 + 3320/50\times (0.25\times 22 + 0.75\times 8)]\times 20.5\times 365 = 7\,990\,562$（元）

（3）事故成本。

方案一：$105\times 1 = 105$（万元）。

方案二：$75\times 1 = 75$（万元）。

方案三：$70\times 1 = 70$（万元）。

将上述计算结果汇总到表 8-10 中。表中的投资和维护成本为政府成本，即项目的费用方面，而项目的收益方面可以定义为项目方案所带来的运行成本、时间成本和事故成本的节约。但在本例题中没有给出收益的绝对数值，需要将某方案相对于另一方案所带来的外部成本节约作为项目收益，才能进行费用效益分析。

表 8-10　项目成本汇总表　　　　　　　　　　　　　　　　　单位：万元

项目		方案一	方案二	方案三
运营成本	投资	41.70	102.37	173.93
	维护成本	26	22	20.5
	合计	67.70	124.37	193.93
外部成本	运行成本	1324.33	1120.59	1044.18
	时间成本	1130.18	857.52	799.06
	事故成本	105	75	70
	合计	2559.51	2053.11	1913.24
总成本		2627.21	2177.48	2107.17

根据以上数据，进行费用效益分析：

$$\Delta B_{2-1} = 2559.51 - 2053.11 = 506.4（万元）$$
$$\Delta C_{2-1} = 124.37 - 67.7 = 56.67（万元）$$
$$(\Delta B/\Delta C)_{2-1} = 506.4/56.67 = 8.94$$

由于费用效益比大于 1，因此，方案二优于方案一，淘汰方案一。

$$\Delta B_{3-2} = 2053.11 - 1913.24 = 139.87（万元）$$
$$\Delta C_{3-2} = 193.93 - 124.37 = 69.56（万元）$$
$$(\Delta B/\Delta C)_{3-2} = 139.87/69.56 = 2$$

可见，方案三优于方案二。因此，应选择方案三。

本题也可以用增量费用效益法来进行选择，可以得出相同的结论。

$$\Delta(B-C)_{2-1} = 506.4 - 56.67 = 449.73（万元）> 0$$

因此，方案二优于方案一，淘汰方案一。

$$\Delta(B-C)_{3-2} = 139.87 - 69.56 = 70.31（万元）> 0$$

因此，方案三为最优方案。

表 8-10 最后一行列出了各方案的年总成本。它等于各方案的内部成本和外部成本之和。以总成本最小作为判别依据也可得出与上述分析完全相同的结论。

在公共项目评价的早期阶段，很多人认为效益费用比较经济净现值的好处是能提供项目排序的依据。实践和理论都证明，在互斥项目的比选中，效益费用比可能会给出错误的判断；在无约束情况下，B/C 指标并不能提供比净现值指标更多的信息；在投资有限的情况下，可以按 B/C 的大小来确定项目的优劣，但按这种排序也不能保证一定能取得最优方案。

例 8-9　表 8-11 是根据我国某职业教育校区的数据得出的费用效益分析结果。职业教育的主要目标是改善毕业生的就业前景，是一种人力资源的投资。在劳动力市场充分的前提下，这种投资的效益可以通过工资收入的差异来体现。本例是以高中毕业不进高等职业学校和初中毕业不进技校直接工作作为参照组，即"无项目"，项目的直接效益（序号 1.1）是该校区高等职业学校和技校每年毕业生相对于高中和初中毕业生 20 年终生收入现值的差额；社会费用方面，除校区的投资和经营费用外，还有学生在学三年中如果打工的机会收入（序号 2.5）。我们给出了社会折现率是 8% 的经济净现值、效益费用比和经济内部收益率。尽管没有对间接效益计量，但这些指标说明了这个项目有较高的资源配置效率。

表 8-11　某职业教育校区费用效益分析　　　　　　　　　　　　　单位：万元

序号	项目	0	1	2	3	4	5	6~19	20
1	效益				80 000	100 000	150 000	150 000	170 000
1.1	直接效益				80 000	100 000	150 000	150 000	150 000
1.2	资产回收余值								20 000
1.3	间接效益								
2	费用	200 000	80 000	62 000	85 000	90 000	90 000	90 000	90 000
2.1	建设投资	200 000	80 000	60 000					
2.2	维持运营投资								
2.3	流动资金			2 000					
2.4	经营费用				25 000	30 000	30 000	30 000	30 000
2.5	放弃的收入				60 000	60 000	60 000	60 000	60 000
2.6	间接费用								
3	净效益	−20 000	−80 000	−62 000	−5 000	10 000	60 000	60 000	80 000

经济净现值：ENPV = 70 804.25（万元）> 0。

B = 1 117 203.61（万元），C = 1 046 399.36（万元）。

效益费用比：$B/C = \dfrac{1\,117\,203.61}{1\,046\,399.36} = 1.07 > 1$。

经济内部收益率：EIRR = 10.09% > 8%。

这个分析没有考虑学费。学费对学生来说是笔费用，对办学者（学校）来说是笔收入，从社会角度，两者抵消了。为了吸引社会投资办学，用学费收入抵消部分的费用也是必要的。

如果学生 3 年共交学杂费 3.6 亿元，民间办学者在第二年初投资 8 亿元用于教学用房建设、第三年初投资 0.2 亿元用于流动资金并承担全部经营费用，其他校区的建设投资由政府承担，则可以算出学生、民间办学者和政府三方的效益和费用流，如表 8-12 所示。

表 8-12　某职业教育校区三方的效益与费用流　　　　　　　　　　单位：万元

	项目	0	1	2	3	4	5	6~19	20
学生	终生收入增加				80 000	100 000	150 000	150 000	150 000
	放弃收入				60 000	60 000	60 000	60 000	60 000
	学杂费				36 000	36 000	36 000	36 000	36 000
	净效益				−16 000	40 000	54 000	54 000	54 000
	ENPV（8%）	341 563.91							

续表

	项目	0	1	2	3	4	5	6~19	20
民间办学者	学杂费收入				36 000	36 000	36 000	36 000	36 000
	建设投资		80 000						
	流动资金			2 000					
	经营费用				25 000	30 000	30 000	30 000	30 000
	现金流			−82 000	11 000	6 000	6 000	6 000	6 000
	ENPV(8%)	−23 610.29							
	EIRR	3.39%							
政府（财政）	资产余值回收								20 000
	建设投资	200 000		60 000					
	间接效益								
	净效益	−200 000		−60 000					20 000
	ENPV(8%)	−247 149.37							
社会合计	净现金流	−200 000	−80 000	−62 000	−5 000	10 000	60 000	60 000	800 000
	ENPV(8%)	70 804.25							
	EIRR	10.09%							

从表 8-12 可以看出，就该项目而言，由于学生的效益是最高的，所以最大的受益者是学生；民间办学者的内部收益率为 6.24%，所以只能吸引不以营利为目的的投资者；政府（财政）给出了较大的补贴给学生，学生、民间办学者和政府三者的经济净现值之和及经济内部收益率与社会费用效益分析的经济净现值和经济内部收益率相同。

■ 8.5　费用效果分析

费用效果分析又称费用效能分析或成本-效能分析。这种分析是在对项目进行评价时，项目的费用可以用货币进行计量，而项目的效益却不能或者难以用货币量化情况下演变出来的方法。这种方法就是分析费用和效果之间的相对关系，计算费用与效果的比较值，这个比较值如果在某个标准以上，就说明符合经济效益原则，方案可行，否则就不可行。费用效果分析中的费用指为实现项目预定目标所付出的可以用货币计量的财务代价或经济代价；效果指项目的结果所起到的作用、效应和效能，是项目目标的实现程度。此方法在原理上与费用效益分析法有相通之处，但又有其自身的不同特点。此方法被广泛用于国防、航天、教育、医疗、环保等公共项目的评价。这些项目的效果主要体现在增强国防实力、提高健康水平、挽救生命、改善环境以及提高文化知识水平等方面，可以用费用效果分析代替费用效益分析，按资源配置的效率准则，选择最佳的项目方案，这种方法也可以用于营利性项目前期或项目局部的方案比较。

8.5.1 基本原理与要求

在费用效果分析中,用货币单位来计量费用,而用非货币单位来计量效果(或效能、效用),它是对项目目标的直接或间接度量。效果指标的选择原则是既要便于计量,能切实度量项目目标的实现程度,又能容纳目标类同的众多备选方案。例如,对于卫生保健、环境和安全一类项目,可供选择的最终效果指标有增加的寿命年限、失能调整生命年和质量调整生命年;教育项目的效果指标有劳动力受教育年限;治安项目的效果指标有减少犯罪率等。对于已确定有具体中间目标的项目,可以选择更具体的物理、化学和生物效果指标,如度量空气质量的二氧化硫、二氧化氮、可吸入颗粒物浓度指标;度量水环境质量的酸度、硬度、含盐量、硫化物、碳源生化需氧量、悬浮固体、氮磷物质、重金属和大肠杆菌含量;医疗卫生方面有病床床位数、某种疾病的发病率或治愈率;教育方面有毛入学率、在读学生数等。此外,如果项目的效果主要体现在一个方面,就选取与项目效果紧密联系的单一指标作为效果指标;否则就采用加权的方法将不同指标变成一种单一的度量指标。

费用效果分析中,费用和效益的计量单位不同,不具有统一的量纲,致使该分析法无法像费用效益分析法那样用于项目方案的绝对经济效果评价,即无法判断项目方案自身的经济性。这是由费用与效果比较的标准值很难确定决定的,但一旦这个标准值确定出来,用这种方法对项目进行评价还是很方便的。《建设项目经济评价方法与参数(第三版)》规定:费用效果分析是通过比较项目预期的效果与所支付的费用,判断项目的费用有效性或经济合理性。当效果难以或不能货币化,或货币化的效果是项目目标的主体时,在经济评价中应采用费用效果分析法,其结论作为项目投资决策的依据之一。按照项目要实现的目标,一个项目可选用一个或几个效果指标。费用效果分析遵循多方案比选的原则,所分析的项目应满足下列条件:①备选方案至少两个,且为互斥型方案或可转化为互斥型方案;②备选方案应具有共同的目标,目标不同的方案、不满足最低效果要求的方案不可进行比较;③备选方案的费用应能货币化,且资金用量满足资金限制;④效果应采用同一非货币计量单位衡量,如果有多个效果,其指标加权处理形成单一综合指标;⑤备选方案应具有可比的生命周期,生命周期不一致时,应采用费用年值公式。

8.5.2 分析步骤

费用效果分析应按下列步骤进行:①确立项目的目标;②确定备选方案;③将项目目标转化为具体的可量化的效果指标;④识别费用与效果要素,并估算各个备选方案的费用与效果;⑤利用相关指标综合比较分析各个方案的优缺点;⑥推荐最佳方案或提出优先采用的次序。

8.5.3 分析方法

如前所述,费用效果比也称为费用效益比,它是费用效果分析的主要指标。以 B 表示效果、效益（实物指标），C 表示与效果相对应的费用（货币指标），则 C/B 为费用效果比。在互斥型方案比选时，有下列几种情况。

（1）最小费用法。也称固定效果法，即互斥型方案的效果（B）相同，则选择费用（C）小（C/B 小）的方案。

（2）最大效果法。也称固定费用法，即互斥型方案的费用（C）相同，则选择效果（B）大（B/C 大）的方案。

（3）增量分析法。当效果与费用均不固定且差别较大时不可盲目选择效果费用比大的方案或费用效果比小的方案，应比较两个备选方案之间的费用差额和效果差额，分析获得增量效果时所付出的增量费用是否值得。

（4）效果费用比法。也称最大效果费用比较法，即单位费用效果最大的方案为最优方案。当互斥型方案的效果和费用都不相同时，计算费用效果比，选择 C/B 较小（或 B/C 较大）的方案。此法实际上是最小费用法和最大效果法的组合，适用于项目目标要求和费用要求没有严格限制，允许在一定范围内变动的情况。

例 8-10 城市大气污染防治绩效评价。近年来，我国城市进行大气污染防治工程，取得了一定成效。研究表明，城市大气污染防治重在控制大气中的 SO_2 和 $PM_{2.5}$ 的含量。这些城市中 SO_2 浓度每增加 0.1 毫克/米^3，平均总死亡率增加 4%；$PM_{2.5}$ 每增加 0.1 毫克/米^3，平均总死亡率增加 3%。进一步研究发现，这些城市中大气污染浓度与人口死亡率变化的关系符合以下函数：

$$S = (K_1 \times C_1 + K_2 \times C_2) \times 10 \times D \times P$$

式中，S 表示每年因污染物浓度改变引起的死亡人口数的改变；K_1 和 K_2 分别表示 SO_2 和 $PM_{2.5}$ 的浓度每变化 0.1 毫克/米^3 的反应系数；C_1 和 C_2 分别表示 SO_2 和 $PM_{2.5}$ 的浓度变化（无项目的浓度—有项目的浓度）；D 表示基准死亡率（根据《中国统计年鉴》，2019 年 $D = 7.14$‰）；P 表示受影响区域人口数。

选取 A、B、C、D、E 五个城市为分析对象，经调查发现五个城市的环境污染治理工程的成效如表 8-13 所示。请评价各城市的大气污染治理绩效。

表 8-13 各城市大气污染的治理投入与效果统计表

城市	受影响区域人口数/万人	大气污染治理投入/亿元	项目投入对环境的改变		
			污染物	无项目时	有项目时
A	485	15.00	SO_2	0.12	0.08
			$PM_{2.5}$	0.46	0.32
B	149	13.94	SO_2	0.27	0.20
			$PM_{2.5}$	0.57	0.40
C	135	8.64	SO_2	0.25	0.20
			$PM_{2.5}$	0.30	0.25
D	350	1.36	SO_2	0.07	0.06
			$PM_{2.5}$	0.19	0.12
E	110	0.97	SO_2	0.08	0.06
			$PM_{2.5}$	0.51	0.30

解：运用题中函数和表 8-13 中的数据可以计算出五个城市大气污染治理所挽救的超死亡人数 S。以每挽救一人投入资金（万元）或者每亿元投入挽救生命人数为费用效果比，则这五个城市大气污染治理成效评价如表 8-14 所示。

表 8-14　五个城市大气污染治理成效

城市	减少死亡人数/人	每挽救一人投入资金/万元	每亿元投入挽救生命人数/人
A	2008.48	74.68	133.90
B	840.45	165.86	60.29
C	481.95	179.27	55.78
D	162.44	83.73	119.44
E	55.76	173.95	57.49

可见，以上五个城市中，A 城市的大气污染治理最为有效，随后依次是 D、B、E 城市，而 C 城市效果最差。

例 8-11　某航空公司在选用商用飞机发动机的某一阶段时采用费用效果分析。根据任务目标，公司确定发动机的可靠性作为效果指标：在一种复杂恶劣的条件下，发动机不出故障的概率。公司给定的用于发动机寿命周期费用的现值不超过 240 万美元，只有以下四个方案可供选择，如表 8-15 所示，最后应选择哪一方案。

表 8-15　商用飞机发动机原始数据

方案	费用/万美元	可靠性
1	240	0.99
2	240	0.98
3	200	0.98
4	200	0.97

解：由固定费用比较，可以淘汰方案 2 和方案 4（由固定效果比较，方案 2 也可被方案 3 淘汰）。留下方案 1 和方案 3 可通过计算费用效果比（或效果费用比）来做出权衡和判断。最后，航空公司决策层认为方案 1 比方案 3 多花 40 万美元提高可靠性 1%还是值得的，最后选定了方案 1。

例 8-12　某种预防措施的现值是 200 万元，受益人口 100 万人，可使某种疾病的发病率从 0.01%降至 0.005%。这种病治愈的概率为 80%，死亡为 20%，不论是死亡还是治愈，患者的治疗费用和患者的机会成本平均为 2 万元/人。该地区人口的平均寿命为 70 岁，平均患病的年龄为 15 岁。求增加寿命年限的费用（费用效果比）。

解：该项措施增加寿命年限的效果：

$$B = (70-15) \times 20\% \times (0.01\% - 0.005\%) \times 100 = 0.055 (万元/(人 \cdot 年))$$

预防措施的总费用

$$C = 200 - 20\,000(0.01\% - 0.005\%) \times 100 = 100 (万元)$$

该项预防措施的费用效果比是

$$\frac{C}{B} = \frac{100}{0.055} = 1818（元/（人·年））$$

如果承认延长寿命的指标可靠，那么就可以在广泛的范围内选择项目或措施花最少的费用来挽救生命，或者在给定费用下挽救更多的生命。按效果费用比（或费用效果比）指标的高低，不一定能选择出最理想的方案。例如，治疗某种疾病有 A 和 B 两个方案，效果指标 B 用治愈率表示，C 表示治疗的费用现值（以万元为单位）。A 方案是治愈率为 85%，费用为 10 万元；B 方案是治愈率为 98%，费用为 15 万元，即 B 方案多花 5 万元，治愈率可提高 13 个百分点，则两个方案的效果费用比分别是

$$\left(\frac{B}{C}\right)_A = \frac{85\%}{10} = 8.5\%$$

$$\left(\frac{B}{C}\right)_B = \frac{98\%}{15} = 6.53\%$$

从指标看，我们不能单从效果费用比的大小得出方案 A 一定比方案 B 好，还得看方案 B 比方案 A 多花 5 万元，提高 13 个百分点的治愈率是否值得，也就是通过增量效果和增量费用的比来判断，比如标准规定平均每多花 1 万元治愈率至少要提高一个百分点，那么多花 5 万元提高 13 个百分点是值得的，所以会选择方案 B。而规定平均每多花 1 万元治愈率至少要提高 3 个百分点，那么多花 5 万元提高 13 个百分点是不值得的，所以将会选择方案 A。由于费用效果分析的效果指标是各不相同的实物量，因此无法设定类似于效果费用比那样，增量效益现值大于增量费用现值那样的通用判别基准，只能根据行业和项目类型制订具体的基准。

用费用效果分析来比较和选择方案时，需要综合考虑以下因素：①是否可以单纯通过增加一个方案的强度来提高其效果；②能否把几种方案结合起来提高其效果。把各种可行的方案和各种可能的组合形成互斥的方案，再通过费用效果比进行两两比选，找出相对最好的方案组合。

8.6 案 例 分 析

某供暖公司扩建与改造的成本效能分析

某北方城市由于外来人口的增多，经济迅速发展，原城市供暖设备明显不足。有的区无法得到充足暖气供应的保证，而另一些地区暖气质量明显下降。市政府提出两个方案：方案一，新建一个供暖公司；方案二，扩建原供暖公司，更新设备。两个方案预测可达到同等效果，基本满足该市暖气需求量。由于不论是原有公司部分改造还是新公司的建设，都能保证暖气供应量和供应质量，而在其他方面无明显差异，因此就这单一目标而言，两方案完全相同，所以可视两个方案效用完全一致，设定为一固定值，只需将分析重点放在成本的比较上。

建设期和计算期：扩建方案建设期 1 年，运营期 20 年；新建方案建设期 1 年，运营期 20 年。基准折现率为 8%，项目投资及运营费用如表 8-16 所示。

表 8-16　两方案的投资估算与运营费用表　　　　　　　单位：万元

项目	扩建		新建	
	投资	运营费用	投资	运营费用
1. 土建工程	7 300		7 900	
2. 设备采购及安装	3 100		3 900	
3. 人员工资	1 800		2 000	
4. 流动资金	800		750	
5. 运营费用		560		430
合计	13 000	560	14 550	430

问题：

1. 请用费用现值法对两方案进行比较。
2. 因为本案例中一些关键因素的变化将直接影响方案比选的准确性，请给出折现率、使用年限、初始投资及运营费用分别在什么取值范围内会影响最终方案的选取。

■ 本 章 小 结

公共项目不同于一般的工程项目。本章总结了公共项目经济评价的特点，给出其目标与原则，提出从营利性分析到费用效益分析的特征，给出公共项目的费用效益分析、费用效果分析。通过本章的学习，①应掌握公共项目评价的原则；②掌握公共项目效益量化方法和费用效益的分析方法；③掌握公共项目的效果分析指标及费用效果的分析方法。

思考题

1. 什么是公共项目？有何特点？
2. 公共项目费用和效益如何量化？
3. 公共项目评价的方法有哪些？

练习题

1. 假定煤在离新建煤矿最近的某口岸的离岸价格为每吨 100 美元，汇率按 1∶7.50 计算。新建煤矿项目所在地到最近口岸的运距为 30 千米，铁路运输费用为每吨每千米 9.05 分。其他物流费用按口岸价格的 6% 计算，出口关税税率为 5%，试计算煤的坑口出口平价。

2. 进口液化天然气的到岸气价为 255 美元/吨（每吨合 1350 立方米的天然气），到用户的管输储存等费用为 0.15 元/米^3。那么，国内新建西气东输项目的到用户门站气价（出厂管输价）按进口平价应不高于多少？汇率：1 美元按 6.20 元计算。

3. 如例 8-9 所示的某职业教育校区项目（表 8-11 和表 8-12），从人力资源投资角度，谁是最大的受益者？政府用财政资金补贴园区建设的理由何在？为什么不把教职工的收入作为效益？如果考虑学生留级、退（休）学和男女生比例，这种分析应作怎样的修正？

4. 汽车过江原用轮渡，年交通量 200 万辆，建桥后由于过江方便，估计可诱发新增交通量 100 万辆。过江总费用轮渡为 10 元/辆次，其中 2 元为轮渡公司的利税，8 元为轮渡分摊到每辆车及车辆自身的过江费用；建桥后每辆车的过江总费用为 6 元/辆次，其中 4 元为过桥费，2 元为过桥车辆的自身费用。试从社会角度分析，建桥投资不大于多少时是值得用桥来替代轮渡的？社会折现率为 8%，桥的使用年限很长，维护费可忽略不计。

5. 某通信系统的关键技术更新和改造可有六种方案，使用周期均为一年（一年后全部更换），这些方案的效果差异主要在可靠性上，可表达为

$$R = e^\lambda$$

六种方案的年度费用在表 8-17 中列出，试用费用效果分析淘汰若干方案。

表 8-17　六种方案年度费用的数据

方案	资金恢复费用/元	年度使用费/元	λ
A	9 000	1 700	0.001 144 688
B	9 800	1 400	0.001 098 901
C	10 200	1 800	0.001 175 824
D	11 000	1 300	0.001 070 000
E	11 000	1 500	0.001 081 250
F	13 100	900	0.000 998 000

6. 以例 8-3（表 8-2）为例，如果该供水项目采用特许权经营的 BOT（build-operate-transfer，建设–经营–转让）模式，民间投资者要求的合理水价计算应做哪些修改？除此之外 BOT 协议（合同）还会有哪些敏感的条款？

7. 某公共图书馆建设项目有两个待选方案。方案 A 投资 2.2 亿元，预期年运营成本 1200 万元，公共收益 6000 万元，项目寿命 15 年；方案 B 投资 3.5 亿元，预期年运营成本 1800 万元，公共收益 8000 万元，项目寿命 30 年，社会折现率为 8%，试选择方案。

8. 某公共项目有两个互斥型方案 A 和 B。方案 A 投资 200 万元，年运营成本 30 万元，公共收益 60 万元，寿命 15 年；方案 B 投资仍为 200 万元，年运营成本 30 万元，公共收益 54 万元，寿命 30 年，设社会折现率为 8%，试选择方案。

9. 假设某公共博物馆年运营成本为 600 万元，参观者人均获利 60 元。预计其门票定价 30 元时，参观者可达 15 万人；定价 35 元时，参观者可达 10 万人。请运用费用效益法评选方案。

10. 某地区干旱少雨，当地打了不少机井，但多年抽取地下水灌溉农田，导致地下水

位逐年降低，许多老机井已经干涸。为解决农田用水问题，当地政府拟出资修建引水灌溉工程。为此，工程计划：①在临河处修建扬水站；②修建引水的主干水渠和若干分水渠；③修建一座集中式的蓄水库和大量分散的农户蓄水池；④建设抽水、分水和灌溉系统；⑤合理利用水，水库养鱼增加效益。

项目经济分析人员在工程设计人员和农业专家的帮助下，仔细地分析了工程的受益区域和受益类别，对各类效益进行了预测和估算。

（1）直接灌溉收益。直接受益于该工程而得以灌溉的农田150万亩，预计每亩每年可增产农作物价值120元，由此每年直接受益18 000万元（120×150）。

（2）节省抽水成本收益。50万亩农田（直接受益的）原有机井可以不再使用，由此，每亩地每年可以节省抽水费用10元，每年节省抽水费用500万元（10×50）。

（3）农业间接收益。在直接受益地区，农作物产出增加又会使农产品加工与销售增加，由此获得的间接净收益估计每年可达800万元。

（4）周边地区间接收益。直接受益地区外的周边地区由于这项工程的供水而地下水位上升，进而增加灌溉用水少的农作物产出，促进其相关经济发展，此项间接收益估计每年可达500万元。

（5）养鱼效益。集中式蓄水库养鱼净收益估计每年可达50万元。

本工程的成本费用主要是投资费用、占地损失（不在投资支出之内），以及工程的管理、维护和设备更新费用。工程投资预计3年完成，总投资额预计18亿元。占地损失每年为60万元，管理、维护等运营支出每年250万元。

本工程的效益、费用见表8-18。

表8-18　某水利灌溉项目的效益、费用及指标计算（$i=8\%$）　单位：万元

项目	1	2	3	4~33
1. 效益				19 850
1.1 直接灌溉收益				18 000
1.2 节省抽水成本收益				500
1.3 农业间接收益				800
1.4 周边地区间接收益				500
1.5 养鱼效益				50
2. 费用	40 000	90 000	50 000	310
2.1 投资费用	40 000	90 000	50 000	
2.2 占地损失				60
2.3 管理、维护等运营支出				250
净效益（1-2）	-40 000	-90 000	-50 000	19 540

（1）计算该项目的效益现值与费用现值。
（2）计算项目效益费用比，判断项目是否可以接受。

延伸阅读

梁春峰，尚静媛，徐杰，等. 2020. 基于净现值法的公共建筑合同能源管理经济性分析. 节能，(1)：172-174.

刘晓君，魏莹军. 2014. 分散式污水再生水回用工程的经济性分析. 环境工程学报，8（12）：5226-5230.

孙燕芳，张连营. 2012. 基于可持续发展观的公共项目投资社会折现率的确定. 经济体制改革，(3)：117-120.

王海政，仝允桓，谈毅. 2006. 多元价值观视角下的公共项目评价方法. 中国软科学，(6)：138-149.

Mouter N，Koster P，Dekker T. 2021. Contrasting the recommendations of participatory value evaluation and cost-benefit analysis in the context of urban mobility investments. Transportation Research Part A：Policy and Practice，144：54-73.

Ward W A. 2019. Cost-benefit analysis theory versus practice at the World Bank 1960 to 2015. Journal of Benefit-Cost Analysis，10（1）：124-144.

第 9 章

设备更新的经济评价

埕北油田升级改造成效显著

2016 年,我国第一个对外合作油田——31 岁高龄的埕北油田用 152 天完成了全球海上油田改造史上的罕见工程——埕北油田设备设施整体升级改造项目。这个中国海上最老油田,迎来了它的"第二春",产量数字再次上扬。2017 年,累计生产原油已突破 1000 万吨。投产的两口调整井初期日产均超过 100 立方米,其中一口井日产更是突破 300 立方米,是诸多老井单日产能的 10 倍。大规模的技术更新、体制改革和人员培训使海洋石油开发实力大增,科学化的管理使油田跃上新的台阶,将中国海油的国际化至少提前了三到四年,对促进海洋石油产业加快发展,缩短与世界先进水平的差距,建立和发展同发达国家的经贸合作关系,参与经济全球化的合作与竞争,都起到了率先开拓、承前启后的作用。埕北油田为今后中国海油大规模平台改造升级工程提供了宝贵经验。设备更新是工程建设中的重要决策内容,是否更新、何时更新对企业经济效益有着重要影响,设备管理者应对设备更新开展经济评价,做出科学的更新决策。

■ 9.1 设备更新的原因与补偿

9.1.1 设备更新概述

设备更新(equipment replacement)是指对在技术上或经济上不宜继续使用的设备,用新的设备更换或用先进的技术对原有设备进行局部改造;或者说是用技术更先进、性能更完善、效率更高、经济性更好的新设备去更换陈旧过时的旧设备。设备在使用中由于磨损的原因,往往价值或功能会有所下降,通过设备更新,可以恢复设备价值或功能,使得设备重新形成或提高生产能力,维持甚至提高企业的现代化管理水平。

设备更新决策对企业劳动生产率与经济效益的取得有着重要的影响。如果旧设备应当进行更新却依旧应用,可能会导致生产维护成本快速增加,从而使得企业成本增加、利润下降;而如果过早对设备进行更新,有可能造成资产浪费,投资负担加重,同样造成利润下降。因此，企业的设备更新决策实际上包含多个内容，如设备的经济寿命究竟多长，设备是否还值得继续维修再使用，何时进行设备更新，更新时是直接购买还是租赁等。

9.1.2 设备的磨损

设备更新的根本原因是设备使用或者闲置时的磨损。磨损可以分为有形磨损和无形磨损。

1. 有形磨损

顾名思义，有形磨损是指设备发生的实体磨损，即设备在使用中受外力作用和自然环境影响而发生的磨损、变形和损坏。设备有形磨损又可分为Ⅰ类有形磨损和Ⅱ类有形磨损。

1）Ⅰ类有形磨损

引起设备有形磨损的主要原因是在生产过程中对设备的使用，即运转中的机器设备在外力的作用下，其零部件会产生摩擦、震动和疲劳，从而使得机器设备发生磨损。这种磨损称为Ⅰ类有形磨损。产生Ⅰ类有形磨损的原因主要有摩擦磨损、机械磨损和热损伤。它通常表现为：零部件的原始尺寸甚至形状发生变化；零部件之间的公差配合不再一致，导致精度降低；零部件被损坏等。Ⅰ类有形磨损达到一定程度时，设备的功能下降，将导致设备故障频发，产品废品率增加，维修和使用成本持续上升。

2）Ⅱ类有形磨损

Ⅱ类有形磨损与设备的使用无关，指的是设备因自然环境影响所产生的磨损。设备在闲置或封存时，由自然环境作用造成机器生锈、金属腐蚀、橡胶或塑料件老化等，闲置时间久了可能会丧失精度和工作能力，进而失去使用价值。

有形磨损达到一定程度时，设备加工精度降低，生产效率下降，运行费和日常维修费增加。要消除有形磨损，可以通过修理来恢复。当有形磨损到设备性能完全丧失、失去工作能力，以致通过修理也难以恢复原有功能状态时，就需要进行设备更新。

2. 无形磨损

设备的无形磨损是指由于科学技术进步而出现了性能更加完善、生产效率更高的设备，或者生产同样结构设备的价格不断降低，导致原有设备贬值。可见，无形磨损不是由设备的使用或自然环境影响所造成的，它本身不会导致设备实体的变化和损坏。设备无形磨损也可分为Ⅰ类无形磨损和Ⅱ类无形磨损。

1）Ⅰ类无形磨损

Ⅰ类无形磨损是指由于设备制造工艺不断完善，生产相同结构性能的设备所需的劳动耗费不断降低，使得原有设备市场价格降低、原先购买的设备贬值的无形磨损。Ⅰ类无形磨损只是导致现有设备的原值部分贬值，设备本身的技术特性和使用价值并未改变，因此不会影响现有设备的使用，也不存在提前更新设备的问题。

2）Ⅱ类无形磨损

Ⅱ类无形磨损是指由于出现了技术更完善、结构更先进、生产效率更高、经济更合理或者更加节能环保的设备，原有设备陈旧落后的无形磨损。Ⅱ类无形磨损的后果是不仅使得原有设备价值贬值，而且其使用价值也受到影响。这是因为更加先进的设备出现将使原有设备的生产效率低于社会平均生产效率，由其生产的产品成本高于社会平均成本，经济效益相对也会降低。

Ⅱ类无形磨损导致原有设备使用功能降低的程度与技术进步的形式有关。当不断出现性能更完善、效率更高的新设备，但加工方法没有原则性变化时，原有设备的使用功能将大幅度降低；当出现更加节能环保的新设备时，高排放或高耗能的原有设备必然被淘汰；当设备加工对象或加工工艺发生变化，如加工对象变为新材料或者采用新的加工工艺时，加工旧材料、应用旧工艺的原有设备将失去使用功能，则必然要被淘汰；当产品更新换代时，不能适用于新产品生产的原有设备也将丧失使用功能，必然被淘汰。

9.1.3 设备磨损的补偿

为了保证正常生产，企业对设备的磨损必须及时进行补偿。设备磨损补偿的目的在于减轻设备的物质、技术劣化，保障设备良好的技术状态，防止设备故障停机等造成损失。通常，设备物质、技术劣化造成的经济损失主要有：减产、产品质量下降、成本增加；设备维修或更新后恢复生产阶段的损失；因设备故障造成推迟交货期的损失等。

由于机器设备遭受磨损的形式不同，补偿磨损的方式也不一样，可以分为局部补偿和完全补偿。有形磨损的局部补偿是修理，如对于弹性变形的零部件，对其拆卸后加以矫正；逐步丧失硬度的零部件可通过热处理加以恢复；表面光洁度丧失，则可打磨恢复。无形磨损的局部补偿是现代化改造，即采用先进技术成果提高现有设备的技术性能或改善其安全环保特性，使之达到或局部达到先进水平。有形磨损和无形磨损的完全补偿是更换，即用新设备替代旧设备。

9.2 设备经济寿命的确定

9.2.1 设备寿命概述

有形磨损和无形磨损都会引起设备原值的降低，影响设备的使用寿命。若设备已遭到完全有形损坏，而它的无形磨损期尚未到来，此时只需对设备进行大修理或更新一台相似的设备。若无形磨损期早于有形磨损期，这时生产中面临的问题是继续使用原有的设备还是用先进的新设备更换尚未折旧完的旧设备。当然，最理想的情形是有形磨损期与无形磨损期相互接近，即当设备需要进行大修理时，恰好到了更换的时候，但是对于大多数的设备，这两种磨损期很难恰好吻合。这就会出现如何对待已经产生无形磨损但物理上仍能使用的设备问题，到底是进行设备修理，还是进行设备更新；每一种补偿方式又面临时机选择问题。这些均需要通过设备更新的经济分析提供决策依据，设备更新分析的核心在于确定设备的寿命。通常，设备寿命有以下三种。

（1）自然寿命（physical life）。也称物理寿命，它是由有形磨损所决定的使用寿命，指设备从全新状态下开始使用,产生有形磨损,设备逐渐老化、损坏,直到不堪再用而报废的全部时间。设备自然寿命主要取决于其有形磨损的速度。正确使用、维护保养、计划检修等可以延长设备的自然寿命,但不能从根本上避免磨损,因此,磨损到一定程度时,必须对设备进行修理或更新。

(2)技术寿命(technical life)。它是指设备自开始使用后持续满足使用者的需要且不被新技术淘汰的时间,或者说设备自开始使用到因为技术落后而被淘汰的全部时间。技术寿命主要取决于无形磨损的速度,技术进步速度越快,设备的技术寿命越短。例如,一台新机器即使完全没有使用过,其功能也可能完全被性能更优越的新机器取代,这时它的技术寿命也可认为等于零。

(3)经济寿命(economic life)。它是从经济角度分析设备最合理的使用期限。当设备处于自然寿命后期,需要花费大量的维修费用才能确保其使用性能时,就必须从经济角度考虑,对费用加以限制从而导致终止自然寿命。经济寿命是根据使用成本最低的原则确定的,即从设备开始使用到其年平均成本最低的全部时间。例如,一台机器,随着使用时间的延长,平均每年分摊的购置费(设备原值)越来越小,而其维护费和使用费等不断递增,在二者相互消长的变化过程中,必定会在某个时点使得年度总成本最低,这一时点即为其经济寿命。经济寿命由有形磨损和无形磨损共同决定,是确定设备更新期的主要依据。

设备更新分析需要明确新旧设备的经济寿命,设备经济寿命这一参数极其重要。假设设备产生的收益相同,只比较设备的年度费用。设备年度费用一般包括两部分:年度使用费和资产恢复费。年度使用费指的是设备的年度运营费(如人工、燃料、动力、刀具、机油等的消耗)和年度维修费;资产恢复费指的是设备资产的原始费用扣除资产弃置不用时的估计残值(净残值)后分摊到资产使用各年上的费用。根据是否考虑资金时间价值,对于设备的经济寿命的计算包括静态和动态两种计算方法。

9.2.2 经济寿命的静态计算方法

不考虑资金时间价值时,设备年均总费用的计算公式如下:

$$AC_n = \frac{1}{n}\sum_{j=1}^{n}C_j + \frac{P-L_n}{n} \tag{9-1}$$

式中,n 表示设备使用期限,通常取值为整数;AC_n 表示 n 年内设备的年均总费用;C_j 表示在第 j 年度设备的使用费;P 表示设备的购置成本,即设备原值;L_n 表示设备在第 n 年的净残值。

在所有的设备使用期限中,使得设备年均总费用 AC_n 最低的那个使用期限就是设备的经济寿命。如果设备的经济寿命为 m($m<n$)年,则 m 应满足如下不等式条件:

$$AC_{m-1} > AC_m, \quad AC_{m+1} \geqslant AC_m \tag{9-2}$$

式(9-2)中的关系也可通过图 9-1 表示。

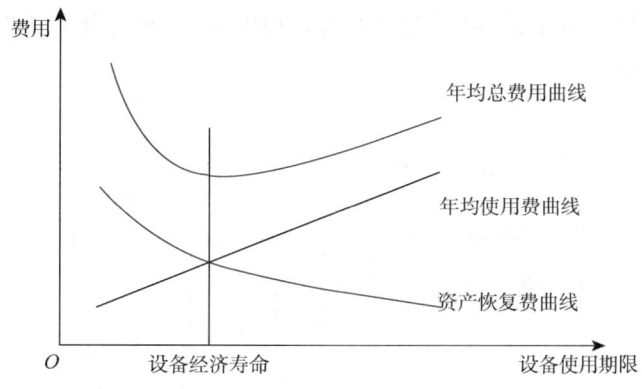

图 9-1 设备经济寿命示意图

例 9-1 某工程车辆的购置费为 15 万元，年度使用费和年末估计残值如表 9-1 所示，如果不考虑资金时间价值，试计算该车剩余的经济寿命。

表 9-1 某工程车辆使用过程统计数据表　　　　　　　单位：元

指标	1	2	3	4	5	6	7	8
年度使用费	20 000	22 000	24 000	28 000	32 000	36 000	45 000	56 000
年末估计残值	80 000	60 000	42 000	18 000	15 000	12 000	6 000	5 000

解：根据式（9-1）计算，该工程车辆在不同使用期限的年均总费用如表 9-2 所示。

表 9-2 某工程车辆年均总费用计算表　　　　　　　单位：元

使用期限 ① n	年度使用费 ② C_j	使用费累计 ③ $\sum_{j=1}^{n} C_j$	年均使用费 ④ $\frac{1}{n}\sum_{j=1}^{n} C_j$	资产恢复费 ⑤ $\frac{P-L_n}{n}$	年均总费用 ⑥ = ④ + ⑤
1	20 000	20 000	20 000	70 000	90 000
2	22 000	42 000	21 000	45 000	66 000
3	24 000	66 000	22 000	36 000	58 000
4	28 000	94 000	23 500	33 000	56 500
5	32 000	126 000	25 200	27 000	52 200
6	36 000	162 000	27 000	23 000	50 000*
7	45 000	207 000	29 571.43	20 571.43	50 142.86
8	56 000	263 000	32 875	18 125	51 000

*表示工程车辆经济寿命对应的年均总费用

从计算结果来看，该工程车辆使用 6 年时，其年均总费用最低，此时 $AC_6 = 50\ 000$ 元，使用期限大于或小于 6 年时，年均总费用均大于 50 000 元，故其经济寿命为 6 年。

一般而言，随着设备使用期限的增加，设备的年度使用费每年以某种速度在递增，这称为设备的劣化。假设每年设备使用费的增量是均等的，增加额均为 λ，即使用费呈线性增长，如图 9-2 所示。

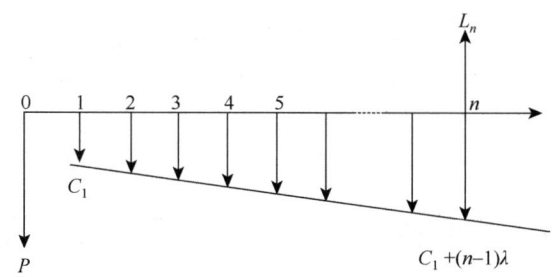

图 9-2 劣化增量均等的现金流量图

若设备使用期限为 n 年，则第 n 年时的使用费为

$$C_n = C_1 + (n-1)\lambda \tag{9-3}$$

式中，C_1 表示使用费的初始值，即第 1 年的使用费；n 表示设备使用年限。那么，n 年内设备使用费的平均值为

$$\frac{nC_1 + n(n-1)\lambda/2}{n} = C_1 + \frac{(n-1)}{2}\lambda$$

年均总费用的计算公式为

$$\mathrm{AC}_n = \frac{P - L_n}{n} + C_1 + \frac{n-1}{2}\lambda \tag{9-4}$$

设 L_n 为常数，求式（9-4）的极值可找出设备的经济寿命计算公式。令 $\dfrac{\mathrm{d}(\mathrm{AC}_n)}{\mathrm{d}n} = 0$，则经济寿命 m 为

$$m = \sqrt{\frac{2(P - L_n)}{\lambda}} \tag{9-5}$$

例 9-2 设有一台设备，购置费为 15 万元，预计残值为 5000 元，使用费初始值为 20 000 元，年增加额为 3000 元，求该设备的经济寿命。

解：由式（9-5）可得，$m = \sqrt{\dfrac{2(P-L_n)}{\lambda}} = \sqrt{\dfrac{2(150\,000 - 5000)}{3000}} = 9.8$（年）。

9.2.3 经济寿命的动态计算方法

当考虑资金时间价值时，设备年均总费用的计算公式如下：

$$\mathrm{AC}_n = \left(P + \sum_{j=1}^{n} C_j (1+i)^{-j} - L_n (1+i)^{-n}\right)(A/P, i, n) \tag{9-6}$$

式中，i 表示基准收益率。

例 9-3 根据动态计算方法计算例 9-1 中工程车辆的经济寿命，已知基准收益率为 8%。

解：当 $n = 1$ 时，

$$AC_1 = [150\ 000 + 20\ 000(P/F, 8\%, 1) - 80\ 000(1 + 8\%)^{-1}](A/P, 8\%, 1) = 102\ 000\ （元）$$

当 $n = 2$ 时，

$$AC_2 = [150\ 000 + 20\ 000(P/F, 8\%, 1) + 22\ 000(1 + 8\%)^{-2}$$
$$-60\ 000(1 + 8\%)^{-2}](A/P, 8\%, 2) = 76\ 230.77\ （元）$$

同理可得

$$AC_3 = 67\ 165.11\ （元）$$
$$AC_4 = 64\ 545.31\ （元）$$
$$AC_5 = 59\ 754.58\ （元）$$
$$AC_6 = 57\ 088.99\ （元）$$
$$AC_7 = 56\ 514.17\ （元）$$
$$AC_8 = 56\ 604.97\ （元）$$

显然，$AC_7 < AC_6$，$AC_7 < AC_8$，所以，按照动态计算方法，该工程车辆的经济寿命为 7 年。

如果按照图 9-2 所示的现金流量图，设备在 n 年内的年均总费用 AC_n 可按式（9-7）计算：

$$AC_n = P(A/P, i, n) + C_1 + \lambda(A/G, i, n) - L_n(A/F, i, n)$$
$$= [(P - L_n)(A/P, i, n) + L_n \times i] + [C_1 + \lambda(A/G, i, n)] \quad (9-7)$$

例 9-4 某设备购置费为 15 000 元，第 1 年的使用费为 5000 元，以后每年增加 2000 元，设备各年残值如表 9-3 所示。设基准收益率为 8%，求该设备的经济寿命。

表 9-3 设备各年残值表   单位：元

年度	1	2	3	4	5
残值	10 000	8 000	6 000	4 000	2 000

解：根据式（9-7），设备在使用年限内的年均总费用计算如下。

当 $n = 1$ 时，

$$AC_1 = (15\ 000 - 10\ 000)(A/P, 8\%, 1) + 10\ 000 \times 8\% + 5\ 000 + 2\ 000(A/G, 8\%, 1) = 11\ 200\ （元）$$

当 $n = 2$ 时，

$$AC_2 = (15\ 000 - 8\ 000)(A/P, 8\%, 2) + 8\ 000 \times 8\% + 5\ 000 + 2\ 000(A/G, 8\%, 2) = 10\ 526.92\ （元）$$

同理得到

$$AC_3 = 10\ 869.79\ （元）$$
$$AC_4 = 11\ 449.06\ （元）$$
$$AC_5 = 12\ 108.88\ （元）$$

根据上述计算结果，$AC_2 < AC_1$，$AC_2 < AC_3$，设备的经济寿命为 2 年。

9.3 设备大修理的经济分析

9.3.1 设备大修理的概念

设备是由不同材质的众多零部件组成的，这些零部件在设备中各自承担着不同的功能，工作条件也各不相同，在设备使用过程中，它们遭受的有形磨损并不均匀。通常，总有一部分零部件相对耐久（如机座、床身等），而另外的部分则易于损坏。

在实践中，通常把为保持设备在平均寿命期限内的完好使用状态而进行的局部更换或修复工作叫作维修。按照维修的经济内容，可以把维修工作分为日常维护、小修理、中修理和大修理等几种形式。

（1）日常维护是指与拆除和更换设备中被磨损的零部件无关的一些维修内容，如设备的润滑与保洁、定期检验与调整等。

（2）小修理是工作量最小的计划修理，指在设备使用过程中为保证设备的工作能力而进行的调整、修复或更换个别零部件的修理工作。

（3）中修理是进行设备部分解体的计划修理，其内容有：更换或修复部分不能用到下次计划修理的磨损零件，使其基本恢复到出厂时的功能水平以满足工艺要求，且经过修理后应保证设备在一个中修理间隔期内能正常使用。

（4）大修理是工作量最大的一种计划修理，它是通过对设备全部解体，修理耐久的部分，更换全部损坏的零部件，修复所有不符合要求的零部件，全面消除缺陷，使设备在大修理之后能够达到或基本达到原设备出厂时的功能标准。

维修工作的上述区分并无严格的界限，有着很大的相对性。但是，大修理仍然是维修工作中最为重要的一种设备维修方式，其涉及的维修规模大，耗费和收益也大，因此，对维修的经济性研究主要是就大修理而言的。

对设备进行适度的维修往往在经济上是合理的。因为通过维修，可以充分利用原有设备中保留下来的零部件，而无须花费大的代价去更换新的设备。这正是维修能够存在的经济前提。但是，这个前提是有条件的，如果设备长期被修理，能被保留下来的零部件将越来越少，而修理所需的费用却越来越高，逐渐地，设备维修的经济优越性将不复存在，对设备进行整体更新则更具优势。由上面的分析可以看出，维修作为设备再生产的方式之一，其存在的基础主要取决于经济性。在对设备进行大修理决策时，必须同设备更新以及设备其他再生产方式进行经济性的比较。

9.3.2 大修理的经济界限

设备虽然通过大修理可以延长其物理寿命，但是这种延长不管是在技术上，还是在经济上，并不是没有限度的。如图 9-3 所示，A_0 点表示设备初始性能，A_1 点表示设备基本性能。

事实上，设备在使用过程中，性能是沿着 A_0B_1 线下降的，如不及时大修理，设备的寿命很可能会很短。如果在 B_1 点（即到第一个大修理期限时）进行大修理，其性能又可恢复到 B 点。自 B 点继续使用，其性能又继续劣化，当降到 C_1 点时，又进行第二次修理，其性能可恢复到 C 点，但经过使用后又会下降，终至 F 点，设备就不能再修理了。由此可见，设备的修理是有限度的。从经济角度出发，为了提高设备的经济效益，必须确定设备的大修理的经济界限。

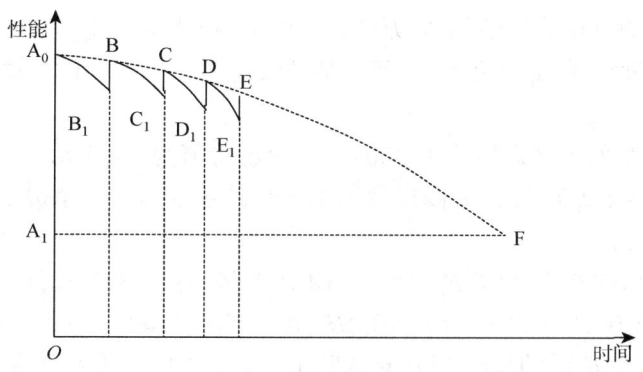

图 9-3 每次大修理设备性能劣化曲线

理论上，如果某次大修理费用超过同种设备的重置价值，那么这样的大修理在经济上是不合理的。这一标准可以视为大修理在经济上具有合理性的基本条件，或称最低经济界限，即

$$R \leqslant P - S \tag{9-8}$$

式中，R 表示该次大修理费用；P 表示同种设备的重置价值（即同一种新设备在大修理时刻的市场价格）；S 表示旧设备被替换时的残值。

这里还应指出，即使满足上述条件，也并非所有的大修理都是合理的。如果大修理后的设备质量下降较多，使生产单位产品的成本比用同种用途的新设备生产成本还高，这时其原有设备的大修理就未必合理；此外，对迅速发生无形磨损的设备来说，很可能用现代化的新设备生产单位产品的费用更低，此时即使满足第一个条件，这种大修理也不再合理。因此还应补充一个条件，即

$$\frac{C_p}{C_n} \leqslant 1 \text{ 或 } C_p - C_n \leqslant 0 \tag{9-9}$$

式中，C_p 表示用大修理后的设备生产单位产品的计算费用；C_n 表示用具有相同用途的新设备生产单位产品的计算费用。其中

$$C_p = \frac{(R + \Delta V_p)(A/P, i, T_p)}{Q_{Ap}} + C_{op} \tag{9-10}$$

$$C_n = \frac{\Delta V_n(A/P, i, T_n)}{Q_{An}} + C_{on} \tag{9-11}$$

式中，ΔV_p 表示原设备下一个大修理周期内的价值损耗现值；T_p 表示原设备本次大修理到下一次大修理的间隔年数；Q_{Ap} 表示原设备下一个大修理周期的年均产量；C_{op} 表示原设备下一次大修理后生产单位产品的经营成本；ΔV_n 表示新设备第一个大修理周期内的价值损耗现值；T_n 表示新设备投入使用到第一次大修理的间隔年数；Q_{An} 表示新设备第一个大修理周期的年均产量；C_{on} 表示用新设备生产单位产品的经营成本。

例 9-5 某炼油厂有一台压缩泵已使用 5 年，市场价值为 5000 元，需要进行第一次大修理，预计大修理费为 3000 元，大修理后平均每年输送油品 50 万吨，年平均运行成本费用为 2800 元。大修理后可继续使用 4 年，届时泵的价值为 2000 元。现市场上新泵的价

值为 30 000 元,平均每年输送油品 80 万吨,年平均运行成本费用为 2200 元,预计使用 5 年进行第一次大修理时设备价值为 8000 元。基准收益率为 10%,试为该企业设备大修理决策进行经济分析。

解:已知现有泵的大修理费用为 3000 元,市场价值为 5000 元,新设备更换所需净费用为 30 000–5000 = 25 000 元,大修理费用小于新设备更换所需净费用,满足式(9-8)。

由已知条件,得

$C_p = \{[3000 + 5000–2000(P/F, 10\%, 4)](A/P, 10\%, 4) + 2800\} \div 50 = 97.86$(元)

$C_n = \{[30\,000–8000(P/F, 10\%, 5)](A/P, 10\%, 5) + 2200\} \div 80 = 110.04$(元)

现有泵一次大修理后的单位产品成本费用 C_p 小于同类型新泵的单位产品成本费用 C_n,满足式(9-9)。因此,该企业应选择对设备进行大修理。

9.4 设备更新的经济分析

9.4.1 设备更新分析框架

设备更新分析需要考虑研究期、技术和设备寿命期内的相关现金流三个因素。

(1)研究期。依据研究期,可以确定旧设备和新设备的服务寿命。在无法预计决策行动何时终止时,考虑使用无限长的研究期;其他情况下往往会有明确的、可预测的期限。

(2)技术。研究期内需要对技术进行预测,因为技术预测会影响到设备购置成本、设备残值以及年度经营成本等。如果未来技术进步使得设备性能、经济效率变得更好,可能就需要考虑设备更新延后进行。

(3)设备寿命期内的相关现金流。设备寿命期内的收入、费用、残值等都会影响更新决策,有时收入保持不变,费用增加,残值减少;有时收入也会随着年限增加而减少。这也会影响到设备更新分析方法的选择。

设备更新分析的基本框架可以描述为一个序列 $(j_0, t_0), (j_1, t_1), \cdots, (j_n, t_n)$,其中,每一对字母 (j, t) 都表示某类设备及其保留使用期限,j_0 代表旧设备。例如,$(j_0, 2)$,$(j_1, 3)$,$(j_2, 4)$ 表示旧设备使用 2 年后,更换为新设备 j_1,再使用 3 年后更换为新的设备 j_2,继续使用 4 年。这种情形下,研究期为 9 年。一种特殊情形是在使用旧设备 t_0 年后无限长的时间内重复购置和使用新设备 j 达 t^* 年,可用序列 $(j_0, t_0), (j, t^*)^\infty$ 表示。年值法为无限期情形下设备更新分析提供了方法;净现值法或费用现值法则在期限有限情形下更为适用。

9.4.2 差额投资回收期法

经过一段时间的使用磨损后,加之技术不断进步,出现效率更高、经济效益更好的新设备,原有的设备将显得陈旧过时。此时,面临着继续使用旧设备还是马上进行设备更新的选择问题。如果沿用旧设备,可能要进行设备的大修理或技术改造,实际分析中可以用差额投资回收期法来判断是否值得购置新设备。

在一般情况下，设备大修理、技术改造（或现代化改造）与购置新设备的关系为：$K_r<K_m<K_n$，$Q_r<Q_m<Q_n$，$C_r>C_m>C_n$。其中，K_r、K_m和K_n分别为设备大修理、技术改造和购置新设备所需投资；Q_r、Q_m、Q_n分别为设备大修理、技术改造和购置新设备后的年生产率；C_r、C_m、C_n分别为设备大修理、技术改造和购置新设备后的单位产品成本。在考虑设备更新方案时，可根据以下标准进行决策。

（1）当$K_r/Q_r>K_m/Q_m$，且$C_r>C_m$时，即当单位产量所需要的大修理费比单位产量所需要的技术改造费多，且大修理后单位产品成本比技术改造后的单位产品成本高时，毫无疑问，应该进行技术改造。

（2）当$K_r/Q_r<K_m/Q_m$，但$C_r>C_m$时，即当单位产量所需要的大修理费比单位产量所需要的技术改造费少，但是大修理后单位产品成本比技术改造后的单位产品成本高时，可以用差额投资回收期法进行决策。

$$T=\frac{K_m/Q_m - K_r/Q_r}{C_r - C_m} \quad (9\text{-}12)$$

式中，T表示差额投资回收期，当T小于规定的基准回收期时，选择技术改造方案。

（3）当$K_m/Q_m>K_n/Q_n$，且$C_m>C_n$时，即当单位产量所需要的技术改造费比单位产量所需要的新设备购置费多，且技术改造后的单位产品成本比使用新设备后的单位产品成本高时，毫无疑问，应该更新设备。

（4）当$K_m/Q_m<K_n/Q_n$，但$C_m>C_n$时，即当单位产量所需要的技术改造费比单位产量所需要的新设备购置费少，但是技术改造后的单位产品成本比使用新设备后的单位产品成本高时，同样用差额投资回收期法进行决策。

$$T=\frac{K_n/Q_n - K_m/Q_m}{C_m - C_n} \quad (9\text{-}13)$$

当T小于规定的基准回收期时，选择设备更新方案。如果超过了规定的基准回收期，则应选择技术改造。

9.4.3 无限期下的费用年值法

费用年值法是指在考虑资金时间价值的条件下，分别计算原有设备和备选新设备在各自的经济寿命期内的费用年值，并进行比较，如果使用新设备的费用年值小于继续使用旧设备的费用年值，则应更换新设备，否则继续使用旧设备。运用费用年值法进行更新决策要解决两个问题：一是旧设备是否值得更新；二是如果旧设备需要更新，何时进行更新。分析的具体步骤如下。

（1）计算新、旧设备在对应经济寿命条件下的费用年值。要说明的是，在计算旧设备费用年值时，决策时点的设备残值应被看作设备那一时点的投资。

（2）对新、旧设备的费用年值进行比较：如果旧设备的费用年值小于新设备的费用年值，就无须更新，继续使用旧设备直至其经济寿命；如果新设备的费用年值小于旧设备的费用年值，就需要转入下一步，判断何时更新。

（3）假设旧设备继续使用1年，计算这时的费用年值并与新设备的费用年值比较，如果旧设备继续使用的费用年值小,则继续使用旧设备,否则更新为新设备。

(4)在旧设备处于继续保留使用的情况下,计算保留2年的费用年值,并与新设备的费用年值进行比较,比较原则同上一步,如此循环直至旧设备被更新淘汰。

例 9-6 某设备目前的净残值为 10 000 元,预计还能继续使用 4 年,保留使用的情况如表 9-4 所示。

表 9-4 某设备保留使用情况表

项目	0	1	2	3	4
年末设备净残值/元	10 000	8 000	6 000	4 000	2 000
年运行费用/元	—	2 000	3 000	4 000	5 000

新设备的原始费用为 35 000 元,经济寿命期为 10 年,第 10 年末的净残值为 7000 元,平均年使用费为 400 元,基准折现率为 12%,旧设备是否需要更换,如需更换,何时更换为宜?

解:先判断是否需要更换。继续使用旧设备的费用年值为

$$AC_o = [10\ 000 - 2000(P/F, 12\%, 4) + 2000(P/F, 12\%, 1) + 3000(P/F, 12\%, 2) \\ + 4000(P/F, 12\%, 3) + 5000(P/F, 12\%, 4)](A/P, 12\%, 4) = 6232.73\ (元)$$

更新设备的费用年值为

$$AC_N = [35\ 000 - 7000(P/F, 12\%, 10)](A/P, 12\%, 10) + 400 = 6195.56\ (元)$$

由计算可知,$AC_N < AC_o$,所以应该更换旧设备,使用新设备。下面判断何时更换为宜,分以下几种情况。

(1)保留 1 年。

$$AC_o(1) = [10\ 000 - 8000(P/F, 12\%, 1) + 2000(P/F, 12\%, 1)](A/P, 12\%, 1) = 5200\ (元)$$

$AC_N > AC_o(1)$,则保留使用 1 年是合适的。

(2)保留 2 年,即继续使用 2 年后更换。

$$AC_o(2) = [10\ 000 - 6000(P/F, 12\%, 2) + 2000(P/F, 12\%, 1) \\ + 3000(P/F, 12\%, 2)](A/P, 12\%, 2) = 5558.49\ (元)$$

$AC_N > AC_o(2)$,则保留使用 2 年是合适的。

(3)保留 3 年,即继续使用 3 年后更换。

$$AC_o(3) = [10\ 000 - 4000(P/F, 12\%, 3) + 2000(P/F, 12\%, 1) + 3000(P/F, 12\%, 2) \\ + 4000(P/F, 12\%, 3)](A/P, 12\%, 3) = 5902.7\ (元)$$

$AC_N > AC_o(3)$,则保留使用 3 年是合适的。

(4)保留 4 年。

$$AC_o(4) = AC_o = 6232.73\ (元)$$

$AC_N < AC_o(4)$,故保留使用 3 年后就应该更换,如果旧设备使用 4 年,其年均费用要比使用新设备高。

例 9-7 某石油集团公司正在研究解决下属油田企业的压缩机漏油问题,针对可能出现的密封垫密封问题,提出的一个方案是增加一个新的密封垫,如果在整个集团推广该方

案，预计将花费 1.6 亿元。新增密封垫的年维修费第 1 年为 100 万元，以后每年将增加 40 万元，经济寿命为 20 年，无残值。目前的旧密封垫还可持续 15 年，但是每年的漏油损失会增加，接下来的一年的漏油损失估计为 800 万元，以后每年增加损失 250 万元。基准折现率为 8%。试分析是否值得增加新的密封垫？如果可行，什么时间加装更合理？

解：讨论是否值得增加密封垫，即分别计算增加密封垫和继续维持现状的费用年值。

（1）增加密封垫。

$$AC_1 = 16\,000(A/P, 8\%, 20) + 100 + 40(A/G, 8\%, 20) = 2011.11（万元）$$

（2）不加密封垫。

$$AC_2 = 800 + 250(A/G, 8\%, 15) = 2198.62（万元）$$

$AC_1 < AC_2$，值得增加密封垫。继而分析何时加装合理。

$$AC_2(1) = 800（万元）$$
$$AC_2(2) = 800 + 250(A/G, 8\%, 2) = 920.19（万元）$$
$$AC_2(3) = 800 + 250(A/G, 8\%, 3) = 1037.19（万元）$$
$$AC_2(4) = 800 + 250(A/G, 8\%, 4) = 1150.99（万元）$$
$$\vdots$$
$$AC_2(12) = 800 + 250(A/G, 8\%, 12) = 1948.94（万元）$$
$$AC_2(13) = 800 + 250(A/G, 8\%, 13) = 2035.05（万元）$$

$AC_1 < AC_2(13)$，即现有的密封垫维持现状继续使用 12 年后再加新的密封垫，这从经济上来说是比较合适的选择。

例 9-8 某公司一台用来检测电路的旧设备发生损坏，公司考虑将其更换为新一代效率更高的设备。目前有两种方案。

一是大修理。目前该设备残值为 5000 元，大修理耗费 1200 元，可以继续使用 6 年。大修理后第 1 年的经营成本估算为 2000 元，以后每年增加 1500 元，设备残值每年在上一年基础上递减 25%。

二是更换新设备，购置费为 10 000 元，物理寿命为 8 年。第 1 年经营成本为 2200 元，以后每年递增 20%，预计一年后的残值为 6000 元，每年递减 15%。

公司要求的基准收益率为 15%，计算两种方案的经济寿命，并确定何时更换旧设备。

解：旧设备大修理的经济寿命计算如下：

$$AC_{r1} = [5000 + 1200 + 2000(P/F, 15\%, 1) - 5000 \\ \times (1-25\%)(P/F, 15\%, 1)](A/P, 15\%, 1) = 5380（元）$$

$$AC_{r2} = [5000 + 1200 + 2000(P/F, 15\%, 1) + (2000 + 1500)(P/F, 15\%, 2) \\ - 5000 \times (1-25\%)^2 \times (P/F, 15\%, 2)](A/P, 15\%, 2) = 5203.26（元）$$

$$AC_{r3} = [5000 + 1200 + 2000(P/F, 15\%, 1) + (2000 + 1500)(P/F, 15\%, 2) + (2000 + 1500\times 2) \\ \times (P/F, 15\%, 3) - 5000 \times (1-25\%)^3 \times (P/F, 15\%, 3)](A/P, 15\%, 3) = 5468.70（元）$$

同理可得，$AC_{r4} = 5844.21（元）$，$AC_{r5} = 6257.80（元）$，$AC_{r6} = 6682.40（元）$。

可见，$AC_{r2} < AC_{r1}$，$AC_{r2} < AC_{r3}$，因此，$AC_r^* = 5203.26（元）$，旧设备的经济寿命为 2 年。

新设备的经济寿命计算如下：

$$AC_{n1} = [10\,000 + 2200(P/F, 15\%, 1) - 6000(P/F, 15\%, 1)](A/P, 15\%, 1) = 7700（元）$$

$$AC_{n2} = [10\,000 + 2200 \times (P/F, 15\%, 1) + 2200 \times (1 + 20\%)(P/F, 15\%, 2)$$
$$- 6000 \times (1 - 15\%)(P/F, 15\%, 2)](A/P, 15\%, 2) = 6183.72（元）$$

$$AC_{n3} = [10\,000 + 2200 \times (P/F, 15\%, 1) + 2200 \times (1 + 20\%)(P/F, 15\%, 2) + 2200 \times (1 + 20\%)^2$$
$$\times (P/F, 15\%, 3) - 6000 \times (1 - 15\%)^2 (P/F, 15\%, 3)](A/P, 15\%, 3) = 5755.87（元）$$

同理可得，$AC_{n4} = 5624.94$（元），$AC_{n5} = 5631.23$（元），$AC_{n6} = 5720.64$（元），$AC_{n7} = 5869.48$（元），$AC_{n8} = 6065.62$（元）。

可见，$AC_{n4} < AC_{n3}$，$AC_{n4} < AC_{n5}$，因此，$AC_n^* = 5624.94$（元），新设备的经济寿命为 4 年。

因为 $AC_r^* < AC_n^*$，所以旧设备不应该现在更新。如果在未来没有发生技术进步，旧设备应该至少使用至其经济寿命即满 2 年。当然，在满 2 年后也未必需要更新旧设备，这依赖于可获得的新设备种类。

因为 $AC_{r3} = 5468.70 < AC_n^*$，但 $AC_{r4} = 5844.21 > AC_n^*$，所以应在大修理 3 年后进行更换。

9.4.4 有限期下的费用现值法

如果研究期是有限的，那么费用年值法将不再适用，此时，应当对所有方案按照合理的共同研究期，采用费用现值法或净现值法进行选择。下面通过一个示例说明费用现值法的具体应用。

例 9-9 某公司要执行一份检测电路合同，在接下来的 8 年中可以使用现有设备或者更换为新设备。已知新旧设备的基础数据同例 9-8，在研究期内的费用年值如表 9-5 所示。合同执行完毕后，无论是新设备还是旧设备均不会保留。为简化问题，提供了六种方案，分别是：方案 1——$(j_0, 0), (j, 4), (j, 4)$；方案 2——$(j_0, 1), (j, 4), (j, 3)$；方案 3——$(j_0, 2), (j, 4), (j, 2)$；方案 4——$(j_0, 3), (j, 5)$；方案 5——$(j_0, 3), (j, 4), (j, 1)$；方案 6——$(j_0, 4), (j, 4)$。试问如何做出最佳更新策略？

表 9-5 研究期内的费用年值 单位：元

研究期	旧设备	新设备
1	5 380.00	7 700.00
2	5 203.26	6 183.72
3	5 468.70	5 755.87
4	5 844.21	5 624.94
5	6 257.80	5 631.23

解：研究期有限，依次求出六种方案的费用现值。

方案 1：

$$PC_1 = 5624.94(P/A, 15\%, 8) = 25\,240.91（元）$$

方案 2：
$$PC_2 = 5380(P/F, 15\%, 1) + 5624.94(P/A, 15\%, 4)(P/F, 15\%, 1)$$
$$+ 5755.87(P/A, 15\%, 3)(P/F, 15\%, 5) = 25\,176.55\,（元）$$

方案 3：
$$PC_3 = 5203.26(P/A, 15\%, 2) + 5624.94(P/A, 15\%, 4)(P/F, 15\%, 2)$$
$$+ 6183.72(P/A, 15\%, 2)(P/F, 15\%, 6) = 24\,948.12\,（元）$$

方案 4：
$$PC_4 = 5468.70(P/A, 15\%, 3) + 5631.23(P/A, 15\%, 5)(P/F, 15\%, 3) = 24\,898.05\,（元）$$

方案 5：
$$PC_5 = 5468.70(P/A, 15\%, 3) + 5624.94(P/A, 15\%, 4)(P/F, 15\%, 3)$$
$$+ 7700(P/F, 15\%, 8)(P/F, 15\%, 6) = 25\,562.52\,（元）$$

方案 6：
$$PC_6 = 5844.21(P/A, 15\%, 4) + 5624.94(P/A, 15\%, 4)(P/F, 15\%, 4) = 25\,866.93\,（元）$$

对比六种方案，方案 4 的费用现值最小，因此，应保留使用旧设备 3 年后再更新为新设备，继续使用 5 年。

9.5 设备租赁的经济分析

9.5.1 设备租赁概述

1. 租赁的基本概念

租赁是除了设备购置、维修和现代化改造之外的另外一种设备投资方式，指的是设备使用者（承租人）按照合同约定向设备所有者（出租人）支付租金获得设备使用权的一种方式。对于设备承租人而言，租赁具有如下优势。

（1）减少设备购置投资及大额的资金占用，改变设备占用资金的不经济状况，改善资产负债状况。特别是适应季节性和暂时性的需要，对大型施工机械、农机设备等进行租赁，即使在资金短缺时也可正常使用这类设备。

（2）确保设备技术的先进性，避免技术落后风险，同时也无须投入太多资金购买先进设备，降低了投资风险。

（3）减少设备维修的支出、税金支出，也可避免通货膨胀的冲击。

（4）承租人还可获得良好的技术服务。

2. 设备租赁的方式

按照租赁设备的所有权归属，常见的租赁方式有经营租赁和融资租赁两种。

（1）经营租赁。经营租赁并不发生设备所有权的转移，由出租人和承租人订立租约完成租赁的业务关系，承租人有权在租赁期内预先通知出租人解除租约，出租人也可预先通知承租人解除合约。该方式下，承租人不需要获得对所租用设备的所有权，而只是负担相应租金来取得设备的使用权，通常由出租人负责设备的维修、保养与保险，租赁的期限通常远远短于设备的寿命期。因此，承租人无须承担设备无形磨损的风险，并可根据市场、技术等条件的变化决定设备的租赁期限。

（2）融资租赁。融资租赁是设备所有权发生转移的一种租赁方式，指出租人根据承租人对租赁设备的特定要求和对供货人的选择，出资向供货人购买设备，并租给承租人使用，承租人则分期向出租人支付租金，在租赁期内租赁设备的所有权属于出租人所有，承租人拥有租赁设备的使用权。租期届满，租金支付完毕并且承租人根据融资租赁合同的规定履行完全部义务后，租赁设备所有权即转归承租人所有。该种方式下，租赁双方承担确认的租赁期限和费用义务，并且租约到期之前不得解除。通常，融资租赁的租费总额足够补偿全部设备成本，租赁期间的设备维修、保养、保险等的费用均由承租人负责。

9.5.2 租赁决策分析

对于承租人，在进行租赁决策分析时，通常将租赁设备与购置设备作为两个方案进行比较。租赁设备的使用期限通常都比较长，在分析时应考虑资金的时间价值，采用动态的分析方法。一般来说，进行租赁决策分析时均假设：无论是租赁获得设备还是购买获得设备，设备在投入运行以后使企业或项目所获得的收入完全相同，这时决策问题就转换为租赁成本和购买成本的比较问题。如果设备寿命期相同，可以采用费用现值法；设备寿命期不相同时可以采用费用年值法。

1. 不考虑税收影响情况下的比较

在不考虑税收影响的情况下，可以直接应用费用现值或费用年值方法进行方案的比选。

例 9-10 某企业需要一台设备，设备价格为 18 000 元，使用寿命为 10 年，期末残值为 3000 元。通过租赁的方式也可获得该种设备，每年租赁费为 2000 元，年运营费（含维修费）均为 1200 元。假设企业的基准折现率为 10%，问采用哪种方式对企业有利？

解：选择购买的费用现值为

$PC_1 = 18\,000 + 1200(P/A, 10\%, 10) - 3000(P/F, 10\%, 10) = 24\,216.85$（元）

选择租赁的费用现值为

$PC_2 = 2000(P/A, 10\%, 10) + 1200(P/A, 10\%, 10) = 19\,662.61$（元）

显然，$PC_1 > PC_2$，则租赁设备对企业更有利一些。

2. 考虑税收影响情况下的比较

除非有特别的免税优惠，当销售利润大于零时，所有企业都有义务按销售利润的一定比例上缴所得税。因此，进行设备是否租赁的决策时通常应该考虑税收情况。按财务制度的有关规定，租赁设备的租金允许计入成本，购买设备每年计提的折旧费也允许计入成本，另外，如果是借款购置设备，其每年支付的利息也可以计入成本。

例 9-11 假设例 9-10 中政府规定的所得税税率为 25%，新设备采用直线折旧法，问企业采用哪种方式更加有利？

解：采用费用年值法进行比较。新设备的年折旧额为(18 000–3000)/10 = 1500（元）。那么，租赁设备要比购买设备每年少支付税金为(2000–1500)×25% = 125（元）。

选择购买的费用年值为

$$AC_1 = 18\,000(A/P, 10\%, 10) + 1200 - 3000(A/F, 10\%, 10) = 3941.18（元）$$

选择租赁的费用现值为

$$AC_2 = 2000 + 1200 - 125 = 3075（元）$$

显然，$AC_1 > AC_2$，则租赁设备对企业更有利一些。

例 9-12 某医药生产商计划生产市场急需的某疫苗产品，需要一台先进设备。已知某类型的这种设备价值 15 000 元，使用寿命为 3 年，残值为 6000 元。这台设备每年扣除维修费、保险费、直接燃料费等后可获得营业收入 40 000 元。公司按 25%缴纳企业所得税。假设该生产商有以下三种方案：方案 1 是直接一次性付款购买设备；方案 2 是租赁，但每年初需要支付租金 6000 元；方案 3 是先一次性支付设备价款的 60%，然后在第二年初支付 7500 元。设备采用直线折旧法，基准收益率为 12%，请对三种方案进行比选。

解：一次性付款购买设备时的现金流量见表 9-6。

表 9-6　一次性付款购买设备时的现金流量表　　　　　　　　　　　单位：元

项目	年末			
	0	1	2	3
购置费	15 000			
营业收入		40 000	40 000	40 000
折旧费		3 000	3 000	3 000
所得税		9 250	9 250	9 250
净现金流量	–15 000	30 750	30 750	30 750

计算净现值：

$$NPV_1 = -15\,000 + 30\,750(P/A, 12\%, 3) + 6000(P/F, 12\%, 3) = 63\,126.99(元)$$

租赁设备时的现金流量见表 9-7。

表 9-7　租赁设备时的现金流量表　　　　　　　　　　　单位：元

项目	年末			
	0	1	2	3
租赁费	6 000	6 000	6 000	
营业收入（扣除运营费后）		40 000	40 000	40 000
所得税		8 500	8 500	8 500
净现金流量	–6 000	25 500	25 500	31 500

计算净现值：

$$NPV_2 = -6000 + 25\,500(P/A, 12\%, 2) + 31\,500(P/F, 15\%, 3) = 59\,517.38（元）$$

分期付款购买设备时的现金流量见表 9-8。

表 9-8 分期付款购买设备时的现金流量表   单位：元

项目	年末			
	0	1	2	3
分期付款	9 000	7 500		
营业收入（扣除运营费后）		40 000	40 000	40 000
折旧费		3 000	3 000	3 000
所得税		9 250	9 250	9 250
净现金流量	−9 000	23 250	30 750	30 750

计算净现值：

$$NPV_3 = -9000 + 23\,250(P/F, 12\%, 1) + 30\,750(P/A, 12\%, 2)(P/F, 12\%, 1) \\ + 6000(P/F, 12\%, 3) = 62\,430.56（元）$$

通过上面的计算可以看出，采用一次性付款的方式获得设备的净现值最大，所以该生产商在资金充裕的情形下可选择一次性付款的方式来满足生产需要。

9.5.3 租赁费用与租金的确定

1. 租赁费用

一旦设备租赁合同生效，承租人就应该按照合同支付相应的租赁费用。通常，租赁费用包括三方面内容：租赁保证金、租金和担保费。

（1）租赁保证金。租赁保证金是出租人为了保证租赁合同顺利进行，避免执行中出现失信行为而要求承租人缴纳的费用。当租赁合同执行完毕后，出租人将租赁保证金退还给承租人，或者在支付后期（如最后一期或最后几期）租金时用其进行冲抵。租赁保证金的额度可以按照设备价值或合同总金额的一定比例进行设置。

（2）租金。租金是设备租赁中最核心的内容，其合理与否关系到出租人和承租人的共同利益，也关系到设备租赁合同能否达成。出租人要从租金中获得出租设备的资产补偿和一定的边际利润，承租人要根据租金进行成本核算，计算设备租赁所带来的利润值。影响租金的因素很多，如租赁设备的价格、租赁保证金、融资金额及其利息、租金采用的汇率、设备运费、各类税金以及各种费用的支付时间等。

（3）担保费。为了确保租赁合同在承租人经营困难、出现财务危机时仍然能够顺利执行，出租人通常会要求承租人提供担保人以对租赁合同进行担保，在承租人无法履约时由担保人代其支付租金。

2. 租金的确定

租金的确定较为复杂，出租人和承租人均需要通过租金体现自己的经济利益，实际中，可以用附加率法和年值法这两种方法来确定每年的租金。

（1）附加率法。附加率法是在租赁设备的价格或评估价值上再加上一定的比率来计算每年的租金，计算公式为

$$R = P(1+ni)/n + Pr \qquad (9\text{-}14)$$

式中，R 表示租金；P 表示租赁设备的价格或评估价值；n 表示租赁设备的还款期数；i、r 分别表示基准折现率和附加率。

例 9-13 某公司打算租赁一台大型设备，设备价格为 120 000 元，租期为 6 年，每年末支付租金，基准折现率为 12%，附加率为 5%，企业每年应该支付多少租金？

解：$R = 120\,000 \times (1 + 6 \times 12\%)/6 + 120\,000 \times 5\% = 40\,400$（元）。

（2）年值法。年值法是将租赁设备的现值按基准利率平均分摊到未来的各租赁年度内，计算公式为

$$R = P(A/P, i, n) \qquad (9\text{-}15)$$

例 9-14 某公司计划承租一条生产线，生产线的评估价值为 1500 万元，合同租期为 10 年，基准折现率为 12%。如果每年末需要支付租金，租金是多少？年初支付租金的结果又是多少？

解：①按年末支付的情况，结果如下：
$$R = 1500(A/P, 12\%, 10) = 265.48\text{（万元）}$$

②按年初支付的情况如下：
$$R = 1500(A/P, 12\%, 10)/(1 + 12\%) = 237.03\text{（万元）}$$

9.6 案例分析

A 汽车公司冲压生产线设备更新的技术经济分析

某汽车制造企业冲压车间的主要生产设备中约 45% 的压力机都是法国标致时期留下的，使用时间截止到目前已经超过 20 年。在公司急速发展的早期，为满足公司产量的要求，设备都是超负荷使用。在汽车车身冲压件的生产方面，以往所采用的机械式多工位冲床机和串联生产线在生产技术上制约较大，能耗损失也大，已经难以满足消费者的需求。为了今后能有更大的进步，公司认为必须对冲压线生产体制进行面向新时代的大幅度改革。公司调研以后认为伺服压力机技术是未来冲压行业设备发展的方向，现在需要研究的是：究竟是对旧生产线采取大修理、生产设备升级，还是进行原型替代、技术升级更新？这就需要技术经济分析。

经过研究讨论，形成了生产线设备大修理、对生产线设备进行原型更新（普通机械压力机自动搬运线）、对生产线设备进行技术升级（采用一条伺服压力机自动搬运线替代原有的 B/C 两条生产线）三个技术可行的方案，每个方案的费用数据预计分别见表 9-9、表 9-10 和表 9-11。

表 9-9 生产线设备大修理的基础数据 单位：万元

项目	2013 年	2014 年	2015 年	2016 年	2017 年	2018 年	2019 年	2020 年
大修理投入	1 230	870	2 190	200				
人工	680	730	790	860	920	1 000	1 080	1 160
互换运输			30					

续表

项目	2013年	2014年	2015年	2016年	2017年	2018年	2019年	2020年
能源（电、气）	411	411	411	411	411	411	411	411
材料费用（钢材）	10 000	10 300	10 600	10 920	11 260	11 600	11 940	12 300
零件损耗（报废）	30	31	32	33	34	35	36	37
维修费	800	500	400	300	330	360	400	440
小计	13 151	12 842	14 453	12 724	12 955	13 406	13 867	14 348

表 9-10 对生产线设备进行原型更新的基础数据　　　　单位：万元

项目	2013年	2014年	2015年	2016年	2017年	2018年	2019年	2020年	2021年
初期净投入	7 200	8 000	1 000						
人工	680	730	790	860	920	1 000	1 080	1 160	1 260
互换运输	350	350							
能源（电、气）	411	411	411	411	411	411	411	411	411
材料费用（钢材）	10 000	10 300	10 600	10 920	11 260	11 600	11 940	12 300	12 670
零件损耗（报废）	30	31	32	33	34	35	36	37	38
维修费	320	200	200	220	240	260	300	320	380
小计	18 991	20 022	13 033	12 444	12 865	13 306	13 767	14 228	14 759

表 9-11 对生产线设备进行技术升级的基础数据　　　　单位：万元

项目	2013年	2014年	2015年	2016年	2017年	2018年	2019年	2020年	2021年	2022年
初期净投入	12 000	1 800								
人工	680	730	790	860	920	1 000	1 080	1 160	1 260	1 350
互换运输	350	350								
能源（电、气）	411	411	411	411	411	411	411	411	411	411
材料费用（钢材）	10 000	10 300	10 600	10 920	11 260	11 600	11 940	12 300	12 670	13 050
零件损耗（报废）	30	10	10	10	10	10	10	10	10	10
维修费	120	100	100	120	140	150	160	160	170	180
小计	23 591	13 701	11 911	12 321	12 741	13 171	13 601	14 041	14 521	15 001

问题：
1. 基准收益率取 10%，考虑无限期情形下，如何进行决策？
2. 请说明有限期情形下的设备更新决策思路。

■ 本 章 小 结

　　本章主要阐述了设备更新的原因——设备磨损，说明了设备磨损的补偿方式，对设备经济寿命的确定、设备大修理的经济分析、设备更新的经济分析以及设备租赁的经济分析等内容进行重点阐述。通过本章学习，①了解并区分设备磨损的几种方式；②掌握设备寿命的静态、动态计算方法；③掌握设备大修理的经济界限确定方法；④掌握设备更新的费用年值分析方法，了解有限期下的费用现值分析思路；⑤掌握设备租赁的经济分析方法，了解租金确定的方法。

思考题

1. 举例说明设备的有形磨损和无形磨损各有怎样的特点？
2. 设备磨损的补偿方式有哪两种？
3. 设备的寿命概念有几种？确定设备更新期最为重要的是哪一种寿命？
4. 确定设备大修理的经济界限一般应遵循怎样的条件？
5. 设备更新分析考虑的主要因素有哪些？
6. 设备更新决策框架的描述形式怎样？
7. 设备更新的经济分析方法有哪些？适用怎样的条件？
8. 何为设备租赁？有哪些优点？包含哪些类型？

练习题

1. 有一台设备，购置费为 12 000 元，预计残值是 2000 元，运行成本初始值为 1000 元，年运行成本每年递增 400 元，求该设备的经济寿命。

2. 某打印店希望继续从事打印业务 8 年，现有的旧打印机可以立即以 6000 元出售。若继续使用旧打印机，还可以用 4 年，该打印机从现在起预计的残值和设备使用成本见表 9-12。目前市场上出现的新型打印机的购置投资为 8000 元，服务期中各年的设备使用成本和年末残值资料见表 9-12。问是否值得更新设备？若要更新，旧打印机继续使用几年再更新比较经济？基准折现率取 12%。

表 9-12 预计的残值和打印机使用成本

项目	旧设备资料				新设备资料							
年限/年	1	2	3	4	1	2	3	4	5	6	7	8
成本/元	1600	2000	2200	2800	1100	1200	1500	1800	2500	2800	3200	3600
残值/元	3500	3000	2300	1600	4600	4500	4400	4200	4000	3800	3600	3400

3. 某台设备原值为 12 000 元，年低劣化值为 800 元，初始运行费为 900 元，不计设备残值。试分别按低劣化数值法（静态）和经济寿命法（动态，折现率取 12%）计算其最佳更新期。

4. 某设备原值为 12 000 元，可用 6 年，基础数据见表 9-13，请计算：①不考虑资金时间价值时的经济寿命；②折现率取 10%，考虑资金时间价值时的经济寿命。

表 9-13 设备各年发生的费用　　　　　　　　　　　　　　　　单位：元

项目	使用年限					
	1	2	3	4	5	6
运行成本初始值	600	600	600	600	600	600
运行成本劣化值		200	400	600	800	1000
残值	5600	4800	4000	3200	2400	1600

5. 某公司一台新的专用设备价值 35 000 元。表 9-14 给出了未来 5 年该设备的预计运营和维修成本以及市场价值，如果利率为 15%，计算该设备的经济寿命期。

表 9-14 未来 5 年设备运营和维修成本以及市场价值　　　　　　单位：元

服务年限	运营和维护成本	市场价值
1	6 000	24 800
2	6 500	16 800
3	11 000	10 800
4	12 400	5 500
5	14 400	0

6. 购买一台新的特种机床，新机床价格为 215 000 元，使用寿命为 6 年，运行费第一年为 75 000 元，此后每年增加 3500 元，各年残值见表 9-15。年利率为 12%，试求最佳更新期。

表 9-15 机床各年的残值

已使用年限	1	2	3	4	5	6
残值/元	148 000	130 000	105 000	70 000	25 000	10 000

7. 某公司计划添置一台生产设备，需要 30 万元，使用寿命为 10 年，按直线折旧法折旧，期满无残值。应用该设备，预计可为公司每年带来销售收入 28 万元，经营成本增加 22 万元，所得税税率为 25%。公司现有两种选择：一是向银行借款，年利率为 10%，10 年到期还本付息；二是向租赁公司租赁，每年支付租金 5 万元，租期为 10 年。问公司应如何选择？

8. 某企业 4 年前以 24 000 元购得机器 A，尚可继续使用 8 年，预计使用期末残值为 2000 元，年度使用费为 5000 元。现市场上出现机器 B，价格为 28 000 元，估计可使用 10 年，残值为 4000 元，年度使用费为 3800 元；如果选择购买机器 B，出售机器 A，可得到 5000 元。已知基准收益率为 15%，试决定是否进行机器设备更新。

9. 某设备目前残值为 2800 元，若基准收益率为 10%，其可行方案及数据如表 9-16 所示。需要的服务年限为 8 年，试做出最佳更新方案。

表 9-16 可行方案及数据

序号	可行方案	投资/元	生产效率系数	年维持费/元
1	旧设备继续使用	0	0.42	950
2	大修理	4 200	0.80	410
3	现代化改造	7 300	1.24	205
4	同类更新	10 500	1.00	240
5	高效设备更新	13 200	1.62	200

延伸阅读

梁建伟，穆广祺，聂德鑫，等. 2014. 基于 AMSAA 模型的变电设备寿期决策方法. 水电能源科学，(11)：184-187.
唐顺莉. 2015. 年均净现值法在固定资产更新决策中的运用. 财会月刊，(19)：38-39.
徐得潜，章征宝. 2006. 设备大修理经济性分析方法探讨. 合肥工业大学学报（自然科学版），29（12）：1496-1498.
Heinaman S T. 1956. An evaluation of past company decisions on equipment replacement. The Engineering Economist，2：1-18.
Panagiotidou S，Tagaras G. 2008. Evaluation of maintenance policies for equipment subject to quality shifts and failures. International Journal of Production Research，46（20）：5761-5779.

第 10 章

价 值 工 程

C919 订单已超千架

2021 年，上海推动国产大飞机 C919 取得适航证并交付首架。作为最受期待的国产客机，C919 自 2017 年首飞以来就一直被广泛关注。由于在中国国内生产制造，C919 的成本将低于波音或空客客机，而在载员性能上，C919 拥有 168 个座位，完全能与波音、空客的大飞机相媲美；有效载荷为 20.4 吨；最大巡航速度为 980 千米/时；最大飞行高度为 12 100 米；标准航程为 4075 千米，最大航程为 5555 千米；经济寿命达 9 万飞行小时。此外，C919 还具有巡航气动效率高、运营维护成本较低、飞机油耗较低、发动机噪声较小、污染物排放少等特点，从纸面参数上来看，C919 着实是一款出众的中程干线客机。截至 2020 年 10 月，C919 总订单数已经超过 1000 架，累计客户达 28 家。实际上，任何新产品的研发不仅要考虑优良的性能，也应考虑研发、生产制造、运行维护成本等全寿命周期成本，对二者的共同分析构成了价值工程这一基本理论。

■ 10.1 价值工程概述

10.1.1 价值工程的产生与发展

价值工程（value engineering，VE），又称价值分析（value analysis，VA），是 20 世纪 40 年代通用电气公司负责物资采购的电气工程师麦尔斯（L. D. Miles）首先提出的。当时，麦尔斯负责为公司寻找军用生产材料。在采购过程中，麦尔斯对短缺物资的功能进行认真分析，他发现，采购某种材料的目的并非材料本身，而在于材料的功能，于是他努力寻找与短缺物资具有相同或相近功能，但货源较足、价格较低的材料作为代用品，这既满足了生产需要，又降低了成本，使企业获得了良好的经济效益。随后，麦尔斯经过整理和归纳，逐渐摸索出一套特殊的工作方法，并于 1947 年在《美国机械师》上发表了"价值分析"一文，这标志着价值工程正式诞生。此后，经过麦尔斯等的潜心研究，价值工程的方法体系不断得到完善。

1959 年，美国成立了全国性学术组织"美国价值工程协会"。1963 年，美国国防部规定，所有供应国防部物资的厂商，当采购金额超过一定限度时，都必须实行价值分析。1965 年日本成立价值工程协会，不断推广应用价值工程，到 20 世纪 70 年代已扩展到工程、组织、预算等领域和食品、化工等行业，应用范围越来越广。我国 1978 年引入价值工程，1987 年国家标准局发布了我国第一个价值工程方面的国家标准《价值工程基本术语和一般工作程序》，进一步促进了价值工程在我国的应用和研究。目前，我国从寻找代用材料、改进产品设计、改进工艺方案，到指导新产品的开发与设计等均尝试应用了价值工程，取得了显著成效与丰富经验。

10.1.2 价值工程的概念

根据《价值工程基本术语和一般工作程序》的定义：价值工程是通过各相关领域的协作，对所研究对象的功能与费用进行系统分析，不断创新，旨在提高所研究对象价值的思想方法和管理技术。价值工程的目的是以对象的最低的全寿命周期成本可靠地实现使用者所需功能，以获取最佳的综合效益。

价值工程的对象包括一切为实现功能而发生费用的事物，如产品、工艺、工程、服务或它们的组成部分等。价值工程的概念涉及三个基本要素，即价值 V、功能 F 和寿命周期成本 C，其计算表达式为

$$V = F / C \tag{10-1}$$

1. 价值

价值工程中的"价值"，是一种评价标准。它有别于政治经济学中"凝结在商品中的一般的无差别的人类劳动或抽象的人类劳动"的价值定义。价值工程中的"价值"是从用户角度评价事物的实用程度，其既考虑了产品的劳动消耗，又考虑了产品的使用功能，用产品的功能与为实现这种功能所付出的寿命周期成本的比值来衡量。

由式（10-1）可以看出，价值与功能成正比，与寿命周期成本成反比。功能相同的两种产品，成本低的价值大。成本相同的两种产品则功能多或者功能好的价值就大。价值工程中"价值"的引入，使得对产品评价有了更为系统、客观的评价形式。

2. 功能

功能是指研究对象满足用户某种要求的一种属性，即用途、效能等。例如，铅笔的功能就是能够写字画图，房屋的功能就是能够提供居住空间。价值工程要求决策者面向用户的功能需求，对事物的本质进行深入思考。通常，研究对象有几种不同的功能，分类如下。

（1）按照功能重要性划分，分为基本功能和辅助功能。基本功能是产品的最主要功能，是其存在的根本原因。例如，手表的基本功能是显示时间，手机的基本功能是通话等。辅助功能是指为了更好地实现基本功能而附加的功能。例如，手表除了显示时间以外，还具有防水、防震等功能；手机除了能够通话联系之外，还附加信息传递、视频等功能。

（2）按照功能的必要性，分为必要功能和不必要功能。必要功能是指为满足使用者

的要求而必须具备的功能，如产品的使用功能、美学功能等。不必要功能是指与满足使用者的需求无关的功能，如根本无须提供的多余功能等。通过区分必要功能和不必要功能，可以更好地寻求降低研究对象成本的途径，提高事物的价值。

（3）按照功能的性质，分为使用功能和品位功能。使用功能是指与对象的技术经济用途直接有关的功能。品位功能是指与使用者的主观感觉有关的功能，如品牌功能、美学功能、外观功能等。不同产品对使用功能和品位功能的侧重不同，有的产品侧重于使用功能，如燃料、地下管道、房屋等，有的侧重于品位功能，如艺术品、装饰品等。

（4）按照功能的量化标准，分为不足功能和过剩功能。不足功能是指对象尚未满足使用者需求的必要功能，反映出对象需要增加的功能。过剩功能是指对象所具有的超过使用者需求，应予以剔除的不必要功能。

价值工程中功能分析的目的就是在满足用户基本功能的基础上，尽可能增加必要功能，减少甚至剔除不必要功能，从而提高价值。

3. 寿命周期成本

价值工程研究对象的成本指的是寿命周期成本，即从研究对象的产生、发展直至消亡（或废弃）的全过程成本。例如，建筑物的寿命周期成本涵盖了从规划、勘察、设计、施工建设、使用、维修直至报废、拆除等全过程的成本；就一般产品而言，包括了从研究、开发、设计、制造、投入使用直至退出使用所需的全部费用。

一般来说，寿命周期成本包括生产成本和使用成本两部分。生产成本是指发生在生产制造企业内的成本，包括研究、开发、设计及制造过程中的费用。使用成本是指用户在使用过程中支付的各种费用的总和，包括运输、安装、日常管理、保养维护以及能耗等方面的费用。寿命周期成本、生产成本、使用成本与产品功能之间的关系见图 10-1。

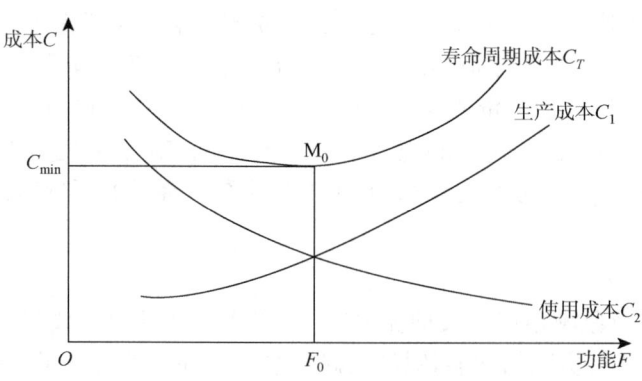

图 10-1　产品功能与成本关系图

在图 10-1 中，随着产品功能的完善、提高，生产成本 C_1 越来越大，使用成本 C_2 越来越小，寿命周期成本 C_T 则呈现开口向上的抛物线变化。在抛物线的最低点 M_0 处，产品的功能达到一个适当的水平 F_0，既能满足用户的需求，又使产品寿命周期成本最低，体现了理想的功能与成本之间的关系，此处的产品价值较大。现实生活中，生产者和使用者往往注重产品的生产成本（体现在产品价格中），而忽视使用成本，但实际上，使用成本往往要比生产成本高得多。因此，在满足用户基本需求的基础上，强调寿命周期成本最小化，可以兼顾生产者和用户的利益，也可以使整个社会的人、财、物得以合理利用。

10.1.3 提高价值的途径

价值工程分析的目的是提高研究对象的价值。由式（10-1）可知，价值的提高主要取决于功能与成本两个因素，提高对象的价值有以下几种途径。

（1）功能保持不变，成本减少。其表达式为

$$V(\uparrow) = F(\rightarrow)/C(\downarrow)$$

（2）成本保持不变，功能增加。其表达式为

$$V(\uparrow) = F(\uparrow)/C(\rightarrow)$$

（3）成本减少，功能增加，价值显著提高。其表达式为

$$V(\uparrow\uparrow) = F(\uparrow)/C(\downarrow)$$

（4）成本有所增加，功能有显著增加，从而提高价值。其表达式为

$$V(\uparrow) = F(\uparrow\uparrow)/C(\uparrow)$$

（5）功能有所减少，成本有显著减少，从而提高价值。其表达式为

$$V(\uparrow) = F(\downarrow)/C(\downarrow\downarrow)$$

需要指出的是，尽管在研究对象的各个阶段都可以应用价值工程来提高其价值，但在不同的阶段，价值提升差异很大。一般而言，价值工程应用越早，效果越突出，如在研发设计阶段进行价值工程分析、提升产品价值，其效果最为显著。因为研发设计一旦完成，产品的价值就基本确定了，后续若在功能设计、工艺设计等方面再做变更调整，会造成资源的极大浪费，严重影响价值分析效果。

10.1.4 价值工程的特点

价值工程作为一种现代管理技术和分析方法，具有如下特点。

（1）以使用者的功能需求为出发点。功能是产品最本质的内容，用户购置和使用产品实际上是使用其所具有的功能。价值工程应从用户角度，把满足和提高用户对产品的功能需要放在首位。

（2）以研究对象的功能分析为核心。价值工程通过分析功能与成本的关系，提高产品的价值。其根本目的在于以最低的寿命周期成本，可靠地实现产品的必要功能。因此，做好功能分析，特别是消除非用户本身需要的、人为提高保险系数的以及低效的不必要功能，就成为价值工程的核心。

（3）致力于提高研究对象价值的一项创造性活动。价值工程就是要合理而有效地利用社会资源，提高研究对象的经济效益，其本身是一项创造性活动，必须通过严格深入地分析才能取得预期效果。

（4）一项有组织、有计划的活动。价值工程活动涉及研究对象的全寿命周期，涉

设计、生产、销售、服务等各个方面，离不开企业内部人员、供应商、用户等人员的参与，因此，必须做好计划和组织工作，加强各类人员之间的沟通与协调，使得价值工程分析效果最优。

10.1.5 价值工程的一般工作程序

由于价值工程的应用范围广泛，其活动形式不尽相同，价值工程在实际应用中的工作程序也不尽相同。一般工作程序如表 10-1 所示，其中，对象选择、功能分析、功能评价、方案创造与评价是工作程序的关键内容，体现了价值工程的基本原理和思想，其是不可缺少的。

表 10-1 价值工程的一般工作程序

阶段	设计程序	工作步骤	
		基本步骤	详细步骤
准备阶段	制订工作计划	确定目标	1. 对象选择
			2. 组建价值工程工作小组
			3. 制订工作计划
			4. 信息搜集与整理
分析阶段	规定功能评价的标准	功能分析	5. 功能定义
			6. 功能整理
		功能评价	7. 成本分析
			8. 功能评价
			9. 确定改进范围
创新阶段	初步设计（提出各种设计方案）	制订改进方案	10. 方案创造
			11. 概略评价
			12. 详细评价
			13. 综合评价
	书面化		14. 提案编写
实施阶段	检查实施情况并评价活动成果	实施方案	15. 审批
			16. 实施与检查
			17. 成果评价

10.2 价值工程对象选择与信息收集

10.2.1 价值工程对象选择的原则

价值工程对象的选择应遵循提高经济效益这一基本原则，其过程是一个逐步收缩范围、寻求目标和聚焦主攻方面的过程，需要根据企业生产经营、市场需要以及企业的现实状况进行选择。

从生产经营和市场需要角度，可考虑如下对象：①对国计民生影响大的产品或项目；②对实现企业生产经营目标影响大的、需求量大的产品；③企业的主导产品或市场竞争激烈的产品；④用户意见大、返修率高的产品。

从企业现实状况的角度，可考虑如下对象：①在设计方面，结构复杂、技术落后、体大量重、能源消耗高、原材料消耗大或稀有且贵重、维修性差的产品；②在生产制造方面，工序烦琐、工艺落后、不合格率高、返修率高、工费高的产品；③在产品成本方面，生产成本高、寿命周期成本高、不重要的零部件成本高的产品；④在产品销售方面，滞销、市场占有率低、盈利少、用户意见大的产品。

在实际工作中，一般可根据企业的具体情况，有侧重地从设计、生产制造与工艺、销售、成本管理等方面的因素中，初步选择价值工程对象。

10.2.2 价值工程对象选择的方法

价值工程对象选择的方法有很多，应根据具体情况，兼顾定性分析与定量分析进行选择。常用的方法包括以下几种。

1. 经验分析法

经验分析法是一种定性分析方法，该方法凭借价值工程分析人员和专家的经验，选择、确定价值工程对象。为提高价值工程对象选择的质量，应选调熟悉业务、经验丰富的人员，集体研究，共同商定。运用该方法选择对象，需要对各种因素进行综合分析，区别主次、轻重缓急，既考虑需要又考虑可能，以确保选择的合理性。因此，该方法也称为因素分析法。

经验分析法是目前企业中较为常用的一种方法，它的优点是简单易行，且考虑问题比较综合、全面。其缺点是分析质量受价值工程分析人员的经验、工作态度等因素的影响较大。因此，最好将这种方法与其他方法结合使用，以便更好地确定分析对象。

2. 百分比法

百分比法是通过分析产品对两个或两个以上经济指标的影响程度（百分比）来确定价值工程对象。百分比法的优点是，当企业在一定时期要提高某些经济指标而且拟选的对象数目不多时，有着较强的针对性和有效性。其缺点是不够系统和全面。

例 10-1 某企业有六种产品，它们的成本、利润及百分比情况如表 10-2 所示。企业急于提高利润水平，请用百分比法确定价值工程对象。

表 10-2　企业各类产品的成本、利润及百分比

产品种类	成本/万元	成本百分比	利润/万元	利润百分比	利润百分比/成本百分比	排序
A	70	50.00%	25	59.52%	1.19	1
B	20	14.29%	6	14.29%	1.00	3

续表

产品种类	成本/万元	成本百分比	利润/万元	利润百分比	利润百分比/成本百分比	排序
C	12	8.57%	4	9.52%	1.11	2
D	20	14.29%	3	7.14%	0.50	6
E	10	7.14%	2	4.76%	0.67	5
F	8	5.71%	2	4.76%	0.83	4
合计	140	100%	42	100%	1.00	

注：百分比由于经过四舍五入，合计可能不等于100%

解：产品的收益通常应与成本相匹配。由表 10-2 可知，产品 D 的成本耗费占总成本的 14.29%，但其利润仅占总利润的 7.14%，在六种产品的利润百分比/成本百分比中其最低，所以可以优先选择产品 D 作为价值工程对象。

3. ABC 分析法

ABC 分析法也称帕累托分析法，是一种寻找主要因素的方法，也是价值工程对象选择的主要方法之一。该方法根据研究对象对企业或项目技术经济指标的影响程度、研究对象数量的比例大小这两个因素，把所有研究对象划分为 A、B、C 三类，由此明确关键的少数和一般的多数，从中选择价值工程对象。研究对象类别划分的参考值见表 10-3 和图 10-2。在进行分析时，A 类对象作为重点分析对象，B 类只作为一般分析对象，C 类可以不加分析。

表 10-3　A、B、C 类别划分参考值

类别	数量占总数百分比	成本占总成本百分比
A 类	10%左右	70%左右
B 类	20%左右	20%左右
C 类	70%左右	10%左右

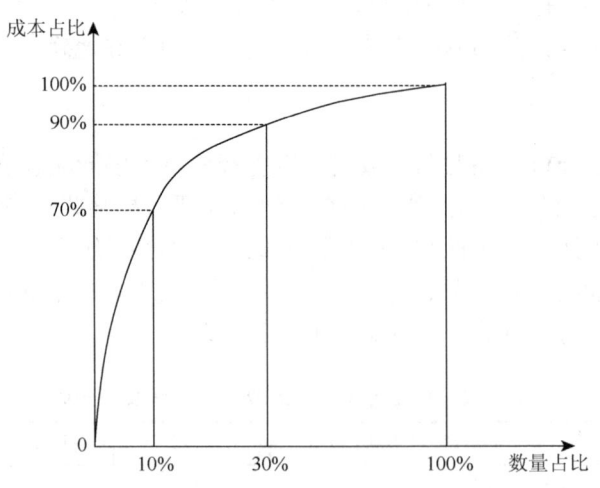

图 10-2　ABC 分析曲线图

应用 ABC 分析法选择价值工程对象的基本步骤为：①将全部产品、作业或零部件按成本的数值大小依次排序；②按排序的累计数量求出占所有产品、作业或零部件总数的百分比；③计算成本累计值占总成本的百分比；④按 ABC 分析法将全部产品、作业或零部件分为 A、B、C 三类；⑤画出帕累托曲线，并首先选 A 类为价值工程对象。

例 10-2　某建设项目中设备监理工程师对一个关键工艺设备的造价提出异议，指出应用 ABC 分析法进行价值工程分析，该设备的部件构成及其成本情况如表 10-4 所示。

表 10-4　某关键工艺设备的部件构成及其成本

部件名称	部件数量/件	单件成本/(万元/件)	总成本/万元
A	3	4	12
B	2	5	10
C	4	4	16
D	1	3	3
E	2	6	12
F	1	2	2
G	5	5	25
H	2	36	72
I	2	10	20
J	1	150	150

按照部件成本由大到小进行排序，计算累计种类百分比和累计成本百分比，进行 ABC 类别划分。结果见表 10-5，帕累托图如图 10-3 所示。可见，J、H 两种部件属于 A 类部件，可优先被选作价值工程对象。

表 10-5　例 10-2 的 ABC 分析

部件名称	总成本/万元	成本百分比	累计成本百分比	累计种类百分比	分类
J	150	46.58%	46.58%	10%	A 类
H	72	22.36%	68.94%	20%	A 类
G	25	7.76%	76.71%	30%	B 类
I	20	6.21%	82.92%	40%	B 类
C	16	4.97%	87.89%	50%	B 类
A	12	3.73%	91.61%	60%	C 类
E	12	3.73%	95.34%	70%	C 类
B	10	3.11%	98.45%	80%	C 类
D	3	0.93%	99.38%	90%	C 类
F	2	0.62%	100%	100%	C 类

注：由于表中百分比是通过 Excel 计算并进行四舍五入得到的，因此根据表中数据直接计算的累计成本百分比可能与表中给出的数据有些许误差

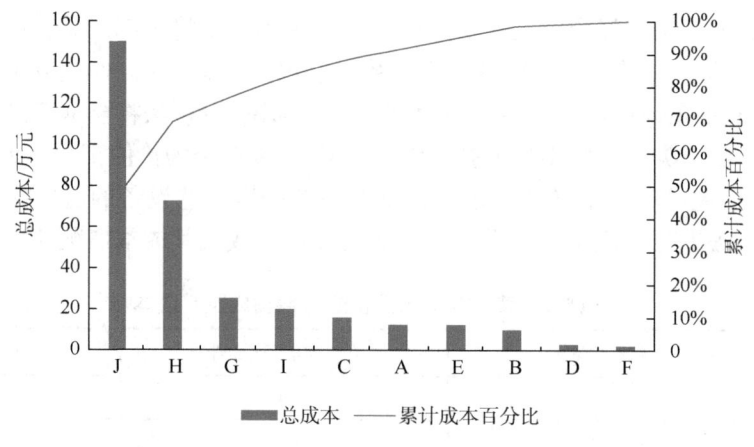

图 10-3 例 10-2 的帕累托图

ABC 分析法的优点是能够抓住重点，突出主要矛盾。其缺点是有时会发生遗漏或因排列顺序靠后而未被选上的情况，如产品虽属 C 类，但其功能却比较重要，所以还应该结合其他方法进行价值工程对象的选择。

4. 价值指数法

价值指数法，也称强制确定法，是对象选择的重要方法之一，也经常被用来进行功能评价与方案评价。价值指数法一般适用于产品功能较少、产品性能和生产特点可比的价值工程对象的选择。其基本步骤为：首先，计算功能重要性系数和成本系数；其次，计算二者的比值得到价值指数；最后，根据价值指数大小进行排序，并优先选择价值指数小于 1 且改进幅度大的对象作为价值工程对象。

确定功能重要性系数的方法有以下几种。

（1）"0-1" 评分法。就是将各个备选对象逐一比较，重要者得 1 分，不重要者得 0 分，然后用各对象的功能得分除以总得分即为其功能重要性系数。例如，某产品由 A~E 五个构件组成，应用 "0-1" 评分法计算功能重要性系数的过程见表 10-6。可见，构件 C 的功能重要性系数最大，为 0.4，说明其相对其他构件而言最为重要。构件 D 的功能重要性系数为 0，说明其最不重要，可以考虑将其取消或与其他构件合并分析。

表 10-6 "0-1" 评分法功能重要性系数计算表

构件	一对一比较结果					得分	功能重要性系数
	A	B	C	D	E		
A	—	0	0	1	1	2	0.2
B	1	—	0	1	1	3	0.3
C	1	1	—	1	1	4	0.4
D	0	0	0	—	0	0	0
E	0	0	0	1	—	1	0.1
合计	2	1	0	4	3	10	1.0

（2）"0-4"评分法。这种方法和"0-1"评分法类似，也是将各对象逐一对比，将其功能得分在总得分中的比例作为功能重要性系数。采用"0-4"评分法进行比较时，分为四种情况。①非常重要的功能得4分，很不重要的功能得0分。②比较重要的功能得3分，不太重要的功能得1分。③两个功能重要程度相同时各得2分。④自身对比不得分。

可见，其两两比较矩阵的元素值按照斜对角线加和为4。仍以上述的构件为例，采用"0-4"评分法计算功能重要性系数的过程见表10-7。

表10-7　"0-4"评分法功能重要性系数计算表

构件	一对一比较结果					得分	功能重要性系数
	A	B	C	D	E		
A	—	3	2	4	4	13	0.325
B	1	—	3	1	4	9	0.225
C	2	1	—	3	0	6	0.150
D	0	3	1	—	3	7	0.175
E	0	0	4	1	—	5	0.125
合计	3	7	10	9	11	40	1

（3）直接评分法。聘请一定数量的专业人员，由他们对各备选对象的功能直接打分，在评价时规定总分标准，每个评价人员对各部分功能的评分之和必须等于总分，然后将各对象的功能得分的比例作为功能重要性系数。举例说明的计算过程见表10-8。

表10-8　直接评分法功能重要性系数计算表

构件	评价人员										得分	功能重要性系数
	1	2	3	4	5	6	7	8	9	10		
A	3	2	1	2	3	3	1	2	3	2	22	0.22
B	1	4	2	1	3	2	3	2	3	4	25	0.25
C	3	2	5	4	3	4	3	2	3	2	31	0.31
D	1	1	1	0	0	0	1	1	1	1	7	0.07
E	2	1	1	3	1	1	2	3	0	1	15	0.15
合计	10	10	10	10	10	10	10	10	10	10	100	1.00

（4）环比评分法。也称倍数确定法，该方法是首先选择一个备选对象作为基准，令其功能重要度值为1，然后自下而上依次比较相邻两个对象的功能重要程度，给出功能重要度比值，用排列在下面的功能重要度得分乘以与其相邻的上一个的功能重要度比值，依次得到其他对象的功能重要度得分，再用每个对象的功能重要度得分分别除以总得分，得出各个对象的功能重要性系数，举例说明其具体计算过程见表10-9。

表 10-9　环比评分法功能重要性系数计算表

评价对象	相对比值	得分	功能重要性系数
F_1		6	0.52
F_2	$F_1/F_2 = 4$	1.5	0.13
F_3	$F_2/F_3 = 0.5$	3	0.26
F_4	$F_3/F_4 = 3$	1	0.09
合计		11.5	1.00

成本系数指的是各评价对象的现实成本在所有对象的成本总和中所占的比例。价值指数计算公式为

$$价值指数 = 功能重要性系数 / 成本系数 \qquad (10\text{-}2)$$

结合价值指数计算结果，有如下几种可能。

a. 价值指数<1，说明产品或部件的重要程度小而成本高，应作为研究对象。通过降低成本或者提高功能重要程度的方法提高产品或部件价值。

b. 价值指数>1，说明产品或部件的重要程度大而成本低，可作为研究对象。进一步提高产品或部件质量，提升价值。

c. 价值指数=1，说明产品或部件的重要程度和成本相当，不作为研究对象。

d. 价值指数=0，说明产品或部件不重要，可以取消或合并。

实际中，还可以根据偏离 1 的程度进行排序。对于偏离 1 最大的对象，可考虑优先选择作为价值工程对象。

例 10-3　已知某产品 A~E 五个构件的功能重要性系数和现实成本如表 10-10 所示，试用价值指数法确定价值工程对象的优先选择顺序。

表 10-10　例 10-3 的基础数据

构件	功能重要性系数 ①	现实成本/万元 ②	成本系数 ③ = ②/59	价值指数 ④ = ①/③	对象选择顺序
A	0.22	16	0.27	0.81	2
B	0.25	10	0.17	1.47	4
C	0.31	15	0.25	1.24	5
D	0.07	8	0.14	0.50	1
E	0.15	10	0.17	0.88	3
合计	1.00	59			

解：计算过程如表 10-10 所示。在确定对象选择顺序时，优先考虑价值指数值小于 1 的，越小越先被选择；其次考虑价值指数值大于 1 的，越大越先被选择。

（5）最合适区域法。由价值指数法可知，只要价值指数不等于 1，理论上均可作为价值

工程对象，但这无疑会加大价值工程分析的工作量，也难以抓住重点。此外，有时两个备选对象的价值指数相同，如一个对象的功能重要性系数为 0.08，成本系数为 0.1，价值指数为 0.8，另一个对象的功能重要性系数为 0.008，成本系数为 0.01，价值指数也为 0.8，这时又应如何选择？为了弥补价值指数法的不足，1973 年日本东京大学的田中教授提出了最合适区域法。其基本思路是把功能重要性系数和成本系数大的区域凸显出来，将其作为价值工程对象的优先区域。

基本做法是：以成本系数为横坐标，功能重要性系数为纵坐标，如图 10-4 所示，斜率为 1 的 45°线代表的是价值指数等于 1 的标准线，线上的对象不宜作为价值工程对象。在其余区域，可以绘制两条包络曲线，方程式为

$$F_i = \sqrt{C_i^2 \pm 2S} \qquad (10\text{-}3)$$

式中，S 表示一个设定的常数。S 值越大，两条包络线与标准线的距离越远，意味着最合适区域的范围越广，价值工程对象选择的空间越窄；反之，S 值越小，两条包络线与标准线的距离越近，最合适区域的范围越窄，而价值工程对象选择的空间越广。根据实践经验，当大多数（约 85%）的点分布在区域内时，可认为该区域是一个最合适区域，可以较好地进行价值工程对象选择。

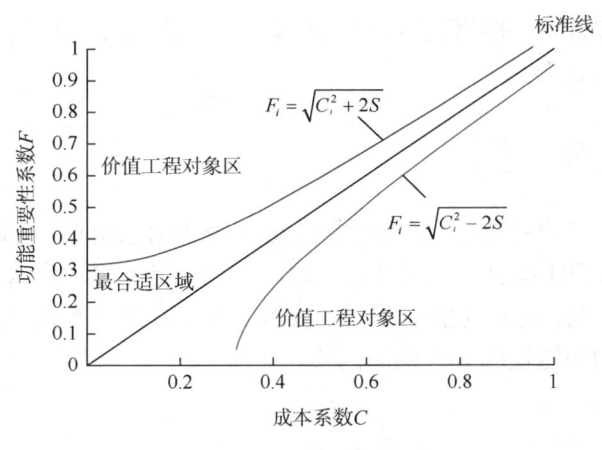

图 10-4　最合适区域图

10.2.3　信息资料的收集

确定了价值工程的对象之后，团队成员就需要开展有关价值工程对象的信息资料收集与整理工作。只有掌握了大量的信息资料，才能够得到价值工程活动的依据、标准和对比对象。当然，信息资料的收集贯穿于价值工程活动的全过程，在功能分析阶段、功能评价阶段、方案创造阶段都离不开大量信息资料的支持。价值工程的最终效果如何很大程度上也受到占有的信息资料的数量、质量及时效等的影响。

信息资料收集是一项周密而系统的调查研究活动，应该根据收集资料的目的，确定资料的内容和调查范围，有计划、有组织、有针对性地进行。对于不同价值工程对象，所收集的信息资料内容不尽相同，应视具体情况而定，一般包括以下几个方面。

（1）用户方面资料。收集这方面资料是为了把握用户对产品的意见和要求，如产品的使用目的、使用条件、使用中出现的故障情况以及对产品的价格、耐用性、美观、服务等方面的要求。

（2）技术方面资料。收集这部分资料是为了了解产品的技术动向，为功能评价、技术改进提供方向，以更好地满足用户需求。主要包括企业和国内外同类产品的技术资料、技术标准、发展趋势等。

（3）经济方面资料。收集这部分资料的目的主要是获得同类产品的价格、成本构成情况、价格指数和有关定额等，为成本分析和降低成本、提升价值提供依据。

（4）本企业的基本资料。收集这部分资料的目的是明确价值工程活动的客观约束条件，主要包括企业的经营方针、经营目标、生产能力、研发能力、销售情况、产品成本以及管理现状等方面的资料。

（5）制造和供应方面的资料。收集这部分资料的主要目的是明确外部供应与协作情况，包括产品加工，原材料及外协件、外购件的供应以及供应和协作单位的有关情况等。

（6）国家政策方面的资料。收集这部分资料是为了确保价值工程活动与国家政策、国民经济发展方向相一致，主要包括国家和政府有关部门制定的法规、条例，以及党的方针政策方面的信息。

对收集的信息和资料一般需要进行分析、整理，剔除其中无效的资料，使用可靠的资料，以利于价值工程分析。

■ 10.3 功 能 分 析

功能分析是价值工程的核心，其目的就是通过分析信息资料，正确地定义研究对象的功能，明确所有这些功能本身的内容及各功能之间的相互关系，确认必要功能，补足不足功能，剔除不必要功能，建立功能系统图，从而准确掌握用户所要求的功能及水平。功能分析包括功能定义和功能整理等方面的内容。

10.3.1 功能定义

功能定义就是用简洁的语言对研究对象的功能加以描述，从定性的角度解决"它是做什么用的"问题。准确的功能定义是功能分析和功能改进的前提。进行功能定义时，应注意以下事项。

（1）功能定义应简明扼要，通常用一个动词加一个名词完成，与对象一起构成主谓宾结构。例如，手表的功能可描述为指示时间，冰箱的功能是冷藏食品，项目批准过程的功能是授权项目启动，运输过程的功能是传送材料。

（2）不能遗漏功能，特别是物品的功能较多时，有几个功能就下几个定义。

（3）从本质上定义功能，用词尽量概括抽象，尽可能采用扩展思路的词汇，以利于改进。

总之，功能定义既要准确，又要适当的概括和抽象。

10.3.2 功能整理

对象往往具有多种功能，这些功能之间存在一定的逻辑关联。功能整理就是指对已定义出的功能进行系统分析、整理，明确功能之间的关系，分清功能类别，并以系统图的形态表明这些关系之间的内在联系。具体而言，功能整理的主要目的包括：①确定必要功能，根据目的-手段关系，建立功能系统图，以此明确采取怎样的措施实现用户的功能要求；②消除不必要功能，通过功能整理判别发现冗余的、无须存在的功能，将其消除；③补充手段功能，对缺乏的有助于实现必要功能的手段加以补充，以更好地实现对象的目的功能。功能整理的过程本身就是功能系统图的绘制过程。

1. 功能系统图

功能系统图是按照一定的原则方式，将定义的功能连接起来形成的一个完整的功能逻辑关系图，其一般形式如图 10-5 所示。其中，某功能和它的全体分支构成一个功能域或功能区，如 F_1 和 F_{11}、F_{12} 是一个功能区；F_2 和 F_{21}、F_{22} 构成另一个功能区。同一功能区中的级别用位表示，高一级功能称为上位，低一级功能称为下位，同级功能称为同位。在图 10-5 中，上位功能在左，下位功能在右。

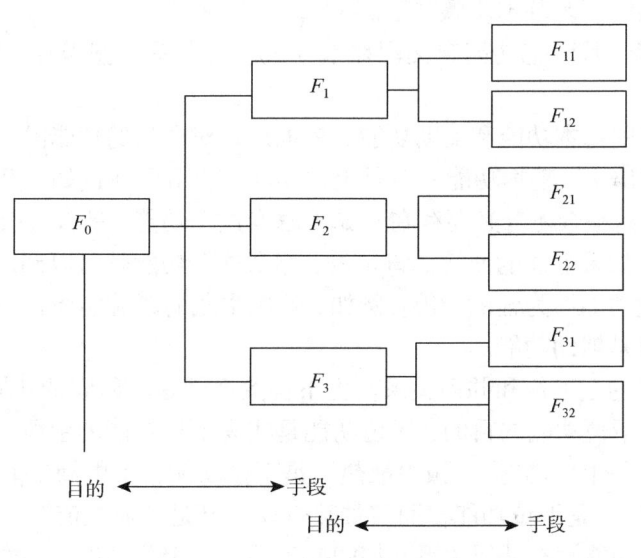

图 10-5 功能系统图基本模式

功能整理采取的逻辑是：目的—手段。上位功能是目的，下位功能是手段，因此上位功能也称为目的功能，下位功能也称为手段功能，而目的和手段又是相对的，一个功能对它的上位功能来说是手段，对它的下位功能来说又是目的。以载重汽车为例，其功能系统图如图 10-6 所示。

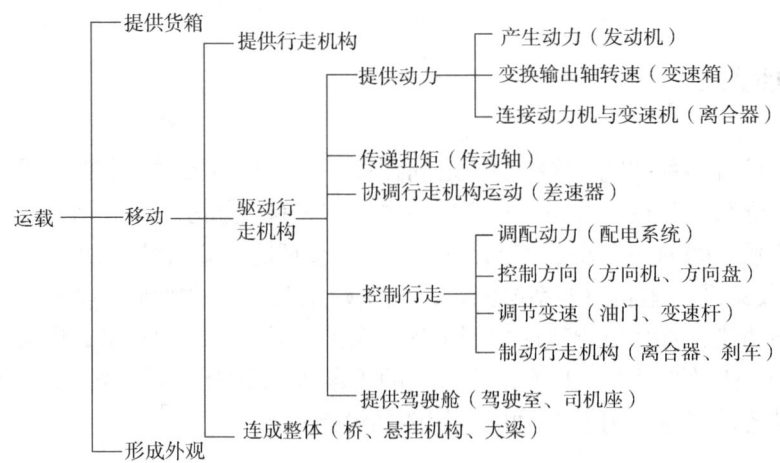

图 10-6 载重汽车的功能系统图

根据功能系统图，可以清楚地看到价值工程对象的各个功能及它们之间的相互关系，有助于研究者从功能出发，客观地掌握整个价值工程对象。

2. 功能整理的步骤

功能整理一般采用功能卡片方法，通过制作与分析功能卡片，获得上位和下位功能，进而绘制出功能系统图。基本步骤如下。

（1）编制功能卡片。把功能定义写在卡片上，每条写一张卡片，以便于排列、调整和修改。

（2）分析产品的基本功能和辅助功能。依据用户对产品的功能需求，确定产品的基本功能，并将其排列出来。基本功能一般是上位功能，它可以通过如下几个问题来判别：取消了这个功能，产品是否还有必要存在？如果改变这个功能，是否会引起其他的工艺和零部件也发生改变？如果上述的回答是肯定的，那么这个功能就可以确定为基本功能。除基本功能之外的其他功能即为辅助功能。例如，就热水瓶的诸功能而言，保持水温就是基本功能，方便使用就是辅助功能。

（3）明确功能的上下位和并列关系。上下位关系就是功能间的从属关系或目的-手段关系，上位功能是下位功能的目的，下位功能是实现上位功能的手段。例如，热水瓶功能中的"保持温度"是上位功能，"减少散热"是下位功能；手电筒功能中的"发光"是上位功能，"加热灯丝"是下位功能，而"加热灯丝"又是"通电流"的上位功能。功能并列关系，是指两个功能没有从属关系，都同属于另一个上位功能。例如，热水瓶外壳功能中的"支撑瓶胆"和"增加美观"就是功能并列关系；平屋顶的"遮盖屋顶""保温隔热""防水"相对于上位功能"遮盖室内空间"而言也是并列关系。

（4）建立功能系统图。在弄清功能之间的关系后，就可以着手排列功能系统图。上位功能在左，下位功能在右，依次排列，扩展形成功能系统图。只要搬动卡片，就可以迅速地排列出功能系统图。在排列功能系统图的过程中，如果发现某些卡片中的功能与要求达到的目的和方法毫无关系，就说明该卡片上的功能为不必要功能，应予以消除。

10.4 功能评价

10.4.1 功能评价的内容

功能定义和功能整理属于功能的定性分析,功能评价则使功能定量化。通过功能评价,定量获得功能的价值,从中选出功能价值低、改善期望值大的功能作为进一步开展价值工程分析的对象。

功能评价的主要内容包括:在功能分析的基础上,应用一定的科学方法,求出实现某种功能的最低成本,称为功能评价值或目标成本;以其为标准,通过与实现该功能的现实成本做比较,计算出两者的比值即功能的价值,同时计算出二者的差异值,称为成本降低幅度或改善期望值;选择价值低、成本降低幅度大的功能作为价值工程活动的对象。

10.4.2 功能评价的步骤

功能评价的步骤如图 10-7 所示。

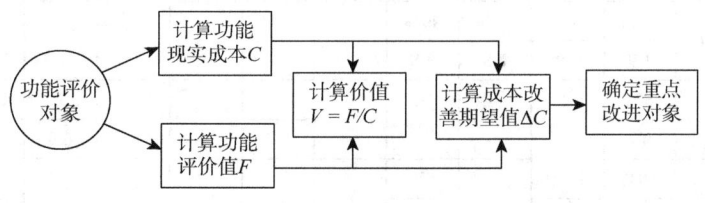

图 10-7 功能评价的步骤

功能评价的一般步骤为:①计算对象功能的现实成本 C;②确定对象的功能评价值即目标成本值 F;③计算和分析对象的价值或价值系数 V;④计算成本改善期望值 ΔC 即 $C-F$;⑤根据对象价值的高低及成本改善期望值的大小确定改进的重点对象及优先次序。

1. 功能现实成本分析

功能现实成本的计算是以对象的功能为单位,在传统的成本核算资料的基础上,将产品或零部件的成本换算成功能的现实成本。实际分析时,功能现实成本分析一般从功能系统图的末位功能开始,逐级向上计算。末位功能成本计算中最常见的两个问题为:一个功能由多个零件实现,对于这一问题,可将各零件成本相加解决;一个零件具有多个功能,如保温瓶胆具有贮水、保温两个功能,此时必须根据该零件在各功能上的实际成本的多少分摊,保温瓶胆的夹层、抽真空、镀银等工艺结构和工艺步骤的成本就分摊到"保温"这一功能上去。有时候功能现实成本难以从统计数据中直接得到,可请有经验的人员估算。成本分摊和计算可在成本分配表上进行,如表 10-11 所示,表的每列之和即为所对应功能的成本。

表 10-11　保温瓶功能现实成本分配表

序号	零件名称	功能现实成本	F_1 贮水	F_{21} 防止热对流	F_{22} 防止热辐射	F_{23} 防止热传导	F_{31} 支撑容器底部	F_{32} 支撑容器颈部	F_{33} 连接支撑构件	F_{34} 调节容器位置	F_4 保护容器	F_5 方便装配	F_6 方便使用	F_7 形成外观
1	底托	0.5					40% 0.2				60% 0.3			
2	三眼	0.9					70% 0.6			30% 0.3				
3	瓶底	3.7					40% 1.5				20% 0.7	30% 1.1		10% 0.4
4	筒衬	1.1									100% 1.1			
5	铆钉	0.2										100% 0.2		
6	提把	1.6											80% 1.3	20% 0.3
7	铁筒	7.5						40% 3			35% 2.6			25% 1.9
8	瓶胆	9.4	20% 1.9	10% 0.9	30% 2.8	40% 3.8								
9	瓶肩	3.4	5% 0.2					20% 0.7			25% 0.9	20% 0.6		30% 1
10	瓶盖	2.6	10% 0.3	15% 0.4		5% 0.1								70% 1.8
11	口圈	0.9						60% 0.5			40% 0.4			
12	瓶嘴	0.5						50% 0.25			20% 0.1			30% 0.15
13	瓶塞	0.6	20% 0.1	20% 0.1		20% 0.1								40% 0.3
合计		32.9	2.5	1.4	2.8	4	2.3	1.45	3	0.3	5	2.8	1.5	5.85

2. 功能评价值或目标成本测算

确定功能评价值 F 的原则是用户愿意花多少钱购买这一功能。用户总是挑物美价廉的产品，力求用最少的钱买到同样的功能。因此，质量好、价格便宜、成本低就成了人们追求的目标，这一"最低消耗"或"最低成本"就可视为该产品的功能评价值。功能评价值测算的方法主要有如下几种。

（1）替代评价法。该方法是一种直接评价法，指将对象的功能进行分解，并找到可替代的手段及其成本。例如，麦尔斯在分析螺杆功能时，将其分解为三部分，然后将各部分用满足相同功能的低成本材料替代，替代材料的成本就是该零件的功能评价值。

（2）理论计算法。也称公式法，该方法也是一种直接评价法，它利用工程中的计算公式导出。例如，在材料价格已知条件下，根据材料力学公式计算出材料消耗量，即可计算出功能的最低成本即功能评价值。

（3）间接评价法。间接评价法是功能评价中用得最多的方法。其步骤是：第一，确定产品的目标成本 C^*，令其为总功能值 F；第二，确定各分项功能的重要度，得出功能重要性系数 f_i；第三，按重要性分摊目标成本，得出各分项功能值 $F_i = C^* \times f_i$。

功能重要性系数的计算方法见 10.2.2 节中的价值指数法，因此，欲求出 F_i，主要就是确定产品整体的目标成本 C^*。目标成本既要有先进性，即必须经过努力才能达到，又要有可行性，即有实现的可能。同行业先进水平对多数企业来说既有先进性，又有可行性，可作为目标。数据的取得可采用实际调查法。收集同类产品的性能指标和成本资料，画在二维坐标上，如图 10-8 所示。横坐标表示功能完好度，可用产品技术性能指标评价得出，纵坐标表示各种性能产品对应的成本。不同产品的成本是不同的，将最低成本连成一条曲线。找出分析对象的功能完好度，如 F_p，其与最低成本线相交点对应的成本 C_p^* 即为该产品的目标成本。对于已处于先进水平的企业，可根据企业经营目标，如打入国际市场，对比国外先进水平，确定一个先进、可行的目标。另外，根据统计，价值工程普遍可降低成本 5%～30%，这一统计也可作为制定目标成本的参考。

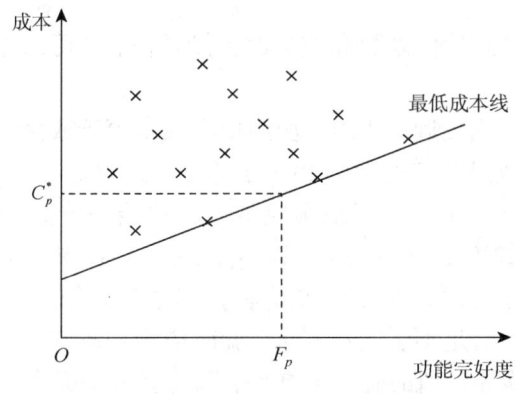

图 10-8　功能评价值确定图解

3. 价值与成本改善期望值计算

得到功能评价值和其对应的功能现实成本就可以计算价值（或称价值系数）和成本改善期望值。价值系数计算公式为

$$\text{价值系数}(V) = \text{功能评价值}(F) / \text{功能现实成本}(C) \tag{10-4}$$

成本改善期望值计算公式为

$$\text{成本改善期望值}(\Delta C) = \text{功能现实成本}(C) - \text{功能评价值}(F) \tag{10-5}$$

举例如表 10-12 所示，本例目标成本为 3 元。表 10-12 中第二列为功能重要性系数，第三列为功能评价值，第四列为功能现实成本，第五列为价值系数，第六列为成本改善期望值。

表 10-12　保温瓶价值计算表

末位功能	功能重要性系数 f_i	功能评价值 $F_i = C^* f_i$	功能现实成本 C_i	价值系数 $V_i = F_i/C_i$	成本改善期望值 ΔC_i
F_1 贮水	0.070	0.21	0.25	0.84	0.04
F_{21} 防止热对流	0.044	0.13	0.13	1.00	
F_{22} 防止热辐射	0.102	0.31	0.28	1.11	
F_{23} 防止热传导	0.145	0.44	0.39	1.13	
F_{31} 支撑容器底部	0.074	0.22	0.23	0.96	0.01
F_{32} 支撑容器颈部	0.042	0.13	0.15	0.87	0.02
F_{33} 连接支撑构件	0.084	0.25	0.30	0.83	0.05
F_{34} 调节容器位置	0.011	0.03	0.03	1.00	
F_4 保护容器	0.140	0.42	0.50	0.84	0.08
F_5 方便装配	0.060	0.18	0.28	0.64	0.10
F_6 方便使用	0.050	0.15	0.15	1.00	
F_7 形成外观	0.180	0.54	0.60	0.90	0.06
合计	1.002	3.01	3.29		0.36

4. 确定重点改进对象

完成功能评价后，得到价值系数和成本改善期望值，就可以选择改进对象了。一般遵循如下原则。

（1）当价值系数等于或接近于 1 时，功能现实成本等于或接近于功能评价值，说明功能现实成本合理，无须改进，如表 10-12 中的 F_{21}、F_{34}、F_6。

（2）当价值系数小于 1 时，功能现实成本大于功能评价值，说明该功能现实成本偏高，应作为改进对象，如表 10-12 中的 F_1、F_{31}、F_{32}、F_{33}、F_4、F_5、F_7。

（3）当价值系数大于 1 时，功能现实成本小于功能评价值，说明功能现实成本偏低。其原因可能是功能不足，满足不了用户要求，此时应增加成本，更好地实现用户要求的功能。还有一种可能是功能评价值的确定不准确，以功能现实成本就完全能够实现用户所要求的功能，此时无须再对功能或功能区域进行改进。

（4）除了价值系数外，还要综合考虑成本改善期望值，优先选择价值系数低、成本改善期望值大的功能或功能区域作为重点改进对象。

10.5　方案创造与评价

10.5.1　方案创造

方案创造是根据使用者对功能及其水平的要求，针对已确定的重点改进对象，通过创造性思维活动，提出能够可靠地实现研究对象必要功能的新方案。在价值工程活动中，方案创造是解决问题、提高价值的关键，关系到价值工程活动的成败和成效的大小。

在方案创造活动中，要充分运用系统分析能力和综合能力，善于利用各种科学方法和信息资料，通过反复联想、接近联想、类似（仿生）联想、逆向思维等创造工程学的方法，扩展思路，获得更多的创造性设想，寻求解决问题的各种方案。方案创造的方法很多，比较常用的方法有以下几种。

1. 头脑风暴法

头脑风暴（brain storming）法，简称 BS 法，是 1939 年奥斯本博士首先提出的。其核心是打破常规、积极思考、互相启发、集思广益。应用这种方法可以获得新颖、全面且富有创造性的方案，防止方案片面和出现遗漏。具体做法是：采用小组会议的形式，组织对改进对象有较深了解的人员进行讨论、座谈（一般为 5～10 人），最后提出新的方案。讨论时应遵守以下几条规则：①不允许批评别人的设想；②欢迎自由奔放地思考，提出尽量多的方案；③相互启发，欢迎在别人意见的基础上补充和完善；④会议的主持者思想活跃，知识面广，善于引导，确保会议气氛融洽，每位参会者能够畅所欲言；⑤做好会议记录，以便于整理研究。

2. 哥顿法

哥顿法也称模糊目标法，是美国人哥顿于 1964 年提出的。应用该方法研究改进方案时，会议主持人开始时并不把要解决的问题全部摊开，只对参会者进行笼统的介绍，以避免束缚住大家的思想，每个人任意地提出各种设想，相互间激发出有价值的改进方案，讨论到一定程度后，才把中心议题提出来，以做进一步研究。

3. 德尔菲法

德尔菲法又称专家调查法，是将要研究的方案分解为若干内容，以信函的方式寄信给有关专家，使他们在互不商量、互不知情的情况下提出各自的建议和设想，待专家将方案寄回后，组织者经过整理分析，归纳出若干个较受欢迎的方案，再寄送给各位专家进行分析。如此经过几次反复后，专家的意见趋向一致，最后形成比较集中的几个方案。这种方法的特点是具有匿名性，避免意见容易受权威左右的情况，还可轮流反馈，便于专家独立思考，没有顾虑地从各种角度提出意见。此外，该方法可以对反馈回来的结果进行统计分析。

4. 专家检查法

该方法也称核检提问法，通常是由主管设计的工程师做出设计，提出实现功能所需的办法和生产工艺，然后请各方面（如生产、工艺、原材料、设备、供销等）的专家进行审查。因为这些专家不是原设计者，所以他们偏见少，能大胆提出方案。这种方法看似耗时长，但可以分头进行，而且一些专业技术问题能够得到专家的指导，一般可以减少失误。

除了上述方法之外，还有类比法、仿生类法、列举法等，结合不同的专业特点和不同的对象可以适当选择应用。

10.5.2 方案评价

方案评价是在方案创造的基础上对各方案的技术、经济和社会等进行评估，以便选择最佳方案。由于价值工程在方案创造阶段要求提出尽可能多的设想方案，这无疑会给方案评价带来巨大的工作量。为此，在方案评价时可分为概略评价和详细评价两步进行，它们都包括技术评价、经济评价和社会评价等方面的内容。

1. 概略评价

概略评价就是对所提出的众多设想方案进行粗略的评价，目的是淘汰那些明显不可行的方案，筛选出几个价值较高的方案，然后再进行详细评价。

概略评价中，技术评价侧重分析技术可行性，即分析方案能否满足用户对功能的要求，功能实现的程度，以及企业内部是否具备实施的技术条件和外协条件等；经济评价侧重经济的合理性评价，主要分析企业内部的财力是否允许，投资是否可能，产品成本能否降低，降低的幅度多大，以及实现目标成本有无可能等；社会评价主要分析对国家和社会影响的大小，是否符合有关政策、法令、规定，是否能有效地利用国家资源，有无严重的环境污染等。

2. 详细评价

详细评价是依据掌握的大量数据资料，对概略评价获得的少数方案，从技术、经济、社会三个方面进行详尽的分析评价。

详细评价时，技术方面主要从功能实现的必要性、必要程度（如性能改进、质量提升、寿命延长等方面）和实施的现实可能性等进行分析评价；经济评价是对方案实施的经济效果（如成本投入、获取利润、投资节约额等方面）进行分析评价；社会评价是对方案给国家和社会带来的影响（如环境污染、生态平衡、国民经济效益等方面）进行的分析和评价。

3. 综合评价

综合评价是在详细评价的基础上，对所有方案的各个因素做出全面、系统的评价，从而选出技术先进、经济合理、对社会有利的最优方案。其一般步骤为：确定评价项目，明确评价指标，分析各方案各指标的满足程度，判断方案综合评价值，优选综合评价值最高的方案。综合评价常用的方法有德尔菲法、优缺点列举法、直接评分法、加权评分法、环比评分法、层次分析法等。下面简要介绍几种。

（1）优缺点列举法。其是一种常用的定性分析方法。从方案的技术、经济、社会等方面，详细列举出每个方案的优缺点，然后进行分析比较，选出满意的方案。该方法灵活简便，便于人们全面分析和认识问题，并针对所选方案的不足采取相应的改进措施，使之更加完善，但是，由于缺乏定量依据，评价比较粗糙。特别当两个方案优劣程度相当时，采用优缺点列举法很难区分好坏。

（2）直接评分法。该方法根据各种方案能够达到各项功能要求的程度，按一定的赋分法则（如十分制）进行打分，然后加和计算出每个方案达到功能要求的总分。比较各方案的总分，初步分出淘汰、保留、采纳的方案，然后再算出保留、采纳方案的成本，进行成本比较，决定最优方案。

（3）加权评分法。其是将功能、成本等各种因素，根据要求设置不同的权重并进行加权计算，算出综合分数，最后与各方案寿命周期成本进行综合分析，选择最优方案。加权评分法的主要步骤有：确定评价因素及其权数；确定各方案对所有评价因素的满足程度评分；计算各方案的加权评分和；计算各方案的价值系数，以较大的为优。

4. 提案编写

经过评价得到的优选方案，仍然不能保证实施中不发生问题。为了保证方案切实可行和达到提高价值的目的，可以对方案进行测试和试验，最终确定方案的效益性、先进性和可行性。

为争取决策部门的理解和支持，使提案获得批准，要撰写出具有充分说服力的提案。提案内容应包括改进对象的名称，现状、改进的原因及效果，改进后方案将达到的功能水平和成本水平、功能的满足程度，以及必要的测试说明、测试数据等。

10.5.3 方案审批、实施和检查

编写提案后应及时报请有关部门审批，审批通过后可付诸实施。企业领导和价值工程分析人员要在实施过程中进行深入、密切的跟踪调查，及时发现方案实施中的问题，查明原因，采取有效的针对性措施加以解决，以保证价值工程能够取得预期的效果。

10.5.4 成果评价

价值工程成果评价，就是将改进方案的技术效益、经济效益与社会效益等方面指标与原方案进行比较，以考查方案所取得的综合效益。成果评价主要包括以下几个方面。

1. 技术效益和经济效益

技术评定可以通过价值改进系数加以说明，计算公式如下：

$$\Delta V = \frac{V_2 - V_1}{V_1} \tag{10-6}$$

式中，ΔV 表示价值改进系数；V_1 和 V_2 分别表示改进前、改进后产品的价值。

当 $\Delta V > 0$ 时，说明价值工程活动的技术性良好；反之，则说明价值工程活动技术性不良。

综合经济效益指标主要有以下两个：

$$成本降低率 = \frac{原单位产品成本 - 改进后单位产品成本}{原单位产品成本} \times 100\% \tag{10-7}$$

$$全年净节约额 = (原单位产品成本 - 改进后单位产品成本)$$
$$\times 年产量 - 价值工程活动经费 \qquad (10\text{-}8)$$

另外,在此基础上还可以进一步计算出价值工程活动投资效率:

$$价值工程活动投资效率 = \frac{全年净节约额}{价值工程活动经费} \qquad (10\text{-}9)$$

2. 社会效益

社会效益主要表现在公众反映和社会评价体系上,如是否弥补了国家空缺,促进了国家经济结构的合理布局,降低了能源消耗,减少了环境污染物排放等。当然,不同行业对社会效益的认识有所不同,可结合行业特点衡量具体项目实施的实际社会效益。

10.6 案例分析

L 地铁线设计方案优选

L 地铁线由于换乘通道过长,为了满足紧急疏散需要,需要在某站增加安全出口,根据现场实际条件,设计院提出了三种方案供选择,方案 1 为原方案,方案 2 为向东移动安全出口与主体对接位置,方案 3 为将安全口通道调整至某小区内。

根据地铁设计方案的常见影响因素(在价值工程中为"功能"),可选取管线迁改(定为"F_1")、拆迁(定为"F_2")、交通疏解(定为"F_3")、结构施工难度(定为"F_4"),以及工期(定为"F_5")作为方案的功能。采用"0-4"评分法,可得出表 10-13 的功能重要性评分表。方案功能得分及造价如表 10-14 所示。

表 10-13 功能重要性评分表

方案功能	F_1	F_2	F_3	F_4	F_5
F_1	—	3	2	4	1
F_2	1	—	3	4	1
F_3	2	1	—	3	0
F_4	0	0	1	—	0
F_5	3	3	4	4	—

表 10-14 方案功能得分及造价

项目	方案功能得分		
	方案 1	方案 2	方案 3
F_1	10	8	10
F_2	8	9	9
F_3	7	7	8
F_4	7	7	7
F_5	9	10	8
造价/万元	500.5	105	173

问题：
1. 计算功能重要性系数。
2. 计算三个方案的价值系数，并指出优选方案。

本章小结

本章阐述了价值工程的产生与发展、价值工程的基本概念和用途，对价值工程的一般工作程序、分析对象选择的原则与方法、功能分析和功能评价的方法进行了重点阐述，并介绍了方案创造与评价的步骤。通过本章学习，①掌握价值工程的一般工作程序；②掌握价值工程对象的选择方法；③掌握功能分析和功能评价的方法；④了解方案创造与评价的过程。

思考题

1. 什么是价值工程？价值工程的特点是什么？
2. 提高产品价值有哪些途径？
3. 价值工程的一般工作程序是怎样的？
4. 什么是上位功能和下位功能？功能系统图的基本模式是怎样的？
5. 功能评价的步骤如何？
6. 方案创造有哪些方法？如何进行方案的评价？
7. 成果评价从哪些方面展开？

练习题

1. 对于某市住宅试点小区一幢综合楼，设计方案有 A、B、C 三个对比项目，方案功能得分及重要系数见表 10-15。

表 10-15　方案功能得分及重要系数

方案功能	方案功能得分			方案功能重要性系数
	A	B	C	
结构体系 F_1	12	12	9	0.24
模板类型 F_2	10	13	11	0.06
墙体材料 F_3	11	9	6	0.22
面积系数 F_4	9	8	7	0.36
窗户类型 F_5	9	7	10	0.12

（1）试应用价值工程方法选择最优设计方案。

（2）为控制工程造价和进一步降低费用，拟针对所选的最优设计方案的土建工程部分，以工程材料费为对象开展价值工程分析。将土建工程划分为四个功能项目，各功能项目评分值及目前成本见表 10-16。按限额设计要求，目标成本额应控制为 12 180 万元。试分析各功能项目的目标成本及成本可能降低的幅度，并确定出功能改进顺序。

表 10-16 基础材料表

序号	功能项目	功能项目评分	目前成本/万元
1	桩基围护工程	12	1510
2	地下室工程	10	1485
3	主体结构工程	36	4711
4	装饰工程	40	5110

2. 某市为改善跨江交通状况，提出以下两个方案。

方案 1：拆除原桥，在原址建一座新桥。该方案预计投资 118 000 万元，建成后可通行 50 年，其间每年的维护费为 1400 万元。每 20 年需进行一次大修理，每次大修理费用为 4000 万元，运营 50 年后报废时可回收残值 4500 万元。

方案 2：在原桥基础上加固、扩建。该方案预计投资 38 200 万元，建成后可通行 20 年，其间每年的维护费为 800 万元。每 10 年需进行一次大修理，大修理费用为 2500 万元。运营 20 年后报废时没有残值。

不考虑两方案建设期的差异，基准收益率为 10%。主管部门聘请专家对该桥应具备的功能进行了深入分析，认为应从 F_1、F_2、F_3、F_4、F_5 这五个方面对功能进行评价。表 10-17 是专家采用 "0-4" 评分法对五个功能进行评分的部分结果，表 10-18 是专家对两个方案的五个功能的评分结果。

表 10-17 功能评分表

功能	F_1	F_2	F_3	F_4	F_5	得分	权重
F_1		2	2	4	3		
F_2			2	3	4		
F_3				3	3		
F_4					4		
F_5							
合计							

表 10-18 功能评分结果表

方案	F_1	F_2	F_3	F_4	F_5
方案 1	10	9	7	8	9
方案 2	7	6	5	10	8

问题：
（1）计算各功能的重要性系数。
（2）计算两方案的年费用。
（3）若采用价值工程方法对两方案进行评价，最终应选哪一方案。

3. 某产品由 13 种零件组成，各种零件的个数和每个零件的单价如表 10-19 所示。试用 ABC 分析法选择价值工程目标，并画出 ABC 分析图。

表 10-19　零件个数及单价

项目	a	b	c	d	e	f	g	h	i	j	k	l	m
个数	2	2	18	1	1	1	1	1	1	1	2	1	1
单价/元	1.05	0.70	0.10	3.25	3.62	2.80	1.24	1.66	0.71	0.52	0.63	1.12	0.94

4. 一产品由五个零件构成，各零件的当前成本、功能得分如表 10-20 所示。产品目前成本为 18 元，要想通过价值工程技术将成本降至 12 元，试确定价值工程的重点对象。

表 10-20　零件当前成本及得分

项目	a	b	c	d	e
当前成本/元	2	3	4	4	5
功能得分	4	3	3	2	2

延伸阅读

李辉山，赵倩. 2020. 基于价值工程装配式建筑绿色度研究. 工程管理学报，（1）：19-24.

张贵华，秦舒可. 2020. 基于全寿命周期的绿色建筑增量成本与效益研究. 价值工程，（14）：1-4.

Fathi E A，Taher S E D，Mahfouz Y. 2020. Value engineering analysis of RC roadway bridges assimilating environmental impact. HBRC Journal，16（1）：207-226.

第11章

综合性案例

11.1 A石化公司PX项目财务评价

11.1.1 项目简介

A石化公司是我国某石油集团公司在南方新建的第一大炼厂,经过PX(para-xylene,对二甲苯)产品市场环境分析,A石化公司认为投产PX项目以适应我国石化产业政策的需要,有助于缓解国内PX市场供应的巨大缺口,同时又对区域发展和企业经济效益提升具有显著作用。A石化公司拟投资建设该项目,建设地点选在公司1000万吨/年的炼油工程厂区内,选在这里既可以充分利用现有预留用地及码头、铁路等配套设施,又不会对周边环境造成污染。

项目设计规模为年产100万吨PX,项目建设期为2年,主要工程内容包括工艺生产装置、辅助生产设施、公用工程、储运工程及厂外工程等。根据行业特点,计算期为14年。本项目投产后第一年即可100%达到设计生产能力,生产负荷按100%计算。财务基准收益率取10%。

11.1.2 基础数据估算

1. 投资估算

1)建设投资估算

(1)建设投资估算及依据。本项目投资费用主要根据以下规定进行估算:①发改投资[2006]1325号《建设项目经济评价方法与参数(第三版)》;②中油计[2013]429号《中国石油天然气集团公司建设项目可行性研究投资估算编制规定》、中油计[2012]534号《中国石油天然气集团公司建设项目其他费用和相关费用规定》;③国家及地方有关税收法规和收费规定;④工艺设计方案、设计规模及主要工程量等。建设投资估算额为329 719万元。

(2)建设投资包括固定资产费用、无形资产费用、其他资产费用、预备费。建设投资估算表见表11-1。

表 11-1 建设投资估算表

序号	费用名称	估算值/万元	比例
1	固定资产费用	283 855	86.09%
1.1	工程费用	267 140	81.02%
1.1.1	工艺生产装置-PX 主装置费	209 295	63.48%
1.1.2	总图及厂区综合管线费	5 650	1.71%
1.1.3	储运工程费	10 301	3.12%
1.1.4	公用工程及辅助设施费	26 888	8.15%
1.1.5	厂外工程费	11 079	3.36%
1.1.6	其他工程费	3 927	1.19%
1.2	固定资产其他费用	16 715	5.07%
2	无形资产费用	21 404	6.49%
2.1	土地购置费	5 013	1.52%
2.2	软件费	16 391	4.97%
3	其他资产费用	360	0.11%
4	预备费	24 100	7.31%
	建设投资合计	329 719	100%

分项说明如下。

a. 固定资产费用

固定资产费用包括工程费用、固定资产其他费用。

工程费用根据设计确定的工艺技术方案、主要设备选型和相应的工程实物量，并考虑工程所在地建筑、安装市场现状进行估算，包括设备购置费、安装工程费和建筑工程费。

设备购置费依据制造商报价、市场询价及国内同规模装置订货价进行估算。

安装工程费包括主要材料费和施工费。主要材料费按现行市场价格计算，施工费用规模系数法进行估算。

建筑工程费是指总图竖向布置，各类建、构筑物所发生的材料费和施工费。根据主要工程量采用单位造价指标进行估算。

固定资产其他费用依据《中国石油天然气集团公司建设项目其他费用和相关费用规定》测算。

b. 无形资产费用

无形资产费用为 21 404 万元，其中土地购置费为 5013 万元，软件费为 16 391 万元。

c. 其他资产费用

其他资产费用为 360 万元，其中生产人员培训费为 252 万元，办公及生活家具购置费为 72 万元，工器具及生产家具购置费为 36 万元。

d. 预备费

预备费包括基本预备费和涨价预备费。本项目不考虑涨价预备费。基本预备费为 24 100 万元，按固定资产费用、无形资产费用、其他资产费用之和的 7.8856% 计算。

2)建设期利息

建设期利息估算为 7231 万元,有效年利率按 6.72% 计算。第一年、第二年分别为 1583 万元、5648 万元。

3)流动资金估算

流动资金按分项详细估算法进行估算,具体见表 11-2。

表 11-2 流动资金估算表

序号	项目	最低周转天数	周转次数	金额/万元
1	流动资产			154 918
1.1	应收账款	30	12	89 347
1.2	存货			64 228
1.2.1	原材料	15	24	41 837
1.2.2	燃料动力	15	24	1 771
1.2.3	在产品	2	180	5 889
1.2.4	产成品	5	72	14 730
1.3	现金	30	12	1 343
1.4	预付账款			
2	流动负债			87 217
2.1	应付账款	30	12	87 217
2.2	预收账款			
3	流动资金			67 701
4	流动资金当期增加额			67 701

$$流动资金 = 流动资产 - 流动负债$$
$$流动资产 = 应收账款 + 预付账款 + 存货 + 现金$$
$$应收账款 = 年经营成本/周转次数$$
$$预付账款 = 外购商品或服务年费用金额/周转次数$$
$$存货 = 原材料 + 燃料动力 + 在产品 + 产成品$$
$$原材料 = 年外购原材料费用/原材料周转次数$$
$$燃料动力 = 年外购燃料动力费用/燃料周转次数$$
$$在产品 = (年外购原材料费用 + 年外购燃料动力费用 + 年工资及福利费 + 年修理费 + 年其他制造费)/在产品周转次数$$
$$产成品 = (年经营成本 - 年销售费用)/产成品周转次数$$
$$流动负债 = 应付账款 + 预收账款$$
$$应付账款 = (年外购原材料费用 + 年外购燃料动力费用)/周转次数$$
$$预收账款 = 预收的年营业收入/周转次数$$

企业无预付账款和预收账款。年经营成本,年外购原材料、燃料动力费用,年工资及福利费,年修理费,年其他制造费,年销售费用见附表 2-1 的总成本费用估算表。

本项目流动资金总额为 67 701 万元，其中企业自筹 30%，其余 70%向银行申请贷款解决，有效年利率按 6%计算，即每年流动资金的银行利息为 2843 万元。

4）总投资

本项目总投资包括建设投资、建设期利息和流动资金，共计 404 652 万元，总投资使用计划见表 11-3。

表 11-3　项目总投资使用计划及资金筹措　　　　　　　　　　　　单位：万元

序号	项目	合计	建设期		投产期
			1	2	3
1	总投资	404 652	133 471	203 480	67 701
1.1	建设投资	329 720	131 888	197 832	
1.2	建设期利息	7 231	1 583	5 648	
1.3	流动资金	67 701			67 701
2	资金筹措	404 652	133 471	203 480	67 701
2.1	项目资本金	232 221	84 764	127 146	20 310
2.1.1	用于建设投资	211 911	84 764	127 146	
2.1.2	用于流动资金	20 310			20 310
2.1.3	用于建设期利息				
2.2	债务资金	172 431	48 707	76 333	47 391
2.2.1	用于建设投资	117 809	47 124	70 685	
2.2.2	用于建设期利息	7 231	1 583	5 648	
2.2.3	用于流动资金	47 391			47 391

2. 资金筹措

本项目建设投资、建设期利息和铺底流动资金（项目资本金中用于流动资金的部分）总额为 357 261 万元，项目资本金 232 221 万元由企业自筹，约占总投资的 65%，其余 35%的部分申请银行贷款解决。本项目建设投资分年使用计划为第一年 40%，第二年 60%。流动资金在装置投产时根据开工负荷投入。资金筹措见表 11-3。

3. 成本费用估算

成本费用估算表见附表 2-1 的总成本费用估算表。

1）外购原材料、燃料动力费

外购原材料、燃料动力费均按照单价与年消耗量的乘积进行估算。其中，混二甲苯、氢、C9＋重芳烃、甲苯等主要原材料、辅助材料以国内市场五年均价计算；天然气、循环冷却水、除盐水、除氧水、生产生活水、工艺压空、仪表压空、蒸汽、凝结水、电等燃料及动力价格均以当地实际价格计算。

2）工资及福利费

工资及福利费（全厂平均）为 50 000 元/（年·人），项目定员 180 人，投产后按照每年 900 万元计算。

3）修理费

按固定资产原值 315 200 万元的 3%计取，每年为 9456 万元。

4）其他费用

其他制造费：按固定资产原值的 1%计取，每年为 3152 万元。

其他管理费：按 22 500 元/（人·年）计取，每年为 459 万元。

营业（销售）费用：按销售收入 1 160 288 万元的 1%计取，每年为 11 602.88 万元。

5）固定资产折旧

房屋、建筑物折旧年限取 20 年，机器设备折旧年限取 15 年，电子设备、运输工具折旧年限取 5 年，残值率统一取 10%。

6）摊销费

无形资产按 10 年、其他资产按 5 年进行摊销。

7）财务费用

财务费用是指企业为筹集生产经营所需资金等而发生的费用，主要是利息支出，包括长期贷款在生产期发生的利息、短期借款利息及流动资金利息。

4. 收入与税金估算

产品销售价格以国内市场五年均价计算，经测算，项目年均销售收入为 1 160 288 万元。

增值税税率：一般货物为 17%，自来水为 6%；城市维护建设税按增值税的 7%估算；教育费附加按增值税的 5%估算，销售税金附加为 5431 万元；企业所得税税率为 25%；法定盈余公积金按税后利润的 10%计取。

由附表 2-2 的利润估算表可以看出，本项目自投产之日起即有盈余，说明本项目具有可持续经营能力。

11.1.3 财务能力分析

1. 财务盈利能力分析

1）项目投资现金流量表分析

根据项目投资现金流量表（附表 2-3），计算财务盈利能力指标，结果见表 11-4，得到税后财务净现值为 52 395 万元，大于零；所得税后项目财务内部收益率是 12.69%，大于 10%；投资回收期为 7.84 年（含建设期），小于行业基准回收期 8 年。因此，本项目的财务盈利能力可满足要求。

表 11-4 财务盈利能力指标

计算指标	所得税前	所得税后
财务净现值/万元	133 792	52 395
财务内部收益率	16.72%	12.69%
投资回收期/年	5.11	7.84

2）资本金现金流量表分析

根据资本金现金流量表（附表 2-4），项目的资本金财务净现值为 84 411.82 万元，大于 0；财务内部收益率是 15.51%，满足投资者的要求。

3）利润与利润分配表分析

根据利润分配表（附表 2-5）和建设投资估算表，计算正常达产年份的投资利润率、投资利税率：

投资利润率 = 年利润总额/总投资×100% = 59 833/329 720×100% = 18.15%

投资利税率 = 年利税总额/总投资×100% = (59 833 + 5431)/329 720×100% = 19.79%

本项目投资利润率和投资利税率均大于行业平均利润率和行业平均利税率，说明单位投资对国家累积的贡献水平均达到了行业平均水平。

资本金利润率 = 年利润总额/资本金总额×100% = 59 833/232 221×100% = 25.77%

2. 财务清偿能力分析

本项目偿还长期借款资金由税后利润、折旧费及摊销费组成，按最大偿还能力考虑，本项目借款偿还期（含建设期）为：5–1 + 33 348/(40 670 + 21 307 + 2212) = 4.52 年。具体数据详见表 11-5。

表 11-5　借款还本付息表　　　　　　　　　　单位：万元

序号	项目	利率	合计	建设期		投产期	达到设计能力生产期	
				1	2	3	4	5
1	银行借款	6.72%						
1.1	期初借款余额				48 707	125 040	78 877	31 248
1.2	当期借款		117 809	47 124	70 685			
1.3	当期应计利息		23 035	1 583	5 648	8 403	5 301	2 100
1.4	当期还本付息		140 843			54 566	52 930	33 348
1.4.1	还本		125 040			46 163	47 629	31 248
1.4.2	付息		15 803			8 403	5 301	2 100
1.5	期末借款余额			48 707	125 040	78 877	31 248	

资产负债率、流动比率和速动比率的计算见资产负债表（附表 2-6），可以看出，本项目资产负债率逐年递减，流动比率、速动比率在整个计算期逐年递增，表明本项目的资本结构保持良好，偿债能力逐年增强，财务风险较小。

11.1.4　风险分析

1. 盈亏平衡分析

用第 8 年～第 12 年的稳定数据进行测算，得到盈亏平衡点生产能力利用率为

生产能力利用率 = 固定成本/(销售收入–变动成本–销售税金及附加)
= 50 565/(1 160 288–1 049 599–5431)×100% = 48.04%
经营安全率 = 1–生产能力利用率 = 51.96%

因为 51.96%＞25%，所以本项目风险较小。

2. 敏感性分析

影响项目效益的主要因素为销售收入、经营成本、建设投资等。对各敏感因素的分析结果见表 11-6。

表 11-6　敏感性分析表

项目	变化百分比	内部收益率	敏感度系数	净现值/万元	敏感度系数
基本方案		16.72%		137 792	
建设投资	–10%	18.89%	1.297 847	169 637	–2.311 09
	–5%	17.76%		153 714	
	5%	15.74%		121 869	
	10%	14.84%	1.124 402	105 496	–2.343 82
经营成本	–10%	42.43%	–15.376 8	801 921	–48.197 90
	–5%	30.43%		469 856	
	5%			–194 273	
	10%			–526 338	
销售收入	–10%			–577 557	51.915 13
	–5%			–219 883	
	5%	31.40%		495 466	
	10%	44.19%	16.429 43	853 141	51.915 13

可见，无论是对于内部收益率还是对于净现值，销售收入的敏感度系数绝对值最大，其次为经营成本，建设投资的影响最小。投产后，A 石化公司应着重注意销售收入的变动，提高销售价格或销售量有助于企业经济效益的获取；另外，关注经营成本，尽可能降低经营成本，提高净现值和内部收益率。

11.1.5　项目经济评价结论

A 石化公司 PX 项目的税后项目财务内部收益率为 12.69%，大于 10%的行业标准，资本金财务内部收益率为 15.51%，可满足投资者的要求。项目财务净现值为 52 395 万元，大于零；投资回收期为 7.84 年，满足投资回收期小于 8 年的行业标准。本项目具有较强的财务盈利能力和足够的偿债能力，因此本项目在财务上是可行的。

11.2 D 市供水工程 B 项目经济评价

11.2.1 项目简介

D 市具有世界罕见的温泉群，现为国家级度假疗养、旅游观光城市，庞大的旅游市场对供水安全性提出更高的要求。为此，D 市计划实施城市供水工程 B 项目建设，项目拟 3 年建成，生产期为 19 年，计算期为 22 年。本工程建设项目总投资为 7363.51 万元，其中建设投资为 7289.46 万元（其中基本预备费用为 662.68 万元）；流动资金为 74.05 万元。工程的主要内容为新建净水厂一座，设计规模为 2.0 万吨/天，年均供水量为 730 万吨。

11.2.2 经济评价基础

根据 D 市经济发展的现状以及供水行业的特点，确定财务基准收益率为 6%，基准投资回收期为 15 年。同时根据《建设项目经济评价方法与参数（第三版）》的规定，社会折现率选取 8%。本项目属于公共事业项目，项目的建设不以商业利润为追求，而以社会公共利益为主要目标，但由于项目的建设和运营需要一定的资金投入，为了使项目的财务内部收益率达到行业基准水平，经测算，本项目的水价理论价格定为 2.2 元/吨。本项目的营业税为 6%，教育附加税为 3%，城市维护费为 7%。盈余公积金按税后利润的 10%计取。所得税按利润总额的 25%计取。

项目运行期（以投产第一年为例）的主要成本见表 11-7。

表 11-7 给水成本计算

序号	费用名称	金额/万元
1	材料费	220.00
2	燃料及动力费	27.28
3	工资福利费	69.60
4	折旧费	363.99
5	修理费	182.00
6	无形及递延资产摊销费	1.92
7	其他管理费用	69.03
8	成本费用小计	933.82
9	其中：经营成本	567.91

11.2.3 项目财务评价

1. 项目的盈利能力

项目投资现金流量表见附表 3-1，计算项目的相关盈利指标如下：

投资利润率 = (938.09–363.99–1.92)/7363.51 = 7.77%

所得税后财务净现值 = –2429.82 + NPV(6%, –2429.82, –2429.82, 721.01, 795.05, 795.05, …, 795.05) = 948.59（万元）

所得税后动态投资回收期 = 13–1 + 208.05/795.05 = 12.26（年）

所得税后财务内部收益率 = 7.49%

所得税前财务净现值 = 2369.08（万元）

所得税前动态投资回收期 = 10.85（年）

所得税前财务内部收益率 = 9.57%

B 项目所得税前财务内部收益率和所得税后财务内部收益率均大于行业的基准收益率；项目所得税前财务净现值和所得税后财务净现值均大于零；项目的动态投资回收期和静态投资回收期均小于行业基准投资回收期；项目的投资利润率大于行业基准水平。综合以上各指标的对比结果，可以发现，B 项目盈利能力较强，投资回收期在行业要求范围内，因此该项目在财务上是可行的。

2．项目的清偿能力

本项目所需要的资金总量为 7363.51 万元，根据资金的可得性、供应的充足性及项目较低的融资成本，初步确定资金的来源渠道为项目法人的自有资金，因此本项目的负债主要源于运行期的应付账款，预计每年 20.61 万元。

1）资产负债率

从资产负债表（附表 3-2）中可以看出 B 项目资产负债率在建设期第一年最高，为 0.26%；在生产期末即第 22 年最低，为 0.13%。项目资产负债率在生产期内逐年下降，由 0.26%逐渐降至 0.13%，这表明该企业具有较强的抗风险能力。

2）偿债备付率

从项目投资现金流量表（附表 3-1）可知，第 4 年息税前利润加折扣和摊销为 864.05 万元，第 5~22 年为 938.09 万元，企业所得税为每年 143.04 万元。因此偿债备付率：

$$DSCR_4 = (EBITDA–Tax)/PD = (864.05–143.04)/20.61 = 34.98$$

$$DSCR_{5\sim22} = (EBITDA–Tax)/PD = (938.09–143.04)/20.61 = 38.58$$

式中，DSCR 表示偿债备付率；EBITDA 表示息税前利润加折扣和摊销；Tax 表示企业所得税，PD 表示应还本付息金额即应付账款。

项目偿债备付率越高，则可用于还本付息的资金保障程度越高。本项目年度偿债备付率最小值为 34.98，远大于 1，因此存在的债务风险较低。

3．项目的不确定性分析

1）盈亏平衡分析

用生产能力利用率来表示项目的盈亏平衡点，其计算结果如下：

生产能力利用率 = 年固定成本/(供水收入–年可变成本–年税金及附加)

= 611.76/(1606–382.06–100) = 54.43%

生产能力利用率为 54.43%，小于 70%，因此项目具有较强的抗风险能力。

2）敏感性分析

本项目的敏感性分析因素选择以下几项：建设投资、销售收入和经营成本，因素的变化幅度选取±5%、±10%、±15%、±20%。根据上述因素的变化，项目的财务内部收益率变化幅度敏感性计算结果见表 11-8。

表 11-8 敏感性分析

影响因素的变化幅度	财务内部收益率		
	销售收入	建设投资	经营成本
−20%	1.43%	8.10%	8.87%
−15%	3.05%	7.86%	8.46%
−10%	4.53%	7.62%	8.04%
−5%	5.89%	7.50%	7.61%
0	7.49%	7.49%	7.49%
5%	8.39%	6.96%	6.73%
10%	9.54%	6.75%	6.28%
15%	10.64%	6.55%	5.81%
20%	11.69%	6.35%	5.34%

通过对以上三个因素进行敏感性分析，发现三个因素对财务内部收益率均有不同程度的影响，其中影响最大的因素是销售收入，当销售收入减少 20%时，财务内部收益率由 7.49%降至 1.43%，当销售收入增加 20%时，财务内部收益率增至 11.69%；而建设投资和经营成本的变化对财务内部收益率的影响相对较小一些。因此，确定合理的水价是项目的关键，水价的高低直接影响项目的销售收入，进而对项目经济效益产生较大影响。

11.2.4 国民经济评价

1. 费用和收益调整

工程建设投资为 7289.46 万元，每年均为 2429.82 万元，按照《水利建设项目经济评价规范》的规定，扣除项目属于国民经济内部转移所支付的税金、计划利润，同时按照影子价格对项目的材料费用、基本预备费等进行调整。调整后，工程项目影子投资为 7872.6168 万元，每年投入均为 2624.21 万元。

由于本项目所在地劳动力富余，临时工影子价格比估算价格要低，但考虑到本项目有些相对较为复杂的技术要消耗一些技术劳力，而技术劳力的影子价格比估算价格要高，因此，根据项目所在地区综合情况，影子工资换算系数取 0.7。项目其他费用的影子价格根据影子汇率（1.08）、影子价格换算系数进行换算。

B 项目的建设为居民提供了充足用水，包括生活用水和工业用水。生活供水的效益不仅仅在于经济上的效益，更重要的是难以衡量的社会效益，对生活供水效益用工业供水的效益代替进行估算。由工矿企业工业用水的支付意愿确定出水的影子价格为 5.55 元/米³。D 市供水工程年均供水量为 730 万立方米,年均供水效益达 4051.50 万元。

2. 国民经济盈利能力

通过经济内部收益率、经济净现值及经济效益费用比三项指标的计算,对项目进行国民经济评价。根据项目费用和效益的调整计算,编制出国民经济效益费用流量表(附表 3-3),并计算各指标值如下:

$$经济内部收益率 = 29.15\% > 8\%$$
$$经济净现值 = 16\,592.15\ 万元 > 0$$
$$经济效益费用比 = 16\,592.15/7\,363.51 = 2.25 > 1$$

根据计算结果,可以发现,项目的经济内部收益率远大于社会折现率 8%,表明项目有较强的盈利能力;项目的经济净现值达 16 592.15 万元,具有较好的国民经济收益性;项目的经济效益费用比为 2.25,大于 1,说明项目获得的效益远大于费用。综合以上指标,可以确定,从国民经济评价的角度看,项目在经济上是合理的。

11.3 Y 油田开发项目经济分析

11.3.1 项目简介

本项目是××公司国内陆上一个大油田的新开发区块建设项目。本例经济分析是该项目可行性研究内容之一。

根据油田开发的特点和行业规定,本项目的计算期确定为 12 年(包括 2 年的建设期),本项目是边建设边生产。

根据开发方案,本油田的设计产能是 48 万吨,共部署开发井 558 口,其中,油井为 427 口,水井为 131 口。本项目的勘探和开发是由同一公司完成。本项目开发方案利用成功探井 2 口,评价井 23 口,投资为 9500 万元。新钻开发井 533 口,平均井深为 2020 米。开发方案的主要开发指标预测见表 11-9。

表 11-9 主要开发指标预测表

主要开发指标	年份											
	1	2	3	4	5	6	7	8	9	10	11	12
总井数/口	310	558	558	558	558	558	558	558	558	558	558	558
油井数/口	237	427	427	427	427	427	427	427	427	427	427	427
水井数/口	3	131	131	131	131	131	131	131	131	131	131	131
年产油/万吨	13.30	37.30	42.70	34.20	29.00	25.30	22.50	20.00	17.80	15.80	14.10	12.60
年产液/万吨	19.00	57.40	68.90	59.90	59.30	60.10	62.50	64.50	66.00	68.90	70.50	73.80
年注水/万米³	43.60	81.40	93.50	84.50	83.90	85.30	88.90	91.50	93.60	98.90	99.30	102.60

11.3.2 经济评价基础

1. 说明

该新开发区块是一个大油田的一部分,因此,其开发建设的经济评价是针对该区块开发和生产进行经济评价,不考虑国民经济评价,评价范围为该区块开发方案包括的开发井工程及相应的地面工程。

本项目属于××公司内部新建项目之一,不是新设法人。如果将本项目作为"既有法人项目"进行经济评价,需要对该公司在项目计算期内的整体生产经营情况进行预测,这样将给项目的经济评价增加很多困难。公司原有资产规模巨大,本项目投资占公司原有资产比例微小,另外考虑到本项目与公司的现有资产联系不紧密,项目的建设和运营完全可以独立于原有资产,因此,为简化计算,将本项目视为"新设法人项目"单独进行经济评价。

2. 目标市场及原油价格说明

本油田生产的原油由公司统一销售,商品率为 96%。根据有关部门的规定,生产期原油销售价以国际原油价格 25 美元/桶为基础计算(注:设 1 吨 = 7.645 桶)。

3. 外汇与人民币兑换率

本项目的原油价格采用美元计价,美元与人民币的汇率按 1∶8.11 计算。

11.3.3 项目费用与效益估算

1. 投资估算

1)建设投资估算

建设投资包括固定资产费用、无形资产费用、其他资产费用、预备费。

a. 估算依据及说明

投资估算范围包括 558 口开发井和相应的地面工程。油藏、钻井、采油、地面等工程专业提供的工程量。与本项目地质、油藏情况相近的油田近三年的钻井成本资料。某工程造价中心发布的油田地面工程投资估算指标及有关的工程造价文件。某工程造价中心发布的工程建设其他费用计算方法和费用标准。按××公司颁布的《建设项目经济评价参数》,基本预备费率取 10%。按××公司颁布的《建设项目经济评价参数》,涨价预备费率取 0。

本项目的勘探开发都是由项目所属公司完成,该公司采用成果法核算勘探投资,将成功探井、评价井的投资计入项目建设投资,其他勘探投资费用化,计入当期费用。

b. 固定资产费用

(1)工程费用。①利用成功探井、评价井费用:项目的勘探和开发是由同一公司完成,公司按成果法核算成本,本项目开发方案利用成功探井 2 口,评价井 23 口,投资为 9500 万元。因为是已发生费用,所以这部分费用不再计取固定资产其他费用、预备费等。②新钻开发井费用:新钻开发井为 533 口,平均井深为 2020 米,根据与本项目相邻的某油田近三年实际发生的钻井成本并结合本项目的实际情况,确定本项目钻井综合成本为 980 元/米,不再计取固定资产其他费用、预备费等。③地面工程投资:根据地面设计方案,估算地面工程投资为 35 000 万元,地面工程投资进度与生产井口数成正比。

(2)固定资产其他费用。该费用只是与地面工程投资相对应的其他费用。该费用一部分是可行性研究费用、安全环保评价费、勘察设计费等,预计在项目期初一次性支出 600 万元;另一部分是建设单位管理费、联合试运转费等,预计总支出是 2600 万元,投资进度与生产井口数成正比。

c. 无形资产费用

无形资产费用主要为土地征用及迁移补偿费,预计第一年支出 832 万元,第二年支出 768 万元。对于石油开发项目,无形资产中还应包括采矿权使用费。目前国内勘探开发市场尚未开放,采矿权使用费是一个企业统一上缴,没有核算到每个区块,并且数量非常少。所以,在本项目的投资估算中暂不考虑采矿权使用费。

d. 其他资产费用

其他资产费用主要包括生产准备费、开办费、办公及生活家具购置费等,预计第一年支出 364 万元,第二年支出 336 万元。

e. 预备费

预备费包括基本预备费和价差预备费。

基本预备费 = (地面工程投资 + 固定资产其他费用 + 无形资产费用 + 其他资产费用) × 基本预备费率

基本预备费率为 10%,本项目不考虑价差预备费。

建设投资总计 159 563 万元,详见表 11-10。

表 11-10 建设投资估算表(形成资产法)

序号	费用名称	估算值/万元	比例
1	固定资产费用	153 213	96.02%
1.1	工程费用	150 013	94.01%
1.1.1	利用成功探井、评价井费用	9 500	5.95%
1.1.2	新钻开发井费用	105 513	66.13%
1.1.3	地面工程费用	35 000	21.93%
1.2	固定资产其他费用	3 200	2.01%
2	无形资产费用	1 600	1.00%
3	其他资产费用	700	0.44%
4	预备费	4 050	2.54%
4.1	基本预备费	4 050	2.54%
4.2	价差预备费		
5	建设投资合计	159 563	100%

2)建设期利息估算

本项目建设投资的 55% 为自有资金,45% 为银行借款,借款有效年利率为 6.26%。由于本项目是边建设边生产,建设期发生的利息直接计入当期财务费用,所以在建设投资中建设期利息为零。

3）流动资金估算

油田开发生产每年的产量都不一样，每年流动资金的需求量也不一样，为简化计算，按该公司规定，本项目的流动资金采用扩大指标估算法，按经营成本的 20%估算流动资金。共需要流动资金 1603 万元，第一年投入 921 万元，第二年投入 682 万元。

油田开发项目在生产期每年的经营成本都是变化的，经营成本的变化导致每年所需流动资金也是变化的，但考虑到经营成本每年的变化不大，为简化计算可考虑将原油产量达到最高时的年份所需要的流动资金作为项目的流动资金或按生产期平均经营成本作为项目流动资金的计算基础。本项目将第二年所需流动资金作为项目的流动资金。

4）维持运营投资

本项目在生产经营期间没有维持生产经营的投资发生。对于油田开发项目，维持现有油气井及相应地面设施正常运行、降低原油产量递减率等所发生的投入，按目前的财务规定都可以费用化，分别计入维护修理费、井下作业费等成本项目。在一般情况下，将一个区块独立进行开发方案设计时是不考虑在生产期间打加密井等增加的工作量和投入的，所以本项目没有考虑生产期维持运营投资。

5）总投资

本项目总投资包括建设投资、建设期利息和流动资金三部分，共计 161 166 万元，总投资使用计划见表 11-11。

表 11-11　项目总投资使用计划与资金筹措表　　　单位：万元

序号	项目	合计	0	1	2	3	…	12
1	总投资	161 166	9 500	82 293	69 373			
1.1	建设投资	159 563	9 500	81 372	68 691			
1.2	建设期利息							
1.3	流动资金	1 603		921	682			
2	资金筹措	151 665		82 293	69 373			
2.1	项目资本金	83 015		45 031	37 985			
2.1.1	用于建设投资	82 534		44 755	37 780			
2.1.2	用于流动资金	481		276	205			
2.1.3	用于建设期利息							
2.2	债务资金	68 650		37 262	31 388			
2.2.1	用于建设投资	67 528		36 617	30 911			
2.2.2	用于建设期利息							
2.2.3	用于流动资金	1 122		645	477			

2. 资金筹措

本项目新增建设投资 150 062 万元（不含成功探井、评价井投资 9500 万元）的 55% 为资本金，剩余 45% 为银行借款。所需流动资金的 30% 为铺底流动资金，70% 为银行借款。本项目所需的资本金和债务资金由集团公司财务部门统一筹措，资金来源是有保障的。建设投资借款利率为 6.26%，借款偿还期为 6 年，根据油田开发项目在开采初期经营现金流较大而后期逐年减小的特点，在油田开采初期尽量多还款，从借款的第二年开始还款，每年的还款比例分别为 25%、25%、20%、15%、10%、5%。流动资金借款利率为 5.7%。资金筹措详见项目总投资使用计划与资金筹措表（表 11-11）。

3. 投资资产形成

本项目边建设边生产，工程单体建设完成后即投入使用，形成相应的资产原值。为简化计算，各年实际发生的投资在第二年初分别形成固定资产原值、无形资产原值和其他资产原值，预备费全部计入固定资产；利用成功探井、评价井的投资在建设期第一年初形成固定资产原值。各年新增资产原值见表 11-12。

表 11-12　新增资产原值表　　　　　　　　　　　　单位：万元

序号	项目	合计	1	2	3
1	固定资产原值	157 032	9 500	80 056	67 476
1.1	工程费用		9 500	75 863	64 650
1.1.1	利用成功探井、评价井费用		9 500		
1.1.2	新钻开发井费用			56 419	49 094
1.1.3	地面工程投资			19 444	15 556
1.2	固定资产其他费用			2 044	1 156
1.3	预备费用			2 149	1 671
2	无形资产原值	1 760		915	845
2.1	无形资产费用			832	768
2.2	预备费用			83	77
3	其他资产原值	770		400	370
3.1	其他资产费用			364	336
3.2	预备费用			36	34
	合计	159 562	9 500	81 371	68 691

4. 成本费用估算

根据目前油田开发项目的实际情况，本项目的成本估算采用制造成本法。

1）生产成本估算

（1）操作成本估算。根据类似油田近三年实际发生的操作成本，并结合本项目的实际情况估算其操作成本。①材料费：该项费用主要与生产井数有关，按单井所需材料费进行估算，单井材料费为 1.5 万元/（井·年）。②燃料费：主要与产液量相关，按产液量所需燃料费进行估算，吨液燃料费为 0.2 元/吨液。③动力费：主要与产液量相关，按产液量估算动力费，吨液动力费为 16 元/吨液。④生产工人工资：按定员和工资标准进行计算。本项目新增生产工人 200 人，年工资为 3 万元/人，生产工人工资为每年 600 万元。⑤职工福利费：按工资总额的 14% 提取，每年 84 万元。⑥驱油物注入费：主要与注水量相关，按注水量进行估算，单位注水费为 6.3 元/吨。⑦井下作业费：按单井井下作业费进行估算，单井井下作业费为 3.3 万元/（井·年）。⑧测井试井费：主要与生产井数有关，按生产井数进行估算，单井测井试井费为 0.5 万元/（井·年）。⑨维护修理费：主要与地面工程的建设规模有关，按单井所需维护费用估算，单井维护修理费为 0.8 万元/（井·年）。⑩油气处理费：主要与产液量相关，按产液量估算油气处理费，吨液处理费为 6 元/吨液。⑪运输费：按产油量进行估算，吨油运输费用为 3 元/吨油。⑫其他直接费：除上述费用以外直接用于油气生产的其他费用，主要与生产井数有关，按生产井数进行估算，单井其他直接费用为 0.6 万元/（井·年）。⑬厂矿管理费：按每个生产工人每年 9000 元的管理费定额计算厂矿管理费，每年的厂矿管理费为 180 万元。

（2）折旧、折耗：固定资产折旧、折耗采用直线法，按有关规定，油气资产的综合折旧年限为 10 年，固定资产残值率为 0。这里的固定资产折旧、折耗包含所有新增资产的折旧、折耗，管理费和营业费中不含折旧、折耗费。

2）管理费用

（1）摊销费：无形资产的摊销期为 10 年，其他资产的摊销期为 5 年。折旧费和摊销费的估算详见折旧、摊销费估算表，见附表 4-1。

（2）矿产资源补偿费：按营业收入的 1% 计算。

（3）其他管理费：按每人每年 3 万元计算，年其他管理费为 600 万元。

3）财务费用

财务费用主要为生产经营期间发生的建设投资借款和流动资金借款利息净支出，根据融资方案确定。

4）营业费用

根据本项目所属油田公司近三年实际发生的营业费用，本项目的吨油营业费用为 10 元/吨。

5）生产成本和费用估算结果

经估算，本项目生产期内年均总成本费用为 22 122 万元，年均单位生产成本费用为 972 元/吨，年均单位经营成本为 335 元/吨，年均单位操作成本为 283 元/吨。尽管总成本和费用在生产期内略有下降，但由于原油产量递减，单位成本在生产期是逐年增加的。成本和费用的估算详见总成本费用估算表，见附表 4-2。

5. 收入与税金估算

1）收入估算

根据有关部门的规定，生产期原油价格以国际油价 25 美元/桶为基础进行计算，折算到本油田的出厂价为 1550 元/吨（不含增值税），原油商品率为 96%；经计算，评价期内的年均营业收入为 35 290 万元（注：美元与人民币的汇率按 1∶8.11 计算）。

2）税金估算

本项目所需缴纳的税金包括增值税、营业税金及附加（城市维护建设税、教育费附加、资源税）、所得税。

（1）增值税：原油生产的增值税税率为 17%，应纳增值税税额计算公式为

$$应纳增值税税额 = 当期销项税额 - 当期进项税额$$

①销项税。销项税额 = 营业收入(不含税)×税率。②进项税。由于采用的成本是不含增值税的，进项税的计算公式如下。

材料费、燃料费、动力费按 100%的比例计算增值税进项税额：

$$进项税额 = 外购材料费、燃料费、动力费 \times 增值税税率$$

维护及修理费按 50%的比例计算增值税进项税额：

$$进项税额 = 维护及修理费 \times 50\% \times 增值税税率$$

井下作业费、驱油物注入费、测井试井费、油气处理费按 30%的比例计算增值税进项税额：

$$进项税额 = (井下作业费 + 驱油物注入费 + 测井试井费 + 油气处理费) \times 30\% \times 增值税税率$$

生产期年均增值税额为 5507 万元。

（2）营业税金及附加：城市维护建设税按增值税的 7%估算，教育费附加按增值税的 3%估算，资源税的课税对象为原油商品量，单位税额为 22 元/吨。生产期的年均税金及附加为 1052 万元。营业收入、营业税金和增值税估算详见附表 4-3。

（3）所得税：所得税税率是 33%。

注：本项目在 2005 年 5 月开展可行性研究，因此，相关税款的计算仍然按照 2005 年的税法规定执行，这与目前的税法规定存在一定差异。

11.3.4 财务能力分析

1. 财务盈利能力分析

1）项目投资现金流量表分析

根据项目投资现金流量表（附表 4-4），所得税后项目财务内部收益率是 15.96%，大于 12%（12%是按照加权平均资金成本法测算的行业基准收益率）的行业最低要求；所得税后财务净现值为 15 753.11 万元，大于零；投资回收期为 5.45 年，小于行业基准回收期 8 年。因此，本项目的财务盈利能力可满足要求。

2）资本金现金流量表分析

根据资本金现金流量表（附表 4-5），项目的资本金财务内部收益率是 20.13%，满足投资者的要求。

3）利润与利润分配表分析

油田开发项目的特点是原油产量逐年递减，营业收入不断下降，而生产成本基本保持稳定，还可能略有上升，所以在生产期利润逐年减少，本项目第 10 年和第 11 年发生经营损失。

根据利润与利润分配表（附表 4-6）计算的年均净利润为 8114 万元。

$$总投资收益率 = \frac{EBIT}{TI} \times 100\% = 8.27\%$$

$$资本金净利润率 = \frac{NP}{EC} = 9.78\%$$

项目总投资收益率高于 7% 的行业标准，资本金净利润率可满足投资者的要求。

2. 财务清偿能力分析

项目的还本付息见借款还本付息计划表（附表 4-7）。由于项目还款方案是针对油田开发项目的特点设计，在生产初期偿还了较多债务，所以偿债备付率除了在第 4 年是 1.91 以外，其余年份都在 2 以上，第 9 年、第 10 年、第 11 年的偿债备付率在 200 左右，整体偿债能力较好。利息备付率除了第 10 年、第 11 年为负外，其余年份都在 9 以上，因此，利息支付能力整体良好。

3. 财务生存能力分析

财务计划现金流量表见附表 4-8，尽管本项目每年的经营活动净现金流量逐年减少，但都在 10 000 万元以上，并且累积盈余资金最低为 1785 万元，逐年增加，到生产期末达到 102 588 万元，所以本项目具有较强的财务生存能力。

11.3.5 风险分析

因为油田开发项目每年的盈亏平衡点都不一样，正常生产年份的盈亏平衡点不具有代表性，还可能引起误解，所以本项目不再进行盈亏平衡分析。

1. 敏感性分析和临界点分析

影响项目效益的主要因素为原油产量、原油价格、经营成本、建设投资、汇率等。对各敏感因素的分析结果见表 11-13。

表 11-13 敏感度系数和临界点分析表

序号	不确定性因素	因素变化率	内部收益率	敏感度系数	临界点	临界值
	基本方案		15.96%			
1	原油产量	−20%	8.31%	2.3982	−10.30%	
		20%	23.76%	2.4389		

续表

序号	不确定性因素	因素变化率	内部收益率	敏感度系数	临界点	临界值
	基本方案		15.96%			
2	原油价格	−20%	8.13%	2.4546	−10.10%	1 393.45
		20%	23.96%	2.5016		
3	经营成本	−20%	18.22%	−0.7044		
		20%	13.66%	−0.7232	34.10%	
4	建设投资	−20%	25.63%	−3.0244		
		20%	9.60%	−1.9944	11.60%	
5	汇率	−20%	23.96%	−2.5016		
		20%	8.13%	−2.4546	10.10%	7.29

从表 11-13 可知，在±20%的变动范围内，各不确定性因素对项目效益的影响程度从大到小分别为原油价格和汇率、原油产量、建设投资、经营成本。从临界点来看，原油产量、原油价格和汇率的可接受变动范围较小，相应变动所带来的风险较大。

2. 风险分析

1）原油价格风险

近年来国际市场原油价格波动较大，对石油开发投资决策带来一定影响，根据目前有关权威部门的分析预测，未来国际原油价格将在不低于 40 美元/桶的高位运行，该项目生产期国际原油价格按 25 美元/桶计算，原油价格风险是比较小的。

2）原油产量风险

石油开采属于资源开采业，由于对油藏认识有限，储量、产量的风险比较大，尤其是勘探项目，开发项目的产量也存在风险，投产后原油产量低于预期的可能性还是比较大的，但是波动幅度将会较小。

3）建设投资风险

由于受地质认识的限制，在油田建设过程中，钻井数、井深及地面工程量都可能有所变化，导致投资增加，风险加大。虽然投资减少对经济效益的影响更大，但是投资减少的可能性较低，投资增加的可能性更大。

4）经营成本风险

因为本油田的经营成本是根据类似油田进行预测，所以在油田的生产过程中实际经营成本存在一定的不确定性，但根据上文的敏感性分析，当经营成本增加 46.3%时，才达到效益临界点，因此经营成本增加引起的风险是比较小的。

5）汇率风险

目前中国面临人民币升值的压力，由于国内原油价格已与国际接轨，人民币的升值会导致原油出厂价格下降，所以人民币的升值会增加项目风险。

因此本项目的主要风险将来自原油产量、建设投资和汇率，在方案实施过程中应加强对油藏规律的认识和研究，优化开发方案，提高产量，降低投资。

11.3.6 项目经济评价结论

税后项目财务内部收益率为 15.96%，大于 12%的行业标准，资本金财务内部收益率为 20.13%，可满足投资者的要求。项目财务净现值为 15 753.11 万元（$i_c = 12\%$），大于零；投资回收期为 5.45 年，满足投资回收期小于 8 年的行业标准。本项目具有较强的财务盈利能力、足够的偿债能力和财务生存能力，因此本项目在财务上是可行的。

附录

附表1 复利系数表

附表1-1 1%复利系数

周期 N	一次支付复利系数 $(1+i)^n$ $(F/P, i, n)$	一次支付现值系数 $\dfrac{1}{(1+i)^n}$ $(P/F, i, n)$	等额系列终值系数 $\dfrac{(1+i)^n-1}{i}$ $(F/A, i, n)$	偿债基金系数 $\dfrac{i}{(1+i)^n-1}$ $(A/F, i, n)$	等额系列现值系数 $\dfrac{(1+i)^n-1}{i(1+i)^n}$ $(P/A, i, n)$	资金恢复系数 $\dfrac{i(1+i)^n}{(1+i)^n-1}$ $(A/P, i, n)$	周期 N
1	1.0100	0.9901	1.0000	1.0000	0.9901	1.0100	1
2	1.0201	0.9803	2.0100	0.4975	1.9704	0.5075	2
3	1.0303	0.9706	3.0301	0.3300	2.9410	0.3400	3
4	1.0406	0.9610	4.0604	0.2463	3.9020	0.2563	4
5	1.0510	0.9515	5.1010	0.1960	4.8534	0.2060	5
6	1.0615	0.9420	6.1520	0.1625	5.7955	0.1725	6
7	1.0721	0.9327	7.2135	0.1386	6.7282	0.1486	7
8	1.0829	0.9235	8.2857	0.1207	7.6517	0.1307	8
9	1.0937	0.9143	9.3685	0.1067	8.5660	0.1167	9
10	1.1046	0.9053	10.4622	0.0956	9.4713	0.1056	10
11	1.1157	0.8963	11.5668	0.0865	10.3676	0.0965	11
12	1.1268	0.8874	12.6825	0.0788	11.2551	0.0888	12
13	1.1381	0.8787	13.8093	0.0724	12.1337	0.0824	13
14	1.1495	0.8700	14.9474	0.0669	13.0037	0.0769	14
15	1.1610	0.8613	16.0969	0.0621	13.8651	0.0721	15
16	1.1726	0.8528	17.2579	0.0579	14.7179	0.0679	16
17	1.1843	0.8444	18.4304	0.0543	15.5623	0.0643	17
18	1.1961	0.8360	19.6147	0.0510	16.3983	0.0610	18
19	1.2081	0.8277	20.8109	0.0481	17.2260	0.0581	19
20	1.2202	0.8195	22.0190	0.0454	18.0456	0.0554	20
21	1.2324	0.8114	23.2392	0.0430	18.8570	0.0530	21
22	1.2447	0.8034	24.4716	0.0409	19.6604	0.0509	22

续表

周期 N	一次支付复利系数 $(1+i)^n$ (F/P, i, n)	一次支付现值系数 $\dfrac{1}{(1+i)^n}$ (P/F, i, n)	等额系列终值系数 $\dfrac{(1+i)^n-1}{i}$ (F/A, i, n)	偿债基金系数 $\dfrac{i}{(1+i)^n-1}$ (A/F, i, n)	等额系列现值系数 $\dfrac{(1+i)^n-1}{i(1+i)^n}$ (P/A, i, n)	资金恢复系数 $\dfrac{i(1+i)^n}{(1+i)^n-1}$ (A/P, i, n)	周期 N
23	1.2572	0.7954	25.7163	0.0389	20.4558	0.0489	23
24	1.2697	0.7876	26.9735	0.0371	21.2434	0.0471	24
25	1.2824	0.7798	28.2432	0.0354	22.0232	0.0454	25
26	1.2953	0.7720	29.5256	0.0339	22.7952	0.0439	26
27	1.3082	0.7644	30.8209	0.0324	23.5596	0.0424	27
28	1.3213	0.7568	32.1291	0.0311	24.3164	0.0411	28
29	1.3345	0.7493	33.4504	0.0299	25.0658	0.0399	29
30	1.3478	0.7419	34.7849	0.0287	25.8077	0.0387	30
31	1.3613	0.7346	36.1327	0.0277	26.5423	0.0377	31
32	1.3749	0.7273	37.4941	0.0267	27.2696	0.0367	32
33	1.3887	0.7201	38.8690	0.0257	27.9897	0.0357	33
34	1.4026	0.7130	40.2577	0.0248	28.7027	0.0348	34
35	1.4166	0.7059	41.6603	0.0240	29.4086	0.0340	35
36	1.4308	0.6989	43.0769	0.0232	30.1075	0.0332	36
37	1.4451	0.6920	44.5076	0.0225	30.7995	0.0325	37
38	1.4595	0.6852	45.9527	0.0218	31.4847	0.0318	38
39	1.4741	0.6784	47.4123	0.0211	32.1630	0.0311	39
40	1.4889	0.6717	48.8864	0.0205	32.8347	0.0305	40

附表 1-2 2%复利系数

周期 N	一次支付复利系数 $(1+i)^n$ (F/P, i, n)	一次支付现值系数 $\dfrac{1}{(1+i)^n}$ (P/F, i, n)	等额系列终值系数 $\dfrac{(1+i)^n-1}{i}$ (F/A, i, n)	偿债基金系数 $\dfrac{i}{(1+i)^n-1}$ (A/F, i, n)	等额系列现值系数 $\dfrac{(1+i)^n-1}{i(1+i)^n}$ (P/A, i, n)	资金恢复系数 $\dfrac{i(1+i)^n}{(1+i)^n-1}$ (A/P, i, n)	周期 N
1	1.0200	0.9804	1.0000	1.0000	0.9804	1.0200	1
2	1.0404	0.9612	2.0200	0.4950	1.9416	0.5150	2
3	1.0612	0.9423	3.0604	0.3268	2.8839	0.3468	3
4	1.0824	0.9238	4.1216	0.2426	3.8077	0.2626	4
5	1.1041	0.9057	5.2040	0.1922	4.7135	0.2122	5
6	1.1262	0.8880	6.3081	0.1585	5.6014	0.1785	6
7	1.1487	0.8706	7.4343	0.1345	6.4720	0.1545	7
8	1.1717	0.8535	8.5830	0.1165	7.3255	0.1365	8
9	1.1951	0.8368	9.7546	0.1025	8.1622	0.1225	9

续表

周期 N	一次支付复利系数 $(1+i)^n$ $(F/P, i, n)$	一次支付现值系数 $\dfrac{1}{(1+i)^n}$ $(P/F, i, n)$	等额系列终值系数 $\dfrac{(1+i)^n-1}{i}$ $(F/A, i, n)$	偿债基金系数 $\dfrac{i}{(1+i)^n-1}$ $(A/F, i, n)$	等额系列现值系数 $\dfrac{(1+i)^n-1}{i(1+i)^n}$ $(P/A, i, n)$	资金恢复系数 $\dfrac{i(1+i)^n}{(1+i)^n-1}$ $(A/P, i, n)$	周期 N
10	1.2190	0.8203	10.9497	0.0913	8.9826	0.1113	10
11	1.2434	0.8043	12.1687	0.0822	9.7868	0.1022	11
12	1.2682	0.7885	13.4121	0.0746	10.5753	0.0946	12
13	1.2936	0.7730	14.6803	0.0681	11.3484	0.0881	13
14	1.3195	0.7579	15.9739	0.0626	12.1062	0.0826	14
15	1.3459	0.7430	17.2934	0.0578	12.8493	0.0778	15
16	1.3728	0.7284	18.6393	0.0537	13.5777	0.0737	16
17	1.4002	0.7142	20.0121	0.0500	14.2919	0.0700	17
18	1.4282	0.7002	21.4123	0.0467	14.9920	0.0667	18
19	1.4568	0.6864	22.8406	0.0438	15.6785	0.0638	19
20	1.4859	0.6730	24.2974	0.0412	16.3514	0.0612	20
21	1.5157	0.6598	25.7833	0.0388	17.0112	0.0588	21
22	1.5460	0.6468	27.2990	0.0366	17.6580	0.0566	22
23	1.5769	0.6342	28.8450	0.0347	18.2922	0.0547	23
24	1.6084	0.6217	30.4219	0.0329	18.9139	0.0529	24
25	1.6406	0.6095	32.0303	0.0312	19.5235	0.0512	25
26	1.6734	0.5976	33.6709	0.0297	20.1210	0.0497	26
27	1.7069	0.5859	35.3443	0.0283	20.7069	0.0483	27
28	1.7410	0.5744	37.0512	0.0270	21.2813	0.0470	28
29	1.7758	0.5631	38.7922	0.0258	21.8444	0.0458	29
30	1.8114	0.5521	40.5681	0.0246	22.3965	0.0446	30
31	1.8476	0.5412	42.3794	0.0236	22.9377	0.0436	31
32	1.8845	0.5306	44.2270	0.0226	23.4683	0.0426	32
33	1.9222	0.5202	46.1116	0.0217	23.9886	0.0417	33
34	1.9607	0.5100	48.0338	0.0208	24.4986	0.0408	34
35	1.9999	0.5000	49.9945	0.0200	24.9986	0.0400	35
36	2.0399	0.4902	51.9944	0.0192	25.4888	0.0392	36
37	2.0807	0.4806	54.0343	0.0185	25.9695	0.0385	37
38	2.1223	0.4712	56.1149	0.0178	26.4406	0.0378	38
39	2.1647	0.4619	58.2372	0.0172	26.9026	0.0372	39
40	2.2080	0.4529	60.4020	0.0166	27.3555	0.0366	40

附表 1-3　3%复利系数

周期 N	一次支付复利系数 $(1+i)^n$ $(F/P, i, n)$	一次支付现值系数 $\dfrac{1}{(1+i)^n}$ $(P/F, i, n)$	等额系列终值系数 $\dfrac{(1+i)^n-1}{i}$ $(F/A, i, n)$	偿债基金系数 $\dfrac{i}{(1+i)^n-1}$ $(A/F, i, n)$	等额系列现值系数 $\dfrac{(1+i)^n-1}{i(1+i)^n}$ $(P/A, i, n)$	资金恢复系数 $\dfrac{i(1+i)^n}{(1+i)^n-1}$ $(A/P, i, n)$	周期 N
1	1.0300	0.9709	1.0000	1.0000	0.9709	1.0300	1
2	1.0609	0.9426	2.0300	0.4926	1.9135	0.5226	2
3	1.0927	0.9151	3.0909	0.3235	2.8286	0.3535	3
4	1.1255	0.8885	4.1836	0.2390	3.7171	0.2690	4
5	1.1593	0.8626	5.3091	0.1884	4.5797	0.2184	5
6	1.1941	0.8375	6.4684	0.1546	5.4172	0.1846	6
7	1.2299	0.8131	7.6625	0.1305	6.2303	0.1605	7
8	1.2668	0.7894	8.8923	0.1125	7.0197	0.1425	8
9	1.3048	0.7664	10.1591	0.0984	7.7861	0.1284	9
10	1.3439	0.7441	11.4639	0.0872	8.5302	0.1172	10
11	1.3842	0.7224	12.8078	0.0781	9.2526	0.1081	11
12	1.4258	0.7014	14.1920	0.0705	9.9540	0.1005	12
13	1.4685	0.6810	15.6178	0.0640	10.6350	0.0940	13
14	1.5126	0.6611	17.0863	0.0585	11.2961	0.0885	14
15	1.5580	0.6419	18.5989	0.0538	11.9379	0.0838	15
16	1.6047	0.6232	20.1569	0.0496	12.5611	0.0796	16
17	1.6528	0.6050	21.7616	0.0460	13.1661	0.0760	17
18	1.7024	0.5874	23.4144	0.0427	13.7535	0.0727	18
19	1.7535	0.5703	25.1169	0.0398	14.3238	0.0698	19
20	1.8061	0.5537	26.8704	0.0372	14.8775	0.0672	20
21	1.8603	0.5375	28.6765	0.0349	15.4150	0.0649	21
22	1.9161	0.5219	30.5368	0.0327	15.9369	0.0627	22
23	1.9736	0.5067	32.4529	0.0308	16.4436	0.0608	23
24	2.0328	0.4919	34.4265	0.0290	16.9355	0.0590	24
25	2.0938	0.4776	36.4593	0.0274	17.4131	0.0574	25
26	2.1566	0.4637	38.5530	0.0259	17.8768	0.0559	26
27	2.2213	0.4502	40.7096	0.0246	18.3270	0.0546	27
28	2.2879	0.4371	42.9309	0.0233	18.7641	0.0533	28
29	2.3566	0.4243	45.2189	0.0221	19.1885	0.0521	29
30	2.4273	0.4120	47.5754	0.0210	19.6004	0.0510	30
31	2.5001	0.4000	50.0027	0.0200	20.0004	0.0500	31
32	2.5751	0.3883	52.5028	0.0190	20.3888	0.0490	32
33	2.6523	0.3770	55.0778	0.0182	20.7658	0.0482	33
34	2.7319	0.3660	57.7302	0.0173	21.1318	0.0473	34

续表

周期 N	一次支付复利系数 $(1+i)^n$ (F/P,i,n)	一次支付现值系数 $\dfrac{1}{(1+i)^n}$ (P/F,i,n)	等额系列终值系数 $\dfrac{(1+i)^n-1}{i}$ (F/A,i,n)	偿债基金系数 $\dfrac{i}{(1+i)^n-1}$ (A/F,i,n)	等额系列现值系数 $\dfrac{(1+i)^n-1}{i(1+i)^n}$ (P/A,i,n)	资金恢复系数 $\dfrac{i(1+i)^n}{(1+i)^n-1}$ (A/P,i,n)	周期 N
35	2.8139	0.3554	60.4621	0.0165	21.4872	0.0465	35
36	2.8983	0.3450	63.2759	0.0158	21.8323	0.0458	36
37	2.9852	0.3350	66.1742	0.0151	22.1672	0.0451	37
38	3.0748	0.3252	69.1594	0.0145	22.4925	0.0445	38
39	3.1670	0.3158	72.2342	0.0138	22.8082	0.0438	39
40	3.2620	0.3066	75.4013	0.0133	23.1148	0.0433	40

附表 1-4　4%复利系数

周期 N	一次支付复利系数 $(1+i)^n$ (F/P,i,n)	一次支付现值系数 $\dfrac{1}{(1+i)^n}$ (P/F,i,n)	等额系列终值系数 $\dfrac{(1+i)^n-1}{i}$ (F/A,i,n)	偿债基金系数 $\dfrac{i}{(1+i)^n-1}$ (A/F,i,n)	等额系列现值系数 $\dfrac{(1+i)^n-1}{i(1+i)^n}$ (P/A,i,n)	资金恢复系数 $\dfrac{i(1+i)^n}{(1+i)^n-1}$ (A/P,i,n)	周期 N
1	1.0400	0.9615	1.0000	1.0000	0.9615	1.0400	1
2	1.0816	0.9246	2.0400	0.4902	1.8861	0.5302	2
3	1.1249	0.8890	3.1216	0.3203	2.7751	0.3603	3
4	1.1699	0.8548	4.2465	0.2355	3.6299	0.2755	4
5	1.2167	0.8219	5.4163	0.1846	4.4518	0.2246	5
6	1.2653	0.7903	6.6330	0.1508	5.2421	0.1908	6
7	1.3159	0.7599	7.8983	0.1266	6.0021	0.1666	7
8	1.3686	0.7307	9.2142	0.1085	6.7327	0.1485	8
9	1.4233	0.7026	10.5828	0.0945	7.4353	0.1345	9
10	1.4802	0.6756	12.0061	0.0833	8.1109	0.1233	10
11	1.5395	0.6496	13.4864	0.0741	8.7605	0.1141	11
12	1.6010	0.6246	15.0258	0.0666	9.3851	0.1066	12
13	1.6651	0.6006	16.6268	0.0601	9.9856	0.1001	13
14	1.7317	0.5775	18.2919	0.0547	10.5631	0.0947	14
15	1.8009	0.5553	20.0236	0.0499	11.1184	0.0899	15
16	1.8730	0.5339	21.8245	0.0458	11.6523	0.0858	16
17	1.9479	0.5134	23.6975	0.0422	12.1657	0.0822	17
18	2.0258	0.4936	25.6454	0.0390	12.6593	0.0790	18
19	2.1068	0.4746	27.6712	0.0361	13.1339	0.0761	19
20	2.1911	0.4564	29.7781	0.0336	13.5903	0.0736	20
21	2.2788	0.4388	31.9692	0.0313	14.0292	0.0713	21

续表

周期 N	一次支付复利系数 $(1+i)^n$ (F/P,i,n)	一次支付现值系数 $\dfrac{1}{(1+i)^n}$ (P/F,i,n)	等额系列终值系数 $\dfrac{(1+i)^n-1}{i}$ (F/A,i,n)	偿债基金系数 $\dfrac{i}{(1+i)^n-1}$ (A/F,i,n)	等额系列现值系数 $\dfrac{(1+i)^n-1}{i(1+i)^n}$ (P/A,i,n)	资金恢复系数 $\dfrac{i(1+i)^n}{(1+i)^n-1}$ (A/P,i,n)	周期 N
22	2.3699	0.4220	34.2480	0.0292	14.4511	0.0692	22
23	2.4647	0.4057	36.6179	0.0273	14.8568	0.0673	23
24	2.5633	0.3901	39.0826	0.0256	15.2470	0.0656	24
25	2.6658	0.3751	41.6459	0.0240	15.6221	0.0640	25
26	2.7725	0.3607	44.3117	0.0226	15.9828	0.0626	26
27	2.8834	0.3468	47.0842	0.0212	16.3296	0.0612	27
28	2.9987	0.3335	49.9676	0.0200	16.6631	0.0600	28
29	3.1187	0.3207	52.9663	0.0189	16.9837	0.0589	29
30	3.2434	0.3083	56.0849	0.0178	17.2920	0.0578	30
31	3.3731	0.2965	59.3283	0.0169	17.5885	0.0569	31
32	3.5081	0.2851	62.7015	0.0159	17.8736	0.0559	32
33	3.6484	0.2741	66.2095	0.0151	18.1476	0.0551	33
34	3.7943	0.2636	69.8579	0.0143	18.4112	0.0543	34
35	3.9461	0.2534	73.6522	0.0136	18.6646	0.0536	35
36	4.1039	0.2437	77.5983	0.0129	18.9083	0.0529	36
37	4.2681	0.2343	81.7022	0.0122	19.1426	0.0522	37
38	4.4388	0.2253	85.9703	0.0116	19.3679	0.0516	38
39	4.6164	0.2166	90.4091	0.0111	19.5845	0.0511	39
40	4.8010	0.2083	95.0255	0.0105	19.7928	0.0505	40

附表 1-5　5%复利系数

周期 N	一次支付复利系数 $(1+i)^n$ (F/P,i,n)	一次支付现值系数 $\dfrac{1}{(1+i)^n}$ (P/F,i,n)	等额系列终值系数 $\dfrac{(1+i)^n-1}{i}$ (F/A,i,n)	偿债基金系数 $\dfrac{i}{(1+i)^n-1}$ (A/F,i,n)	等额系列现值系数 $\dfrac{(1+i)^n-1}{i(1+i)^n}$ (P/A,i,n)	资金恢复系数 $\dfrac{i(1+i)^n}{(1+i)^n-1}$ (A/P,i,n)	周期 N
1	1.0500	0.9524	1.0000	1.0000	0.9524	1.0500	1
2	1.1025	0.9070	2.0500	0.4878	1.8594	0.5378	2
3	1.1576	0.8638	3.1525	0.3172	2.7232	0.3672	3
4	1.2155	0.8227	4.3101	0.2320	3.5460	0.2820	4
5	1.2763	0.7835	5.5256	0.1810	4.3295	0.2310	5
6	1.3401	0.7462	6.8019	0.1470	5.0757	0.1970	6
7	1.4071	0.7107	8.1420	0.1228	5.7864	0.1728	7
8	1.4775	0.6768	9.5491	0.1047	6.4632	0.1547	8

续表

周期 N	一次支付复利系数 $(1+i)^n$ $(F/P, i, n)$	一次支付现值系数 $\dfrac{1}{(1+i)^n}$ $(P/F, i, n)$	等额系列终值系数 $\dfrac{(1+i)^n-1}{i}$ $(F/A, i, n)$	偿债基金系数 $\dfrac{i}{(1+i)^n-1}$ $(A/F, i, n)$	等额系列现值系数 $\dfrac{(1+i)^n-1}{i(1+i)^n}$ $(P/A, i, n)$	资金恢复系数 $\dfrac{i(1+i)^n}{(1+i)^n-1}$ $(A/P, i, n)$	周期 N
9	1.5513	0.6446	11.0266	0.0907	7.1078	0.1407	9
10	1.6289	0.6139	12.5779	0.0795	7.7217	0.1295	10
11	1.7103	0.5847	14.2068	0.0704	8.3064	0.1204	11
12	1.7959	0.5568	15.9171	0.0628	8.8633	0.1128	12
13	1.8856	0.5303	17.7130	0.0565	9.3936	0.1065	13
14	1.9799	0.5051	19.5986	0.0510	9.8986	0.1010	14
15	2.0789	0.4810	21.5786	0.0463	10.3797	0.0963	15
16	2.1829	0.4581	23.6575	0.0423	10.8378	0.0923	16
17	2.2920	0.4363	25.8404	0.0387	11.2741	0.0887	17
18	2.4066	0.4155	28.1324	0.0355	11.6896	0.0855	18
19	2.5270	0.3957	30.5390	0.0327	12.0853	0.0827	19
20	2.6533	0.3769	33.0660	0.0302	12.4622	0.0802	20
21	2.7860	0.3589	35.7193	0.0280	12.8212	0.0780	21
22	2.9253	0.3418	38.5052	0.0260	13.1630	0.0760	22
23	3.0715	0.3256	41.4305	0.0241	13.4886	0.0741	23
24	3.2251	0.3101	44.5020	0.0225	13.7986	0.0725	24
25	3.3864	0.2953	47.7271	0.0210	14.0939	0.0710	25
26	3.5557	0.2812	51.1135	0.0196	14.3752	0.0696	26
27	3.7335	0.2678	54.6691	0.0183	14.6430	0.0683	27
28	3.9201	0.2551	58.4026	0.0171	14.8981	0.0671	28
29	4.1161	0.2429	62.3227	0.0160	15.1411	0.0660	29
30	4.3219	0.2314	66.4388	0.0151	15.3725	0.0651	30
31	4.5380	0.2204	70.7608	0.0141	15.5928	0.0641	31
32	4.7649	0.2099	75.2988	0.0133	15.8027	0.0633	32
33	5.0032	0.1999	80.0638	0.0125	16.0025	0.0625	33
34	5.2533	0.1904	85.0670	0.0118	16.1929	0.0618	34
35	5.5160	0.1813	90.3203	0.0111	16.3742	0.0611	35
36	5.7918	0.1727	95.8363	0.0104	16.5469	0.0604	36
37	6.0814	0.1644	101.6281	0.0098	16.7113	0.0598	37
38	6.3855	0.1566	107.7095	0.0093	16.8679	0.0593	38
39	6.7048	0.1491	114.0950	0.0088	17.0170	0.0588	39
40	7.0400	0.1420	120.7998	0.0083	17.1591	0.0583	40

附表 1-6　6%复利系数

周期 N	一次支付复利系数 $(1+i)^n$ (F/P, i, n)	一次支付现值系数 $\dfrac{1}{(1+i)^n}$ (P/F, i, n)	等额系列终值系数 $\dfrac{(1+i)^n-1}{i}$ (F/A, i, n)	偿债基金系数 $\dfrac{i}{(1+i)^n-1}$ (A/F, i, n)	等额系列现值系数 $\dfrac{(1+i)^n-1}{i(1+i)^n}$ (P/A, i, n)	资金恢复系数 $\dfrac{i(1+i)^n}{(1+i)^n-1}$ (A/P, i, n)	周期 N
1	1.0600	0.9434	1.0000	1.0000	0.9434	1.0600	1
2	1.1236	0.8900	2.0600	0.4854	1.8334	0.5454	2
3	1.1910	0.8396	3.1836	0.3141	2.6730	0.3741	3
4	1.2625	0.7921	4.3746	0.2286	3.4651	0.2886	4
5	1.3382	0.7473	5.6371	0.1774	4.2124	0.2374	5
6	1.4185	0.7050	6.9753	0.1434	4.9173	0.2034	6
7	1.5036	0.6651	8.3938	0.1191	5.5824	0.1791	7
8	1.5938	0.6274	9.8975	0.1010	6.2098	0.1610	8
9	1.6895	0.5919	11.4913	0.0870	6.8017	0.1470	9
10	1.7908	0.5584	13.1808	0.0759	7.3601	0.1359	10
11	1.8983	0.5268	14.9716	0.0668	7.8869	0.1268	11
12	2.0122	0.4970	16.8699	0.0593	8.3838	0.1193	12
13	2.1329	0.4688	18.8821	0.0530	8.8527	0.1130	13
14	2.2609	0.4423	21.0151	0.0476	9.2950	0.1076	14
15	2.3966	0.4173	23.2760	0.0430	9.7122	0.1030	15
16	2.5404	0.3936	25.6725	0.0390	10.1059	0.0990	16
17	2.6928	0.3714	28.2129	0.0354	10.4773	0.0954	17
18	2.8543	0.3503	30.9057	0.0324	10.8276	0.0924	18
19	3.0256	0.3305	33.7600	0.0296	11.1581	0.0896	19
20	3.2071	0.3118	36.7856	0.0272	11.4699	0.0872	20
21	3.3996	0.2942	39.9927	0.0250	11.7641	0.0850	21
22	3.6035	0.2775	43.3923	0.0230	12.0416	0.0830	22
23	3.8197	0.2618	46.9958	0.0213	12.3034	0.0813	23
24	4.0489	0.2470	50.8156	0.0197	12.5504	0.0797	24
25	4.2919	0.2330	54.8645	0.0182	12.7834	0.0782	25
26	4.5494	0.2198	59.1564	0.0169	13.0032	0.0769	26
27	4.8223	0.2074	63.7058	0.0157	13.2105	0.0757	27
28	5.1117	0.1956	68.5281	0.0146	13.4062	0.0746	28
29	5.4184	0.1846	73.6398	0.0136	13.5907	0.0736	29
30	5.7435	0.1741	79.0582	0.0126	13.7648	0.0726	30
31	6.0881	0.1643	84.8017	0.0118	13.9291	0.0718	31
32	6.4534	0.1550	90.8898	0.0110	14.0840	0.0710	32
33	6.8406	0.1462	97.3432	0.0103	14.2302	0.0703	33
34	7.2510	0.1379	104.1838	0.0096	14.3681	0.0696	34

续表

周期 N	一次支付复利系数 $(1+i)^n$ (F/P, i, n)	一次支付现值系数 $\dfrac{1}{(1+i)^n}$ (P/F, i, n)	等额系列终值系数 $\dfrac{(1+i)^n-1}{i}$ (F/A, i, n)	偿债基金系数 $\dfrac{i}{(1+i)^n-1}$ (A/F, i, n)	等额系列现值系数 $\dfrac{(1+i)^n-1}{i(1+i)^n}$ (P/A, i, n)	资金恢复系数 $\dfrac{i(1+i)^n}{(1+i)^n-1}$ (A/P, i, n)	周期 N
35	7.6861	0.1301	111.4348	0.0090	14.4982	0.0690	35
36	8.1473	0.1227	119.1209	0.0084	14.6210	0.0684	36
37	8.6361	0.1158	127.2681	0.0079	14.7368	0.0679	37
38	9.1543	0.1092	135.9042	0.0074	14.8460	0.0674	38
39	9.7035	0.1031	145.0585	0.0069	14.9491	0.0669	39
40	10.2857	0.0972	154.7620	0.0065	15.0463	0.0665	40

附表 1-7　8%复利系数

周期 N	一次支付复利系数 $(1+i)^n$ (F/P, i, n)	一次支付现值系数 $\dfrac{1}{(1+i)^n}$ (P/F, i, n)	等额系列终值系数 $\dfrac{(1+i)^n-1}{i}$ (F/A, i, n)	偿债基金系数 $\dfrac{i}{(1+i)^n-1}$ (A/F, i, n)	等额系列现值系数 $\dfrac{(1+i)^n-1}{i(1+i)^n}$ (P/A, i, n)	资金恢复系数 $\dfrac{i(1+i)^n}{(1+i)^n-1}$ (A/P, i, n)	周期 N
1	1.0800	0.9259	1.0000	1.0000	0.9259	1.0800	1
2	1.1664	0.8573	2.0800	0.4808	1.7833	0.5608	2
3	1.2597	0.7938	3.2464	0.3080	2.5771	0.3880	3
4	1.3605	0.7350	4.5061	0.2219	3.3121	0.3019	4
5	1.4693	0.6806	5.8666	0.1705	3.9927	0.2505	5
6	1.5869	0.6302	7.3359	0.1363	4.6229	0.2163	6
7	1.7138	0.5835	8.9228	0.1121	5.2064	0.1921	7
8	1.8509	0.5403	10.6366	0.0940	5.7466	0.1740	8
9	1.9990	0.5002	12.4876	0.0801	6.2469	0.1601	9
10	2.1589	0.4632	14.4866	0.0690	6.7101	0.1490	10
11	2.3316	0.4289	16.6455	0.0601	7.1390	0.1401	11
12	2.5182	0.3971	18.9771	0.0527	7.5361	0.1327	12
13	2.7196	0.3677	21.4953	0.0465	7.9038	0.1265	13
14	2.9372	0.3405	24.2149	0.0413	8.2442	0.1213	14
15	3.1722	0.3152	27.1521	0.0368	8.5595	0.1168	15
16	3.4259	0.2919	30.3243	0.0330	8.8514	0.1130	16
17	3.7000	0.2703	33.7502	0.0296	9.1216	0.1096	17
18	3.9960	0.2502	37.4502	0.0267	9.3719	0.1067	18
19	4.3157	0.2317	41.4463	0.0241	9.6036	0.1041	19
20	4.6610	0.2145	45.7620	0.0219	9.8181	0.1019	20
21	5.0338	0.1987	50.4229	0.0198	10.0168	0.0998	21

续表

周期 N	一次支付复利系数 $(1+i)^n$ (F/P, i, n)	一次支付现值系数 $\dfrac{1}{(1+i)^n}$ (P/F, i, n)	等额系列终值系数 $\dfrac{(1+i)^n-1}{i}$ (F/A, i, n)	偿债基金系数 $\dfrac{i}{(1+i)^n-1}$ (A/F, i, n)	等额系列现值系数 $\dfrac{(1+i)^n-1}{i(1+i)^n}$ (P/A, i, n)	资金恢复系数 $\dfrac{i(1+i)^n}{(1+i)^n-1}$ (A/P, i, n)	周期 N
22	5.4365	0.1839	55.4568	0.0180	10.2007	0.0980	22
23	5.8715	0.1703	60.8933	0.0164	10.3711	0.0964	23
24	6.3412	0.1577	66.7648	0.0150	10.5288	0.0950	24
25	6.8485	0.1460	73.1059	0.0137	10.6748	0.0937	25
26	7.3964	0.1352	79.9544	0.0125	10.8100	0.0925	26
27	7.9881	0.1252	87.3508	0.0114	10.9352	0.0914	27
28	8.6271	0.1159	95.3388	0.0105	11.0511	0.0905	28
29	9.3173	0.1073	103.9659	0.0096	11.1584	0.0896	29
30	10.0627	0.0994	113.2832	0.0088	11.2578	0.0888	30
31	10.8677	0.0920	123.3459	0.0081	11.3498	0.0881	31
32	11.7371	0.0852	134.2135	0.0075	11.4350	0.0875	32
33	12.6760	0.0789	145.9506	0.0069	11.5139	0.0869	33
34	13.6901	0.0730	158.6267	0.0063	11.5869	0.0863	34
35	14.7853	0.0676	172.3168	0.0058	11.6546	0.0858	35
36	15.9682	0.0626	187.1021	0.0053	11.7172	0.0853	36
37	17.2456	0.0580	203.0703	0.0049	11.7752	0.0849	37
38	18.6253	0.0537	220.3159	0.0045	11.8289	0.0845	38
39	20.1153	0.0497	238.9412	0.0042	11.8786	0.0842	39
40	21.7245	0.0460	259.0565	0.0039	11.9246	0.0839	40

附表 1-8　10%复利系数

周期 N	一次支付复利系数 $(1+i)^n$ (F/P, i, n)	一次支付现值系数 $\dfrac{1}{(1+i)^n}$ (P/F, i, n)	等额系列终值系数 $\dfrac{(1+i)^n-1}{i}$ (F/A, i, n)	偿债基金系数 $\dfrac{i}{(1+i)^n-1}$ (A/F, i, n)	等额系列现值系数 $\dfrac{(1+i)^n-1}{i(1+i)^n}$ (P/A, i, n)	资金恢复系数 $\dfrac{i(1+i)^n}{(1+i)^n-1}$ (A/P, i, n)	周期 N
1	1.1000	0.9091	1.0000	1.0000	0.9091	1.1000	1
2	1.2100	0.8264	2.1000	0.4762	1.7355	0.5762	2
3	1.3310	0.7513	3.3100	0.3021	2.4869	0.4021	3
4	1.4641	0.6830	4.6410	0.2155	3.1699	0.3155	4
5	1.6105	0.6209	6.1051	0.1638	3.7908	0.2638	5
6	1.7716	0.5645	7.7156	0.1296	4.3553	0.2296	6
7	1.9487	0.5132	9.4872	0.1054	4.8684	0.2054	7
8	2.1436	0.4665	11.4359	0.0874	5.3349	0.1874	8

续表

周期 N	一次支付复利系数 $(1+i)^n$ (F/P, i, n)	一次支付现值系数 $\dfrac{1}{(1+i)^n}$ (P/F, i, n)	等额系列终值系数 $\dfrac{(1+i)^n-1}{i}$ (F/A, i, n)	偿债基金系数 $\dfrac{i}{(1+i)^n-1}$ (A/F, i, n)	等额系列现值系数 $\dfrac{(1+i)^n-1}{i(1+i)^n}$ (P/A, i, n)	资金恢复系数 $\dfrac{i(1+i)^n}{(1+i)^n-1}$ (A/P, i, n)	周期 N
9	2.3579	0.4241	13.5795	0.0736	5.7590	0.1736	9
10	2.5937	0.3855	15.9374	0.0627	6.1446	0.1627	10
11	2.8531	0.3505	18.5312	0.0540	6.4951	0.1540	11
12	3.1384	0.3186	21.3843	0.0468	6.8137	0.1468	12
13	3.4523	0.2897	24.5227	0.0408	7.1034	0.1408	13
14	3.7975	0.2633	27.9750	0.0357	7.3667	0.1357	14
15	4.1772	0.2394	31.7725	0.0315	7.6061	0.1315	15
16	4.5950	0.2176	35.9497	0.0278	7.8237	0.1278	16
17	5.0545	0.1978	40.5447	0.0247	8.0216	0.1247	17
18	5.5599	0.1799	45.5992	0.0219	8.2014	0.1219	18
19	6.1159	0.1635	51.1591	0.0195	8.3649	0.1195	19
20	6.7275	0.1486	57.2750	0.0175	8.5136	0.1175	20
21	7.4002	0.1351	64.0025	0.0156	8.6487	0.1156	21
22	8.1403	0.1228	71.4027	0.0140	8.7715	0.1140	22
23	8.9543	0.1117	79.5430	0.0126	8.8832	0.1126	23
24	9.8497	0.1015	88.4973	0.0113	8.9847	0.1113	24
25	10.8347	0.0923	98.3471	0.0102	9.0770	0.1102	25
26	11.9182	0.0839	109.1818	0.0092	9.1609	0.1092	26
27	13.1100	0.0763	121.0999	0.0083	9.2372	0.1083	27
28	14.4210	0.0693	134.2099	0.0075	9.3066	0.1075	28
29	15.8631	0.0630	148.6309	0.0067	9.3696	0.1067	29
30	17.4494	0.0573	164.4940	0.0061	9.4269	0.1061	30
31	19.1943	0.0521	181.9434	0.0055	9.4790	0.1055	31
32	21.1138	0.0474	201.1378	0.0050	9.5264	0.1050	32
33	23.2252	0.0431	222.2515	0.0045	9.5694	0.1045	33
34	25.5477	0.0391	245.4767	0.0041	9.6086	0.1041	34
35	28.1024	0.0356	271.0244	0.0037	9.6442	0.1037	35
36	30.9127	0.0323	299.1268	0.0033	9.6765	0.1033	36
37	34.0039	0.0294	330.0395	0.0030	9.7059	0.1030	37
38	37.4043	0.0267	364.0434	0.0027	9.7327	0.1027	38
39	41.1448	0.0243	401.4478	0.0025	9.7570	0.1025	39
40	45.2593	0.0221	442.5926	0.0023	9.7791	0.1023	40

附表 1-9　12%复利系数

周期 N	一次支付复利系数 $(1+i)^n$	一次支付现值系数 $\dfrac{1}{(1+i)^n}$	等额系列终值系数 $\dfrac{(1+i)^n-1}{i}$	偿债基金系数 $\dfrac{i}{(1+i)^n-1}$	等额系列现值系数 $\dfrac{(1+i)^n-1}{i(1+i)^n}$	资金恢复系数 $\dfrac{i(1+i)^n}{(1+i)^n-1}$	周期 N
	$(F/P, i, n)$	$(P/F, i, n)$	$(F/A, i, n)$	$(A/F, i, n)$	$(P/A, i, n)$	$(A/P, i, n)$	
1	1.1200	0.8929	1.0000	1.0000	0.8929	1.1200	1
2	1.2544	0.7972	2.1200	0.4717	1.6901	0.5917	2
3	1.4049	0.7118	3.3744	0.2963	2.4018	0.4163	3
4	1.5735	0.6355	4.7793	0.2092	3.0373	0.3292	4
5	1.7623	0.5674	6.3528	0.1574	3.6048	0.2774	5
6	1.9738	0.5066	8.1152	0.1232	4.1114	0.2432	6
7	2.2107	0.4523	10.0890	0.0991	4.5638	0.2191	7
8	2.4760	0.4039	12.2997	0.0813	4.9676	0.2013	8
9	2.7731	0.3606	14.7757	0.0677	5.3282	0.1877	9
10	3.1058	0.3220	17.5487	0.0570	5.6502	0.1770	10
11	3.4785	0.2875	20.6546	0.0484	5.9377	0.1684	11
12	3.8960	0.2567	24.1331	0.0414	6.1944	0.1614	12
13	4.3635	0.2292	28.0291	0.0357	6.4235	0.1557	13
14	4.8871	0.2046	32.3926	0.0309	6.6282	0.1509	14
15	5.4736	0.1827	37.2797	0.0268	6.8109	0.1468	15
16	6.1304	0.1631	42.7533	0.0234	6.9740	0.1434	16
17	6.8660	0.1456	48.8837	0.0205	7.1196	0.1405	17
18	7.6900	0.1300	55.7497	0.0179	7.2497	0.1379	18
19	8.6128	0.1161	63.4397	0.0158	7.3658	0.1358	19
20	9.6463	0.1037	72.0524	0.0139	7.4694	0.1339	20
21	10.8038	0.0926	81.6987	0.0122	7.5620	0.1322	21
22	12.1003	0.0826	92.5026	0.0108	7.6446	0.1308	22
23	13.5523	0.0738	104.6029	0.0096	7.7184	0.1296	23
24	15.1786	0.0659	118.1552	0.0085	7.7843	0.1285	24
25	17.0001	0.0588	133.3339	0.0075	7.8431	0.1275	25
26	19.0401	0.0525	150.3339	0.0067	7.8957	0.1267	26
27	21.3249	0.0469	169.3740	0.0059	7.9426	0.1259	27
28	23.8839	0.0419	190.6989	0.0052	7.9844	0.1252	28
29	26.7499	0.0374	214.5828	0.0047	8.0218	0.1247	29
30	29.9599	0.0334	241.3327	0.0041	8.0552	0.1241	30
31	33.5551	0.0298	271.2926	0.0037	8.0850	0.1237	31
32	37.5817	0.0266	304.8477	0.0033	8.1116	0.1233	32
33	42.0915	0.0238	342.4294	0.0029	8.1354	0.1229	33
34	47.1425	0.0212	384.5210	0.0026	8.1566	0.1226	34

周期 N	一次支付复利系数 $(1+i)^n$ $(F/P, i, n)$	一次支付现值系数 $\dfrac{1}{(1+i)^n}$ $(P/F, i, n)$	等额系列终值系数 $\dfrac{(1+i)^n-1}{i}$ $(F/A, i, n)$	偿债基金系数 $\dfrac{i}{(1+i)^n-1}$ $(A/F, i, n)$	等额系列现值系数 $\dfrac{(1+i)^n-1}{i(1+i)^n}$ $(P/A, i, n)$	资金恢复系数 $\dfrac{i(1+i)^n}{(1+i)^n-1}$ $(A/P, i, n)$	周期 N
35	52.7996	0.0189	431.6635	0.0023	8.1755	0.1223	35
36	59.1356	0.0169	484.4631	0.0021	8.1924	0.1221	36
37	66.2318	0.0151	543.5987	0.0018	8.2075	0.1218	37
38	74.1797	0.0135	609.8305	0.0016	8.2210	0.1216	38
39	83.0812	0.0120	684.0102	0.0015	8.2330	0.1215	39
40	93.0510	0.0107	767.0914	0.0013	8.2438	0.1213	40

附表 1-10　15%复利系数

周期 N	一次支付复利系数 $(1+i)^n$ $(F/P, i, n)$	一次支付现值系数 $\dfrac{1}{(1+i)^n}$ $(P/F, i, n)$	等额系列终值系数 $\dfrac{(1+i)^n-1}{i}$ $(F/A, i, n)$	偿债基金系数 $\dfrac{i}{(1+i)^n-1}$ $(A/F, i, n)$	等额系列现值系数 $\dfrac{(1+i)^n-1}{i(1+i)^n}$ $(P/A, i, n)$	资金恢复系数 $\dfrac{i(1+i)^n}{(1+i)^n-1}$ $(A/P, i, n)$	周期 N
1	1.1500	0.8696	1.0000	1.0000	0.8696	1.1500	1
2	1.3225	0.7561	2.1500	0.4651	1.6257	0.6151	2
3	1.5209	0.6575	3.4725	0.2880	2.2832	0.4380	3
4	1.7490	0.5718	4.9934	0.2003	2.8550	0.3503	4
5	2.0114	0.4972	6.7424	0.1483	3.3522	0.2983	5
6	2.3131	0.4323	8.7537	0.1142	3.7845	0.2642	6
7	2.6600	0.3759	11.0668	0.0904	4.1604	0.2404	7
8	3.0590	0.3269	13.7268	0.0729	4.4873	0.2229	8
9	3.5179	0.2843	16.7858	0.0596	4.7716	0.2096	9
10	4.0456	0.2472	20.3037	0.0493	5.0188	0.1993	10
11	4.6524	0.2149	24.3493	0.0411	5.2337	0.1911	11
12	5.3503	0.1869	29.0017	0.0345	5.4206	0.1845	12
13	6.1528	0.1625	34.3519	0.0291	5.5831	0.1791	13
14	7.0757	0.1413	40.5047	0.0247	5.7245	0.1747	14
15	8.1371	0.1229	47.5804	0.0210	5.8474	0.1710	15
16	9.3576	0.1069	55.7175	0.0179	5.9542	0.1679	16
17	10.7613	0.0929	65.0751	0.0154	6.0472	0.1654	17
18	12.3755	0.0808	75.8364	0.0132	6.1280	0.1632	18
19	14.2318	0.0703	88.2118	0.0113	6.1982	0.1613	19
20	16.3665	0.0611	102.4436	0.0098	6.2593	0.1598	20
21	18.8215	0.0531	118.8101	0.0084	6.3125	0.1584	21

续表

周期 N	一次支付复利系数 $(1+i)^n$ $(F/P, i, n)$	一次支付现值系数 $\dfrac{1}{(1+i)^n}$ $(P/F, i, n)$	等额系列终值系数 $\dfrac{(1+i)^n-1}{i}$ $(F/A, i, n)$	偿债基金系数 $\dfrac{i}{(1+i)^n-1}$ $(A/F, i, n)$	等额系列现值系数 $\dfrac{(1+i)^n-1}{i(1+i)^n}$ $(P/A, i, n)$	资金恢复系数 $\dfrac{i(1+i)^n}{(1+i)^n-1}$ $(A/P, i, n)$	周期 N
22	21.6447	0.0462	137.6316	0.0073	6.3587	0.1573	22
23	24.8915	0.0402	159.2764	0.0063	6.3988	0.1563	23
24	28.6252	0.0349	184.1678	0.0054	6.4338	0.1554	24
25	32.9190	0.0304	212.7930	0.0047	6.4641	0.1547	25
26	37.8568	0.0264	245.7120	0.0041	6.4906	0.1541	26
27	43.5353	0.0230	283.5688	0.0035	6.5135	0.1535	27
28	50.0656	0.0200	327.1041	0.0031	6.5335	0.1531	28
29	57.5755	0.0174	377.1697	0.0027	6.5509	0.1527	29
30	66.2118	0.0151	434.7451	0.0023	6.5660	0.1523	30
31	76.1435	0.0131	500.9569	0.0020	6.5791	0.1520	31
32	87.5651	0.0114	577.1005	0.0017	6.5905	0.1517	32
33	100.6998	0.0099	664.6655	0.0015	6.6005	0.1515	33
34	115.8048	0.0086	765.3654	0.0013	6.6091	0.1513	34
35	133.1755	0.0075	881.1702	0.0011	6.6166	0.1511	35
36	153.1519	0.0065	1014.3457	0.0010	6.6231	0.1510	36
37	176.1246	0.0057	1167.4975	0.0009	6.6288	0.1509	37
38	202.5433	0.0049	1343.6222	0.0007	6.6338	0.1507	38
39	232.9248	0.0043	1546.1655	0.0006	6.6380	0.1506	39
40	267.8635	0.0037	1779.0903	0.0006	6.6418	0.1506	40

附表 1-11 20%复利系数

周期 N	一次支付复利系数 $(1+i)^n$ $(F/P, i, n)$	一次支付现值系数 $\dfrac{1}{(1+i)^n}$ $(P/F, i, n)$	等额系列终值系数 $\dfrac{(1+i)^n-1}{i}$ $(F/A, i, n)$	偿债基金系数 $\dfrac{i}{(1+i)^n-1}$ $(A/F, i, n)$	等额系列现值系数 $\dfrac{(1+i)^n-1}{i(1+i)^n}$ $(P/A, i, n)$	资金恢复系数 $\dfrac{i(1+i)^n}{(1+i)^n-1}$ $(A/P, i, n)$	周期 N
1	1.2000	0.8333	1.0000	1.0000	0.8333	1.2000	1
2	1.4400	0.6944	2.2000	0.4545	1.5278	0.6545	2
3	1.7280	0.5787	3.6400	0.2747	2.1065	0.4747	3
4	2.0736	0.4823	5.3680	0.1863	2.5887	0.3863	4
5	2.4883	0.4019	7.4416	0.1344	2.9906	0.3344	5
6	2.9860	0.3349	9.9299	0.1007	3.3255	0.3007	6
7	3.5832	0.2791	12.9159	0.0774	3.6046	0.2774	7
8	4.2998	0.2326	16.4991	0.0606	3.8372	0.2606	8

续表

周期 N	一次支付复利系数 $(1+i)^n$ (F/P, i, n)	一次支付现值系数 $\dfrac{1}{(1+i)^n}$ (P/F, i, n)	等额系列终值系数 $\dfrac{(1+i)^n-1}{i}$ (F/A, i, n)	偿债基金系数 $\dfrac{i}{(1+i)^n-1}$ (A/F, i, n)	等额系列现值系数 $\dfrac{(1+i)^n-1}{i(1+i)^n}$ (P/A, i, n)	资金恢复系数 $\dfrac{i(1+i)^n}{(1+i)^n-1}$ (A/P, i, n)	周期 N
9	5.1598	0.1938	20.7989	0.0481	4.0310	0.2481	9
10	6.1917	0.1615	25.9587	0.0385	4.1925	0.2385	10
11	7.4301	0.1346	32.1504	0.0311	4.3271	0.2311	11
12	8.9161	0.1122	39.5805	0.0253	4.4392	0.2253	12
13	10.6993	0.0935	48.4966	0.0206	4.5327	0.2206	13
14	12.8392	0.0779	59.1959	0.0169	4.6106	0.2169	14
15	15.4070	0.0649	72.0351	0.0139	4.6755	0.2139	15
16	18.4884	0.0541	87.4421	0.0114	4.7296	0.2114	16
17	22.1861	0.0451	105.9306	0.0094	4.7746	0.2094	17
18	26.6233	0.0376	128.1167	0.0078	4.8122	0.2078	18
19	31.9480	0.0313	154.7400	0.0065	4.8435	0.2065	19
20	38.3376	0.0261	186.6880	0.0054	4.8696	0.2054	20
21	46.0051	0.0217	225.0256	0.0044	4.8913	0.2044	21
22	55.2061	0.0181	271.0307	0.0037	4.9094	0.2037	22
23	66.2474	0.0151	326.2369	0.0031	4.9245	0.2031	23
24	79.4968	0.0126	392.4842	0.0025	4.9371	0.2025	24
25	95.3962	0.0105	471.9811	0.0021	4.9476	0.2021	25
26	114.4755	0.0087	567.3773	0.0018	4.9563	0.2018	26
27	137.3706	0.0073	681.8528	0.0015	4.9636	0.2015	27
28	164.8447	0.0061	819.2233	0.0012	4.9697	0.2012	28
29	197.8136	0.0051	984.0680	0.0010	4.9747	0.2010	29
30	237.3763	0.0042	1181.8816	0.0008	4.9789	0.2008	30
31	284.8516	0.0035	1419.2579	0.0007	4.9824	0.2007	31
32	341.8219	0.0029	1704.1095	0.0006	4.9854	0.2006	32
33	410.1863	0.0024	2045.9314	0.0005	4.9878	0.2005	33
34	492.2235	0.0020	2456.1176	0.0004	4.9898	0.2004	34
35	590.6682	0.0017	2948.3411	0.0003	4.9915	0.2003	35
36	708.8019	0.0014	3539.0094	0.0003	4.9929	0.2003	36
37	850.5622	0.0012	4247.8112	0.0002	4.9941	0.2002	37
38	1020.6747	0.0010	5098.3735	0.0002	4.9951	0.2002	38
39	1224.8096	0.0008	6119.0482	0.0002	4.9959	0.2002	39
40	1469.7716	0.0007	7343.8578	0.0001	4.9966	0.2001	40

附表 1-12　25%复利系数

周期 N	一次支付复利系数 $(1+i)^n$ (F/P, i, n)	一次支付现值系数 $\dfrac{1}{(1+i)^n}$ (P/F, i, n)	等额系列终值系数 $\dfrac{(1+i)^n-1}{i}$ (F/A, i, n)	偿债基金系数 $\dfrac{i}{(1+i)^n-1}$ (A/F, i, n)	等额系列现值系数 $\dfrac{(1+i)^n-1}{i(1+i)^n}$ (P/A, i, n)	资金恢复系数 $\dfrac{i(1+i)^n}{(1+i)^n-1}$ (A/P, i, n)	周期 N
1	1.250 0	0.800 0	1.000 0	1.000 0	0.800 0	1.250 0	1
2	1.562 5	0.640 0	2.250 0	0.444 4	1.440 0	0.694 4	2
3	1.953 1	0.512 0	3.812 5	0.262 3	1.952 0	0.512 3	3
4	2.441 4	0.409 6	5.765 6	0.173 4	2.361 6	0.423 4	4
5	3.051 8	0.327 7	8.207 0	0.121 8	2.689 3	0.371 8	5
6	3.814 7	0.262 1	11.258 8	0.088 8	2.951 4	0.338 8	6
7	4.768 4	0.209 7	15.073 5	0.066 3	3.161 1	0.316 3	7
8	5.960 5	0.167 8	19.841 9	0.050 4	3.328 9	0.300 4	8
9	7.450 6	0.134 2	25.802 3	0.038 8	3.463 1	0.288 8	9
10	9.313 2	0.107 4	33.252 9	0.030 1	3.570 5	0.280 1	10
11	11.641 5	0.085 9	42.566 1	0.023 5	3.656 4	0.273 5	11
12	14.551 9	0.068 7	54.207 7	0.018 4	3.725 1	0.268 4	12
13	18.189 9	0.055 0	68.759 6	0.014 5	3.780 1	0.264 5	13
14	22.737 4	0.044 0	86.949 5	0.011 5	3.824 1	0.261 5	14
15	28.421 7	0.035 2	109.686 8	0.009 1	3.859 3	0.259 1	15
16	35.527 1	0.028 1	138.108 5	0.007 2	3.887 4	0.257 2	16
17	44.408 9	0.022 5	173.635 7	0.005 8	3.909 9	0.255 8	17
18	55.511 2	0.018 0	218.044 6	0.004 6	3.927 9	0.254 6	18
19	69.388 9	0.014 4	273.555 8	0.003 7	3.942 4	0.253 7	19
20	86.736 2	0.011 5	342.944 7	0.002 9	3.953 9	0.252 9	20
21	108.420 2	0.009 2	429.680 9	0.002 3	3.963 1	0.252 3	21
22	135.525 3	0.007 4	538.101 1	0.001 9	3.970 5	0.251 9	22
23	169.406 6	0.005 9	673.626 4	0.001 5	3.976 4	0.251 5	23
24	211.758 2	0.004 7	843.032 9	0.001 2	3.981 1	0.251 2	24
25	264.697 8	0.003 8	1 054.791 2	0.000 9	3.984 9	0.250 9	25
26	330.872 2	0.003 0	1 319.489 0	0.000 8	3.987 9	0.250 8	26
27	413.590 3	0.002 4	1 650.361 2	0.000 6	3.990 3	0.250 6	27
28	516.987 9	0.001 9	2 063.951 5	0.000 5	3.992 3	0.250 5	28
29	646.234 9	0.001 5	2 580.939 4	0.000 4	3.993 8	0.250 4	29
30	807.793 6	0.001 2	3 227.174 3	0.000 3	3.995 0	0.250 3	30
31	1 009.742 0	0.001 0	4 034.967 8	0.000 2	3.996 0	0.250 2	31
32	1 262.177 4	0.000 8	5 044.709 8	0.000 2	3.996 8	0.250 2	32
33	1 577.721 8	0.000 6	6 306.887 2	0.000 2	3.997 5	0.250 2	33
34	1 972.152 3	0.000 5	7 884.609 1	0.000 1	3.998 0	0.250 1	34

续表

周期 N	一次支付复利系数 $(1+i)^n$ (F/P, i, n)	一次支付现值系数 $\dfrac{1}{(1+i)^n}$ (P/F, i, n)	等额系列终值系数 $\dfrac{(1+i)^n-1}{i}$ (F/A, i, n)	偿债基金系数 $\dfrac{i}{(1+i)^n-1}$ (A/F, i, n)	等额系列现值系数 $\dfrac{(1+i)^n-1}{i(1+i)^n}$ (P/A, i, n)	资金恢复系数 $\dfrac{i(1+i)^n}{(1+i)^n-1}$ (A/P, i, n)	周期 N
35	2 465.190 3	0.000 4	9 856.761 3	0.000 1	3.998 4	0.250 1	35
36	3 081.487 9	0.000 3	12 321.951 6	0.000 1	3.998 7	0.250 1	36
37	3 851.859 9	0.000 3	15 403.439 6	0.000 1	3.999 0	0.250 1	37
38	4 814.824 9	0.000 2	19 255.299 4	0.000 1	3.999 2	0.250 1	38
39	6 018.531 1	0.000 2	24 070.124 3	0.000 0	3.999 3	0.250 0	39
40	7 523.163 8	0.000 1	30 088.655 4	0.000 0	3.999 5	0.250 0	40

附表 1-13　30%复利系数

周期 N	一次支付复利系数 $(1+i)^n$ (F/P, i, n)	一次支付现值系数 $\dfrac{1}{(1+i)^n}$ (P/F, i, n)	等额系列终值系数 $\dfrac{(1+i)^n-1}{i}$ (F/A, i, n)	偿债基金系数 $\dfrac{i}{(1+i)^n-1}$ (A/F, i, n)	等额系列现值系数 $\dfrac{(1+i)^n-1}{i(1+i)^n}$ (P/A, i, n)	资金恢复系数 $\dfrac{i(1+i)^n}{(1+i)^n-1}$ (A/P, i, n)	周期 N
1	1.300 0	0.769 2	1.000 0	1.000 0	0.769 2	1.300 0	1
2	1.690 0	0.591 7	2.300 0	0.434 8	1.360 9	0.734 8	2
3	2.197 0	0.455 2	3.990 0	0.250 6	1.816 1	0.550 6	3
4	2.856 1	0.350 1	6.187 0	0.161 6	2.166 2	0.461 6	4
5	3.712 9	0.269 3	9.043 1	0.110 6	2.435 6	0.410 6	5
6	4.826 8	0.207 2	12.756 0	0.078 4	2.642 7	0.378 4	6
7	6.274 9	0.159 4	17.582 8	0.056 9	2.802 1	0.356 9	7
8	8.157 3	0.122 6	23.857 7	0.041 9	2.924 7	0.341 9	8
9	10.604 5	0.094 3	32.015 0	0.031 2	3.019 0	0.331 2	9
10	13.785 8	0.072 5	42.619 5	0.023 5	3.091 5	0.323 5	10
11	17.921 6	0.055 8	56.405 3	0.017 7	3.147 3	0.317 7	11
12	23.298 1	0.042 9	74.327 0	0.013 5	3.190 3	0.313 5	12
13	30.287 5	0.033 0	97.625 0	0.010 2	3.223 3	0.310 2	13
14	39.373 8	0.025 4	127.912 5	0.007 8	3.248 7	0.307 8	14
15	51.185 9	0.019 5	167.286 3	0.006 0	3.268 2	0.306 0	15
16	66.541 7	0.015 0	218.472 2	0.004 6	3.283 2	0.304 6	16
17	86.504 2	0.011 6	285.013 9	0.003 5	3.294 8	0.303 5	17
18	112.455 4	0.008 9	371.518 0	0.002 7	3.303 7	0.302 7	18
19	146.192 0	0.006 8	483.973 4	0.002 1	3.310 5	0.302 1	19
20	190.049 6	0.005 3	630.165 5	0.001 6	3.315 8	0.301 6	20
21	247.064 5	0.004 0	820.215 1	0.001 2	3.319 8	0.301 2	21

续表

周期 N	一次支付复利系数 $(1+i)^n$ $(F/P, i, n)$	一次支付现值系数 $\dfrac{1}{(1+i)^n}$ $(P/F, i, n)$	等额系列终值系数 $\dfrac{(1+i)^n-1}{i}$ $(F/A, i, n)$	偿债基金系数 $\dfrac{i}{(1+i)^n-1}$ $(A/F, i, n)$	等额系列现值系数 $\dfrac{(1+i)^n-1}{i(1+i)^n}$ $(P/A, i, n)$	资金恢复系数 $\dfrac{i(1+i)^n}{(1+i)^n-1}$ $(A/P, i, n)$	周期 N
22	321.183 9	0.003 1	1 067.280	0.000 9	3.323 0	0.300 9	22
23	417.539 1	0.002 4	1 388.464	0.000 7	3.325 4	0.300 7	23
24	542.800 8	0.001 8	1 806.003	0.000 6	3.327 2	0.300 6	24
25	705.641 0	0.001 4	2 348.803	0.000 4	3.328 6	0.300 4	25
26	917.333 3	0.001 1	3 054.444	0.000 3	3.329 7	0.300 3	26
27	1 192.533	0.000 8	3 971.778	0.000 3	3.330 5	0.300 3	27
28	1 550.293	0.000 6	5 164.311	0.000 2	3.331 2	0.300 2	28
29	2 015.381	0.000 5	6 714.604	0.000 1	3.331 7	0.300 1	29
30	2 619.996	0.000 4	8 729.985	0.000 1	3.332 1	0.300 1	30
31	3 405.994	0.000 3	11 349.981	0.000 1	3.332 4	0.300 1	31
32	4 427.793	0.000 2	14 755.975	0.000 1	3.332 6	0.300 1	32
33	5 756.130	0.000 2	19 183.768	0.000 1	3.332 8	0.300 1	33
34	7 482.970	0.000 1	24 939.899	0.000 0	3.332 9	0.300 0	34
35	9 727.860	0.000 1	32 422.868	0.000 0	3.333 0	0.300 0	35
36	12 646.219	0.000 1	42 150.729	0.000 0	3.333 1	0.300 0	36
37	16 440.084	0.000 1	54 796.947	0.000 0	3.333 1	0.300 0	37
38	21 372.109	0.000 0	71 237.031	0.000 0	3.333 2	0.300 0	38
39	27 783.742	0.000 0	92 609.141	0.000 0	3.333 2	0.300 0	39
40	36 118.865	0.000 0	120 392.883	0.000 0	3.333 2	0.300 0	40

附表 1-14 40%复利系数

周期 N	一次支付复利系数 $(1+i)^n$ $(F/P, i, n)$	一次支付现值系数 $\dfrac{1}{(1+i)^n}$ $(P/F, i, n)$	等额系列终值系数 $\dfrac{(1+i)^n-1}{i}$ $(F/A, i, n)$	偿债基金系数 $\dfrac{i}{(1+i)^n-1}$ $(A/F, i, n)$	等额系列现值系数 $\dfrac{(1+i)^n-1}{i(1+i)^n}$ $(P/A, i, n)$	资金恢复系数 $\dfrac{i(1+i)^n}{(1+i)^n-1}$ $(A/P, i, n)$	周期 N
1	1.400 0	0.714 3	1.000 0	1.000 0	0.714 3	1.400 0	1
2	1.960 0	0.510 2	2.400 0	0.416 7	1.224 5	0.816 7	2
3	2.744 0	0.364 4	4.360 0	0.229 4	1.588 9	0.629 4	3
4	3.841 6	0.260 3	7.104 0	0.140 8	1.849 2	0.540 8	4
5	5.378 2	0.185 9	10.945 6	0.091 4	2.035 2	0.491 4	5
6	7.529 5	0.132 8	16.323 8	0.061 3	2.168 0	0.461 3	6
7	10.541 4	0.094 9	23.853 4	0.041 9	2.262 8	0.441 9	7
8	14.757 9	0.067 8	34.394 7	0.029 1	2.330 6	0.429 1	8

续表

周期 N	一次支付复利系数 $(1+i)^n$ ($F/P, i, n$)	一次支付现值系数 $\dfrac{1}{(1+i)^n}$ ($P/F, i, n$)	等额系列终值系数 $\dfrac{(1+i)^n-1}{i}$ ($F/A, i, n$)	偿债基金系数 $\dfrac{i}{(1+i)^n-1}$ ($A/F, i, n$)	等额系列现值系数 $\dfrac{(1+i)^n-1}{i(1+i)^n}$ ($P/A, i, n$)	资金恢复系数 $\dfrac{i(1+i)^n}{(1+i)^n-1}$ ($A/P, i, n$)	周期 N
9	20.661 0	0.048 4	49.152 6	0.020 3	2.379 0	0.420 3	9
10	28.925 5	0.034 6	69.813 7	0.014 3	2.413 6	0.414 3	10
11	40.495 7	0.024 7	98.739 1	0.010 1	2.438 3	0.410 1	11
12	56.693 9	0.017 6	139.234 8	0.007 2	2.455 9	0.407 2	12
13	79.371 5	0.012 6	195.928 7	0.005 1	2.468 5	0.405 1	13
14	111.120 1	0.009 0	275.300 2	0.003 6	2.477 5	0.403 6	14
15	155.568 1	0.006 4	386.420 2	0.002 6	2.483 9	0.402 6	15
16	217.795 3	0.004 6	541.988 3	0.001 8	2.488 5	0.401 8	16
17	304.913 5	0.003 3	759.783 7	0.001 3	2.491 8	0.401 3	17
18	426.878 9	0.002 3	1 064.697 1	0.000 9	2.494 1	0.400 9	18
19	597.630 4	0.001 7	1 491.576 0	0.000 7	2.495 8	0.400 7	19
20	836.682 6	0.001 2	2 089.206 4	0.000 5	2.497 0	0.400 5	20
21	1 171.355 6	0.000 9	2 925.888 9	0.000 3	2.497 9	0.400 3	21
22	1 639.897 8	0.000 6	4 097.245	0.000 2	2.498 5	0.400 2	22
23	2 295.856 9	0.000 4	5 737.142	0.000 2	2.498 9	0.400 2	23
24	3 214.199 7	0.000 3	8 032.999	0.000 1	2.499 2	0.400 1	24
25	4 499.879 6	0.000 2	11 247.199	0.000 1	2.499 4	0.400 1	25
26	6 299.831 4	0.000 2	15 747.079	0.000 1	2.499 6	0.400 1	26
27	8 819.764	0.000 1	22 046.910	0.000 0	2.499 7	0.400 0	27
28	12 347.670	0.000 1	30 866.674	0.000 0	2.499 8	0.400 0	28
29	17 286.737	0.000 1	43 214.343	0.000 0	2.499 9	0.400 0	29
30	24 201.432	0.000 0	60 501.081	0.000 0	2.499 9	0.400 0	30
31	33 882.005	0.000 0	84 702.513	0.000 0	2.499 9	0.400 0	31
32	47 434.807	0.000 0	118 584.519	0.000 0	2.499 9	0.400 0	32
33	66 408.730	0.000 0	166 019.326	0.000 0	2.500 0	0.400 0	33
34	92 972.223	0.000 0	232 428.056	0.000 0	2.500 0	0.400 0	34
35	130 161.112	0.000 0	325 400.279	0.000 0	2.500 0	0.400 0	35
36	182 225.556	0.000 0	455 561.390	0.000 0	2.500 0	0.400 0	36
37	255 115.779	0.000 0	637 786.947	0.000 0	2.500 0	0.400 0	37
38	357 162.090	0.000 0	892 902.725	0.000 0	2.500 0	0.400 0	38
39	500 026.926	0.000 0	1 250 064.815	0.000 0	2.500 0	0.400 0	39
40	700 037.697	0.000 0	1 750 091.741	0.000 0	2.500 0	0.400 0	40

附表 1-15　50%复利系数

周期 N	一次支付复利系数 $(1+i)^n$ $(F/P, i, n)$	一次支付现值系数 $\dfrac{1}{(1+i)^n}$ $(P/F, i, n)$	等额系列终值系数 $\dfrac{(1+i)^n-1}{i}$ $(F/A, i, n)$	偿债基金系数 $\dfrac{i}{(1+i)^n-1}$ $(A/F, i, n)$	等额系列现值系数 $\dfrac{(1+i)^n-1}{i(1+i)^n}$ $(P/A, i, n)$	资金恢复系数 $\dfrac{i(1+i)^n}{(1+i)^n-1}$ $(A/P, i, n)$	周期 N
1	1.500 0	0.666 7	1.000 0	1.000 0	0.666 7	1.500 0	1
2	2.250 0	0.444 4	2.500 0	0.400 0	1.111 1	0.900 0	2
3	3.375 0	0.296 3	4.750 0	0.210 5	1.407 4	0.710 5	3
4	5.062 5	0.197 5	8.125 0	0.123 1	1.604 9	0.623 1	4
5	7.593 8	0.131 7	13.187 5	0.075 8	1.736 6	0.575 8	5
6	11.390 6	0.087 8	20.781 3	0.048 1	1.824 4	0.548 1	6
7	17.085 9	0.058 5	32.171 9	0.031 1	1.882 9	0.531 1	7
8	25.628 9	0.039 0	49.257 8	0.020 3	1.922 0	0.520 3	8
9	38.443 4	0.026 0	74.886 7	0.013 4	1.948 0	0.513 4	9
10	57.665 0	0.017 3	113.330 1	0.008 8	1.965 3	0.508 8	10
11	86.497 6	0.011 6	170.995 1	0.005 8	1.976 9	0.505 8	11
12	129.746 3	0.007 7	257.492 7	0.003 9	1.984 6	0.503 9	12
13	194.619 5	0.005 1	387.239 0	0.002 6	1.989 7	0.502 6	13
14	291.929 3	0.003 4	581.858 5	0.001 7	1.993 1	0.501 7	14
15	437.893 9	0.002 3	873.787 8	0.001 1	1.995 4	0.501 1	15
16	656.840 8	0.001 5	1 311.681 7	0.000 8	1.997 0	0.500 8	16
17	985.261 3	0.001 0	1 968.522 5	0.000 5	1.998 0	0.500 5	17
18	1 477.891 9	0.000 7	2 953.783 8	0.000 3	1.998 6	0.500 3	18
19	2 216.837 8	0.000 5	4 431.675 6	0.000 2	1.999 1	0.500 2	19
20	3 325.256 7	0.000 3	6 648.513 5	0.000 2	1.999 4	0.500 2	20
21	4 987.885 1	0.000 2	99 73.770 2	0.000 1	1.999 6	0.500 1	21
22	7 481.827 6	0.000 1	14 961.655	0.000 1	1.999 7	0.500 1	22
23	11 222.741 5	0.000 1	22 443.483	0.000 0	1.999 8	0.500 0	23
24	16 834.112 2	0.000 1	33 666.224	0.000 0	1.999 9	0.500 0	24
25	25 251.168 3	0.000 0	50 500.337	0.000 0	1.999 9	0.500 0	25
26	37 876.752 4	0.000 0	75 751.505	0.000 0	1.999 9	0.500 0	26
27	56 815.129	0.000 0	113 628.257	0.000 0	2.000 0	0.500 0	27
28	85 222.693	0.000 0	170 443.386	0.000 0	2.000 0	0.500 0	28
29	127 834.039	0.000 0	255 666.079	0.000 0	2.000 0	0.500 0	29
30	191 751.059	0.000 0	383 500.118	0.000 0	2.000 0	0.500 0	30
31	287 626.589	0.000 0	575 251.178	0.000 0	2.000 0	0.500 0	31
32	431 439.883	0.000 0	862 877.767	0.000 0	2.000 0	0.500 0	32
33	647 159.825	0.000 0	1 294 317.650	0.000 0	2.000 0	0.500 0	33
34	970 739.737	0.000 0	1 941 477.475	0.000 0	2.000 0	0.500 0	34
35	1 456 109.61	0.000 0	2 912 217.212	0.000 0	2.000 0	0.500 0	35
36	2 184 164.41	0.000 0	4 368 326.818	0.000 0	2.000 0	0.500 0	36
37	3 276 246.61	0.000 0	6 552 491.227	0.000 0	2.000 0	0.500 0	37
38	4 914 369.92	0.000 0	9 828 737.841	0.000 0	2.000 0	0.500 0	38
39	7 371 554.88	0.000 0	14 743 107.76	0.000 0	2.000 0	0.500 0	39
40	11 057 332.32	0.000 0	22 114 662.64	0.000 0	2.000 0	0.500 0	40

附表 2 A 石化公司 PX 项目财务评价附表

附表 2-1 总成本费用估算

单位：万元

序号	项目	3	4	5	6	7	8	9	10	11	12	13	14
							投产期						
1	外购原材料	1 004 090	1 004 090	1 004 090	1 004 090	1 004 090	1 004 090	1 004 090	1 004 090	1 004 090	1 004 090	1 004 090	1 004 090
2	外购燃料动力	42 509	42 509	42 509	42 509	42 509	42 509	42 509	42 509	42 509	42 509	42 509	42 509
3	工资及福利费	900	900	900	900	900	900	900	900	900	900	900	900
4	修理费	9 456	9 456	9 456	9 456	9 456	9 456	9 456	9 456	9 456	9 456	9 456	9 456
5	其他费用	15 214	15 214	15 214	15 214	15 214	15 214	15 214	15 214	15 214	15 214	15 214	15 214
5.1	其他制造费	3 152	3 152	3 152	3 152	3 152	3 152	3 152	3 152	3 152	3 152	3 152	3 152
5.2	其他管理费	459	459	459	459	459	459	459	459	459	459	459	459
5.3	销售费用	11 603	11 603	11 603	11 603	11 603	11 603	11 603	11 603	11 603	11 603	11 603	11 603
6	经营成本	1 072 168	1 072 168	1 072 168	1 072 168	1 072 168	1 072 168	1 072 168	1 072 168	1 072 168	1 072 168	1 072 168	1 072 168
7	折旧费	21 307	21 307	21 307	21 307	21 307	20 012	20 012	20 012	20 012	20 012	20 012	20 012
8	摊销费	2 212	2 212	2 212	2 212	2 212	2 140	2 140	2 140	2 140	2 140		
9	财务费用	11 246	8 144	4 943	2 843	2 843	2 843	2 843	2 843	2 843	2 843	2 843	2 843
9.1	建设投资利息支出	8 403	5 301	2 100									
9.2	流动资金利息支出	2 843	2 843	2 843	2 843	2 843	2 843	2 843	2 843	2 843	2 843	2 843	2 843
10	总成本费用	1 106 934	1 103 832	1 100 631	1 098 531	1 098 531	1 097 164	1 097 164	1 097 164	1 097 164	1 097 164	1 095 024	1 095 024
10.1	固定成本	60 335	57 233	54 032	51 932	51 932	50 565	50 565	50 565	50 565	50 565	48 425	48 425
10.2	变动成本	1 046 599	1 046 599	1 046 599	1 046 599	1 046 599	1 046 599	1 046 599	1 046 599	1 046 599	1 046 599	1 046 599	1 046 599

附表 2-2 利润估算表

单位：万元

序号	项目	合计	投产期			达到设计能力生产期								
			3	4	5	6	7	8	9	10	11	12	13	14
1	销售收入	6 961 728	1 160 288	1 160 288	1 160 288	1 160 288	1 160 288	1 160 288	1 160 288	1 160 288	1 160 288	1 160 288	1 160 288	1 160 288
2	税金附加	32 586	5 431	5 431	5 431	5 431	5 431	5 431	5 431	5 431	5 431	5 431	5 431	5 431
3	总成本费用	6 605 623	1 106 934	1 103 832	1 100 631	1 098 531	1 098 531	1 097 164	1 097 164	1 097 164	1 097 164	1 097 164	1 095 024	1 095 024
4	利润总额	32 3 522	47 924	51 026	54 227	56 326	56 326	57 693	57 693	57 693	57 693	57 693	59 833	59 833
5	所得税	80 881	11 981	12 756	13 557	14 082	14 082	14 423	14 423	14 423	14 423	14 423	14 958	14 958
6	净利润	242 641	35 943	38 269	40 670	42 245	42 245	43 270	43 270	43 270	43 270	43 270	44 875	44 875

附表 2-3 项目投资现金流量表

单位：万元

序号	项目	合计	1	2	3	4	5	6	7	8	9	10	11	12	13	14
1	现金流入	13 923 456			1 160 288	1 160 288	1 160 288	1 160 288	1 160 288	1 160 288	1 160 288	1 160 288	1 160 288	1 160 288	1 160 288	1 160 288
2	现金流出	13 335 840	133 471	203 480	1 145 300	1 077 599	1 077 599	1 077 599	1 077 599	1 077 599	1 077 599	1 077 599	1 077 599	1 077 599	1 077 599	1 077 599
2.1	建设投资	336 951	133 471	203 480												
2.2	流动资金	67 701			67 701											
2.3	经营成本	12 866 016			1 072 168	1 072 168	1 072 168	1 072 168	1 072 168	1 072 168	1 072 168	1 072 168	1 072 168	1 072 168	1 072 168	1 072 168
2.4	税金及附加	65 172			5 431	5 431	5 431	5 431	5 431	5 431	5 431	5 431	5 431	5 431	5 431	5 431
3	所得税前净现金流量	587 616	-133 471	-203 480	14 988	82 689	82 689	82 689	82 689	82 689	82 689	82 689	82 689	82 689	82 689	82 689
4	累计所得税前净现金流量		-133 471	-336 951	-321 963	-239 274	-156 585	-73 896	8 793	91 482	174 171	256 860	339 549	422 238	504 927	587 616
5	所得税	168 489			11 981	12 756	13 557	14 082	14 082	14 423	14 423	14 423	14 423	14 423	14 958	14 958
6	所得税后净现金流量	419 127	-133 471	-203 480	3 007	69 933	69 132	68 607	68 607	68 266	68 266	68 266	68 266	68 266	67 731	67 731
7	累计所得税后净现金流量		-133 471	-336 951	-333 944	-264 011	-194 879	-126 272	-57 665	10 601	78 867	147 133	215 399	283 665	351 396	419 127

附表 2-4 项目资本金现金流量表

单位：万元

序号	项目	建设期		投产期						达到设计能力生产期						
		1	2	3	4	5	6	7	8	9	10	11	12	13	14
1	现金流入			1 160 288	1 160 288	1 160 288	1 160 288	1 160 288	1 160 288	1 160 288	1 160 288	1 160 288	1 160 288	1 160 288	1 160 288
1.1	销售收入			1 160 288	1 160 288	1 160 288	1 160 288	1 160 288	1 160 288	1 160 288	1 160 288	1 160 288	1 160 288	1 160 288	1 160 288
2	现金流出	84 764	127 146	1 167 299	1 146 128	1 127 347	1 094 524	1 094 524	1 094 865	1 094 865	1 094 865	1 094 865	1 094 865	1 095 400	1 095 400
2.1	项目资本金	84 764	127 146	20 310											
2.2	借款本金偿还			46 163	47 629	31 248									
2.3	借款利息支付			11 246	8 144	4 943	2 843	2 843	2 843	2 843	2 843	2 843	2 843	2 843	2 843
2.4	经营成本			1 072 168	1 072 168	1 072 168	1 072 168	1 072 168	1 072 168	1 072 168	1 072 168	1 072 168	1 072 168	1 072 168	1 072 168
2.5	销售税金及附加			5 431	5 431	5 431	5 431	5 431	5 431	5 431	5 431	5 431	5 431	5 431	5 431
2.6	所得税			11 981	12 756	13 557	14 082	14 082	14 423	14 423	14 423	14 423	14 423	14 958	14 958
3	净现金流量	−84 764	−127 146	−7 011	14 160	32 941	65 764	65 764	65 423	65 423	65 423	65 423	65 423	64 888	64 888
4	累计净现金流量	−84 764	−211 910	−218 921	−204 761	−171 820	−106 056	−40 292	25 131	90 554	155 977	221 400	286 823	351 711	416 599

附表 2-5 利润分配表

单位：万元

序号	项目	合计	计算期											
			3	4	5	6	7	8	9	10	11	12	13	14
1	营业收入	13 923 456	1 160 288	1 160 288	1 160 288	1 160 288	1 160 288	1 160 288	1 160 288	1 160 288	1 160 288	1 160 288	1 160 288	1 160 288
2	税金及附加	65 172	5 431	5 431	5 431	5 431	5 431	5 431	5 431	5 431	5 431	5 431	5 431	5 431
3	总成本费用	13 184 327	1 106 934	1 103 832	1 100 631	1 098 531	1 098 531	1 097 164	1 097 164	1 097 164	1 097 164	1 097 164	1 095 024	1 095 024
4	利润总额	673 960	47 924	51 026	54 227	56 326	56 326	57 693	57 693	57 693	57 693	57 693	59 833	59 833
5	应纳税所得额	168 489	11 981	12 756	13 557	14 082	14 082	14 423	14 423	14 423	14 423	14 423	14 958	14 958
6	净利润	505 471	35 943	38 270	40 670	42 244	42 244	43 270	43 270	43 270	43 270	43 270	44 875	44 875
7	可供分配利润	505 471	35 943	38 270	40 670	42 244	42 244	43 270	43 270	43 270	43 270	43 270	44 875	44 875
8	提取法定盈余公积金	50 547.1	3 594.3	3 827	4 067	4 224.4	4 224.4	4 327	4 327	4 327	4 327	4 327	4 487.5	4 487.5
9	未分配利润	454 924	32 349	34 443	36 603	38 020	38 020	38 943	38 943	38 943	38 943	38 943	40 388	40 388
10	累计未分配利润	2 874 158	32 349	66 792	103 395	141 414	179 434	218 377	257 320	296 263	335 206	374 149	414 536	454 924

附表 2-6 资产负债表

单位：万元

序号	项目	建设期		投产期					达到设计能力生产期						
		1	2	3	4	5	6	7	8	9	10	11	12	13	14
1	资产	133 471	336 951	481 649	472 290	481 712	523 956	566 200	609 470	652 740	696 010	739 280	782 550	827 425	872 300
1.1	流动资产总额			168 147	182 307	215 248	281 011	346 774	412 268	477 692	543 114	608 536	673 958	738 845	803 732
1.1.1	货币资金			14 572	28 732	61 673	127 436	193 199	258 693	324 117	389 539	454 961	520 383	585 270	650 157
1.1.2	应收账款			89 347	89 347	89 347	89 347	89 347	89 347	89 347	89 347	89 347	89 347	89 347	89 347
1.1.3	预付账款														
1.1.4	存货			64 228	64 228	64 228	64 228	64 228	64 228	64 228	64 228	64 228	64 228	64 228	64 228
1.2	在建工程	133 471	336 951												
1.3	固定资产净值			293 880	272 573	251 266	229 959	208 652	188 640	168 628	148 616	128 604	108 592	88 580	68 568
1.4	无形及其他资产净值			19 622	17 410	15 198	12 986	10 774	8 562	6 420	4 280	2 140			
2	负债及所有者权益	133 471	336 951	481 649	472 290	481 712	523 956	566 200	609 470	652 740	696 010	739 280	782 550	827 425	872 300
2.1	流动负债总额			87 217	87 217	87 217	87 217	87 217	87 217	87 217	87 217	87 217	87 217	87 217	87 217
2.1.1	应付账款			87 217	87 217	87 217	87 217	87 217	87 217	87 217	87 217	87 217	87 217	87 217	87 217
2.2	建设投资借款	48 707	125 040	78 877	31 248										
2.3	流动资金借款			47 391	47 391	47 391	47 391	47 391	47 391	47 391	47 391	47 391	47 391	47 391	47 391
2.4	负债小计	48 707	125 040	213 485	165 856	134 608	134 608	134 608	134 608	134 608	134 608	134 608	134 608	134 608	134 608
2.5	所有者权益	84 764	211 911	268 164	306 434	347 104	389 348	431 592	474 862	518 132	561 402	604 672	647 942	692 817	737 692
2.5.1	资本金	84 764	211 911	232 221	232 221	232 221	232 221	232 221	232 221	232 221	232 221	232 221	232 221	232 221	232 221
2.5.2	累计盈余公积金			3 594	7 421	11 488	15 713	19 937	24 264	28 591	32 918	37 245	41 572	46 060	50 547
2.5.3	累计未分配利润			32 349	66 792	103 395	141 414	179 434	218 377	257 320	296 263	335 206	374 149	414 536	454 924
计算指标	资产负债率	36%	37%	44%	35%	28%	26%	24%	22%	21%	19%	18%	17%	16%	15%
	流动比率			193%	209%	247%	322%	398%	473%	548%	623%	698%	773%	847%	922%
	速动比率			119%	135%	173%	249%	324%	399%	474%	549%	624%	699%	773%	848%

附表 3 D 市供水工程 B 项目经济评价附表

附表 3-1 项目投资现金流量表

单位：万元

序号	项目	合计	计算期										
			1	2	3	4	5	6	7	8	9	10	11
1	现金流入	30 514				1 606	1 606	1 606	1 606	1 606	1 606	1 606	1 606
2	现金流出	20 053.79	2 429.82	2 429.82	2 429.82	741.95	667.91	667.91	667.91	667.91	667.91	667.91	667.91
2.1	建设投资	7 289.46	2 429.82	2 429.82	2 429.82								
2.2	流动资金	74.04				74.04							
2.3	经营成本	10 790.29				567.91	567.91	567.91	567.91	567.91	567.91	567.91	567.91
2.4	税金及附加	1 900				100	100	100	100	100	100	100	100
3	所得税前净现金流量	10 460.21	−2 429.82	−2 429.82	−2 429.82	864.05	938.09	938.09	938.09	938.09	938.09	938.09	938.09
4	累计所得税前净现金流量		−2 429.82	−4 859.64	−7 289.46	−6 425.41	−5 487.32	−4 549.23	−3 611.14	−2 673.05	−1 734.96	−796.87	141.22
5	所得税	1 573.44				143.04	143.04	143.04	143.04	143.04	143.04	143.04	143.04
6	所得税后净现金流量	7 742.45	−2 429.82	−2 429.82	−2 429.82	721.01	795.05	795.05	795.05	795.05	795.05	795.05	795.05
7	累计所得税后净现金流量		−2 429.82	−4 859.64	−7 289.46	−6 568.45	−5 772.95	−4 978.35	−4 183.3	−3 388.25	−2 593.2	−1 798.15	−1 003.1

续表

序号	项目	计算期										
		12	13	14	15	16	17	18	19	20	21	22
1	现金流入	1 606	1 606	1 606	1 606	1 606	1 606	1 606	1 606	1 606	1 606	1 606
2	现金流出	667.91	667.91	667.91	667.91	667.91	667.91	667.91	667.91	667.91	667.91	667.91
2.1	建设投资											
2.2	流动资金											
2.3	经营成本	567.91	567.91	567.91	567.91	567.91	567.91	567.91	567.91	567.91	567.91	567.91
2.4	税金及附加	100	100	100	100	100	100	100	100	100	100	100
3	所得税前净现金流量	938.09	938.09	938.09	938.09	938.09	938.09	938.09	938.09	938.09	938.09	938.09
4	累计所得税前净现金流量	1 079.31	2 017.4	2 955.49	3 893.58	4 831.67	5 769.76	6 707.85	7 645.94	8 584.03	9 522.12	10 460.21
5	所得税	143.04	143.04	143.04	143.04	143.04	143.04	143.04	143.04	143.04	143.04	143.04
6	所得税后净现金流量	795.05	795.05	795.05	795.05	795.05	795.05	795.05	795.05	795.05	795.05	795.05
7	累计所得税后净现金流量	−208.05	587	1 382.05	2 177.1	2 972.15	3 767.2	4 562.25	5 357.3	6 152.35	6 947.4	7 742.45

附表 3-2 资产负债表

单位：万元

序号	项目	计算期										
		1	2	3	4	5	6	7	8	9	10	11
1	资产	2 429.82	4 859.64	7 289.46	7 813.26	8 242.4	8 671.54	9 100.68	9 529.82	9 960.4	10 390.98	10 821.56
1.1	流动资产	0	0	0	889.71	1 684.76	2 479.81	3 274.86	4 069.91	4 864.48	5 659.05	6 453.62
1.1.1	货币资金				26.72	26.72	26.72	26.72	26.72	26.72	26.72	26.72
1.1.2	应收账款				47.33	47.33	47.33	47.33	47.33	47.33	47.33	47.33
1.1.3	存货				20.61	20.61	20.61	20.61	20.61	20.61	20.61	20.61
1.1.4	累计盈余资金				795.05	1 590.1	2 385.15	3 180.2	3 975.25	4 769.82	5 564.39	6 358.96
1.2	在建工程	2 429.82	4 859.64	7 289.46								
1.3	固定资产净值				6 915.87	6 551.88	6 187.89	5 823.9	5 459.91	5 095.92	4 731.93	4 367.94
1.4	无形及其他资产净值				7.68	5.76	3.84	1.92				
2	负债及所有者权益	2 429.82	4 859.64	7 289.46	7 813.25	8 242.39	8 671.52	9 100.65	9 529.79	9 960.37	10 390.95	10 821.53
2.1	流动负债	0	0	0	20.61	20.61	20.61	20.61	20.61	20.61	20.61	20.61
2.1.1	应付账款				20.61	20.61	20.61	20.61	20.61	20.61	20.61	20.61
2.2	建设投资借款											
2.3	流动资金借款											
2.4	负债小计	0	0	0	20.61	20.61	20.61	20.61	20.61	20.61	20.61	20.61
2.5	所有者权益	2 429.82	4 859.64	7 289.46	7 792.64	8 221.78	8 650.91	9 080.04	9 509.18	9 939.76	10 370.34	10 800.92
2.5.1	资本金	2 429.82	4 859.64	7 289.46	7 363.51	7 363.51	7 363.51	7 363.51	7 363.51	7 363.51	7 363.51	7 363.51
2.5.2	累计盈余公积金				42.91	85.83	128.74	171.65	214.57	257.63	300.69	343.75
2.5.3	累计未分配利润				386.22	772.44	1 158.66	1 544.88	1 931.1	2 318.62	2 706.14	3 093.66
计算指标	资产负债率				0.26%	0.25%	0.24%	0.23%	0.22%	0.21%	0.20%	0.19%

附录

续表

序号	项目	计算期										
		12	13	14	15	16	17	18	19	20	21	22
1	资产	11 252.14	11 682.72	12 113.3	12 543.88	12 974.46	13 405.04	13 835.62	14 266.2	14 696.78	15 127.36	15 557.94
1.1	流动资产	7 248.19	8 042.76	8 837.33	9 631.9	10 426.47	11 221.04	12 015.61	12 810.18	13 604.75	14 399.32	15 193.89
1.1.1	货币资金	26.72	26.72	26.72	26.72	26.72	26.72	26.72	26.72	26.72	26.72	26.72
1.1.2	应收账款	47.33	47.33	47.33	47.33	47.33	47.33	47.33	47.33	47.33	47.33	47.33
1.1.3	存货	20.61	20.61	20.61	20.61	20.61	20.61	20.61	20.61	20.61	20.61	20.61
1.1.4	累计盈余资金	7 153.53	7 948.1	8 742.67	9 537.24	10 331.81	11 126.38	11 920.95	12 715.52	13 510.09	14 304.66	15 099.23
1.2	在建工程											
1.3	固定资产净值	4 003.95	3 639.96	3 275.97	2 911.98	2 547.99	2 184	1 820.01	1 456.02	1 092.03	728.04	364.05
1.4	无形及其他资产净值											
2	负债及所有者权益	11 252.11	11 682.69	12 113.27	12 543.85	12 974.43	13 405.01	13 835.59	14 266.17	14 696.75	15 127.33	15 557.91
2.1	流动负债	20.61	20.61	20.61	20.61	20.61	20.61	20.61	20.61	20.61	20.61	20.61
2.1.1	应付账款	20.61	20.61	20.61	20.61	20.61	20.61	20.61	20.61	20.61	20.61	20.61
2.2	建设投资借款											
2.3	流动资金借款											
2.4	负债小计	20.61	20.61	20.61	20.61	20.61	20.61	20.61	20.61	20.61	20.61	20.61
2.5	所有者权益	11 231.5	11 662.08	12 092.66	12 523.24	12 953.82	13 384.4	13 814.98	14 245.56	14 676.14	15 106.72	15 537.3
2.5.1	资本金	7 363.51	7 363.51	7 363.51	7 363.51	7 363.51	7 363.51	7 363.51	7 363.51	7 363.51	7 363.51	7 363.51
2.5.2	累计盈余公积金	386.81	429.87	472.93	515.99	559.05	602.11	645.17	688.23	731.29	774.35	817.41
2.5.3	累计未分配利润	3 481.18	3 868.7	4 256.22	4 643.74	5 031.26	5 418.78	5 806.3	6 193.82	6 581.34	6 968.86	7 356.38
计算指标	资产负债率	0.18%	0.18%	0.17%	0.16%	0.16%	0.15%	0.15%	0.14%	0.14%	0.14%	0.13%

附表 3-3 国民经济效益费用流量表

单位：万元

序号	项目	合计	1	2	3	4	5	6	7	8	9	10	11
1	效益流量	76 978.5				4 051.5	4 051.5	4 051.5	4 051.5	4 051.5	4 051.5	4 051.5	4 051.5
2	费用流量	26 569.41	2 624.21	2 624.21	2 624.21	1 062.04	982.08	982.08	982.08	982.08	979.03	979.03	979.03
2.1	建设投资	7 872.63	2 624.21	2 624.21	2 624.21								
2.2	流动资金	79.96				79.96							
2.3	年运行费用	18 616.82				982.08	982.08	982.08	982.08	982.08	979.03	979.03	979.03
3	净效益流量	50 409.09	−2 624.21	−2 624.21	−2 624.21	2 989.46	3 069.42	3 069.42	3 069.42	3 069.42	3 072.47	3 072.47	3 072.47
4	累积净效益流量		−2 624.21	−5 248.42	−7 872.63	−4 883.17	−1 813.75	1 255.67	4 325.09	7 394.51	10 466.98	13 539.45	16 611.92

序号	项目	12	13	14	15	16	17	18	19	20	21	22
1	效益流量	4 051.5	4 051.5	4 051.5	4 051.5	4 051.5	4 051.5	4 051.5	4 051.5	4 051.5	4 051.5	4 051.5
2	费用流量	979.03	979.03	979.03	979.03	979.03	979.03	979.03	979.03	979.03	979.03	979.03
2.1	建设投资											
2.2	流动资金											
2.3	年运行费用	979.03	979.03	979.03	979.03	979.03	979.03	979.03	979.03	979.03	979.03	979.03
3	净效益流量	3 072.47	3 072.47	3 072.47	3 072.47	3 072.47	3 072.47	3 072.47	3 072.47	3 072.47	3 072.47	3 072.47
4	累积净效益流量	19 684.39	22 756.86	25 829.33	28 901.8	31 974.27	35 046.74	38 119.21	41 191.68	44 264.15	47 336.62	50 409.09

附表4 Y油田开发项目经济评价附表

附表4-1 折旧、摊销费估算表

单位：万元

序号	项目		合计	计算期											
				1	2	3	4	5	6	7	8	9	10	11	12
1	固定资产														
		原值	157 033	9 500	89 556	157 033									
		当期折旧、损耗		950	8 956	15 703	15 703	15 703	15 703	15 703	15 703	15 703	15 703	14 753	6 748
		净值		8 550	79 651	131 424	115 721	100 017	84 314	68 611	52 907	37 204	21 501	6 748	0
2	无形资产														
		原值	1 760		915	1 760									
		当期摊销费			92	176	176	176	176	176	176	176	176	176	84
		净值			824	1 492	1 316	1 140	964	788	612	436	260	84	0
3	其他资产														
		原值	770		400	770									
		当期摊销费			80	154	154	154	154	74					
		净值			320	536	382	228	74	0					

附表 4-2　总成本费用估算表（生产成本加期间费用法）

单位：万元

序号	项目	合计	计算期											
			1	2	3	4	5	6	7	8	9	10	11	12
1	生产成本	234 276	4 627	15 457	22 553	22 271	22 238	22 253	22 321	22 374	22 414	22 506	21 589	13 673
1.1	操作费用	77 243	3 677	6 502	6 849	6 567	6 535	6 550	6 618	6 671	6 711	6 803	6 836	6 925
1.1.1	原材料	9 672	465	837	837	837	837	837	837	837	837	837	837	837
1.1.2	燃料	16	4	11	14	12	12	12	13	13	13	14	14	15
1.1.3	动力	11 693	304	918	1 102	958	949	962	1 000	1 032	1 056	1 102	1 128	1 181
1.1.4	生产工人工资及福利	8 208	684	684	684	684	684	684	684	684	684	684	684	684
1.1.5	驱油物注入费	6 596	275	513	589	532	529	537	560	576	590	623	626	646
1.1.6	井下作业费	21 278	1 023	1 841	1 841	1 841	1 841	1 841	1 841	1 841	1 841	1 841	1 841	1 841
1.1.7	测井试井费	3 224	155	279	279	279	279	279	279	279	279	279	279	279
1.1.8	维护及维修费	5 158	248	446	446	446	446	446	446	446	446	446	446	446
1.1.9	稠油热采费													
1.1.10	轻烃回收费													
1.1.11	油气处理费	4 385	114	344	413	359	356	361	375	387	396	413	423	443
1.1.12	运输费	854	40	112	128	103	87	76	68	60	53	47	42	38
1.1.13	其他直接费	3 869	186	335	335	335	335	335	335	335	335	335	335	335
1.1.14	厂矿管理费	2 160	180	180	180	180	180	180	180	180	180	180	180	180
1.2	折旧折耗	57 033	950	8 956	15 703	15 703	15 703	15 703	15 703	15 703	15 703	15 703	14 753	6 748
2	管理费用	13 965	798	1 327	1 565	1 439	1 362	1 306	1 185	1 074	1 041	1 011	986	872
2.1	无形资产及其他资产摊销	2 530	0	172	330	330	330	330	250	176	176	176	176	84
2.2	矿产资源补偿费	4 235	198	555	635	509	432	376	335	298	265	235	210	187
2.3	其他管理费	7 200	600	600	600	600	600	600	600	600	600	600	600	600

续表

序号	项目	合计	计算期											
			1	2	3	4	5	6	7	8	9	10	11	12
3	财务费用	14 479	1 183	3 324	3 718	2 661	1 719	988	469	161	64	64	64	64
3.1	长期借款利息	13 739	1 146	3 260	3 654	2 597	1 655	924	405	97	0	0	0	0
3.2	流动资金借款利息	740	37	64	64	64	64	64	64	64	64	64	64	64
3.3	其他短期借款利息													
4	营业费用	2 732	128	358	410	328	278	243	216	192	171	152	135	121

附表 4-3 营业收入、税金及附加估算表

序号	项目	合计	计算期											
			1	2	3	4	5	6	7	8	9	10	11	12
1	营业收入/万元	423 485	19 790	55 502	63 538	50 890	43 152	37 646	33 480	29 760	26 486	23 510	20 981	18 749
	单价/（元/吨）		1 550	1 550	1 550	1 550	1 550	1 550	1 550	1 550	1 550	1 550	1 550	1 550
	数量/万吨	285	13	37	43	34	29	25	23	20	18	16	14	13
2	营业税金与附加/万元	12 619	594	1 682	1 929	1 538	1 296	1 124	994	877	774	680	601	530
2.1	城乡维护建设税/万元	4 626	219	626	719	571	479	413	363	318	279	243	212	185
2.2	教育费附加/万元	1 983	94	268	308	245	205	177	156	136	119	104	91	79
2.3	资源税/万元	6 011	281	788	902	722	612	534	475	422	376	334	298	266
3	增值税/万元	66 087	3 132	8 945	10 272	8 152	6 839	5 900	5 183	4 544	3 982	3 466	3 031	2 640
	销项税额/万元	71 992	3 364	9 435	10 801	8 651	7 336	6 400	5 692	5 059	4 503	3 997	3 567	3 187
	进项税额/万元	5 905	232	490	529	499	497	500	508	515	520	531	536	547

附表 4-4 项目投资现金流量表

单位：万元

序号	项目	合计	1	2	3	4	5	6	7	8	9	10	11	12
1	现金流入	425 088	19 790	55 502	63 538	50 890	43 152	37 646	33 480	29 760	26 486	23 510	20 981	20 352
1.1	营业收入	423 485	19 790	55 502	63 538	50 890	43 152	37 646	33 480	29 760	26 486	23 510	20 981	18 749
1.2	补贴收入													
1.3	回收固定资产余值													1 603
1.4	回收流动资金	1 603												
2	现金流出	265 195	96 990	79 070	10 424	9 542	9 141	8 894	8 762	8 637	8 521	8 470	8 382	8 364
2.1	建设投资	159 563	90 872	68 691										
2.2	流动资金	1 603	921	682										
2.3	经营成本	91 410	4 603	8 015	8 495	8 005	7 845	7 769	7 768	7 761	7 747	7 789	7 781	7 834
2.4	税金及附加	12 619	594	1 682	1 929	1 538	1 296	1 124	994	877	774	680	601	530
2.5	维持运营投资													
3	所得税前净现金流量	159 892	−77 199	−23 568	53 114	41 348	34 011	28 753	24 718	21 123	17 966	15 041	12 599	11 988
4	累计所得税前净现金流量		−77 199	−100 767	−47 653	−6 305	27 706	56 458	81 176	102 299	120 264	135 305	147 904	159 892
5	所得税	47 986	4 112	11 007	11 010	7 475	5 365	3 871	2 738	1 677	667	0	0	64
6	所得税后净现金流量	111 906	−81 311	−34 575	42 104	33 872	28 646	24 881	21 980	19 445	17 298	15 041	12 599	11 925
7	累计所得税后净现金流量		−81 311	−115 886	−73 782	−39 909	−11 264	13 618	35 598	55 043	72 342	87 382	99 981	111 906

计算指标：

项目投资财务内部收益率（所得税前）= 25.28%

项目投资财务内部收益率（所得税后）= 15.96%

项目投资财务净现值（所得税前）（i_c = 12%）= 47 964.93

项目投资财务净现值（所得税后）（i_c = 12%）= 15 753.11

项目投资回收期（年）（所得税后）= 5.45

附表 4-5　项目资本金现金流量表

单位：万元

序号	项目	合计	\multicolumn{12}{c}{计算期}
			1	2	3	4	5	6	7	8	9	10	11	12
1	现金流入	425 088	19 790	55 502	63 538	50 890	43 152	37 646	33 480	29 760	26 486	23 510	20 981	20 352
1.1	营业收入	423 485	19 790	55 502	63 538	50 890	43 152	37 646	33 480	29 760	26 486	23 510	20 981	18 749
1.2	补贴收入													
1.3	回收固定资产余值													
1.4	回收流动资金	1 603												1 603
2	现金流出	326 202	66 887	71 561	40 977	33 788	27 169	21 532	16 582	11 924	9 252	8 534	8 446	9 549
2.1	项目资本金	92 239	54 255	37 985										
2.2	借款本金偿还	68 650	0	9 154	16 882	15 051	11 675	8 298	4 922	1 546	0	0	0	1 122
2.3	借款利息偿还	13 296	3 324	3 718	2 661	1 719	988	469	161	64	64	64	64	0
2.4	经营成本	91 410	4 603	8 015	8 495	8 005	7 845	7 769	7 768	7 761	7 747	7 789	7 781	7 834
2.5	税金及附加	12 619	594	1 682	1 929	1 538	1 296	1 124	994	877	774	680	601	530
2.6	所得税	47 986	4 112	11 007	11 010	7 475	5 365	3 871	2 738	1 677	667	0	0	64
2.7	维持运营投资													
3	净现金流量（1−2）	98 886	−47 097	−16 059	22 561	17 102	15 983	16 114	16 898	17 836	17 234	14 977	12 535	10 802

资本金财务内部收益率　20.13%

附表 4-6 利润与利润分配表

单位：万元

序号	项目	合计	计算期											
			1	2	3	4	5	6	7	8	9	10	11	12
1	营业收入	423 484	19 790	55 502	63 538	50 890	43 152	37 646	33 480	29 760	26 486	23 510	20 981	18 749
2	税金及附加	12 619	594	1 682	1 929	1 538	1 296	1 124	994	877	774	680	601	530
3	总成本费用	265 452	6 736	20 466	28 246	26 699	25 597	24 791	24 190	23 801	23 690	23 733	22 774	14 730
4	补贴收入													
5	利润总额 (1−2−3+4)	145 413	12 460	33 354	33 363	22 653	16 259	11 731	8 296	5 083	2 022	−903	−2 394	3 489
6	弥补以前年度亏损	3 151												3 297
7	应纳税所得额 (5−6)	142 262	12 460	33 354	33 363	22 653	16 259	11 731	8 296	5 083	2 022	−903	−2 394	192
8	所得税	47 923	4 112	11 007	11 010	7 476	5 365	3 871	2 738	1 677	667	0	0	64
9	净利润 (5−8)	97 490	8 349	22 347	22 353	15 178	10 893	7 860	5 558	3 405	1 355	−903	−2 394	3 426
10	期初未分配利润													
11	可供分配利润 (9+10)	97 490	8 349	22 347	22 353	15 178	10 893	7 860	5 558	3 405	1 355	−903	−2 394	3 426
12	提取法定盈余公积金	10 079	835	2 235	2 235	1 518	1 089	786	556	341	135			343
13	可供投资者分配的利润 (11−12)	87 412	7 514	20 112	20 118	13 660	9 804	7 074	5 002	3 065	1 219	−903	−2 394	3 083
14	投资方利润分配	87 412	7 514	20 112	20 118	13 660	9 804	7 074	5 002	3 065	1 219	−903	−2 394	3 083
15	未分配利润 (13−14)	0	0	0	0	0	0	0	0	0	0	0	0	0
16	息税前利润（利润总额+利息支出）	159 892	13 643	36 678	37 081	25 315	17 978	12 719	8 765	5 243	2 086	−839	−2 330	3 553
17	息税折旧摊销前利润（息税前利润+折旧+摊销）	319 455	14 593	45 805	53 114	41 348	34 011	28 752	24 718	21 123	17 965	15 040	12 599	10 385

附表 4-7 借款还本付息计划表

单位：万元

序号	项目	合计	计算期 1	2	3	4	5	6	7	8	9	10	11	12
1	长期借款													
1.1	期初借款余额		0	36 617	58 374	41 492	26 441	14 766	6 467	1 546				
1.2	当期还本付息	81 267	1 146	12 414	20 536	17 649	13 330	9 223	5 327	1 642				
	其中：还本	67 528	0	9 154	16 882	15 051	11 675	8 298	4 922	1 546				
	付息	13 739	1 146	3 260	3 654	2 597	1 655	924	405	97				
1.3	期末借款余额		36 617	58 374	41 492	26 441	14 766	6 467	1 546	0				
2	流动资金借款													
2.1	期初借款余额		644	1 122	1 122	1 122	1 122	1 122	1 122	1 122	1 122	1 122	1 122	1 122
2.2	当期还本付息	1 862	37	64	64	64	64	64	64	64	64	64	64	1 186
	其中：还本	1 122	0	0	0	0	0	0	0	0	0	0	0	1 122
	付息	740	37	64	64	64	64	64	64	64	64	64	64	64
2.3	期末借款余额		644	1 122	1 122	1 122	1 122	1 122	1 122	1 122	1 122	1 122	1 122	0
3	借款和债权合计													
3.1	期初余额		644	37 739	59 496	42 614	27 563	15 888	7 590	2 668	1 122	1 122	1 122	1 122
3.2	当期还本付息	83 129	1 183	12 478	20 600	17 713	13 394	9 287	5 391	1 706	64	64	64	1 186
	其中：还本	68 650	0	9 154	16 882	15 051	11 675	8 298	4 922	1 546	0	0	0	1 122
	付息	14 479	1 183	3 324	3 718	2 661	1 719	988	469	161	64	64	64	64
3.3	期末余额		37 800	61 698	45 210	29 102	16 485	7 456	2 014	161	64	64	64	64
	利息备付率		11.53%	11.04%	9.97%	9.51%	10.46%	12.87%	18.70%	32.63%	32.62%	-13.11%	-36.43%	55.55%
	偿债备付率		8.86%	2.79%	2.04%	1.91%	2.14%	2.68%	4.08%	11.40%	270.47%	235.17%	196.99%	8.70%

附表 4-8 财务计划现金流量表

单位：万元

序号	项目	合计	计算期											
			1	2	3	4	5	6	7	8	9	10	11	12
1	经营活动净现金流量	273 072	10 481	34 798	42 104	33 872	28 646	24 881	21 980	19 445	17 298	15 041	12 599	11 925
1.1	现金流入	497 080	23 155	64 938	74 339	59 541	50 488	44 046	39 172	34 819	30 989	27 507	24 548	23 539
1.1.1	营业收入	423 485	19 790	55 502	63 538	50 890	43 152	37 646	33 480	29 760	26 486	23 510	20 981	18 749
1.1.2	增值税销项税额	71 992	3 364	9 435	10 801	8 651	7 336	6 400	5 692	5 059	4 503	3 997	3 567	3 187
1.1.3	补贴收入	0												
1.1.4	其他流入	1 603												1 603
1.2	现金流出	224 009	12 673	30 139	32 235	25 669	21 842	19 165	17 191	15 374	13 691	12 466	11 948	11 615
1.2.1	经营成本	91 410	4 603	8 015	8 495	8 005	7 845	7 769	7 768	7 761	7 747	7 789	7 781	7 834
1.2.2	增值税进项税额	5 905	232	490	529	499	497	500	508	515	520	531	536	547
1.2.3	税金及附加	12 619	594	1 682	1 929	1 538	1 296	1 124	994	877	774	680	601	530
1.2.4	增值税	66 087	3 132	8 945	10 272	8 152	6 839	5 900	5 183	4 544	3 982	3 466	3 031	2 640
1.2.5	所得税	47 986	4 112	11 007	11 010	7 475	5 365	3 871	2 738	1 677	667	0	0	64
1.2.6	其他流出	0												
2	投资活动净现金流量	-151 666	-82 293	-69 373	0	0	0	0	0	0	0	0	0	0
2.1	现金流入	0												
2.2	现金流出	151 666	82 293	69 373	0	0	0	0	0	0	0	0	0	0
2.2.1	建设投资	150 063	81 372	68 691	0	0	0	0	0	0	0	0	0	0
2.2.2	维持运营投资	0												
2.2.3	流动资金	1 603	921	682	0	0	0	0	0	0	0	0	0	0
2.2.4	其他流出	0												
3	筹资活动净现金流量	-18 818	73 596	36 782	-40 718	-31 372	-23 198	-16 360	-10 393	-4 771	-1 283	839	2 330	-4 269
3.1	现金流入	151 666	82 293	69 373	0	0	0	0	0	0	0	0	0	0

续表

序号	项目	合计	计算期											
			1	2	3	4	5	6	7	8	9	10	11	12
3.1.1	项目资本金投入	83 015	45 031	37 985	0	0	0	0	0	0	0	0	0	0
3.1.2	建设投资借款	67 528	36 617	30 911	0	0	0	0	0	0	0	0	0	0
3.1.3	流动资金借款	1 122	644	478	0	0	0	0	0	0	0	0	0	0
3.1.4	债券													
3.1.5	短期借款													
3.1.6	其他流入													
3.2	现金流出	170 484	8 697	32 591	40 718	31 372	23 198	16 360	10 393	4 771	1 283	−839	−2 330	4 269
3.2.1	利息支出	14 479	1 183	3 324	3 718	2 661	1 719	988	469	161	64	64	64	64
3.2.2	偿还债务资金	68 650	0	9 154	16 882	15 051	11 675	8 298	4 922	1 546	0	0	0	1 122
3.2.3	应付利润（股利分配）	87 355	7 514	20 113	20 118	13 660	9 804	7 074	5 002	3 065	1 219	−903	−2 394	3 083
3.2.4	其他流出													
4	净现金流量	102 588	1 785	2 208	1 387	2 500	5 448	8 521	11 587	14 674	16 015	15 879	14 929	7 656
5	累计盈余资金		1 785	3 992	5 379	7 879	13 327	21 848	33 435	48 109	64 124	80 003	94 932	102 588